权威 · 前沿 · 原创

重庆就业蓝皮书
BLUE BOOK OF CHONGQING'S EMPLOYMENT

重庆就业发展报告

2022

重庆市就业工作领导小组办公室
重庆市人才研究和人力资源服务协会　编

重庆大学出版社

图书在版编目（CIP）数据

重庆就业蓝皮书：重庆就业发展报告．2022／重庆
市就业工作领导小组办公室，重庆市人才研究和人力资源
服务协会编．－－重庆：重庆大学出版社，2023.12
（蓝皮书系列）
ISBN 978-7-5689-4318-5

Ⅰ.①重…　Ⅱ.①重…②重　Ⅲ.①就业—工作—
研究报告—重庆—2022　Ⅳ.①D669.2

中国国家版本馆 CIP 数据核字(2023)第 251241 号

重庆就业蓝皮书：
重庆就业发展报告（2022）
CHONGQING JIUYE　LANPISHU：CHONGQING JIUYE FAZHAN BAOGAO(2022)

重庆市就业工作领导小组办公室
重庆市人才研究和人力资源服务协会　编
责任编辑：顾丽萍　　版式设计：顾丽萍
责任校对：邹　忌　　责任印制：张　策
＊
重庆大学出版社出版发行
出版人：陈晓阳
社址：重庆市沙坪坝区大学城西路 21 号
邮编：401331
电话：(023)88617190　88617185(中小学)
传真：(023)88617186　88617166
网址：http://www.cqup.com.cn
邮箱：fxk@cqup.com.cn(营销中心)
全国新华书店经销
重庆升光电力印务有限公司印刷
＊
开本：720mm×1020mm　1/16　印张：21.5　字数：387 千
2023 年 12 月第 1 版　　2023 年 12 月第 1 次印刷
ISBN 978-7-5689-4318-5　定价：98.00 元

目录
CONTENTS

总报告

2022年度重庆市场劳动力就业洞察报告

摘　要：2022年度重庆劳动力市场岗位发布累计需求人数6347105人,简历投递供给人数6320013人,供需比为1:1,CIER指数为1.00,总体上需求与供给基本持平,就业情况较为均衡。

从季度供需情况来看,第一季度本年劳动力市场热度最高,大环境经济稳定发展,各企业相继在第一季度完成新年目标规划部署,开展年度大规模招工。求职人员经过春节的休整,也集中在第一季度开始了就业求职。

从月度供需情况来看,因受疫情、高温、限电等因素影响,3月、8月、11月劳动力市场出现明显波动,下滑较为严重,后续随着新的防疫措施实施和相关调控政策颁布,4月、9月劳动力市场都得到了有效的恢复。

从产业供需情况来看,第三产业已逐步发展成为重庆劳动力市场吸纳人才的核心产业,年度岗位需求人数与简历投递人数占总体近70%。

从行业供需情况来看,租赁和商务服务业、制造业、信息传输/软件和信息技术服务业是吸纳劳动力的支柱行业,三行业合计承载了近70%的就业,并且现阶段需求大于供给,仍有上升的趋势。

从学历供需情况来看,劳动力市场学历结构以本科、大专、大专以下为主,博士和硕士人才较少,随着企业对核心技术、先进管理更加重视,该部分人群受到市场青睐,就业竞争较小。因教育的普及,本科和大专毕业生人数逐年增加,成为市场主流,但同时伴随着就业竞争增大。

从工作经验供需情况来看,1~2年、1年以下岗位需求较多,劳动力市场新发职位年轻化趋势较为明显,更多用人单位并不过于强调求职者的资历,且由于工作负荷较大,更偏向于多招收年轻人。

从岗位类别供需情况来看,专技类、技能类岗位需求较多,管理类岗位较少,劳动力市场以生产型人才为主。

关键词:供需　劳动力市场　就业

一、劳动力市场需求与供给

（一）劳动力市场季度需求与供给

智联大数据平台显示，2022年度各季度劳动力市场需求呈现逐步下降趋势。第一季度大环境经济稳定发展，各企业相继完成新年目标规划部署，为获得更多的优秀人才，企业发布大量招聘岗位，需求人数较多（2076842人），占全年度需求人数的32.72%；第四季度临近年关，各企业进入年度目标收尾阶段，叠加长周期疫情管控影响，各企业需求较少（1112975人），占全年需求人数的17.54%，如图1所示。

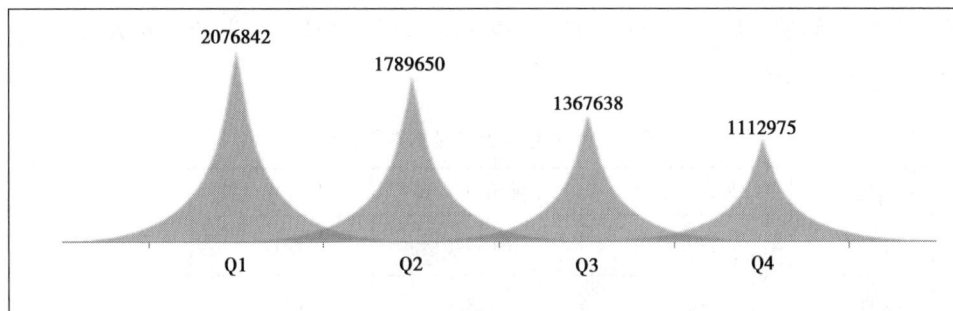

图1　季度劳动力市场需求（单位：人）

智联大数据平台显示，2022年度劳动力市场供给呈现先增后降趋势，第二季度迎来了毕业生就业求职高峰期，涌入劳动力市场人数较多（1912958人），占全年度求职人数的30.27%；第四季度为年度末，劳动力市场存量人才经过前三季度的吸纳后，总体人数降低，并且在职人员大多考虑年终奖因素，叠加疫情管控跳槽风险加大，涌入劳动力市场求职人员减少，导致第四季度求职人数较少（1258096人），占全年需求人数的19.91%，如图2所示。

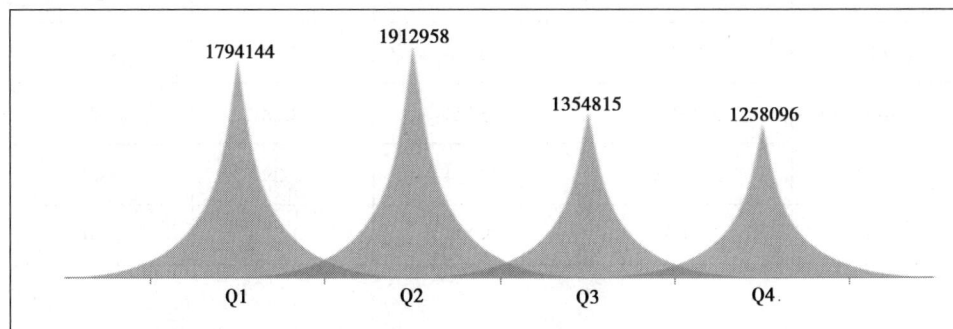

图2　季度劳动力市场供给（单位：人）

(二)劳动力市场月度需求与供给

智联大数据平台显示,2月是全年度需求人数与供给人数最高的月份,就业市场最为活跃,当月需求人数为1000405人,占年度需求人数的15.76%;供给人数为928828人,占全年度供给人数的14.70%。12月为年度周期末,企业进入年度总结阶段,重心集中于财务结算、绩效核算、库存盘点等事项,相应的招聘工作减少,叠加11月新冠疫情管控对企业经济发展的影响,企业需求人数降至低值(271053人),占全年需求人数的4.27%。同时12月因临近春节,且疫情加大了求职不确定性,待业人员对找工作容易产生惰性,更愿意将求职推到年后,在职人员求职也多选择拿完年终奖再跳槽,因此12月劳动力市场供给人数较少,为179298人,占全年度的2.84%,见表1。

表1 月度劳动力市场需求与供给

月度	需求(人)	供给(人)	需求占比(%)	供给占比(%)
1月	389689	616946	6.14	9.76
2月	1000405	928828	15.76	14.70
3月	686748	248370	10.82	3.93
4月	446080	492282	7.03	7.79
5月	631224	850198	9.95	13.45
6月	712346	570478	11.22	9.03
7月	552014	561123	8.70	8.88
8月	331331	265478	5.22	4.20
9月	484293	528214	7.63	8.36
10月	518879	735324	8.18	11.63
11月	323043	343474	5.09	5.43
12月	271053	179298	4.27	2.84

环比全年度12个月,劳动力市场就业需求与供给呈下滑趋势,各月份就业需求人数与供给人数变化趋势基本一致,部分月份因疫情等客观因素波动明显。3月、8月、11月就业市场因受疫情冲击,需求人数与供给人数均出现较大幅度下滑,但为应对新冠疫情,重庆市及时有效出台多条稳岗稳就业措施,其对劳动力市场的影响很快得以控制,4月、9月就业市场有明显恢复,需求人数与供给人数上升。但总体经济大环境发展不如预期,劳动力市场总人数有小幅度下滑,如图3所示。

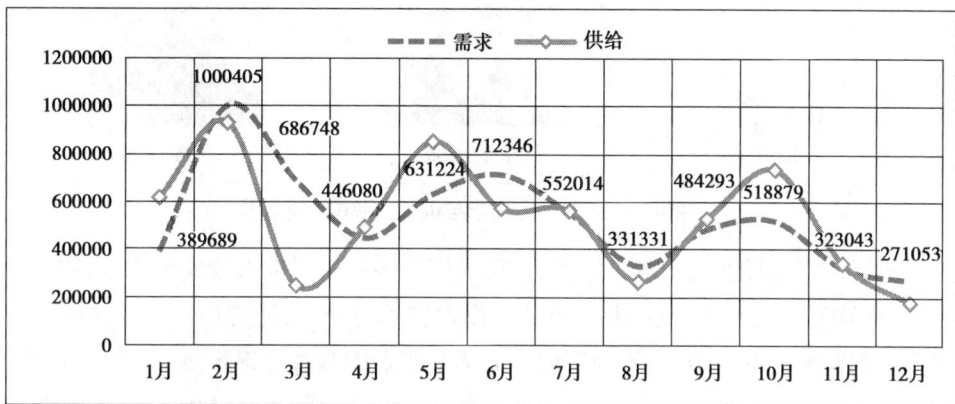

图3 劳动力市场月度需求与供给(单位:人)

(三)劳动力市场产业需求与供给

智联大数据平台显示,2022年度重庆劳动力市场以第三产业为主。随着重庆市城镇化建设迅速发展,农、林、牧、渔业生产效率提高,第一产业就业吸纳能力萎缩,全年度需求人数与供给人数较少(分别为13155人、38936人),占年度总体需求人数的0.21%,供给人数的0.62%。第二产业主要有制造业、建筑业、电力/热力及水生产和供应业等。受疫情和金融危机影响,制造业受到较大冲击,同时住房和城乡建设部于2022年1月发布《"十四五"建筑业发展规划》,加速了建筑业由大向强转变的同时也带来了行业动荡,综合因素导致第二产业劳动力市场发展存在一定困难,需求人数与供给人数分别为1579942人、1679364人,占年度总体需求人数和供给人数的24.89%、26.57%。自党的十八大召开以来,重庆坚持把经济结构调整作为转型发展的关键,着力稳增长、促改革、调结构、防风险,深入推进供给侧结构性改革,加快推动发展动力转换,第三产业提升幅度较大。与此同时,第三产业内部行业结构也逐步向多元化、高质量发展,劳动力需求人数与供给人数为4754008

人、4601713人，占年度总体需求人数和供给人数的74.90%、72.81%，如图4所示。

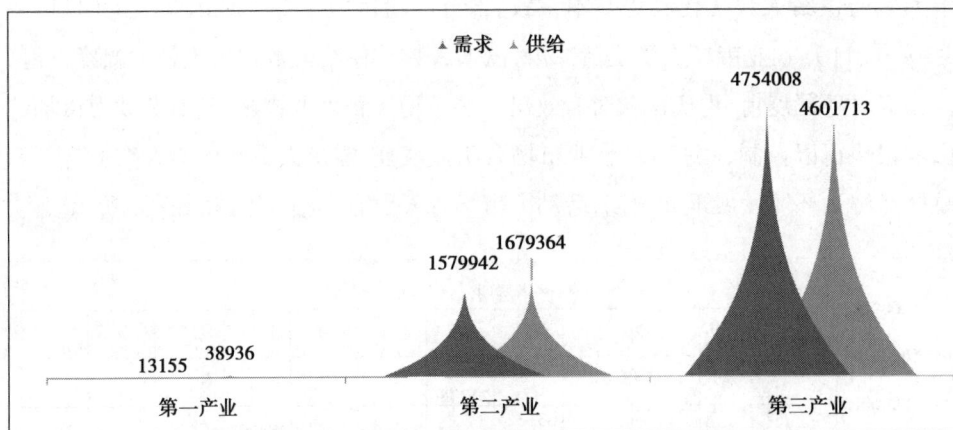

图4　产业劳动力需求与供给（单位：人）

　　从第一产业月度需求与供给来看，第一产业各月份需求人数较为稳定，数量较少，月平均需求人数为1096人。因其工作内容较为简单，通常第一产业在就业市场中会起到剩余劳动力"蓄水池"的作用，多数就业困难者会逐步换位到第一产业，但实际上有效吸纳能力有限，多数群体仍处于自产自销的小规模作业模式，企业数量少、规模小，并且随着机械化的普及，越来越多简单的工作被机器替代，劳动力需求减少。而各月份供给人数波动较大，3—10月呈现稳步上升的趋势，11月因受疫情影响，快速下滑，月均供给人数为3244人，如图5所示。

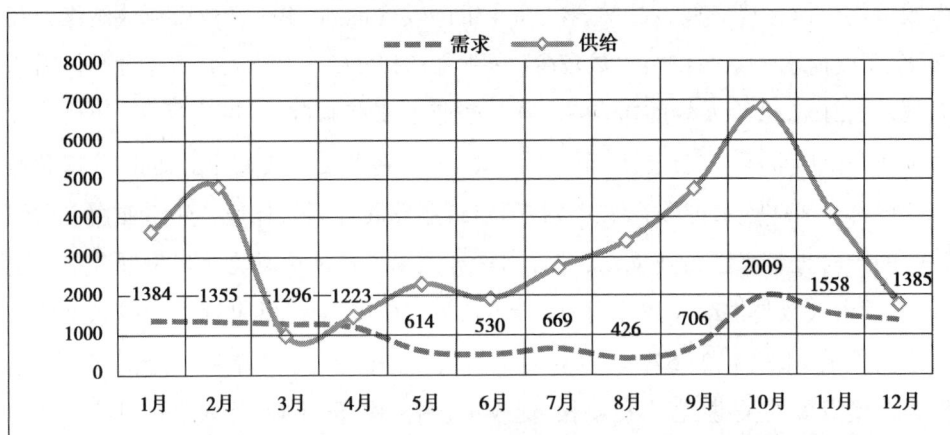

图5　第一产业月度劳动力需求与供给（单位：人）

从第二产业需求与供给来看,第二产业劳动力市场具有韧性。3月、8月、11月劳动力市场受疫情、高温等客观不可抗力环境因素影响,需求人数与供给人数下滑较大,但4月、9月在有效的疫情管控及政策调控后,就业市场恢复迅速。第二产业月均需求人数为132758人,月均供给人数为143191人,如图6所示。

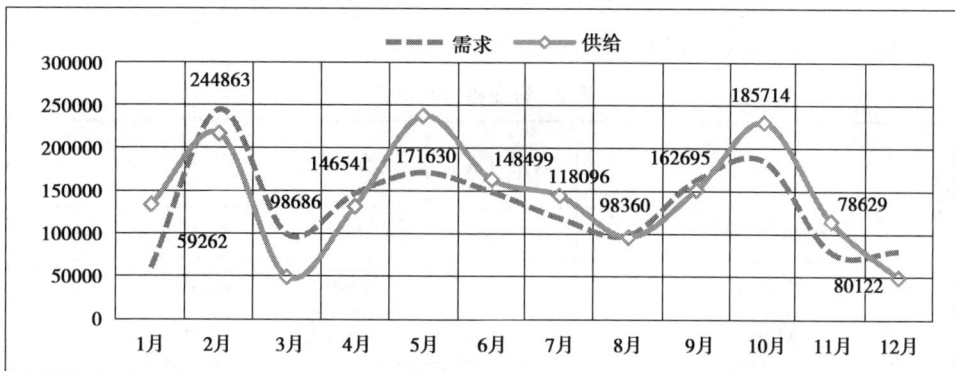

图6 第二产业月度劳动力需求(单位:人)

从第三产业需求与供给来看,需求人数和供给人数远高于第二产业和第一产业。第三产业以服务业为核心,人数密集,但受疫情影响,产业经济发展放缓,劳动力市场出现多次波动,月份需求人数与供给人数先增后降,总体有下降的趋势,月均需求人数为396167人,月均供给人数为383476人,如图7所示。

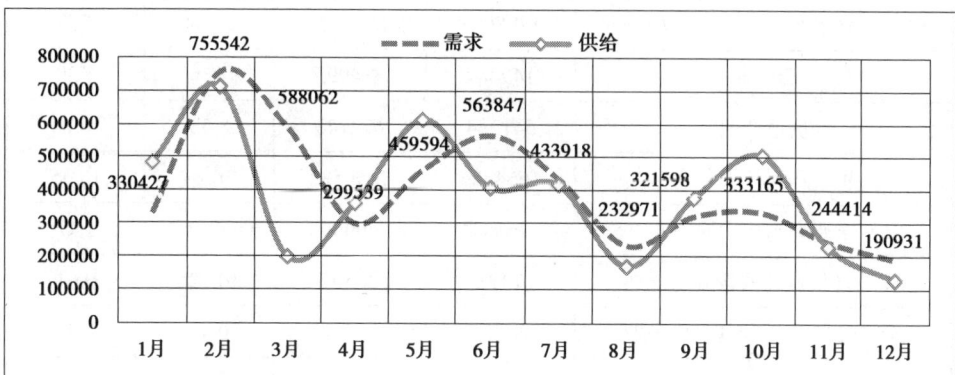

图7 第三产业月度劳动力需求与供给(单位:人)

(四)劳动力市场行业需求与供给

从行业需求来看,公共管理/社会保障和社会组织业、水利/环境和公共设施管理业需求较少(各为7264人、7473人),占总体需求的0.11%、0.12%;租赁和商务服务业、信息传输/软件和信息技术服务业、制造业需求人数较多(各为1664556人、

1488063 人、1446441 人），占比总体需求的 26.23%、23.44%、22.79%。

从行业供给来看，公共管理/社会保障和社会组织业供给人数较少(17075 人)，占总体供给的 0.27%；房地产业、信息传输/软件和信息技术服务业、租赁和商务服务业、制造业供给人数较多（各为 672143 人、1122222 人、1159582 人、1295862 人），占比 10.64%、17.76%、18.35%、20.50%，见表 2。

表 2 行业需求与供给

行业	需求（人）	供给（人）	需求占比（%）	供给占比（%）
农/林/牧/渔业	13155	38936	0.21	0.62
采矿业	15472	46908	0.24	0.74
制造业	1446441	1295862	22.79	20.50
电力/热力/燃气及水生产和供应业	11026	36303	0.17	0.57
建筑业	107003	300291	1.69	4.75
批发和零售业	134186	189295	2.11	3.00
交通运输/仓储和邮政业	161874	173745	2.55	2.75
住宿和餐饮业	62154	109018	0.98	1.72
信息传输/软件和信息技术服务业	1488063	1122222	23.44	17.76
金融业	149484	334995	2.36	5.30
房地产业	541324	672143	8.53	10.64
租赁和商务服务业	1664556	1159582	26.23	18.35
科学研究和技术服务业	76184	89960	1.20	1.42
水利/环境和公共设施管理业	7473	38507	0.12	0.61
居民服务/修理和其他服务业	26963	37404	0.42	0.59
教育业	148733	292439	2.34	4.63
卫生和社会服务业	31412	105516	0.49	1.67
文化/体育和娱乐业	254338	259812	4.01	4.11
公共管理/社会保障和社会组织业	7264	17075	0.11	0.27

(五)劳动力市场学历需求与供给

　　智联大数据平台显示,劳动力市场学历要求分布中,大专以下占比最多(61.63%),其次是本科和大专(分别为19.12%、17.27%),博士和硕士占比较少(分别为0.02%、1.96%),大专、中专为最低学历或者不限学历的岗位较多,企业用工需求学历要求不高,可见当前吸纳就业主体中,多数单位企业规模较小,生产工艺、工作难度较小。劳动力市场投递人员学历分布中,大专以下、大专、本科较多(分别为40.69%、30.79%、27.41%),博士和硕士较少(分别为0.02%、1.10%),高层次人才占比较小。当前大专及本科人才求职压力较大,为提高人才就业竞争力,需要加强相关人才的技能培训和学历提升,如图8所示。

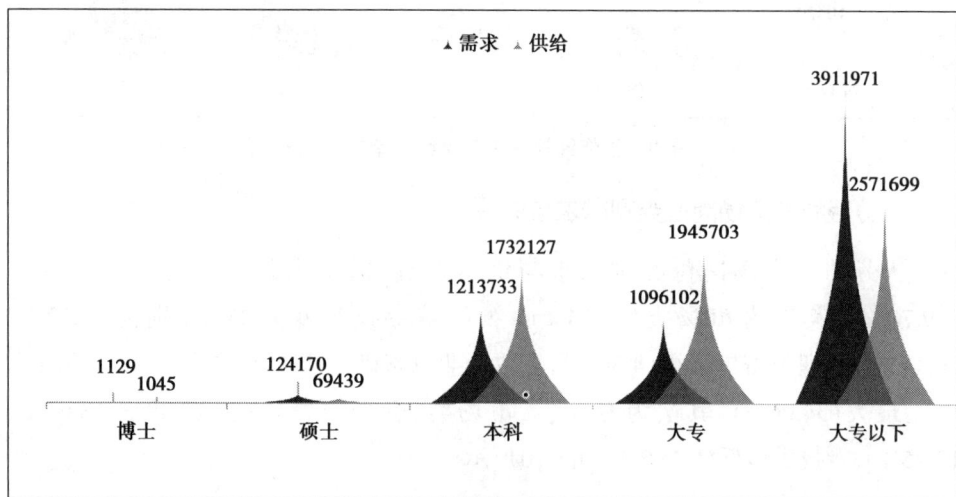

图8　学历需求与供给（单位：人）

(六)劳动力市场工作经验需求与供给

　　从劳动力市场工作经验需求与供给来看,需求人数中1~2年工作经验占比最大(39.57%),其次为1年以下(32.45%),然后是3~5年(20.78%),6~10年及10年以上需求较少(各为6.70%、0.49%)。一方面,用人单位并不过于强调求职者的资历,且更多用人单位由于工作负荷较大,更希望多招收年轻人来打拼,故新发职位年轻化趋势较为明显;另一方面,该类需要丰富经验的岗位稳定性更高,职位空缺少,整体需求较小。供给人数中1~2年工作经验要求占比最大(32.09%),其次为1年以下(30.18%),然后是3~5年(23.92%),6~10年及10年以上投递人数较少(各为12.17%、1.65%）。毕业生刚步入社会参加工作时由于工作经验不足，易产生跳槽重新择业的想法，当经过一定年限的沉淀，对岗位有了更深层次的了解后，再择业的概率将会减小，如图9所示。

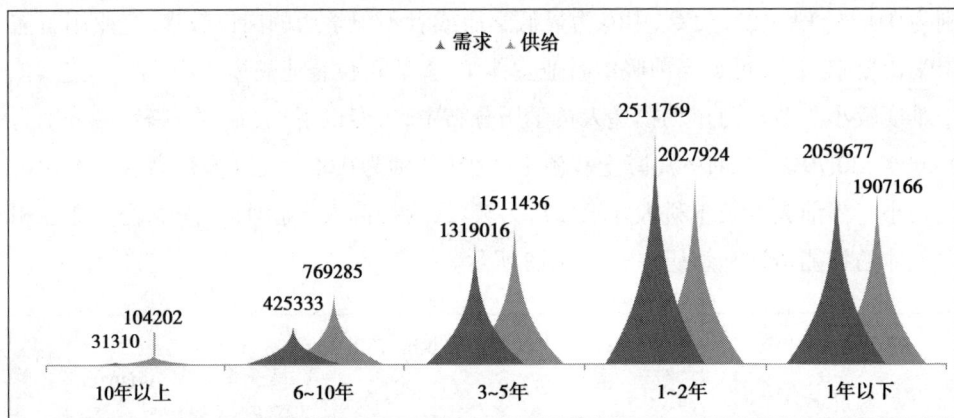

图9　工作经验需求与供给（单位：人）

（七）劳动力市场岗位类别需求与供给

从劳动力市场岗位类别需求与供给来看，需求人数中技能类占比最大（49.70%），其次为市场类（21.04%），然后是专技与专业类（分别为14.52%、10.45%），管理类需求最少（4.30%），多数企业以基础生产为主；供给人数中技能类占比最大（34.06%），其次为专业类、市场类、管理类（分别为22.49%、18.61%、15.25%），专技类最低（9.58%），如图10所示。

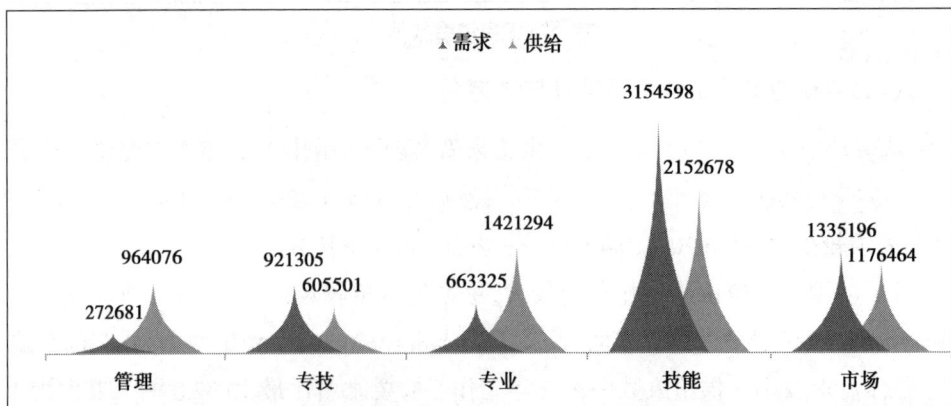

图10　岗位类别需求与供给（单位：人）

二、劳动力市场供需比

(一)劳动力市场季度供需比

从劳动力市场季度供需比来看,就业竞争呈小幅增长。智联大数据平台显示,劳动力市场季度供需比较为稳定,均值为1.02。第一季度供需比最低(0.86),其次是第三季度与第二季度(分别为0.99、1.07),第四季度供需比最高(1.13),供需比有小幅上升的趋势,劳动力市场简历投递人数略大于企业岗位需求人数,求职难度小幅上升。

(二)劳动力市场月度供需比

从劳动力市场月度供需比来看,大多数月份供需比接近1,劳动力市场供需较平衡。智联大数据平台显示,12个月中有7个月供需比大于1,劳动力市场简历投递人数高于岗位招聘人数,其中1月供需比最高(1.58),其次是10月与5月(分别为1.42、1.35),7月与11月较低(分别为1.02、1.06);12个月中有5个月供需比低于1,劳动力市场简历投递人数低于岗位招聘人数,其中3月最低(0.36),其次是12月、6月、8月(分别为0.66、0.80、0.80),2月较高(0.93),如图11所示。

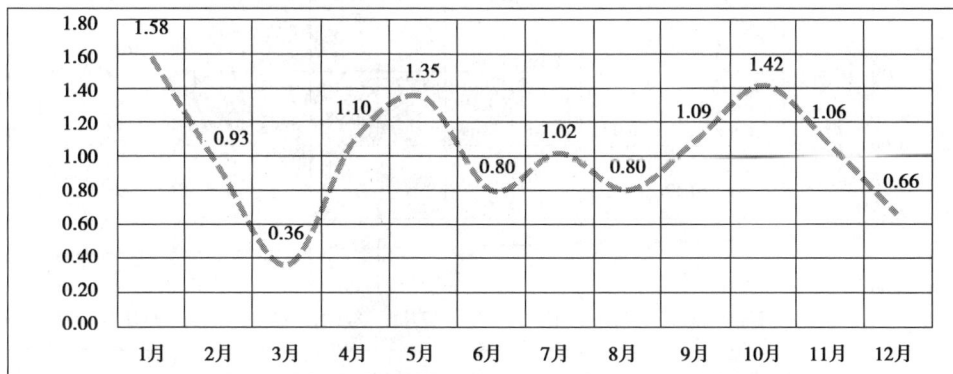

图11　月度供需比

(三)劳动力市场产业供需比

从第一产业劳动力市场供需比来看,就业竞争较激烈,年度供需比为2.96。智联大数据平台显示,12个月中有11个月供需比高于1,8月供需比最高(8.02),其次是9月(6.73),3月最低(0.77),如图12所示。

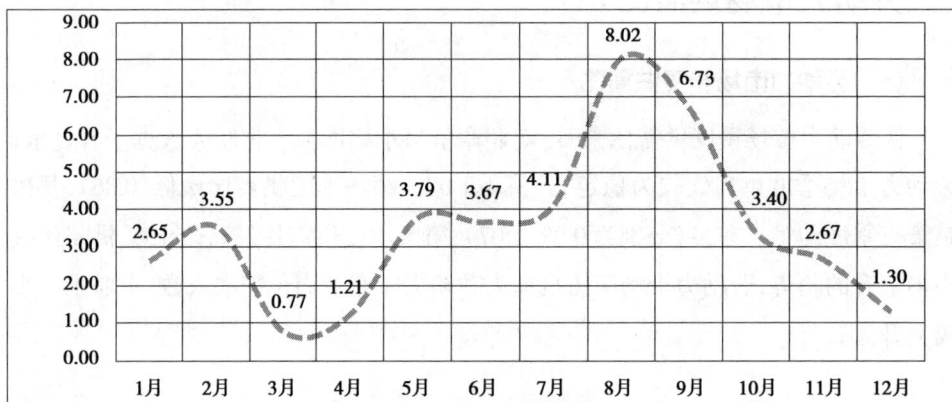

图12 第一产业供需比

从第二产业劳动力市场供需比来看,就业供需比较平稳,大部分时间就业竞争平缓。智联大数据平台显示,第二产业年度供需比为1.06。12个月中有6个月供需比低于1,1月供需比最高(2.25),其次是11月(1.46),3月最低(0.49),如图13所示。

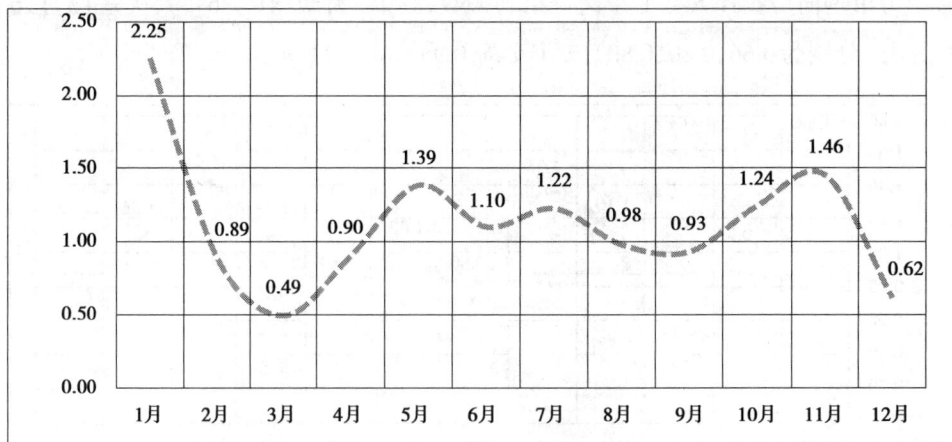

图13 第二产业供需比

从第三产业劳动力市场供需比来看,就业波动较大,竞争低。智联大数据平台显示,第三产业年度供需比为0.97。12个月中有7个月供需比低于1,10月供需比最高(1.51),其次是1月(1.46),3月最低(0.34),如图14所示。

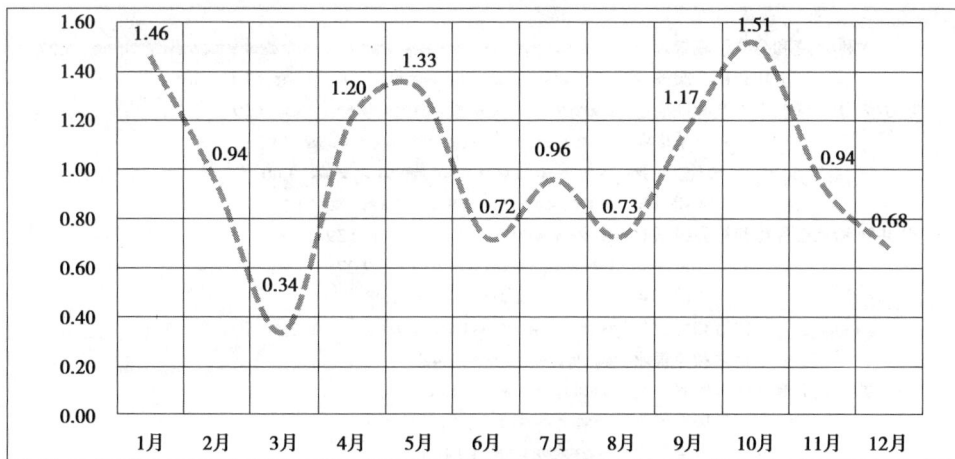

图14 第三产业供需比

(四)劳动力市场行业供需比

从劳动力市场行业供需比来看,多数行业就业存在竞争压力,支柱产业就业稍显宽松。智联大数据平台显示,水利/环境和公共设施管理业供需比最高(5.27),其次是卫生和社会服务业、电力/热力/燃气及水生产和供应业、采矿业、农/林/牧/渔业(分别为3.43、3.30、3.06、3.00),制造业、信息传输/软件和信息技术服务业、租赁和商务服务业较低(分别为0.90、0.76、0.70),如图15所示。

(五)劳动力市场学历供需比

从劳动力市场学历供需比来看,本科、大专竞争压力稍大,博士、硕士、大专以下竞争压力稍小。智联大数据平台显示,大专供需比最高(1.79),其次是本科(1.44),硕士最低(0.56)。随着就业人员学历不断提高,人才结构层次的不断完善,高学历在就业上仍有一定的优势,就业竞争压力较低。同时就业人才学历现阶段多数已达到大专和本科层次,相应该层次人员竞争压力稍大。而随着国家教育政策的不断调整,部分地区可实行"中考分流",也将意味着大专和本科人员将会有一定的放缓,而与此同时大专以下学历人员将在未来逐步增多,结构上有增长趋势,如图16所示。

13

水利/环境和公共设施管理业 ———————————————————— 5.27
卫生和社会服务业 ———————————— 3.43
电力/热力/燃气及水生产和供应业 ——————————— 3.30
采矿业 ——————————— 3.06
农/林/牧/渔业 ——————————— 3.00
建筑业 —————————— 2.82
公共管理/社会保障和社会组织业 ——————— 2.39
金融业 —————— 2.27
教育业 ———— 1.98
住宿和餐饮业 ——— 1.78
批发和零售业 —— 1.42
居民服务/修理和其他服务业 —— 1.40
房地产业 — 1.24
科学研究和技术服务业 — 1.19
交通运输/仓储和邮政业 — 1.08
文化/体育和娱乐业 — 1.02
制造业 0.90
信息传输/软件和信息技术服务业 0.76
租赁和商务服务业 0.70

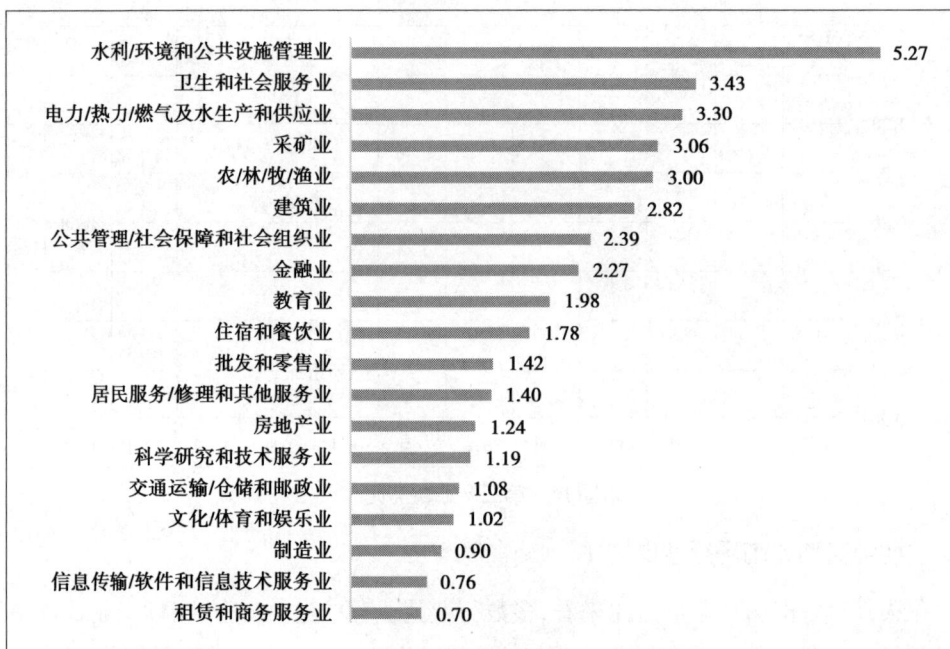

图15 行业供需比

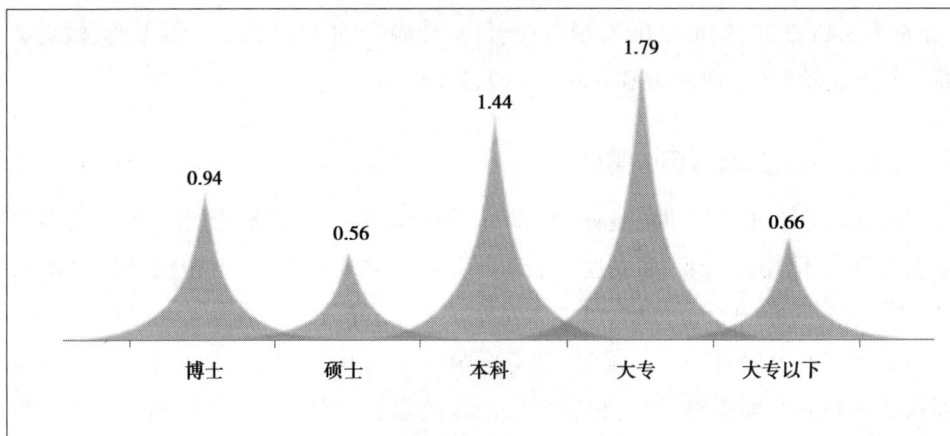

0.94 博士　0.56 硕士　1.44 本科　1.79 大专　0.66 大专以下

图16 学历供需比

(六)劳动力市场工作经验供需比

从劳动力市场工作经验供需比来看,劳动力市场中工作经历越丰富就业晋升难度越大。智联大数据平台显示,10年以上供需比最高(3.35),其次是6~10年(1.82),1~2年最低(0.81),如图17所示。

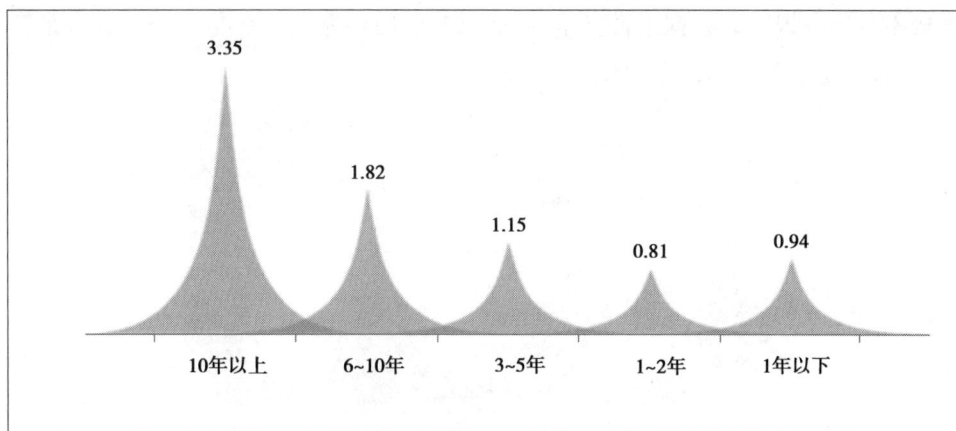

图17 工作经验供需比

(七)劳动力市场岗位类别供需比

从劳动力市场岗位类别供需比来看,管理类、专业类就业竞争较大,专技类、技能类较低。智联大数据平台显示,管理类供需比最高(3.60),其次是专业类(2.16),专技类、技能类较低(分别为0.66、0.69),如图18所示。

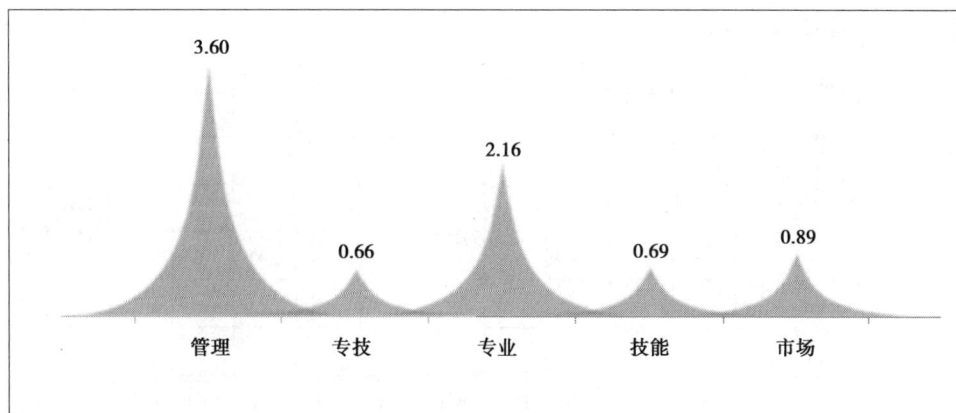

图18 岗位类别供需比

三、劳动力市场就业景气度

(一)劳动力市场季度就业景气度

从劳动力市场季度就业景气度来看,第一季度就业最景气,第二季度与第四季度较不景气。智联大数据平台显示,就业景气度最高为第一季度(1.16),其次是第三季度(1.01),第四季度最低(0.88),如图19所示。

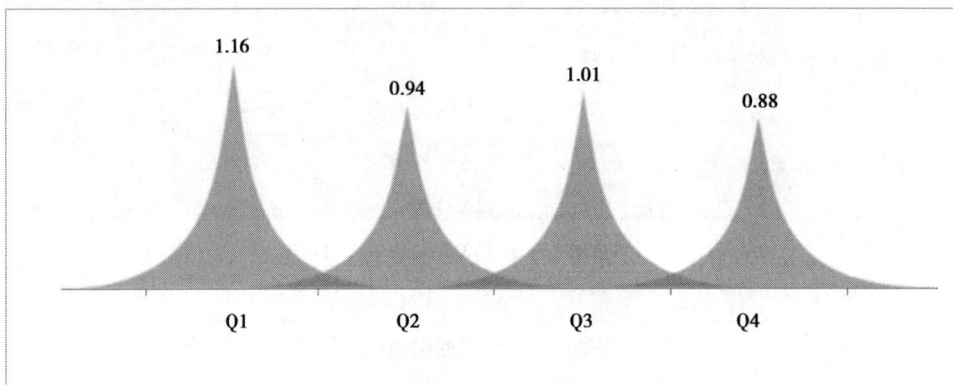

图19 季度就业景气指数

(二)劳动力市场月度就业景气度

从劳动力市场月度就业景气度来看,3月为求职就业最佳时期。智联大数据平台显示,3月CIER指数最高(2.77),其次是12月CIER指数(1.51),1月CIER指数最低(0.63),如图20所示。

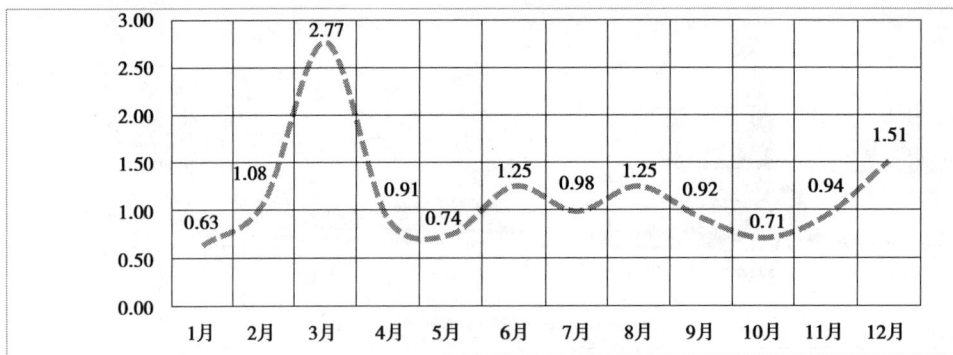

图20 月度就业景气指数

(三)劳动力市场产业就业景气度

从劳动力市场第一产业就业景气度来看,3月为求职就业最佳时期。智联大数据平台显示,3月CIER指数最高(1.30),其次是12月CIER指数(0.77),8月CIER指数最低(0.12),如图21所示。

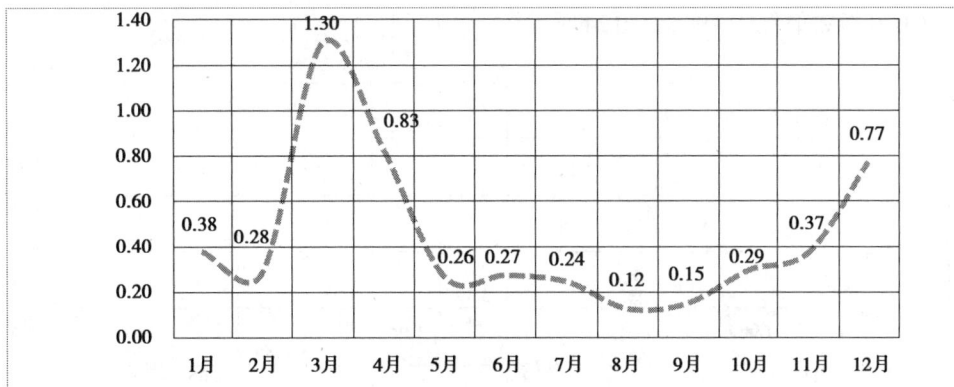

图21 第一产业就业景气指数

从劳动力市场第二产业就业景气度来看,3月为求职就业最佳时期。智联大数据平台显示,3月CIER指数最高(2.02),其次是12月CIER指数(1.62),1月CIER指数最低(0.44),如图22所示。

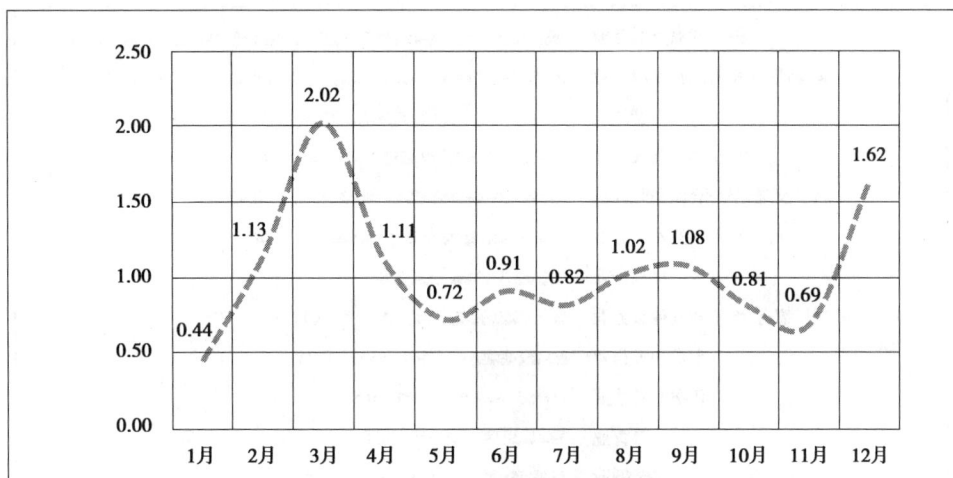

图22 第二产业就业景气指数

从劳动力市场第三产业就业景气度来看,3月为求职就业最佳时期。智联大数据平台显示,3月CIER指数最高(2.95),其次是12月CIER指数(1.47),1月CIER指数最低(0.68),如图23所示。

(四)劳动力市场行业就业景气度

从劳动力市场行业就业景气度来看,三大劳动力密集行业就业景气度较高。智联大数据平台显示,租赁和商务服务业CIER指数最高(1.43),其次是信息传输/软件和信息技术服务业以及制造业(分别为1.32、1.11),水利/环境和公共设施管理业 CIER 指数最低(0.19),如图 24 所示。

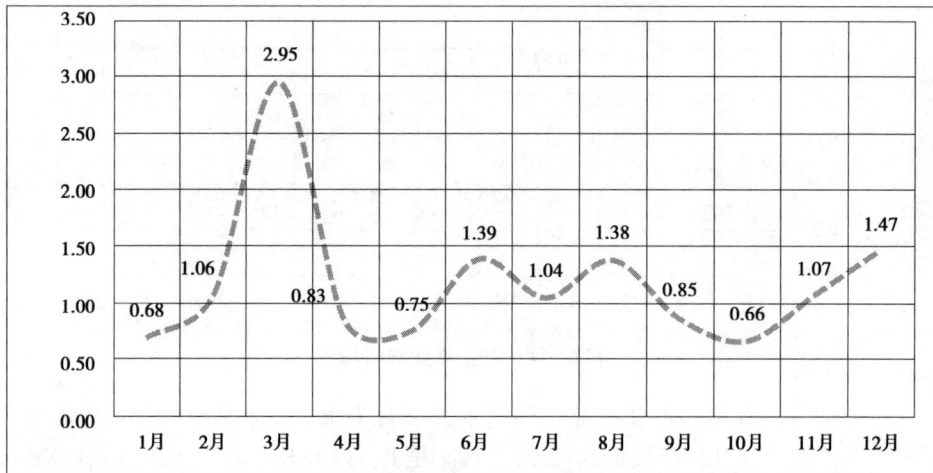

图23 第三产业就业景气指数

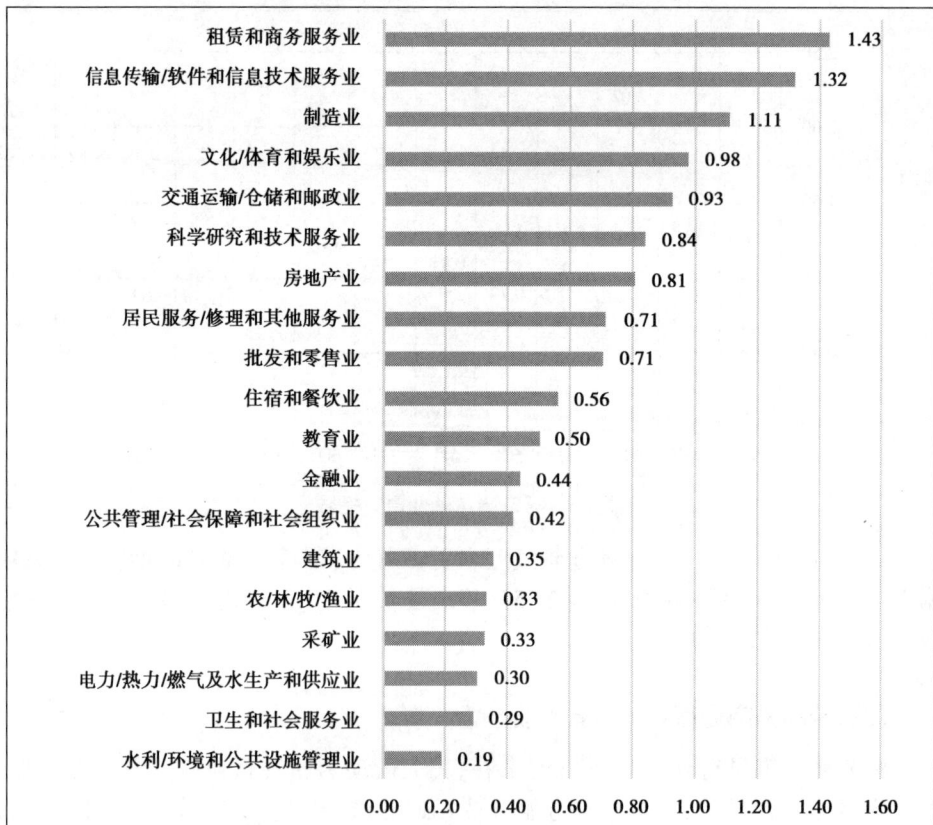

图24 行业就业景气度

(五)劳动力市场学历就业景气度

从劳动力市场学历就业景气度来看,硕士学位就业较为容易。智联大数据平台显示,硕士 CIER 指数最高(1.79),其次是大专以下 CIER 指数(1.52)、博士 CIER 指数(1.08)、本科 CIER 指数(0.70),大专 CIER 指数最低(0.56)。

(六)劳动力市场工作经验就业景气度

从劳动力市场工作经验就业景气度来看,应届毕业生就业较为容易。智联大数据平台显示,1~2 年工作经验 CIER 指数最高(1.24),其次是 1 年以下工作经验 CIER 指数(1.08)、6~10 年工作经验 CIER 指数(0.55)、3~5 年工作经验 CIER 指数(0.87),10 年以上 CIER 指数较低(0.30)。

(七)劳动力市场岗位类别就业景气度

从劳动力市场岗位类别就业景气度来看,专技类、技能类就业较为容易。智联大数据平台显示,专技 CIER 指数最高(1.52),其次是技能 CIER 指数(1.46)、市场 CIER 指数(1.13)、专业 CIER 指数(0.46),管理 CIER 指数最低(0.28)。

专题报告

高质量就业试点先行区指标体系研究

摘　要:党的二十大报告明确提出,"加快构建新发展格局,着力推动高质量发展","增进民生福祉,提高人民生活品质"。推动高质量发展就在于增进民生福祉,满足人民日益增长的对美好生活的需要。而"就业是最基本的民生",改善和发展民生就必须"实施就业优先战略""强化就业优先政策,健全就业促进机制,促进高质量充分就业"。为此,全国各地争先打造高质量就业试点先行区,为促进高质量充分就业,增进民生福祉奠定坚实基础。这就是开展高质量就业试点先行区建设的内在逻辑。但建设高质量就业试点先行区的成效如何,必须有一套科学量化的指标体系加以评估,这就是本课题研究所要解决的问题。

关键词:结构调整　劳动力市场　高质量就业　就业评价

一、引言

(一)问题提出

就业是最大的民生。党的十九大报告提出"要坚持就业优先战略和积极就业政策,实现更高质量和更充分就业"。2022年1月8日,重庆市人民政府印发《重庆市就业促进"十四五"规划(2021—2025年)》(以下简称《规划》)。这是重庆市就业领域第一个以市政府名义印发的市级规划,是重庆市贯彻党的十九大和十九届历次全会精神、迎接党的二十大胜利召开的集中体现,也是未来一段时期全市就业领域的行动指南。《规划》从就业创业、社会保障、技能人才队伍发展等3个方面提出了14项可量化的具体指标。这14项量化指标体现的是"十四五"期间重庆市就业促进政策必须实现的目标,当然也是高质量就业先行试点区的基本要求,但还不能全面准确客观地评估重庆市高质量就业先行试点区的建设成效。更重要的是,这些指标的设置,没有体现党的二十大关于"实现就业优先战略"的新要求。因此,有必要在既有的14项量化指标基础上,构建一套评价指标体系,不仅反映重庆市贯彻落实党中央、国务院关于推动高质量就业决策部署的情况,还体现党的二十大对实施就业优先战略、促进高质量充分就业的最新要求;不仅回答高质量就业先行试点区"应当达到什么样的标准",还回答重庆市高质量就业先行试点区建设"已经达到什么样的水平"。这就是本课题研究的逻辑起点。

(二)研究思路和技术路线

在研究思路上,遵循"理论研究—定性研究—定量研究"的逻辑进程,构建一整套评价指标体系,并进行定量的数据检验分析,为该指标体系的科学运用奠定基础。同时,在完成指标体系科学性、可行性论证的基础上,提出重庆市推进成渝地区双城经济圈战略和高质量就业先行试点区建设融合发展的政策建议。

在技术路线上,紧扣研究思路,从理论分析到实证检验,基于实证结论提出政策建议。在定性研究层面,围绕评价指标体系的构建,提出"价值目标""指标选择""指标算法",为形成量化评价值、便于直接比较奠定基础。在定量分析层面,分区县对重庆市高质量就业先行试点区建设情况进行全面的检验,并对各区县高质量就业评价指数进行排名。最后,基于定量分析的结论提出推进重庆市高质量就业试点先行区建设、服务成渝地区双城经济圈建设的政策建议。图1为本课题研究的技术路线示意图。

(三)研究框架和内容安排

本课题基于"理论研究—应用研究—对策研究"的基本范式,建立总体框架。研究内容主要分为五大部分:一是引言;二是理论研究——高质量就业试点先行区理论分析基础;三是定性研究——高质量就业试点先行区指标体系构建;四是定量研究——高质量就业试点先行区指标体系检验;五是研究结论与政策建议——推进成渝地区双城经济圈建成高质量就业试点先行区。

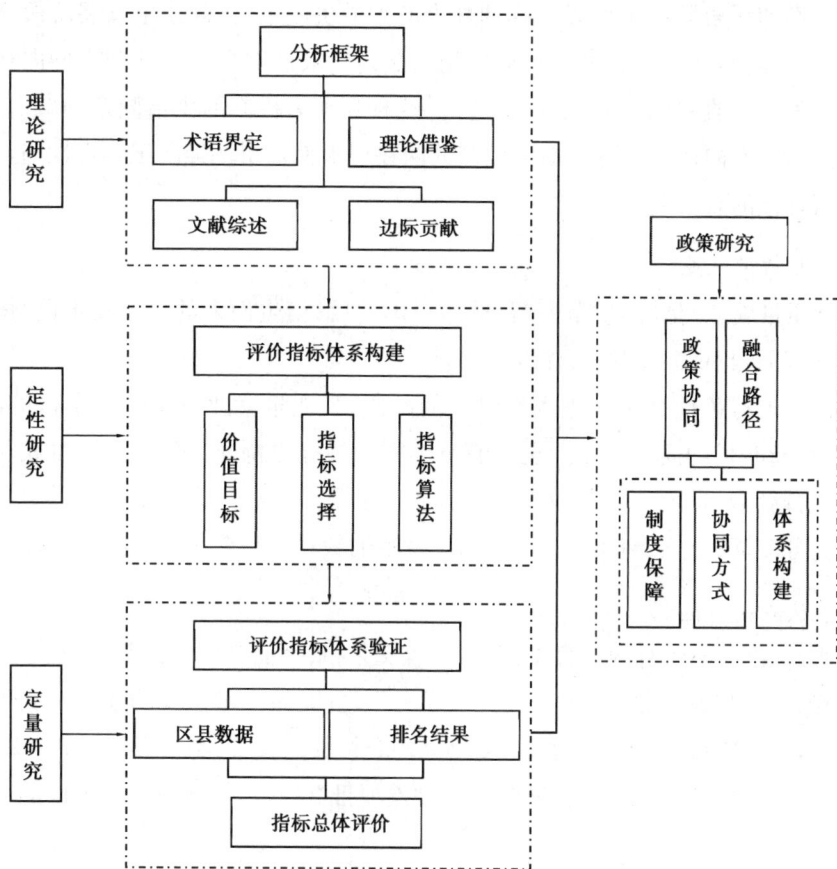

图1　本课题研究的技术路线示意图

二、理论研究:高质量就业试点先行区理论分析基础

(一)术语界定

1.高质量发展

从经济学的基础理论看,所谓质量,是指产品能够满足实际需要的使用价值特性。进入高质量发展新时代,体现经济发展的本真性质,对满足人民日益增长的美好生活需要的使用价值面即供给侧的关注,将变得尤为重要,受到更大关切。经济发展的本真性实质上就是以追求一定经济质态条件下的更高质量目标为动机。发展质量的内容所表现出的多维性和丰富性,要求发展战略和模式选择的高度创新

性。与高速增长阶段主要以工具理性为动力的机制不同,高质量发展阶段必须有更具本真价值理性的新动力机制,即更自觉地主攻能够更直接体现人们向往目标和经济发展本真目的的发展战略目标。这种新动力机制的供给侧是创新引领,需求侧则是人们向往。这种新动力机制的内在要求就是市场经济工具理性与经济发展本真理性的有效契合。

2.高质量就业

高质量就业,是"高质量发展"概念提出之后,衍生而来的一个新术语,体现的是全球范围内对就业问题关注维度的转变。

在中国特色社会主义进入新时代的阶段,高质量就业有了更加丰富的内涵。总体看,新时代的高质量就业至少有三个方面的核心特征:第一,高质量就业的基础是充分就业,即就业年龄段人口的就业比重要高;第二,高质量就业需要人力资源的充分流动;第三,高质量就业要求广大普通劳动者技能水平的大幅度提高。

3.试点先行区

所谓试点,一般有两层含义:第一层含义是指,全面开展工作前,先在一处或几处试做;第二层含义是指,正式进行某项工作之前,做小型试验的地方。我国自改革开放以来,对政治、经济、社会、文化等各个领域的改革,都按照"摸着石头过河"的原则,边改边试、边试边改,通常采取试点项目"试水"、经验成熟后推广的方式推进各项改革。

"试点先行区"就是,在一定区域内率先启动政策试点工作,为后续可能扩围的政策实施积累经验、发现问题、动态优化、持续改进,奠定政策"由点及面"扩大实施范围的基础。试点的区域,从层级上来讲,可以是国家层面确定,也可以是地方层面发挥主观能动性和选择自主性,根据自身实际情况,综合考虑政策试点目标、社会经济基础等各方面因素而确定。

4.高质量就业试点先行区

高质量就业试点先行区,就是贯彻落实党的十八大以来尤其是党的二十大以来中央关于实施就业优先战略的一种政策探索。这种政策探索,没有现成的模式和经验可以遵循,需要充分调动地方积极性,在落实好中央出台的一系列政策的基础上,鼓励地方开展自主性改革试水。成渝地区双城经济圈建设全国高质量就业试点先行区,就是成渝地区贯彻落实党的二十大精神,围绕成渝地区双城经济圈发展战略规划,以高质量就业助推高质量发展的重大政策试点实践。

(二)文献综述

1.有关高质量就业内涵的研究

从国内外研究结果看,就业质量是衡量劳动者在就业过程中就业各方面客观情况和主观满意度的综合概念。其内涵很广,既有宏观和微观方面的界定,又有主观和客观方面的考量。宏观层面上的就业质量通常是指一个国家或地区劳动力市场运行的状况和人力资源配置效率,包括劳动力供求状况、就业规模与结构、公共就业服务质量以及平等的就业机会等;微观层面上的就业质量是指劳动者拥有稳定的就业机会、良好的就业环境、合理的报酬增长、受保护的劳动权益和完善的社会保障等劳动者主观感受。另外,高质量就业在不同阶段有不同的内涵,其实现过程是一个持续的动态变化过程。在生产力水平较低的发展阶段,提高就业质量的诉求一般集中在正规就业、安全的工作环境、职业健康和基本的劳动权益保护等方面。当生产力发展到较高水平,基本的就业权益得到保障后,劳动者会更看重就业的发展性、获得感和价值感,对就业质量的诉求更多涉及劳动者的职业发展和尊严,如价值实现、工作生活平衡、公平性等。

事实上,高质量就业既是一种程度、状态,也是一个动态发展过程。纵向来看,高质量就业是我国实施就业优先战略的关键,"更加充分更高质量就业"这一表述可以总结为以下两个方面。第一,扩大就业容量,提升就业能力,保障就业机会供给,促进更加充分就业。包括针对高校毕业生、退役军人、进城务工人员等重点群体提供就业扶持,保障就业培训,支持劳动密集型产业发展,增加公益性岗位,提高市场包容性等政策支持。此外,近年来鼓励多渠道灵活就业,如外卖员、快递员等新业态形式,也体现出更加充分、更加包容的就业促进措施。第二,提升就业质量,健全就业公共服务体系,缓解就业结构性矛盾,促进更高质量就业。包括推动产业政策调整与产业升级、发展科技密集型产业、构建常态化援企稳岗帮扶机制、加强劳动者权益保障等。因此,更加充分就业是更高质量就业的基础,二者相辅相成。更高质量就业在政策实践落地过程中也体现出宏观的产业政策和微观的个体就业质量提升、权益保障相结合的特点。

2.有关就业质量评价的研究

在理论层面,一些国内专家学者和科研机构从我国社会经济发展现状和具体国情出发,对构建我国就业质量评价体系进行了积极探索,设计出了本土化的就业质量指标体系。部分研究关注宏观层面就业和经济发展形式,设计指标体系用以测量地区层面的就业质量和经济发展之间的关系。与此对应,部分研究则关注微观个体层面就业质量的评估分析,即评估人口学变量、社会经济变量等对个体就业的稳定性、工资报酬、就业满意度等维度的影响。此外,还有从相反方向来测量就业质量的"脆弱性就业"概念。这一概念来源于世界银行2000年提出的"贫困脆弱性",其开始仅测量未来家庭陷入贫困的可能性,后逐渐拓展至测量就业稳定性和自主性、工人权益保护、经济报酬等内容。

3. 既有研究的评述

现有的研究对就业质量界定、就业质量评价方面做出了重要贡献,从宏观、中观、微观等层面将众多社会经济因素纳入考虑,能够比较客观地量化测量就业质量。但是,既有研究几乎没有涉及"高质量就业试点先行区"这一重大而现实的问题,有关高质量就业试点先行区的讨论大多限于各级政府及其人力资源和社会保障部门的会议、文件、论坛之中,理论界的研究探索尚处于起步阶段。这一现实暴露了既有文献在"高质量就业试点先行区"这一研究主题方面的诸多缺陷:第一,几乎所有关于就业质量评价的文献,都着眼于就业质量本身,而未对实施就业优先政策、推动就业高质量发展的特定区域的政策效应做出评价;第二,大多数研究并未关注如何评价高质量就业政策效应的问题;第三,在如何界定高质量就业方面,与国家提出的战略目标联系不够紧密,特别是尚未体现党的二十大对高质量发展和高质量就业的最新要求。

因此,本课题的研究将重点关注既有研究在这两个方面的问题,不仅就重庆市如何建设高质量就业先行试点区提出具体的政策建议,还对如何评价高质量就业先行试点区建设成效构建一整套指标体系。

三、定性研究:高质量就业试点先行区指标体系构建

(一)价值导向

1. 充分体现党的二十大的最新精神

构建高质量就业试点先行区评价指标体系,必须充分体现党的二十大精神。一是坚持以人民为中心的发展思想。评价指标体系的构建,必须充分关注民生福祉,反映人民生活品质的改善情况。二是体现经济高质量发展的进程。高质量发展是高质量就业的基础和保障。评价指标体系的构建,应当体现宏观经济的发展

情况,不仅要反映经济在量的方面的积累,还要体现在质的方面的提升。三是反映就业优先战略实施的情况。评价指标体系的构建,必须紧扣党的二十大报告要求,充分反映成渝地区尤其是重庆市实施就业优先战略的政策效应。

2.充分体现新时代高质量就业的内在要求

对高质量就业试点先行区的评价指标设置,需要体现以下四个方面的内容。一是就业机会充分提供。不断创造新的就业岗位,帮助就业重点困难群体和失业人员实现就业,就业结构比重与经济结构更相适应,实现就业增长与就业结构优化良性互动。二是城乡劳动力资源得到有效开发。健全面向全体劳动者的职业技能培训制度,大幅度提高职业素质水平,突出技能人才尤其是普通技能人才整体素质的提高。三是就业政策和服务体系更加完善。整合就业政策,完善就业管理制度,加大就业财政投入,使劳动者享受到均等、优质、高效的公共就业服务。四是就业满意度不断提高。劳动者的就业权益得到有效保护,劳动报酬收入与经济增长水平同步增长,社会保险覆盖群体进一步扩大。劳动者更自主、受尊重、能体现自身价值的新时代多元化诉求得到满足。

3.充分体现评价指标体系的一般原则

高质量就业指标体系通过各种指标从不同侧面系统地展现就业质量情况,其构建需要符合以下三个原则。一是科学性。指标体系能够反映高质量就业的总体水平,体现就业工作的实际情况。评价指标之间应尽量互补,避免重复交叉,互相独立,由若干个相互独立的指标群综合成一个完整的指标体系。二是可操作性。指标定义需清晰,计算公式科学合理,数据采集方便,易于掌握操作。在结果运用上既可以横向(地区之间)对比,也可以纵向(各个时期)对比。三是稳定性与动态性相结合。指标内容应随着社会经济发展状况的变化、数据调查体系的不断完善、数据管理能力的提升等因素做出调整,以适应形势发展的需要。

(二)指标选择

高质量就业的基础是充分就业,而充分就业的核心在于就业数量。高质量就业试点先行区,不仅要体现充分就业,还要体现区域之间的协调发展和就业质量的提升。因此,高质量就业试点先行区评价,必须体现三个层面的指标:一是就业数量层面的指标;二是就业质量层面的指标;三是就业区域协调层面的指标。为此,本课题将构建涵盖"就业数量""就业环境""就业能力""劳动报酬""就业保护""公共服务"等6个一级指标、14个二级指标、38个三级指标的评价体系。表1为本课题设计的"高质量就业先行试点区评价指标体系"。

表1 高质量就业试点先行区评价指标体系

一级指标	二级指标	三级指标	指标含义	指标方向
1.就业数量	1.1宏观经济	GDP增长率	地区生产总值较同期增长比率	+
		人均GDP增长率	人均地区生产总值较同期增长比率	+
	1.2就业供求	求人倍率	劳动力市场有效需求人数与有效求职人数之比	+
		城镇登记失业率	城镇登记失业人数占城镇单位就业人数与城镇登记失业人数之和的比重	−
		城镇调查失业率	城镇调查失业人数占城镇单位就业人数与城镇调查失业人数之和的比重	−
		城镇新增就业人数	本期城镇单位就业人数与上期城镇单位就业人数之差	+
	1.3就业结构	第二产业就业比重	第二产业就业人数/就业总人数×100%	+
		第三产业就业比重	第三产业就业人数/就业总人数×100%	+
		数字经济业态就业比重	数字经济产业就业人数/就业总人数×100%	+
		城镇单位就业比重	本期城镇单位就业人数/本期就业总人数×100%	+
2.就业环境	2.1经济发展与就业	就业弹性	就业弹性=当期相较上一期的各地城镇单位就业人数增长率/当期相较上一期GDP增长率×100%	+
	2.2就业公平	城乡收入差距	城镇人均可支配收入/农村人均可支配收入	+
		分行业城镇单位所有制收入差距	每一行业城镇国有单位和城镇非国有单位(包括城镇集体单位和其他单位)平均工资之比减1之后取绝对值	−

一级指标	二级指标	三级指标	指标含义	指标方向
2.就业环境	2.2就业公平	城镇单位就业人员中女性占比	城镇单位就业人员中女性占比=城镇单位就业人员中女性人数/城镇单位就业总人数×100%	+
	2.3就业流动性	外地户口与本地户口人数比例	外地户口与本地户口人数比例	+
3.就业能力	3.1教育水平	人均受教育年限	不同学历就业人数占比乘以对应的受教育年限再求和	+
		大专就业人数占比	大专就业人数/就业总人数	+
		本科及以上就业人数占比	本科及以上学历就业人数/就业总人数	+
	3.2职业技能	初级职业技术职称获取率	初级职业证书获取率=初级职业证书获取人数/地区就业人数×100%	+
		中级职业技术职称获取率	中级职业证书获取率=中级职业证书获取人数/地区就业人数×100%	+
		高级职业技术职称获取率	高级职业证书获取率=高级职业证书获取人数/地区就业人数×100%	+
4.劳动报酬	4.1工资薪酬	最低工资水平	最低工资水平根据当地政府规定的标准确定	+
		社会平均工资增长率	社会平均工资增长率=（本期城镇单位在岗职工平均工资－上期城镇单位在岗职工平均工资）／上期城镇单位在岗职工平均工资×100%	+
		居民平均可支配工资性收入	居民可支配收入	+

续表

一级指标	二级指标	三级指标	指标含义	指标方向
4.劳动报酬	4.1工资薪酬	工资总额占GDP比重	工资总额占GDP比重=城镇单位就业人员工资总额／GDP×100%	+
	4.2社会保障	城镇养老保险参保率	城镇养老保险参保率=城镇在岗职工基本养老保险参保人数／城镇单位就业人数×100%	+
		医疗保险参保率	医疗保险参保率=职工基本医疗保险参保人数／城镇单位就业人数×100%	+
		工伤保险参保率	工伤保险参保率=工伤保险参保人数／城镇单位就业人数×100%	+
		失业保险参保率	失业保险参保率=失业保险参保人数／城镇单位就业人数×100%	+
		生育保险参保率	生育保险参保率=生育保险参保人数／城镇单位就业人数×100%	+
5.就业保护	5.1劳动关系	工会会员人数比率	工会会员人数占城镇单位就业人数比重	+
		人均劳动争议案件发生率	劳动争议案件受理数占从业人数的比重	−
		通过仲裁裁决方式结案率	仲裁裁决案件数／结案数×100%	−
		通过调解仲裁裁决方式结案率	调解仲裁方式案件数／结案数×100%	+
	5.2劳动安全	职工工伤发生率	当期认定（视同）工伤人数／城镇单位就业人数×100%	−
		职工职业病发病率	患职业病人数／城镇单位就业人数×100%	−
6.公共服务	6.1就业服务	职业指导人数比率	本年职业指导人数与各地每万人常住人口数的比例	+
	6.2创业服务	创业指导人数比率	本年创业服务人数占各地每万人常住人口数的比例	+

1.就业数量指标

对于"就业数量",本课题借鉴潘琰、毛腾飞、赖德胜、戚聿东、张抗私、韩佳乐等人的研究,构建了"宏观经济""就业供求""就业结构"3个二级指标。在10个三级指标中,除"城镇登记失业率""城镇调查失业率"2个指标外,其余8个指标均为正向指标,即该项三级指标对就业数量指标的影响是正向的。"求人倍率"反映某一地区的劳动力供求比,由劳动力市场有效需求人数与有效求职人数之比来表示。失业率是反映一个国家或地区失业状况的主要指标。"城镇登记失业率"是城镇登记失业人数占城镇单位就业人数及城镇登记失业人数之和的比重;"城镇调查失业率"是城镇调查失业人数占城镇单位就业人数及城镇调查失业人数之和的比重。"城镇新增就业人数"等于本期城镇单位就业人数与上期城镇单位就业人数之差。"城镇单位就业比重"等于本期城镇单位就业人数与本期就业总人数的比值。"数字经济业态就业比重"反映的是数字经济、平台经济等经济形态中就业人数占就业总人数的比重。

关于就业质量的测度,国内外学者并未就测度指标达成共识,也没有被一致认可的指标体系,一般都是根据所要研究的问题,建立符合管理需求的指标体系。赖德胜等建立了一个包含6个维度的评价指标体系,这一体系包含20个二级指标、50个三级指标;张抗私、韩佳乐建立了一个包含5个维度、11个二级指标、27个三级指标的评价指标体系。这些指标体系既有共同的地方,也有差异的设计。但这些指标体系要么太过复杂,要么太过简单,对一些新的业态特征和就业形式缺乏必要的反映。建立的指标并不是越多越好,过多的指标会弱化重要指标的权重,增加数据搜集和处理的难度,不利于长期追踪。因此,本课题在考虑数据可获得性因素的基础上,按照科学性、全面性、可操作性、稳定性与动态性的基本要求,参考刘素华、赖德胜、苏丽锋、张抗私、李善乐、谭永生、戚聿东、张抗私、韩佳乐等的研究,筛选并确定出最能直接反映就业质量的各项指标,建立就业质量指标体系。本课题建立的高质量就业试点先行区评价指标体系中,"就业环境""就业能力""劳动报酬""就业保护""公共服务"等5个一级指标,反映的是就业质量的基本情况。

2.就业环境指标

就业环境一级指标包括"经济发展与就业""就业公平""就业流动性"3个二级指标。经济发展与就业指标用就业弹性指标来衡量,本课题就业弹性指标使用弧弹性,是用当期相较上一期的各地城镇单位就业人数增长率与当期相较上一期GDP增长率的比值来计算。就业公平二级指标分别用"城乡收入差距""分行业城镇单位所有制收入差距""城镇单位就业人员中女性占比"来衡量。其中,城乡收入差距用城乡人均可支配收入比来表示,缩小城乡差距符合乡村振兴战略的要求。考虑到不同行业、不同所有制的工资差距不同,按照国家统计局的划分标准,本课题把行业分为19大行业,计算方法为每一行业城镇国有单位和城镇非国有单位(包括城镇集体单位和其他单位)平均工资之比减1之后取绝对值。

地区间的流动就业有利于提高就业质量,中国的劳动力市场具有明显的制度分割性特点,分割越严重的地区劳动力流动越困难,因此,可用"外地户口与本地户口人数比例"来衡量劳动市场流动性,指标值越大表明劳动力市场分割程度越小,越有利于吸纳就业。就业环境子指标中,除城乡收入差距与分行业城镇单位所有制收入差距为负向指标外,其余均为正向指标。

3.就业能力指标

本课题把"就业能力"分为"教育水平"和"职业技能"两个二级指标。Becker认为,人力资本可以分为一般部分和特殊部分,前者是通过教育获得的,可在雇主之间转移;后者是通过在特定公司或部门获得特定工作的人力资本获得的,不可在雇主之间转移。教育水平由各地区人均受教育年限和就业人员不同学历占比来衡量,人均受教育年限使用不同学历就业人数占比乘以对应的受教育年限再求和的方法求得。本课题按照通常的做法定义不同学历的受教育年限:不识字受教育年限定义为0,小学为6,初中为9,高中和中职为12,大专和高职为15,大专及以上和本科定义为16,研究生为19。大专就业人数占比即大专就业人数与总就业人数的比例,本科及以上就业人数占比即本科以上学历就业人数与就业总人数的比例。职业技能水平由各级职业证书获取率来衡量,各级职业证书获取率等于各级职业证书获取人数与各地区就业人数的比值。各项就业能力子指标均为正向指标。

4.劳动报酬指标

在劳动力市场中,劳动报酬被认为是工人技能和就业条件的综合表达,既体现了个体劳动者价值,反映了多种劳动者特征(如性别、年龄、学历或经验年限),也体现了社会对劳动者的认同程度,合理的劳动报酬可以提高劳动者自我价值感和地位感。本课题在"劳动报酬"一级指标下设"工资薪酬"和"社会保障"两个二级指标。

"工资薪酬"由"最低工资水平""社会平均工资增长率""居民平均可支配工资性收入""工资总额占GDP比重"等4个三级指标构成。最低工资水平根据当地政府规定的标准确定;社会平均工资增长率=(本期城镇单位在岗职工平均工资—上期城镇单位在岗职工平均工资)/上期城镇单位在岗职工平均工资×100%;工资总额占GDP比重=城镇单位就业人员工资总额/GDP×100%,用以衡量劳动者报酬与经济发展协调程度;为保证各个地区之间最低工资数据的可比性,选择当地最低工资标准与城镇在岗职工平均工资之比作为衡量最低工资水平的指标。

"社会保障"二级指标下设5个三级指标,分别为:"城镇养老保险参保率""医疗保险参保率""工伤保险参保率""失业保险参保率""生育保险参保率"。其计算方法分别为:城镇养老保险参保率=城镇在岗职工基本养老保险参保人数/城镇单位就业人数×100%;医疗保险参保率=职工基本医疗保险参保人数/城镇单位就业人数×100%;工伤保险参保率=工伤保险参保人数/城镇单位就业人数×100%;失业保险参保率=失业保险参保人数/城镇单位就业人数×100%;生育保险参保率=生育保险参保人数/城镇单位就业人数×100%。劳动报酬一级指标下的9个三级指标都是高质量就业试点先行区评价体系的正向指标。

5.就业保护指标

"就业保护"包括"劳动关系"和"劳动安全"两个二级指标。"劳动关系"包含"工会会员人数比率""人均劳动争议案件发生率""通过仲裁裁决方式结案率""通过调解仲裁裁决方式结案率"。通过仲裁裁决方式结案率=仲裁裁决案件数/结案数×100%,通过调解仲裁裁决方式结案率=调解仲裁方式案件数/结案数×100%。调解仲裁是仲裁庭根据当事人自身意愿达成的调解,仲裁裁决是仲裁庭针对仲裁纠纷案件做出的裁决,很可能出现争议双方意见不统一的情况。在处理一般劳资关系问题时,通过仲裁裁决与通过调解相比,容易引起更大的不满和厌恶。徐雷等研究发现,工会可以更好地维护劳动者的合法权益。因此,"通过仲裁裁决方式结案率"为负向指标,"通过调解仲裁裁决方式结案率"为正向指标,"工会会员人数比率"为正向指标。"劳动安全"包括"职工职业病发病率"和"职工工伤发生率",职工职业病发病率=患职业病人数/城镇单位就业人数×100%,职工工伤发生率=当期认定(视同)工伤人数/城镇单位就业人数×100%,职工职业病发病率和职工工伤发生率均为负向指标。

6.公共服务指标

"公共服务"体现在"就业服务"和"创业服务"方面。"就业服务"包括"职业指导人数比率",用本年职业指导人数与各地每万人常住人口数的比例来衡量。创业也是解决就业的途径之一,政府通过提供创业服务提高创业质量,通过本年创业服务人数占各地每万人常住人口数的比例来衡量政府的创业服务情况。

(三)指标算法

本课题采用改进的熵值法,使其适用于面板数据,并且考虑到了数据的层次性问题,运用了迭代算法,其基本思想是:在某一年份下,把下级指标按照算出的权重加和到对应的上一级指标,分别计算出上一级指标得分,再用同样的方法加总到更高一级的指标,得出这级指标的得分,以此类推。下面为每一层级熵值法的计算步骤。

1.数据选取

以 n 代表统计期,m 代表指标排序,q 代表统计地区(区县),则 x_{ijs} 为第 i 个统计期(月、季或年)第 s 地区的第 j 个指标的数值($i = 1, 2, ..., n$；$j = 1, 2, ..., m$；$s = 1, 2, ..., q$)。

2.标准化处理

在选取数据之后,对各指标数据进行标准化处理,实现异质指标同质化。由于各项指标的计量单位并不统一,因此在用它们计算综合指标前,要先对它们进行标准化处理,即把指标的绝对值转化为相对值,把各项不同质指标值进行同质化。而且,由于正向指标和负向指标数值代表的含义不同(正向指标数值越高越好,负向指标数值越低越好),因此,对于含义不同的指标,本课题用不同的算法进行数据标准化处理,并把数值控制在 $(0, 100)$ 区间内。具体方法如下。

对正向指标:

$$x_{ijs}^{P} = \frac{x_{ijs} - \min(x_{ij1}, x_{ij2}, ..., x_{ijq})}{\max(x_{ij1}, x_{ij2}, ..., x_{ijq}) - \min(x_{ij1}, x_{ij2}, ..., x_{ijq})} \times 100$$

对负向指标:

$$x_{ijs}^{N} = \frac{\max(x_{ij1}, x_{ij2}, ..., x_{ijq}) - x_{ijs}}{\max(x_{ij1}, x_{ij2}, ..., x_{ijq}) - \min(x_{ij1}, x_{ij2}, ..., x_{ijq})} \times 100$$

为方便起见,不妨仍然记数据 x_{ijs}^{P}, x_{ijs}^{N} 为 x_{ijs}。

3.计算各项指标比重

在对各项指标数据进行标准化处理之后,计算各项指标的权重值:

$$p_{ijs} = \frac{x_{ijs}}{\sum\limits_{s=1}^{q} x_{ijs}}$$

4.计算第 j 项指标第 i 期的熵值

$$e_{ij} = -k \sum_{s=1}^{q} p_{ijs} \ln\left(p_{ijs}\right)$$

式中, $k > 0, k = \dfrac{1}{\ln q}, e_{ij} > 0$。

5.计算权重值

$$\omega_{ij} = \frac{1 - e_{ij}}{m - e_e}$$

式中, $e_e = \sum\limits_{j} e_j$。

6.加权指标

现在,对各项指标进行加权平均:

$$T_{is} = \sum_{j} x_{ijs} \cdot \omega_{ij}$$

7.计算高质量就业试点先行区综合指数

$$G = \alpha f(x) + \beta g(x), \alpha = \beta = 0.5$$

式中, $f(x)$ 和 $g(x)$ 分别为就业数量指标(1个一级指标)和就业质量指标(5个一级指标)得分。

为了方便起见,不妨令 $\alpha = \beta = 0.5$,即就业数量与就业质量同等重要,各自都被赋予50%的权重。

8.计算高质量就业试点先行区协调指数

高质量就业试点先行区评价综合指数 G 反映的是某一区域(比如,整个重庆市或重庆市"一区两群")建设高质量就业试点先行区就业数量指数与就业质量指数的加权平均状态,但却无法反映二者之间的协调度。因此,还需要考虑就业质量指数与就业数量指数之间的异质性、差异度问题。如果二者之间异质性越强、差异度越大,那么,就业质量与就业数量的协调度就越低;反之,如果二者之间异质性越弱、差异度越小,那么,就业质量与就业数量的协调度就越高。为此,我们根据吴定玉的思路,构建高质量就业试点先行区协调指数:

$$C = \left\{ \frac{f(x) \cdot g(x)}{\{[f(x) + g(x)]/2\}^2} \right\}^{\gamma} \times 100$$

式中,C是就业数量与就业质量之间的协调度,γ为调节系数,$\gamma \geqslant 2$,不妨采用$\gamma = 2$。这一协调指数反映的是高质量就业试点先行区内就业数量与就业质量之间的协调度。当$f(x) = g(x)$时,$f(x) \cdot g(x)$的乘积最大,C的值也达到最大,就业数量与就业质量之间的协调程度最高。C的取值在$[0, 100]$之间,C值越大,表明就业数量与就业质量的协调度越高。

9.计算高质量就业试点先行区协调发展指数

高质量就业试点先行区综合指数G,衡量的是一个区域内就业数量与就业质量的指数加权平均数,解决的是总量的问题;高质量就业试点先行区协调指数C,衡量的是一个区域内就业数量指数与就业质量指数的协调度问题,解决的是结构的问题。但是,这两大指数仍然无法全面衡量某一区域建设高质量就业试点先行区的总体情况。因此,还必须对C和G做进一步处理,得到一个全面衡量高质量就业试点先行区建设情况的指数,即高质量就业试点先行区协调发展指数:

$$D = \sqrt{C \cdot G}$$

10.计算地区间高质量就业试点先行区协调发展指数

前述的就业综合指数C和协调指数G都是对各个区域单位的评价指数,可以分别用于对重庆市和成都市各个区县的高质量就业先行试点区建设成效进行评估;同时,也可以对重庆市和成都市的整体情况按照总体平均值进行评估。但是,重庆市和成都市分别作为成渝地区双城经济圈的两个单元主体,二者之间高质量就业先行试点区建设的协同度如何,还需要进一步分析。

事实上,高质量就业试点先行区协调发展指数$D = \sqrt{C \cdot G}$已经能够比较全面地衡量某一地区建设高质量就业先行试点区的成效。就本课题的研究范围而言,可以利用重庆市、成都市的数据分别衡量两地的高质量就业试点先行区建设成效。在国家实施成渝地区双城经济圈发展战略的大背景下,人力资源和社会保障部、四川省、重庆市三方共建高质量就业试点先行区,所取得的成效如何不仅要看两地各自的建设情况,还要看两地之间协同发展的情况。同时,成都市、重庆市内部区县之间或者区域之间打造高质量就业试点先行区的情况是否协同,也需要进行比较,这种比较既是对政策实施效应的一种事后评估,也是对各级政府推动更加充分更高质量就业工作的一种"倒逼"机制和反向激励。因此,本课题为此后的进一步深化研究预留一个"接口",即对于成都、重庆深入落实成渝地区双城经济圈发展战略、打造高质量就业先行试点区的成效,构建一个成渝地区高质量就业试点先行区协调发展指数:

$$I = \sqrt{D_{成都} \cdot D_{重庆}}$$

四、定量研究:高质量就业试点先行区指标体系检验

根据本报告构建的指数体系及计算方法,我们对这一指标体系进行实证检验。为了聚焦研究,本课题仅对2016—2021年重庆市38个区县的数据进行实证检验。

(一)重庆市就业数量指数

表2为根据指标构建方法计算出的就业数量指数三大指标权重情况。

表2　2016—2021年重庆市就业数量指标权重情况

指标	2016年	2017年	2018年	2019年	2020年	2021年
宏观经济	0.353	0.361	0.351	0.335	0.342	0.324
就业供求	0.336	0.318	0.307	0.313	0.297	0.313
就业结构	0.311	0.321	0.342	0.352	0.361	0.363

注:数据保留3位小数,百分比保留1位小数。

整个"十三五"时期(2016—2020年),就业结构的权重持续上升,且从2017年以来一直高于就业供求的权重,这表明重庆市的就业结构差异较就业供求更大。2017—2020年,就业结构与就业供求权重之间的差距持续扩大,这主要源于这一期间登记的求人倍率区县间差异缩小,从而降低了就业供求的权重;而城镇单位就业人员比重的曲线差异扩大提高了就业结构的权重,双重因素导致二者权重持续扩大,这一趋势在2021年有所缓解。上述变动趋势表明,重庆市的区县之间就业发展不平衡有所改善,未来建设高质量就业先行试点区还应更加注重就业机会的曲线平衡发展,政府应当引导企业积极为社会提供更多更合适的就业岗位,并且注重促进非正规就业向正规就业转化的问题。

从总体上看,2016—2021年,重庆市各区县就业数量指数呈现稳中有升的趋势,平均就业数量指数分别为42.17、43.39、43.97、44.51、44.56、45.41。表3为2016—2021年重庆市各区县就业数量指数情况。

表3　2016—2021年重庆市各区县就业数量指数情况

地区	2016年	2017年	2018年	2019年	2020年	2021年
万州区	47.12	52.35	49.27	53.15	52.65	53.68
黔江区	21.54	23.46	24.69	23.88	24.12	23.38
涪陵区	56.45	57.87	58.76	59.69	61.23	62.27
渝中区	58.79	64.75	68.47	61.32	62.98	67.32
大渡口区	50.12	49.89	51.23	51.38	51.87	52.06
江北区	59.67	60.46	61.34	63.37	63.49	65.06
沙坪坝区	52.34	52.67	52.28	55.37	55.76	56.01
九龙坡区	53.33	53.67	55.24	56.78	56.25	56.86
南岸区	50.23	50.96	52.37	53.34	56.16	55.64
北碚区	44.69	51.27	51.86	52.28	53.12	53.11
渝北区	62.16	66.89	68.72	69.17	67.21	71.23
巴南区	46.56	49.66	48.12	50.12	49.78	53.25
长寿区	48.79	51.46	48.98	53.93	51.56	51.19
江津区	56.89	57.86	58.09	58.04	60.23	61.56
合川区	45.34	44.23	47.34	47.68	47.23	48.26
永川区	46.36	45.68	45.89	47.36	46.46	47.27
南川区	44.35	43.10	42.98	44.48	44.43	45.01
綦江区	42.12	42.06	44.29	43.28	41.79	42.78
大足区	41.26	40.49	43.21	42.78	42.71	43.21
璧山区	52.35	53.25	51.76	54.77	53.62	53.96
铜梁区	48.65	45.23	49.39	52.11	53.87	52.19
潼南区	36.23	38.76	35.21	34.79	38.12	36.86
荣昌区	48.38	51.35	49.38	52.29	53.49	51.67
开州区	48.28	48.98	52.34	56.36	49.78	53.37
梁平区	34.27	33.78	36.65	33.39	31.39	34.09
武隆区	36.49	37.27	34.83	38.28	32.78	35.11
城口县	27.39	32.17	31.32	29.78	29.24	28.75
丰都县	43.71	41.78	45.28	41.18	42.17	44.17
垫江县	36.88	34.12	37.89	34.76	35.78	34.79

续表

地区	2016年	2017年	2018年	2019年	2020年	2021年
忠县	29.89	30.98	33.28	31.86	32.76	34.11
云阳县	40.25	39.67	42.29	42.76	43.22	43.39
奉节县	31.12	31.76	32.54	32.38	35.74	35.77
巫山县	23.23	24.76	25.38	25.49	27.28	27.65
巫溪县	25.86	29.87	27.49	28.39	29.71	29.62
石柱县	28.76	29.38	28.72	27.97	29.12	31.24
秀山县	33.26	38.65	35.37	36.27	35.85	37.23
酉阳县	27.98	28.67	27.76	29.23	29.38	30.24
彭水县	21.48	19.76	20.67	21.87	20.76	22.38
平均值	42.17	43.39	43.97	44.51	44.56	45.41

（数据来源：根据就业统计相关数据，按指标算法计算而得）

从表3可发现，各区县之间的就业发展不均衡，差距较大。

（二）重庆市就业质量指数

按照该指标体系的算法，可以分别得到一级、二级、三级指标的权重（限于篇幅略）。总体而言，在2016—2021年，重庆市就业环境和劳动报酬对就业质量的评价权重最高。就业环境指标的权重，除2019年外整体上呈现下降的趋势，这表明这期间重庆市各区县就业环境的差异总体上缩小。在此基础上，利用重庆市各区县2016—2021年的相关统计数据进行计算，可以得到这期间重庆市各区县就业质量指数，见表4。

表4　2016—2021年重庆市各区县就业质量指数情况

地区	2016年	2017年	2018年	2019年	2020年	2021年
万州区	43.23	31.34	39.87	48.67	42.15	36.45
黔江区	19.89	22.56	26.39	16.89	25.38	24.54
涪陵区	46.87	47.98	49.38	51.37	52.26	47.99
渝中区	51.34	52.49	54.50	53.32	57.98	50.45
大渡口区	35.87	37.98	36.78	33.89	37.34	38.21
江北区	50.34	53.34	51.45	55.89	54.97	52.55

续表

地区	2016年	2017年	2018年	2019年	2020年	2021年
沙坪坝区	40.34	42.32	41.40	45.39	45.56	37.78
九龙坡区	41.34	43.20	42.98	44.78	43.89	36.67
南岸区	38.87	39.45	42.87	41.84	45.47	33.56
北碚区	38.78	41.23	31.89	43.49	45.38	37.55
渝北区	52.16	53.48	56.79	59.16	61.21	63.19
巴南区	40.23	44.48	31.59	47.54	41.78	46.89
长寿区	41.23	44.45	47.65	33.45	44.56	35.66
江津区	42.54	47.86	48.33	48.98	51.36	46.55
合川区	35.45	22.49	37.34	41.89	37.15	42.44
永川区	36.45	40.34	30.56	42.23	48.99	44.21
南川区	35.34	38.67	37.98	26.56	40.89	42.12
綦江区	39.48	38.88	41.34	34.69	41.03	38.65
大足区	40.39	44.45	32.45	30.56	40.29	35.66
璧山区	42.39	49.49	53.89	50.78	40.33	38.55
铜梁区	41.09	34.45	47.85	43.98	36.98	40.44
潼南区	30.87	28.76	40.34	32.55	39.78	37.35
荣昌区	35.78	39.78	40.12	42.49	41.89	32.56
开州区	40.89	38.67	43.86	32.33	44.49	39.87
梁平区	29.78	30.33	34.45	28.45	41.44	35.44
武隆区	31.86	36.76	34.23	30.44	39.77	40.11
城口县	17.23	22.24	20.56	30.49	26.75	27.66
丰都县	33.65	36.98	43.48	25.66	30.50	26.77
垫江县	26.98	32.86	33.22	25.89	39.60	36.78
忠县	21.88	17.39	30.67	31.77	40.76	38.66
云阳县	30.22	32.78	33.74	36.99	37.09	32.33
奉节县	16.44	27.98	29.18	33.45	37.66	34.47
巫山县	16.09	19.77	23.11	28.87	27.97	31.45
巫溪县	15.36	18.99	19.33	24.38	25.79	26.33
石柱县	19.67	20.22	19.64	25.39	27.89	26.66

续表

地区	2016年	2017年	2018年	2019年	2020年	2021年
秀山县	18.78	24.33	25.12	14.68	32.11	30.87
酉阳县	20.67	22.78	20.89	26.87	30.18	33.67
彭水县	13.67	18.98	26.76	33.99	29.11	26.44
平均	33.51	35.28	36.89	36.84	40.20	37.57

（三）重庆市就业综合指数、协调指数和协调发展指数

表5、表6和表7分别给出了2016—2021年重庆市各区县高质量就业试点先行区综合指数、协调指数和协调发展指数。

表5　2016—2021年重庆市各区县高质量就业试点先行区综合指数

地区	2016年	2017年	2018年	2019年	2020年	2021年
万州区	45.18	41.85	44.57	50.91	47.40	45.07
黔江区	20.72	23.01	25.54	20.39	24.75	23.96
涪陵区	51.66	52.93	54.07	55.53	56.75	55.13
渝中区	55.07	58.62	61.49	57.32	60.48	58.89
大渡口区	43.00	43.94	44.01	42.64	44.61	45.14
江北区	55.01	56.90	56.40	59.63	59.23	58.81
沙坪坝区	46.34	47.50	46.84	50.38	50.66	46.90
九龙坡区	47.34	48.44	49.11	50.78	50.07	46.77
南岸区	44.55	45.21	47.62	47.59	50.82	44.60
北碚区	41.74	46.25	41.88	47.89	49.25	45.33
渝北区	57.16	60.19	62.76	64.17	64.21	67.21
巴南区	43.40	47.07	39.86	48.83	45.78	50.07
长寿区	45.01	47.96	48.32	43.69	48.06	43.43
江津区	49.72	52.86	53.21	53.51	55.80	54.06
合川区	40.40	33.36	42.34	44.79	42.19	45.35
永川区	41.41	43.01	38.23	44.80	47.73	45.74
南川区	39.85	40.89	40.48	35.52	42.66	43.57
綦江区	40.80	40.47	42.82	38.99	41.41	40.72
大足区	40.83	42.47	37.83	36.67	41.50	39.44

续表

地区	2016年	2017年	2018年	2019年	2020年	2021年
璧山区	47.37	51.37	52.83	52.78	46.98	46.26
铜梁区	44.87	39.84	48.62	48.05	45.43	46.32
潼南区	33.55	33.76	37.78	33.67	38.95	37.11
荣昌区	42.08	45.57	44.75	47.39	47.69	42.12
开州区	44.59	43.83	48.10	44.35	47.14	46.62
梁平区	32.03	32.06	35.55	30.92	36.42	34.77
武隆区	34.18	37.02	34.53	34.36	36.28	37.61
城口县	22.31	27.21	25.94	30.14	28.00	28.21
丰都县	38.68	39.38	44.38	33.42	36.34	35.47
垫江县	31.93	33.49	35.56	30.33	37.69	35.79
忠县	25.89	24.19	31.98	31.82	36.76	36.39
云阳县	35.24	36.23	38.02	39.88	40.16	37.86
奉节县	23.78	29.87	30.86	32.92	36.70	35.12
巫山县	19.66	22.27	24.25	27.18	27.63	29.55
巫溪县	20.61	24.43	23.41	26.39	27.75	27.98
石柱县	24.22	24.80	24.18	26.68	28.51	28.95
秀山县	26.02	31.49	30.25	25.48	33.98	34.05
酉阳县	24.33	25.73	24.33	28.05	29.78	31.96
彭水县	17.58	19.37	23.72	27.93	24.94	24.41
平均	37.84	39.34	40.43	40.68	42.38	41.49

高质量就业试点先行区综合指数与就业数量指数、就业质量指数都呈正相关关系，因为前者是后两者的加权平均数，这种相关关系也符合我们对指标体系的设计预期，综合指数对就业质量的发展具有预测与指导意义。表6中的协调指数，反映的是就业质量与就业数量的相似度，当两者得分相同时会达到最高分100分，而两者得分相差倍率越大，说明协调度越差，相应的数值就越低。

表6 2016—2021年重庆市各区县高质量就业试点先行区协调指数

地区	2016年	2017年	2018年	2019年	2020年	2021年
万州区	99.63	87.79	97.79	99.61	97.56	92.82
黔江区	99.68	99.92	99.78	94.21	99.87	99.88
涪陵区	98.29	98.26	98.50	98.88	98.75	96.67
渝中区	99.09	97.82	97.44	99.03	99.66	95.94
大渡口区	94.58	96.36	94.68	91.76	94.76	95.35
江北区	98.57	99.22	98.47	99.21	98.97	97.75
沙坪坝区	96.68	97.64	97.32	98.05	97.98	92.59
九龙坡区	96.82	97.68	96.91	97.23	96.98	90.90
南岸区	96.78	96.78	98.02	97.10	97.80	88.12
北碚区	99.00	97.66	88.95	98.32	98.77	94.20
渝北区	98.48	97.53	98.20	98.79	99.56	99.29
巴南区	98.94	99.40	91.58	99.86	98.48	99.19
长寿区	98.59	98.93	99.96	89.32	98.94	93.71
江津区	95.88	98.22	98.32	98.57	98.74	96.18
合川区	97.03	79.89	97.23	99.17	97.17	99.18
永川区	97.16	99.23	92.12	99.35	99.86	99.78
南川区	97.46	99.41	99.24	87.68	99.66	99.78
綦江区	99.79	99.69	99.76	97.59	99.98	99.49
大足区	99.98	99.57	96.00	94.52	99.83	98.18
璧山区	97.80	99.73	99.92	99.71	96.04	94.53
铜梁区	98.59	96.37	99.95	98.57	93.21	96.81
潼南区	98.73	95.66	99.08	99.78	99.91	99.99
荣昌区	95.57	96.80	97.87	97.87	97.06	89.97
开州区	98.63	97.25	98.45	85.86	99.37	95.85
梁平区	99.02	99.42	99.81	98.73	96.23	99.92
武隆区	99.08	99.99	99.98	97.41	98.15	99.12
城口县	89.90	93.45	91.58	99.97	99.60	99.93
丰都县	96.65	99.26	99.92	89.51	94.91	88.33
垫江县	95.25	99.93	99.14	95.77	99.49	99.85

续表

地区	2016年	2017年	2018年	2019年	2020年	2021年
忠县	95.27	84.84	99.67	100.00	97.65	99.22
云阳县	95.99	98.20	97.49	98.96	98.84	95.78
奉节县	81.85	99.20	99.41	99.95	99.86	99.93
巫山县	93.51	97.50	99.56	99.23	99.97	99.17
巫溪县	87.44	90.33	94.02	98.85	99.00	99.31
石柱县	93.08	93.30	93.07	99.53	99.91	98.75
秀山县	85.12	89.93	94.34	67.31	99.40	98.26
酉阳县	95.54	97.40	96.05	99.65	99.96	99.42
彭水县	90.37	99.92	96.73	90.81	94.47	98.62
平均	96.05	96.57	97.27	96.20	98.33	96.89

表7中的协调发展指数,至少具有两个层面的实践意义。第一,高质量就业先行试点区协调发展指数可以对各个区县的就业情况进行较好的综合测度。通过综合指数,可以判断区县就业数量和就业质量的整体水平;在此基础上,加入协调度指标,通过协调指数可以判断就业数量与就业质量均衡发展的情况。就业质量综合指数高的区县,其就业数量与就业质量的协调度不一定高;就业质量综合指数低的区县,其就业数量与就业质量的协调度也不一定低。这就是黔江区等区县就业质量综合指数比较低但协调度很高的原因。在此基础之上,对综合指数和协调指数进行几何平均,缩小各个区县之间的指数差异,可以得到协调发展指数,这一指数基本反映了各个区县高质量就业先行试点区建设的成效,与各区县的就业质量发展情况基本一致。第二,通过协调指数可以看出,重庆市的就业数量与就业质量整体协调情况比较好,2016—2021年平均指数分值都在96以上,但从各个区县来看,这种异质性不如综合指数。为了综合地量化评估就业质量与就业数量的发展水平和协调度,可以简洁明了地用协调发展指数进行衡量。

表7 2016—2021年重庆市各区县高质量就业试点先行区协调发展指数

地区	2016年	2017年	2018年	2019年	2020年	2021年
万州区	67.09	60.61	66.02	71.21	68.00	64.68
黔江区	45.44	47.95	50.48	43.82	49.72	48.92

地区	2016年	2017年	2018年	2019年	2020年	2021年
涪陵区	71.26	72.11	72.98	74.10	74.86	73.00
渝中区	73.87	75.73	77.40	75.34	77.64	75.16
大渡口区	63.77	65.07	64.55	62.55	65.02	65.60
江北区	73.63	75.14	74.52	76.92	76.56	75.82
沙坪坝区	66.93	68.10	67.52	70.28	70.45	65.89
九龙坡区	67.70	68.78	68.99	70.27	69.68	65.20
南岸区	65.66	66.14	68.32	67.98	70.50	62.69
北碚区	64.28	67.21	61.03	68.62	69.75	65.34
渝北区	75.03	76.62	78.50	79.62	79.96	81.69
巴南区	65.52	68.40	60.42	69.83	67.14	70.47
长寿区	66.62	68.88	69.50	62.47	68.96	63.79
江津区	69.04	72.05	72.33	72.63	74.22	72.10
合川区	62.60	51.63	64.16	66.64	64.03	67.07
永川区	63.43	65.33	59.34	66.71	69.03	67.56
南川区	62.32	63.75	63.38	55.81	65.20	65.93
綦江区	63.81	63.52	65.36	61.68	64.35	63.64
大足区	63.89	65.03	60.26	58.87	64.37	62.22
璧山区	68.07	71.58	72.65	72.54	67.17	66.12
铜梁区	66.51	61.96	69.71	68.82	65.07	66.96
潼南区	57.55	56.83	61.18	57.96	62.38	60.91
荣昌区	63.42	66.41	66.18	68.10	68.04	61.56
开州区	66.31	65.28	68.82	61.70	68.44	66.85
梁平区	56.31	56.45	59.57	55.25	59.20	58.94
武隆区	58.19	60.84	58.76	57.85	59.67	61.06
城口县	44.78	50.42	48.74	54.89	52.81	53.09

续表

地区	2016年	2017年	2018年	2019年	2020年	2021年
丰都县	61.14	62.52	66.59	54.69	58.72	55.97
垫江县	55.15	57.85	59.37	53.89	61.23	59.77
忠县	49.66	45.30	56.45	56.40	59.91	60.08
云阳县	58.16	59.64	60.88	62.82	63.00	60.22
奉节县	44.12	54.43	55.39	57.36	60.54	59.24
巫山县	42.88	46.59	49.13	51.93	52.55	54.14
巫溪县	42.45	46.98	46.91	51.07	52.42	52.71
石柱县	47.48	48.10	47.44	51.53	53.37	53.47
秀山县	47.06	53.21	53.42	41.41	58.12	57.84
酉阳县	48.21	50.06	48.34	52.87	54.56	56.37
彭水县	39.85	43.99	47.90	50.36	48.54	49.06
平均	59.71	61.07	62.17	62.02	64.08	62.92

(四)指标体系总体评价

无论是衡量就业数量与就业质量总体水平的综合指数,还是衡量就业数量与就业质量协调度的协调指数,抑或是衡量就业数量与就业质量总体情况的协调发展指数,都可以对各个区县的高质量就业先行试点区政策效应做出量化的评估。为此,我们按照这3个指数,对各区县的得分进行排序,见表8。

总体上看,本课题构建的这一整套指标体系,在评估重庆市各区县建设高质量就业先行试点区方面是比较科学、客观的,基本反映了各地的就业市场态势、居民的社会就业体验和政府的就业工作压力。本课题构建的综合指数、发展协调指数排名靠前的区县,总体上都是工业经济实力较强、社会经济活力较足、社会就业机会较多的"大区",研究结论比较符合基本的经济社会认知,没有出现违背基本经济常识和认知的结论。

表8　2016—2021年重庆市各区县高质量就业先行试点区综合指数、协调指数和协调发展指数情况

年份	综合指数						协调指数						协调发展指数					
	2016年	2017年	2018年	2019年	2020年	2021年	2016年	2017年	2018年	2019年	2020年	2021年	2016年	2017年	2018年	2019年	2020年	2021年
万州区	9	18	14	7	13	16	4	36	22	8	29	33	8	23	15	7	14	17
黔江区	35	36	33	38	38	38	3	3	7	31	6	5	33	34	32	37	37	38
涪陵区	4	4	4	4	4	4	16	16	15	16	22	24	4	4	4	4	4	4
渝中区	2	2	2	3	2	2	5	19	24	14	10	26	2	2	2	3	2	3
大渡口区	15	14	16	19	18	15	31	30	31	32	36	29	18	16	17	18	19	14
江北区	3	3	3	2	3	3	14	13	16	12	18	22	3	3	3	2	3	2
沙坪坝区	8	9	12	9	7	7	23	22	25	23	26	34	9	10	12	8	7	13
九龙坡区	7	7	7	8	8	8	21	20	27	27	32	35	7	8	9	9	9	16
南岸区	13	13	11	13	6	17	22	28	20	28	27	38	13	13	11	14	6	20

续表

年份	综合指数						协调指数						协调发展指数					
	2016年	2017年	2018年	2019年	2020年	2021年	2016年	2017年	2018年	2019年	2020年	2021年	2016年	2017年	2018年	2019年	2020年	2021年
北碚区	17	11	19	12	9	14	8	21	38	22	21	31	15	11	21	12	8	15
渝北区	1	1	1	1	1	1	15	23	19	18	13	12	1	1	1	1	1	1
巴南区	14	10	21	10	16	6	9	10	36	4	24	14	14	9	23	10	16	6
长寿区	10	8	9	18	10	19	12	15	2	35	19	32	10	7	8	19	11	18
江津区	5	5	5	5	5	5	26	17	18	20	23	25	5	5	6	5	5	5
合川区	21	27	18	16	20	13	20	38	26	13	30	15	21	30	18	16	22	8
永川区	18	16	22	15	11	12	19	12	35	10	7	7	19	14	27	15	10	7
南川区	22	19	20	23	19	18	18	9	12	36	10	7	22	18	19	27	17	12
綦江区	20	20	17	21	22	21	2	6	8	25	1	9	17	19	16	21	21	19
大足区	19	17	24	22	21	22	1	7	30	30	9	21	16	17	24	22	20	21

续表

年份	综合指数						协调指数						协调发展指数					
	2016年	2017年	2018年	2019年	2020年	2021年	2016年	2017年	2018年	2019年	2020年	2021年	2016年	2017年	2018年	2019年	2020年	2021年
璧山区	6	6	6	6	15	11	17	5	4	6	34	30	6	6	5	6	15	11
铜梁区	11	21	8	11	17	10	12	29	3	20	38	23	11	21	7	11	18	9
潼南区	26	25	25	25	24	25	10	31	14	5	4	1	26	26	20	23	24	24
荣昌区	16	12	13	14	12	20	27	27	21	24	31	36	20	12	14	13	13	22
开州区	12	15	10	17	14	9	11	26	17	37	16	27	12	15	10	20	12	10
梁平区	27	28	27	29	28	30	7	8	6	19	33	4	27	27	25	28	29	29
武隆区	25	23	28	24	30	24	6	1	1	26	25	17	24	22	28	24	28	23
城口县	34	31	32	31	34	35	35	32	36	2	12	2	34	31	34	29	34	35
丰都县	23	22	15	26	29	28	24	11	4	34	35	37	23	20	13	30	30	32
垫江县	28	26	26	30	25	27	30	2	13	29	14	6	28	25	26	31	25	27

续表

年份	综合指数						协调指数						协调发展指数					
	2016年	2017年	2018年	2019年	2020年	2021年	2016年	2017年	2018年	2019年	2020年	2021年	2016年	2017年	2018年	2019年	2020年	2021年
忠县	30	35	29	28	26	26	29	37	9	1	28	13	29	37	29	26	27	26
云阳县	24	24	23	20	23	23	25	18	23	15	20	28	25	24	22	17	23	25
奉节县	33	30	30	27	27	29	38	14	11	3	7	2	35	28	30	25	26	28
巫山县	37	37	35	34	36	33	32	24	10	11	2	16	36	36	33	33	35	33
巫溪县	36	34	38	36	35	36	36	34	33	17	17	11	37	35	38	35	36	36
石柱县	32	33	36	35	33	34	33	33	34	9	4	18	31	33	37	34	33	34
秀山县	29	29	31	37	31	31	37	35	32	38	15	20	32	29	31	38	31	30
酉阳县	31	32	34	32	32	32	28	25	29	7	3	10	30	32	35	32	32	31
彭水县	38	38	37	33	37	37	34	3	28	33	37	19	38	38	36	36	38	37

五、研究结论与政策建议

(一)研究结论

1.经济发展是就业数量增加和就业质量提升的基础

经济增长与就业增长(失业下降)之间的相关关系,已被诸多经济学理论所证实,比如,奥肯定律与菲利普斯曲线都证实了经济增长与失业率下降之间的显著数理关系。基于重庆市各区县2016—2021年数据的实证检验表明,区县经济体量和增长速度与就业数量指数及就业质量指数都存在显著的正相关关系,经济体量较大、增长较快的区县往往都是工业经济基础较好的区县,也是就业数量指数排名比较靠前的区县。同时,就业综合指数与就业数量指数、就业质量指数之间是简单的线性关系,前者与后两者之间保持高度的一致趋势。

2.就业数量和就业质量之间的协同度与就业数量和就业质量的水平之间没有必然关系

高质量就业先行试点区协调指数反映就业数量指数与就业质量指数之间的协调度。但是,协调指数高的区县,其就业数量指数和就业质量指数并不必然高,很多经济发展水平比较落后、就业数量指数和就业质量指数都很低的区县,反而具有很高的就业协调指数。一些经济发展水平较高的区县,其就业数量指数和就业质量指数在某些年份却存在"错位"的情况,造成就业协调指数处于较低水平。总之,协调指数高有两种情形:一是就业数量指数和就业质量指数都比较高,即高水平的数量与质量协调;二是就业数量指数和就业质量指数都比较低,即低水平的数量与质量协调。

3.发展协调指数比较全面科学地反映了高质量就业先行试点区建设成果

综合指数反映的是就业数量指数与就业质量指数的加权平均水平,协调指数反映的是就业数量指数与就业质量指数之间的协调程度,发展协调指数是综合考虑了就业质量水平和就业质量与就业数量协调度之后的总体评价,比较客观全面地反映了一地建设高质量就业试点先行区的成效,其指数水平与地方经济发展水平、就业结构改善之间存在显著的关系。因此,发展协调指数是衡量高质量就业先行试点区建设成效的良好指标。

4.就业环境和劳动报酬对高质量就业具有重要影响

在就业质量指数涵盖的5个二级指标中,"就业环境"和"劳动报酬"的权重持续上升,二者所占权重之和大于50%,对就业质量指数有着重要的影响。在三级指标中,"就业流动性""工资薪酬"的权重较高,但二者的变化趋势却有所不同,"就业流动性"的权重呈现逐步下降的趋势,"工资薪酬"的权重却呈现逐步上升的趋势。这表明,重庆市各区县的就业流动性差异在逐步缩小,但工资薪酬的差异可能在逐步扩大。因此,为了推进高质量就业先行试点区建设,需要进一步缩小就业流动性的差异,并降低工资薪酬的区域差异。

(二)政策建议

1.坚持实施就业优先战略,夯实就业高质量发展的经济基础

(1)坚持目标优先,实现经济增长与就业改善良性互动

经济增长是就业数量增加和就业质量提升的基础,因此,高质量就业先行试点区建设,必须坚持就业优先的政策目标,在稳住经济大盘的基础上,扩大就业数量、提升就业质量。重庆市"十四五"期间打造高质量就业先行试点区,要聚焦"就业优先",坚持经济发展就业导向,在经济转型中推动就业转型,以就业转型支撑经济转型。强化政府促进就业的主体责任,系统集成各相关部门的政策资源,形成有利于扩大就业的经济政策、产业政策和社会政策。

(2)坚持调控加力,实现中央就业政策落地见效

一是将积极就业政策中的主要工具运用到宏观调控中。在扩大就业需求中强化促进创业带动就业政策,出台支持与新经济并行的新就业形态发展政策,在拓展就业同时拉动经济增长;在改善就业供给中大力组织职业培训提升劳动者素质,在缓解就业结构性矛盾的同时为经济高质量增长提供支撑;在调节匹配劳动力供求中加强全方位公共就业服务,提高供求精准对接的功效;在应对大波动大冲击中加强失业治理,坚持实行援企稳岗扩就业专项政策,帮助企业渡过难关,并以就业援助为困难群体兜底。二是加大宏观政策支持就业力度。根据就业任务目标需要,及时给予财政补贴、税费减免、创业信贷等政策支持;应在扩大需求、改善供给、调节供求等方面,使积极就业政策的实施与财政、货币、产业政策的支持形成联动机制,增加市场主体活力和动能,助推新的就业增长点;在应对经济下行压力和各种外部环境变化冲击时,稳定就业局势。

（3）坚持政策协同，实现稳岗就业与创新创业良性互动

一是为就业创业打开绿色通道。人社部门应率先将政策宣传到位、落实到人，实施精准服务。各有关部门也应畅通多部门协调落实就业政策的绿色通道。二是形成新型宏观调控框架和联动运行机制。按照就业优先原则，协同财政、货币等经济政策和生态环保、城市建设、社会治理等社会政策的制定和实施，优化部门间工作协调机制，协同发力排除干扰，优化就业创业环境，稳定和扩大就业岗位。

（4）坚持保障增强，实现政府责任与政府投入的基本匹配

一是加强政府责任。在推进以市场就业为导向的改革中，不断强化政府促进就业和治理失业的职责，坚持用政策引导、培育和完善市场就业机制。把强化一把手亲自过问、分管领导抓好落实的责任制，列为各级党委中心工作重要议程和人大立法执法检查重要选项，高位推动落实。二是加大资金投入。政府在加大经济社会发展投入时，根据稳定和扩大就业需要，优先安排资金，预算中明确刚性比例；在规划政府投资和引导社会投资时，考量对就业产出效果，作为投资重点和先后依据；在公共财政预算支出中，加大对就业政策扶持，对公共就业服务和公共实训、公共孵化基地予以重点投入和保障。

2.坚持稳定就业、扩大就业、高质量就业并举，推动就业数量增长基础上的就业质量改善

在全市进一步增强就业优先意识，在组织管理体制上强化政府对就业工作的领导，将促进更加充分更高质量就业作为地方政府的第一序列工作，贯彻到部门决策和政策制定中，增强对就业重大决策和优先政策的执行力。将建立实施更加充分更高质量就业的长效机制，列为规划核心内容和重点任务，纳入法制化制度化轨道，通过规划和法律建立就业优先长效机制，形成支持就业的共识和社会氛围。探索建立政府考评制度和准确科学的统计指标，通过使用科学统计指标体系进行量化考核，并将衡量经济运行的统计指标体系与就业数量质量统计指标体系有机整合，形成综合评价体系。千方百计稳定和扩大就业，坚持经济发展就业导向，扩大就业容量，提升就业质量，保障劳动者待遇和权益，促进更加充分更高质量就业。

3.做好高校毕业生、进城务工人员和就业困难人员等重点群体就业工作，稳住就业数量基本盘

一是努力做好高校毕业生等青年就业工作。继续将高校毕业生作为重中之重，实施就业创业促进计划，鼓励企业吸纳毕业生就业，畅通市场化、社会化就业渠

道。二是积极促进进城务工人员就业。要进一步强化平等就业服务,拓展外出务工和就地就近就业渠道。强化就业服务、职业培训和权益维护"三位一体"工作机制,加强跨区域劳务协作,引导进城务工人员有序外出求职就业;加快进城务工人员市民化进程,大力推进公共服务均等化,实现外出进城务工人员稳定就业。三是扎实做好退役军人就业工作。完善退役军人安置政策,强化针对性就业创业服务,稳定和拓宽就业渠道;增强职业技能培训实效性,给予政策支持,提升退役军人就业创业能力。四是健全困难群体就业援助制度。优化全国统一的线上失业登记服务平台。畅通失业人员求助渠道,提供针对性公共就业服务和职业培训,促进失业人员尽快实现就业。对就业困难人员进行深入摸排、建立台账、动态管理,提供"一对一"精细化服务。

4.健全就业公共服务体系、劳动关系协调机制、终身职业技能培训制度,为就业质量的持续改善提供辅助性政策

一是深化就业和人才管理体制机制改革,消除公平就业障碍,健全规范有序、平等竞争、城乡一体化的人力资源市场。提供全方位就业服务,大力提升人力资源供求对接匹配的功效,为劳动者就业创业提供全面精准服务。促进供求对接匹配,在消除障碍、提供全方位服务上下大功夫,将总量性、结构性、摩擦性失业降至最低。加快提升劳动者技能素质,完善重点群体就业支持体系,统筹城乡就业政策体系。二是健全劳动关系协调机制。落实工资、工时、休息休假、劳动安全卫生等待遇和权益,提升劳动者就业质量。推进集体协商和集体合同立法,完善行业性、区域性集体协商、集体协商过程中争议处理和法律责任的相关规定。推进劳动保障监察立法,促进建立权责法定、程序规范、执行高效、保障有力的劳动保障监察法制体系。三是大力改善人力资源供给,在教育培训改革和提升就业能力上重点突破,推进就业和经济走上高质量发展轨道。以就业为导向深化教育改革,以专业设置的调整和创新为切入点,从源头上对接社会需求。创新运用职业培训资金和补贴政策,提升企业和劳动者参与培训的积极性和培训效果,根据终身培训需求,实现培训资金筹集使用的可持续和常规化。

5.完善促进创业带动就业、多渠道灵活就业的保障制度,支持和规范发展新就业形态,健全就业需求调查和失业监测预警机制

一是激发市场主体活力,在扩大有效需求中实现就业稳定增长和高质量发展。深化"放管服"改革,善待企业,营造宽松环境,激发企业扩大就业动力。支持微观

主体发展,吸纳更多就业人员,发挥创业带动就业的倍增效应。二是促进新经济发展,释放新产业新业态促就业潜力,对新业态灵活就业人员给予支持和保障。加快研究修改劳动保障法律法规,研究适应新就业形态的劳动保障制度,落实新就业形态劳动者在劳动报酬、休息、职业伤害保障、社会保险、劳动争议等方面的权益,探索劳动基准立法。三是完善就业失业统计指标和大数据库,建立进城务工人员、新就业形态劳动者的就业、失业、工时、工资、劳动生产率等监测和调查体系,为宏观经济和社会政策的制定提供量化依据。

课题负责人:周志波
课题承担单位:重庆市国际税收研究会
课题主研人员:张小芳　胡婷婷　易利华

重庆市固定资产投资对就业的影响研究

摘　要:固定资产投资是全社会进行再生产的关键手段,也是促进就业的一种有效方式。首先,固定资产投资的增加可以直接刺激就业需求,促进就业人数的增加;其次,固定资产投资对产业结构的调整和优化起到推动作用,从而增加了就业机会;最后,固定资产投资的增加还可以带动相关产业链条的发展,进一步扩大就业规模。本研究的结果对政府制定相关政策和企业决策具有一定的参考价值。

关键词:固定资产投资　产业结构　政策

一、绪论

(一)研究背景及意义

新中国成立以来,国家一直高度重视人民群众的就业问题,从新中国成立初期实施的统包统配举措到改革开放初期实施的劳动部门介绍、自愿组织就业、劳动者自谋职业三种方式相结合的就业政策,再到1998年实施的就业市场化政策和企业下岗职工再就业保障政策,无不是根据当时特定的历史条件因时施政,及时转变就业意识,高度关注人民群众的民生福祉,将解决就业问题和自身发展问题统一起来,为经济社会发展起到重要的作用。世纪之交,中央根据经济社会发展形势需要,提出与社会保障等相结合的就业政策,并逐步放宽对农村劳动力的就业限制,为跨地区流动就业创造了条件。2002年以来,我国将就业工作提高到关乎改革发展全局的高度,明确提出积极的就业政策,初步建立起以就业促进、就业扶持、社会保障、就业服务为内容的就业政策体系,使我国就业工作呈现体系化、多样化、法制化、发展化的政策取向,向着实现更高质量和更充分就业的政策目标迈进。

党的十八大以来,以习近平同志为核心的党中央坚持以人民为中心,把增进民生福祉作为发展的根本目的,将就业工作摆在经济社会发展的突出位置。习近平总书记多次强调,就业是最大的民生工程、民心工程、根基工程,是社会稳定的重要保障,必须抓紧抓实抓好。之后,党和政府再次明确将就业工作作为扶贫脱贫的重要手段、供给侧结构性改革的重要保障、新业态发展的重要动力,不断赋予就业工作新的定位。2019年12月,国务院出台《关于进一步做好稳就业工作的意见》,进一步把稳就业摆在更加突出位置,健全有利于更充分更高质量就业的促进机制,以创造更多就业岗位和稳定现有就业岗位为重,全力确保就业形势总体稳定。我国在坚持积极就业政策的基础上,将就业创业工作纳入政策范围体系,制定实施了《国务院关于做好当前和今后一段时期就业创业工作的意见》《国务院关于强化实施创新驱动发展战略进一步推进大众创业万众创新深入发展的意见》,大力推进大众创业、万众创新,着力推进我国就业工作迈上新台阶。市委六届二次全会也进一步强调,要着力保障和改善民生,完善收入分配机制,促进高质量充分就业。

就业对稳定社会大局至关重要,而且是经济发展的"晴雨表"。不断拓展就业岗位,扩大就业容量,提高就业质量,实现更加充分更高质量的就业,推动劳动者体面劳动、全面发展,不仅有利于保障人民群众的生存权、发展权,也是实现经济高质量发展与扎实推动共同富裕的重要基础和前提。就业的影响因素众多,不仅有来自国内产业结构与经济增长速度的变化、人口生育政策与年龄结构的变化等,还有来自国外经济环境的变化,更有来自突发重大事件的冲击(比如全球范围内新冠疫情)。刨除上述最后一个因素,传统经济学理论认为经济转型、市场投资、技术更替、劳动力过剩是影响就业的主要因素,其中经济转型、劳动力过剩与技术更替为就业的外生影响因素,即固定资产投资是扩大再生产的基本手段,资本的注入促进了就业规模的扩张,进而影响着经济社会的发展和整个就业环境的格局。

当前,我国经济发展面临需求收缩、供给冲击、预期转弱三重压力,新产生的问题与尚未解决的老问题相互交汇、外部问题与内部问题相互交织,"稳就业"和"保居民就业"等民生工作迫在眉睫。因此,既需要发挥好投资对经济增长的关键作用,稳住就业基本盘,又需要研究制定投资对就业的影响评估机制,更好发挥固定资产投资对就业的带动作用,进而提高固定资产投资对促进就业的边际效应。基于此,以重庆市固定资产投资与就业水平关系为研究对象,聚焦国家及重庆市规划明确的工作任务,深入分析重庆市固定资产投资的就业效应影响,研究提出重庆固定资产投资与稳就业相关的政策建议,对落实习近平总书记关于就业工作的重要指示精神和国家稳就业的战略部署、实现更加充分更高质量就业、推动全市经济社会高质量发展具有极为重要的指导和实践意义。

(二)国内外研究综述

固定资产投资是促进全社会再生产的重要方式,更是解决就业难题的有效途径,因此成为政府和学术界关注的重点,进而形成了众多投资与就业的相关研究成果。

从国外研究来看,马克思认为投资促进就业主要包括三方面,一是技术创新可以扩大相关生产部门规模以及促使新产业兴起,进而形成劳动力新需求;二是技术创新可以通过降低生产成本进而降低产品价格,这不仅有利于产品需求的提高,而且也有利于雇佣更多工人;三是资本有机构成随着剩余价值率提高而不断提高,提高剩余价值率会加速资本积累,进而进一步扩大了对劳动力的需求,也就是增加了就业。凯恩斯在《就业、利息和货币通论》中提出,有效需求不足是由边际消费倾向递减规律、资本边际效率递减规律以及流动偏好等三大基本心理规律作用的结果,在消费倾向比较稳定的情况下,消费需求不足造成的消费与收入之差需要借助投资来弥补,除非消费倾向改变,否则就业量只能随投资的增加而增加,也就是他把失业归结为有效需求不足。柯布-道格拉斯生产函数借助指数形式构建了劳动力、资本、技术和产出的关系,假定产出是既定的,资本对就业的影响主要取决于劳动边际产出率与资本劳动替代率;资本对劳动的替代率提高,劳动力相较资本价格则更为低廉,企业就会加大对劳动力需求而降低对资本需求;还有,如果劳动的边际产出相对提高,企业就会更多通过劳动力来提高企业利润进而减少对资本的需求。哈罗德-多马增长模型把新增的劳动力当作收入与潜在生产能力比率的函数,并假设失业取决于收入和潜在生产能力之间的关系,当投资率等于社会平均潜在生产率除以产出乘数时可以实现充分就业,结论就是只有通过投资按照一定的比率增长才能实现充分就业。索洛提出了奠定现代经济增长理论基石的索洛经济增长模型,并修正了哈罗德-多马增长模型的缺陷,其理论认为可以通过市场机制来调整生产中的资本与劳动的比例进而实现充分就业的稳定增长;通过索洛模型分析认为,投资并不是越多越好,在实际投资不足时,增加投资会带动就业,而当实际投资已经达到持平投资水平时,再继续增加投资很可能会带来相反的效果。卡恩在《国内投资与失业的关系》中提出就业乘数,根据他的就业乘数,如果净投资增加,那么社会总就业增量会是最开始时的就业增量的某一个倍数。

从国内研究来看,投资对就业主要有促进效应论和减损效应论两种。首先,关于投资促进就业方面,朱劲松、刘传江基于"技术中性"理论角度研究我国重工业对就业影响时发现,虽然短时期内投资会使全社会资本与劳动比提高,进而造成投资对就业的负面影响,不过从长期来看,投资仍会提高全社会的就业量[1];陈巧玉等实证分析了我国固定资产投资资金的来源和就业的关系,得出了投资增加对就业具有促进作用的结论[2];刘宗明将投资与劳动就业引入自回归系统,并利用结构向量自回归方法,分析投资冲击对劳动就业的影响,其研究结果表明,投资冲击可以拉动就业,而这种拉动效应大约持续10个季度之后就进入了超调状态,并且就业动态反应呈现驼峰形态[3];王岩等的研究成果表明,固定资产投资对工业就业存在明显的"即期效应",投资能立即提高第二产业就业水平,对服务业的就业长期效应最大,对农业也具有一定的长期吸纳就业的能力[4];刘芳通过分析鄂尔多斯市的固定资产投资对该市就业的影响,发现增加投资总体上可以刺激经济增长,进而可以促进就业[5];张其富等利用空间计量回归方法,基于中国省际面板数据,发现双向直接投资、教育水平、固定资产投资、进出口、医疗水平以及空间滞后项等明显促进了就业增长[6];杨宇辰的研究表明,固定资产投资明显正向促进了经济增长,不仅提升产业生产力水平,还可以增加生产需求,进而提供了更多就业岗位[7]。其次,关于投资减损就业方面,蔡昉等认为,反周期宏观经济政策在调节周期性失业时,一般会引导投资投向就业密集度相对较低的行业,使投资对就业的带动有所降低[8];蔡昉等认为,新增加的投资形成的资本使生产规模进一步扩大,进而创造出新就业需求,此时新增加的投资带来的产出效应提高了就业水平,但假如资本相比劳动的价格低,或者新增加投资有资本偏向性技术进步性质,那么,新增加投资也会因替代效应而减少就业岗位[9];石宝峰的研究认为,由于投资增长率以及投资对经济的促进作用会下滑,这使就业水平也随着投资增加而出现下降,投资对就业的促进作用也就呈现为下降趋势[10];黄浩借助Panel Data的变系数模型实证研究了就业对投资的

① 朱劲松,刘传江.重新重工业化对我国就业的影响:基于技术中性理论与实证数据的分析[J].数量经济技术经济研究,2006,23(12):82-92.
② 陈巧玉,杨彦玲,石书冰.我国固定资产投资来源与就业的分析[J].当代经济(下半月),2007(4):13-14.
③ 刘宗明.投资冲击与劳动就业动态:经验事实与理论解释[J].南开经济研究,2011(6):66-93.
④ 王岩,熊娜,陈池波.固定资产投资对三次产业就业水平的影响[J].统计与决策,2012(10):93-95.
⑤ 刘芳.鄂尔多斯市固定资产投资对就业影响的实证分析[D].呼和浩特:内蒙古大学,2012.
⑥ 张其富,钟坚,刘孝斌.过剩资本能否解决过剩劳动力:来自深圳特区的启示[J].江西社会科学,2020,40(1):95-106.
⑦ 杨宇辰.固定资产投资与经济发展关系的统计研究[J].商展经济,2021(18):130-132.
⑧ 蔡昉,都阳,高文书.就业弹性、自然失业和宏观经济政策:为什么经济增长没有带来显性就业?[J].经济研究,2004,39(9):18-25.
⑨ 蔡昉,王德文,张华初.扩大内需的投资要更加重视就业导向[J].中国经贸导刊,2009(10):6-7.
⑩ 石宝峰.2009年扩大政府投资的效果分析和2010年投资政策建议[J].中国经贸导刊,2010(6):15-17.

敏感性,研究发现不同经济体中就业对投资的敏感性存在明显差异,其中外商投资和民营经济的就业弹性相对较大,公有经济和农业的投资对就业具有挤出效应[①];丁翠翠等采用GMM(动态面板数据模型广义矩)分析方法,发现FDI(外商直接投资)对中国就业的影响存在显著区域差异,而且整体上呈现出显著挤出效应[②];刘文等利用1993—2012年中国东、中、西三个区域的省际面板数据分析我国固定资产投资对就业的影响时发现,固定资产投资拉动就业的作用有限,甚至某些省份还出现固定资产投资增长对就业产生了挤出效应的情况[③]。王艳云等的研究表明,四川省的固定资产投资对第一产业的就业负向拉动作用[④]。

总之,无论是马克思、凯恩斯、索洛、卡恩等关于投资对就业的影响的理论研究,还是国内基于省际、行业等角度分析投资对就业影响的实证研究(主要是上文述及的投资对就业的促进效应论、减损效应论),都为本文探索固定资产投资对就业的影响提供了较为符合实际情况的理论基础和现实依据。

(三)相关概念、作用机理以及研究方法

1.投资、固定资产投资与就业的相关概念

投资在西方国家一般是指为了获取利润而将资本投向企业的行为,主要借助购买企业发行的公司债券与股票来实现,因此,一般来说西方所说的投资是指间接投资。我国所说的投资不仅包括间接的债券、股票投资,也包括用于建造与购置固定资产、购买与储备流动资产(包括股票等有价证券)的资金,还包括运用上述资金的经济活动,因此,投资不仅用来指特定的资金,还有特定的经济活动。按照投资的活动与性质的特点,可以将投资进行不同划分。按投资运用方式可以将投资分为间接投资与直接投资。直接投资是指将资金直接投向项目的购置或建设以形成流动资产和固定资产的投资。而直接投资又可以按性质不同划分为流动资产投资和固定资产投资。间接投资是指投资者借助购买有价证券进而获取一定预期收益的投资,按间接投资形式可进一步划分为债券投资与股票投资。本文所说的投资是指固定资产投资。

---

① 黄浩.基于Panel Data模型的投资就业敏感性探析[J].经济师,2010(4):67-69.

② 丁翠翠,郭庆然.外商直接投资对我国就业影响的动态效应与区域差异:基于动态面板数据模型的GMM估计[J].经济经纬,2014,31(1):62-67.

③ 刘文,陈秋璇,尹宗成.中国固定资产投资就业效应的实证分析:基于东、中、西部1993—2012年省际面板数据[J].重庆工商大学学报(自然科学版),2014,31(12):27-33.

④ 王艳云,熊健益.固定资产投资的就业效应研究:以四川省为例[J].经济研究导刊,2014(28):193-194.

固定资产投资是指以货币形式表现的在一定时期内全社会建造与购置固定资产的工作量以及与此有关的费用的总称。这项指标不仅是反映固定资产投资发展速度、规模以及结构的综合指标,同时也是考核投资效果与观察工程进度的重要依据。按照登记注册类型划分,固定资产投资可以划分为集体、国有、股份制、联营、私营和个体、外商、港澳台商、其他等。按投资领域划分,固定资产投资主要可分为基础设施投资、工业投资和房地产开发投资,这三个领域投资也是当前分析固定资产投资的重点(以2021年重庆市为例,基础设施投资、工业投资和房地产开发投资分别占全市固定资产投资的30%、28%、33%)。

就业是指一个人有一定的工作时长,而且获得的劳动报酬不低于当地的最低工资标准。就业人员是指在具有劳动能力的一定年龄以上的为取得劳动报酬或者经营收入所从事一定社会劳动的人员。新增就业是指在统计时段内以前未就业的人员(非新生劳动力但有就业意愿人员和新生劳动力)实现就业;城镇新增就业今后主要是指城镇长期居住人员的新增就业,城镇新增就业人数是落实国家就业政策和反映全社会就业情况的重要指标。

2.固定资产投资与就业的作用机理

从宏观角度分析,就业提供的劳动与固定资产投资形成的资本是全社会经济增长所需要的两个主要因素,因此就业与固定资产投资就通过经济增长联系起来。一般而言,固定资产投资具有先导性以及政策主动性,固定资产投资增加可以促进经济增长,通过形成新的生产能力或者扩大生产规模实现总产出规模的扩大,从而带动形成新的就业需求,实现就业的增加。具体来看,主要有三个方面:一是固定资产投资过程中通过安装、建筑工程等活动提供就业岗位;二是固定资产投资形成的生产与服务单位提供就业岗位;三是因关联刺激产业生产而提供就业岗位。

3.研究方法

(1)文献分析法

通过学习阅读国内外文献、报刊、资料,结合相关学科理论知识,为课题研究提供理论基础。

(2)定量分析法

深入分析重庆市固定资产投资、就业现状,测算固定资产投资对总就业的影响与固定资产投资对第一产业、第二产业、第三产业就业的影响,以及固定资产投资对就业的拉动效率。

（3）比较借鉴法

通过纵向、横向比较研究，借鉴国内部分省份的经验做法，分析重庆固定资产投资增长促进就业方面存在的问题。

（4）调查研究法

深入国内先进地区、市内重点地区进行实地调研，掌握实际情况，查找当前重庆固定资产投资增长促进就业方面遇到的困难挑战。

（5）案例分析法

以举例方式，分别深入分析某个具体项目对就业的影响。

（6）归纳演绎与系统分析法

通过归纳总结和分析演绎，提出重庆固定资产投资增长促进就业方面的思路、具体抓手和对策。

二、重庆固定资产投资与就业的现状

党的十八大以来，重庆紧抓政策机遇，持续深化供给侧结构性改革，不断扩大有效投资、优化投资结构，固定资产投资规模效益不断提升，结构得到进一步优化，推动实现了重庆经济高质量发展，进而有效促进了就业规模扩大和就业质量提高。

由表1可知，2012—2021年，重庆固定资产投资由9380亿元增长到21745亿元，年均增长11.9%（2017年以前高达10%以上，2012年甚至达到22%），比全国高2.0个百分点（增速在全国范围内始终占据中上水平）。其中，全市工业投资年均增长12.6%，高于全市投资增速0.7个百分点；全市基础设施投资年均增长16.1%，高于全市投资增速4.2个百分点；全市民间投资年均增长14.6%，高于全市投资增速2.7个百分点；全市社会领域投资年均增长19.1%，高于全市投资年均增速7.2个百分点；全市教育投资年均增长17.3%，加快新建改扩建各类普惠性幼儿园、中小学及大中专院校，实施一批农村义务教育薄弱学校改造项目，顺利通过国家义务教育发展基本均衡区县评估验收，城乡教育资源得到均衡发展，学前教育普惠率达到93.15%，义务教育就近入学率达到97.8%。固定资产投资保持稳定增长，结构也不断得以优化。从重庆就业总水平来看，2012年全市总就业人口约为1606万人，2021年达到约1668万人，增长3.9%，就业总水平随着固定资产投资规模的增加而不断提高。值得注意的是，新冠疫情期间的2020年、2021年重庆固定资产投资总额分别占全市GDP的54.0%和53.9%，对经济增长的贡献率分别达到76.0%、

53.0%, 全市城镇新增就业分别为65.6万人、75.08万人(就业规模分别达到1676万人、1668万人),进一步表明投资在不断扩大内需、稳定经济平稳增长的同时,在稳就业方面也发挥了积极作用。

表1 全国、重庆2012—2021年固定资产投资、总就业水平情况表

年份	全国固定资产投资增速(%)	重庆固定资产投资增速(%)	重庆固定资产投资额(亿元)	重庆总就业人数(万人)
2012年	20.6	22	9380	1605.9
2013年	19.6	19.5	11205	1618.7
2014年	15.7	18	13224	1632.1
2015年	10	17.1	15480	1647.4
2016年	8.1	12.1	17361	1658.3
2017年	7.2	9.5	17441	1659.3
2018年	5.9	7	18661	1663.2
2019年	5.4	5.7	19725	1668.2
2020年	2.9	3.9	20494	1676
2021年	4.9	6.1	21745	1668.3

(资料来源:《中国统计年鉴2021》《重庆统计年鉴2022》)

备注:重庆固定资产投资额具体数据自2017年后不公开,每年只公开年增长率。表1中的2017年后重庆固定资产投资额数据基于2017年数据和每年的年增长率测算得出,表2中2017年以后的重庆三次产业固定资产投资额数据也分别由上述计算方法测算得出,但可能因增速的原始数据仅保留小数点后一位等因素,导致计算出的每年固定资产投资总额数值(表1)和当年三次产业固定资产投资额之和数值(表2)并不相等(数据上仅有微小出入),对本文结论影响不大。

三、重庆固定资产投资对就业的影响因素分析

(一)重庆三次产业固定资产投资与就业的关系分析

随着城镇化、工业化进程的加快,重庆不断优化产业投资结构,持续推动产业升级转型,就业规模持续扩大,就业质量不断提高。由表2可知,从影响就业规模角度来看,2012—2021年,重庆第一产业就业人数随着第一产业固定资产投资额的增加而较大幅度降低,第二产业就业人数随着第二产业固定资产投资额的增加

表2 重庆2012—2021年三次产业固定资产投资额与就业水平情况表

年份	第一产业固定资产投资额（亿元）	第二产业固定资产投资额（亿元）	第三产业固定资产投资额（亿元）	重庆第一产业就业人数（万人）	重庆第二产业就业人数（万人）	重庆第三产业就业人数（万人）
2012年	365.8	3076.6	5937.5	531.2	422.7	652.0
2013年	441.5	3534.2	7229.3	495.1	452.2	671.4
2014年	486.9	4167.9	8569.0	463.8	464.8	703.9
2015年	533.2	4998.0	9949.1	440.3	473.7	733.4
2016年	558.1	5666.4	11136.7	419.2	476.7	762.5
2017年	492.8	5887.3	11060.5	402.9	461.7	794.7
2018年	446.0	6317.1	11878.9	390.6	442.6	830.1
2019年	543.7	6879.3	12389.7	381.5	434.1	852.6
2020年	683.9	7285.2	12724.3	378.0	421.0	877.0
2021年	791.3	7868.0	13385.9	366.2	426.8	875.3

（资料来源：三次产业固定资产投资额根据2012—2021年重庆市国民经济和社会发展统计公报数据、2012年重庆市固定资产投资运行情况测算得出，三次产业就业数据来自《重庆统计年鉴（2022）》）

呈现先降低后增加的趋势（2021年就业水平略高于2012年），第三产业就业人数随着第二产业固定资产投资额的增加而大幅增加。总体而言，随着第一、第二、第三产业固定资产投资力度的不断加强，劳动力由第一产业向第二、第三产业转移，但主要是向第三产业转移。从影响就业结构角度来看，重庆第一、第二、第三产业的固定资产投资结构由2012年的3.9∶32.8∶63.3调整为2021年的3.6∶35.7∶60.7，与此同时，第一、第二、第三产业的就业结构由2012年的33.1∶26.3∶40.6调整为2021年的21.9∶25.6∶52.5，表明随着重庆三次产业固定资产投资结构的不断优化，考虑到总就业水平增加的情况，劳动力流动同样呈现出总体上从第一产业向第二、第三产业流动，但主要是向第三产业转移的现象。究其原因，一是第一产业固定资产投资主要面向农田水利工程设施、农机具购买以及畜牧养殖业设施投资等，大大促进了农业生产技术水平的提升，大大减少了农业生产对劳动力的依赖，使剩余劳动力向服务业、工业转移，造成了对就业的带动作用的滞后或不足。二是在全国优化升级产业结构以及加快发展服务业并推动服务业成为国民经济的主导产业的战略背景下，近些年重庆不断推动产业转型升级，持续加大技改投入以及推进补链强链，大力发展现代服务业,第二、第三产业得以快速发展,劳动力也逐渐从第一产业流向第二、第三产业。三是考虑到第二产业逐渐向中高端不断延展,对劳动力要求越来越高,这就使第三产业成为吸纳大量转移劳动力的主阵地。

党的十九大报告明确提出要实施乡村振兴战略,现代化农业又重新进入全社会视野,重庆也积极推进脱贫攻坚与乡村振兴的有效衔接,持续加大对第一产业的固定资产投资力度,加快农业基础设施建设,不断提高农业现代化水平。2020年、2021年重庆第一产业固定资产投资速度均超过第二、第三产业固定资产投资速度之和,三次产业投资结构进一步优化。需要注意的是,现在对第一产业投资力度的加大,不仅着眼于投资规模,更重要的是投资质量,对返乡、留乡的劳动力的要求也相应提高,不适应高标准农业的劳动力必然会流向第二、第三产业,特别是第三产业。考虑到重庆目前集大城市、大农村、大山区、大库区于一体的现状,今后的就业问题不仅是总量供需矛盾,更重要的是就业结构失衡,叠加目前青年失业率居高不下、高校毕业生慢就业等突出问题,因此如何让全市的固定资产投资投向更趋合理,更好缓解当前全市就业形势,就成为目前亟须解决的问题。

(二)重庆固定资产投资对就业的拉动效率水平分析

固定资产投资与高质量的充分就业之间关系对比分析通常是指将某一年度(或某一个时期内)与另外一个年度(或另外一个时期内)固定资产投资对就业的拉动效率进行对比,该数值越小代表固定资产投资对就业的促进作用越弱,需要进一步优化固定资产投资结构。目前,最常用的测算固定资产投资对就业的拉动效率的方法是计算当年单位固定资产投资创造的新的城镇就业岗位数量(城镇新增就业人数与固定资产投资总额之比)。按照该计算方法,从表3可知,重庆固定资产投资对就业的拉动效率由2012年的69.8人/亿元下降到2018年的40.4人/亿元,又继续下降到2021年的34.1人/亿元,表明固定资产投资的就业拉动效率近十年呈现下滑趋势。究其原因,目前全社会消费总体偏弱、外需回升乏力,叠加重庆工业领域和房地产领域行业均出现"产能双过剩"、政府投资能力下降、新的增长点没有形成大规模产业化浪潮等因素,使固定资产投资增速回落过大、过快(2021年固定资产投资增速比2012年回落15.7个百分点),进而造成全社会经济下行,而经济增长又是就业的主要带动力,这直接造成了全社会就业形势的严峻局面。值得注意的是,虽然重庆近十年固定资产投资对就业的拉动效率呈现下滑趋势(这与全国情况基本一致),但同期重庆的效率水平一般高于全国水平,甚至高于东部相对发达地区。以2021年为例,重庆固定资产投资对就业的拉动效率为34.1人/亿元,而同期全国为23人/亿元,浙江为28.5人/亿元。鉴于发达地区的固定资产投资对就业的拉动效率还低于重庆,因此重庆在追赶东部发达地区过程中,如果今后不改变固定资产投资方式可能会使固定资产投资对就业的拉动效率面临继续下滑的趋势,最优的解决方案就是强化固定资产投资对就业的影响评估,不断优化固定资产投资结构。

表3　重庆2012—2021年固定资产投资对就业的拉动效率水平情况表

年份	城镇新增就业人数/固定资产投资（人/亿元）
2012年	69.8
2015年	46.4
2018年	40.4
2021年	34.1

（资料来源:根据2012—2021年重庆市国民经济和社会发展统计公报数据测算）

此外,还有一种测算固定资产投资对就业的拉动效率的方法,就是采用固定资产投资就业率[1]。固定资产投资就业率指的是一定时期内全社会就业人数与固定资产投资额之比,也就是单位固定资产投资所承担就业规模,该数值越小,表明固定资产投资对就业的吸纳效应越好。需要指出的是,每年的固定资产投资额是该年的新增投资,主要通过前面述及的安装与建筑工程等活动、形成的生产与服务单位以及因关联刺激产业生产而提供新的就业岗位,所以计算固定资产投资就业率的方法不如上文计算单位固定资产投资创造的新的城镇就业岗位数量的方法精准,不过也能大体看出固定资产投资对就业的拉动效率趋势情况,但不能作为三次产业之间固定资产投资对就业的拉动效率的对比依据。按照该计算方法,由表4可知,重庆固定资产投资就业率由2012年的1712人/亿元下降到2021年的767人/亿元,下降55.2%;第一、第二、第三产业固定资产投资就业率分别由2012年的14522人/亿元、1374人/亿元、1098人/亿元分别下降到4628人/亿元、542人/亿元、654人/亿元,下降幅度分别达68.1%、60.6%、40.4%,表明无论是总的固定资产投资就业率还是三次产业固定资产投资就业率近十年均呈现下滑趋势。其中,三次产业固定资产投资就业率中第一产业下降幅度最大,第三产业下降幅度最小,这也一定程度上验证了劳动力从第一产业流向第二、第三产业。

---

[1] 孙雪艳.福建省固定资产投资对经济增长影响的实证分析[D].福州:福州大学,2017.

表4 重庆2012—2021年固定资产投资就业率及三次产业固定资产投资就业率情况表

年份	固定资产投资就业率（人/亿元）	第一产业固定资产投资就业率（人/亿元）	第二产业固定资产投资就业率（人/亿元）	第三产业固定资产投资就业率（人/亿元）
2012年	1712	14522	1374	1098
2015年	1064	8258	948	737
2018年	891	8758	701	699
2021年	767	4628	542	654

（资料来源：利用表1、表2中的数据测算得出）

四、项目投资对就业的影响的案例分析

项目不仅是经济高质量发展的压舱石，还是促进高质量就业的增容器。近年来，受国内外严峻复杂的环境影响，全市经济社会发展经受的风险与挑战不断加剧，人民群众就业增收面临的压力也在不断加大。为积极应对当前经济下行压力，重庆聚焦经济社会发展的关键领域以及薄弱环节，不断扩大有效投资，精准实施了一大批既利当前、又利长远的重点项目，不断加强交通、能源、水利等基础设施建设，适度超前布局基础设施领域投资，同时持续推进城镇基础设施、生态环境、社会领域补短板建设，在推动地方经济发展的同时，带动大批群众稳定就业。结合高新区、万州区等区县调研情况，现以重庆4个重点项目（基础设施、公共服务、产业等领域）为案例，深入研究重庆项目投资对就业的影响。

（一）科学大道一期（中柱立交至狮子口立交段）

项目基本情况：科学大道一期长度10.5公里，改造主线长度10.5公里，双向辅路新建段新建段长约18.2公里，新建枢纽立交1座（狮子口立交），改建立交2座，科学谷上盖广场段隧道一座，长约1公里，综合管廊总长约10.5公里；项目总投资为44.7亿元；建设周期为2020年6月—2022年4月，已完工。

项目带动就业情况：项目建设期间，提供的管理岗位（包括规划设计、招投标、监理等岗位，下同）人员数量约220人，施工建设、原材料运输等岗位人员数量约1050人，项目今后预计配备10名公路管理、养护等人员，共计约1280人，该项目对就业的总拉动效率为28.6人/亿元(项目在建期间对临时用工的直接拉动效率为28.4人/亿元,简称直接拉动效率28.4人/亿元,下同),低于前文已算得的2021年重庆固定资产投资对就业的拉动效率34.1人/亿元(下同)。

(二)重庆市第四人民医院(急救医疗中心)科学城院区

项目基本情况:重庆市第四人民医院(急救医疗中心)科学城院区规划建设22万平方米,设床位约1500张,按照"一院三中心"("一院"是指:综合三甲医院,为区域提供高质量综合医疗服务;"三中心"是指:医学研究中心,医学培训、教学和科普中心,紧急医学救援中心)的理念建设。项目总投资为22亿元;建设周期为2022年11月—2025年12月,目前项目在开工建设中。

项目带动就业情况:项目建设期间,预计提供的管理岗位人员数量约145人,施工建设、原材料运输等岗位人员数量约725人,建成后按照同等规模医院的用工标准(包括编制内用工和聘用制用工等),预计配备1500~2000人的医护、后勤保障等人员,该项目对就业的总拉动效率为108~130人/亿元(直接拉动效率为40人/亿元),远远高于2021年重庆固定资产投资对就业的拉动效率34.1人/亿元(直接拉动效率与此较为接近)。

(三)重庆汽车公园

项目带动就业情况:重庆汽车公园占地约1800亩(1亩≈666.67平方米),位于重庆市西永综合保税区B区外沿坪山大道北侧,涵盖7个功能板块,包括汽车7S店集群、汽车后市场中心、F3国际赛事区、江上民国休闲风情水街、汽车特色游乐小镇、商务会展酒店以及高端住宅群。重庆汽车公园项目建成投用后,将充分挖掘重庆人在汽车后市场上的消费潜力,有力推动重庆汽车产业消费升级。2022年,计划开发商业4万平方米、以汽车改装及汽车机车小镇为主的产业4万平方米,同步建设汽车运动公园(含F3赛车场),汽车运动公园约36万平方米。项目总投资为10亿元;建设周期为2020年11月—2027年3月,目前已完成总工程量的20%。

项目带动就业情况:项目建设期间,预计提供的管理岗位人员数量约50人,施工建设、原材料运输等岗位人员数量约400人,建成后预计配备管理、讲解、维护等人员50人左右,该项目对就业的总拉动效率为50人/亿元(直接拉动效率为45人/亿元),高于2021年重庆固定资产投资对就业的拉动效率34.1人/亿元。

(四)重庆市九龙万博新材料科技有限公司

项目基本情况:重庆市九龙万博新材料科技有限公司位于重庆市万州经开区九龙工业园内,注册成立于2019年12月,项目设计年产能360万吨特铝新材料。项目计划总投资为75亿元;建设周期为18个月,截至2022年10月,完成投资42.75亿元。

项目带动就业情况:项目建设期间,预计提供的管理、施工建设、原材料运输等岗位人员数量约3200人,目前公司现有正式员工1200余人,全部建成后预计总人数约2100人,该项目对就业的总拉动效率为71人/亿元(直接拉动效率为43人/亿元),高于2021年重庆固定资产投资对就业的拉动效率(34.1人/亿元)。

此外,农业领域以工代赈项目带动就业方面(因缺少相关数据,该文以掌握的数据简单举例),重庆在重点工程项目中实施以工代赈、以赈代济、以工代训,促进当地群众就近就业,两年来实施推广以工代赈方式项目1553个,吸纳近7万人次参与工程建设,平均每个项目带动就业45人(其中,万州区实施以工代赈项目50个,带动群众就业1162人,平均每个项目带动就业23人)。

总之,项目建设可以带动就业,但因项目性质不同,带动效率也不同。从上面分析大体可以得出,产业领域的项目无论从总的带动就业率还是直接就业率来看都相对较高,基础设施领域特别是交通项目相对较低。公共服务领域,学校、医院相关项目,由于项目建成需要较多工作人员,总的就业效率要高于文化、体育类项目(比如重庆市第四人民医院的总带动就业率要高于重庆汽车公园)。农业领域的项目带动就业相对较少(包括较大的水利项目),需要进一步加强国家投资。

五、当前重庆固定资产投资促进就业方面存在的问题

近些年,重庆市紧紧围绕稳增长、调结构、惠民生、补短板等要求,着力扩大有效投资,持续优化投资结构,对全市更高质量和更充分就业发挥了重要作用。虽然目前重庆市固定资产投资促进就业方面取得了一定的成绩,但和很多其他地区一样,仍然存在较多问题。

(一)固定资产投资过程中重视经济指标忽视就业指标

发达地区在投资过程中一般会将扩大就业纳入考虑,将创造就业岗位作为重

要目标。基于劳动、资金、技术角度,固定资产投资又可以分为劳动密集型项目投资(比如工业、服务业等投资)、资金密集型项目投资(比如大型水电站、公路、治理江河等投资)、技术密集型项目投资(比如高新技术产业项目、技改项目等投资),虽然这三种类型投资都能促进经济发展,但只有劳动密集型项目投资可以提供大量的就业岗位,有效拉动就业。而重庆的固定资产投资结构不够优化,很多投资投向基础设施如公路、铁路、港口、航运等资金密集型项目(部分基础设施投资带来的主要是项目即期型就业,具有不可持续性,这一点从案例分析中也可以看出),而对劳动密集型项目投资较少,这也是前文述及的近些年固定资产投资带动就业效率一直降低的原因。而且,政府在投资决策、规划、审批过程中也没有将投资与就业一起考虑,更多考虑项目给当地带来多少经济效益,也就没有动力建立在投资项目建设各个环节上的就业指标评估等相应机制,比如投资项目在开展前期工作时或者在新增投资过程中,只重视项目的经济可行性分析,却忽视了对就业需求的预测、从业人员素质要求、就业服务的提供。

(二)劳动密集型产业的固定资产投资中面临"招工难"问题

从企业家角度来看,在劳动密集型产业中,企业往往将廉价劳动力作为市场竞争的筹码以获取更多利润,比如通过压低工人工资、延长工人劳动时间等来降低劳动成本。此外,还有一些企业存在工作环境恶劣、劳动用工不规范以及保障措施不到位等因素,进一步加大了企业招工的难度,而且这种管理服务缺乏人性化、工资低也造成了部分高校毕业生、产业工人流向其他省份。从劳动者角度来看,劳动者素质低也成为"招工难"的重要因素。随着高新技术的发展,劳动密集型产业也在不断地升级优化,这使企业不仅需要较多的简单操作工,还需要具备一定专业技能的技术、管理等人员。现在很多固定资产投资的新建项目的用工主要来自周边农村富余劳动力,而这些农村劳动力作为新型的产业工人,文化程度较低,也缺少相关的岗前培训、上岗后的技能提升培训等,很多都达不到企业的用工要求,这也成为企业"招工难"的障碍。

(三)政府对中小企业、民营企业的投资力度不够

从目前投资对象来看,由于政府投资的公共性、外部性以及行政性等因素,投向主要是基础设施以及国有企业的建设项目,而对中小企业、民营企业的投资较

少。比如,2021年重庆重大建设项目894个,估算总投资约2.8万亿元,年度计划完成投资3532亿元,主要投向郑万高铁等367个基础设施项目、梁平东方希望生猪养殖场等45个乡村振兴项目、西南政法大学综合实验楼等125个重大民生项目、永川笔记本电脑外壳及汽车零部件生产等233个重大产业项目等,这些项目承担建设的仍以国有企业、大型企业为主。但从带动就业成效来看,除了部分劳动密集型重大产业项目外,中小企业、民营企业是吸纳就业的主战场,而承担基础设施建设、民生项目建设的国有企业吸纳就业的能力较为有限(2021年,重庆国有经济领域就业人数占总就业人数的比重不足7%),现阶段投向国企的政府投资可能会较少新增就业岗位,甚至会形成新的产能过剩。

(四)缺少重点项目带动就业的相关激励与约束机制

目前,政府的每年财政预算中没有就业相关专项资金,税务相关部门也没有对在项目实施过程中落实就业工作完成就业目标的企业或项目单位给予一定的税收优惠,缺少重点项目带动就业的相关激励政策与机制,进而无法激发企业或项目单位落实就业工作的活力。而且,政府部门在项目审批后或者验收时更多关注项目建设进度、项目建成后预期收益等,缺少项目实施过程中用工的监督,对那些达不到用工标准或没有用工计划的项目也没有相关的惩戒机制。

此外,调研中还发现当前学者研究、政府决策中存在忽略固定资产投资带动就业稳定性的问题。政府、学者关注的就业质量评价指标体系中包含的评价内容很多,包括收入水平、工作环境、劳动强度、福利待遇、机会获取、劳动保护等,而工资收入水平是影响劳动者就业质量的最重要因素,就业稳定性则是衡量就业质量的一项重要内容。调研中发现,重庆市重大项目在建过程中对提升工人工资收入的作用不大,而且重大项目周边居民收入的增长与项目建设的关联性也较低。目前,重庆市占比较大的基建类重大项目中,一般建设周期在1~3年(部分超过3年),与劳动者签订合同期限一般截至项目结束,这些在铁路、公路、机场等工程建设领域的岗位一般随着工程项目结束而消失,从全市层面来看也缺少一种全市统筹的机制或平台将项目工人调整到其他缺工项目,工人也就再次面临失业风险,就业稳定性相对较低。

六、研究结论与政策建议

(一)研究结论

本文通过研究重庆市2012—2021年固定资产投资对就业的影响效应发现,重庆总体就业水平随着固定资产投资的增加而不断提高,劳动力随着三次产业固定资产投资规模的不断扩大和投资结构的不断优化总体呈现从第一产业持续向第二、第三产业特别是第三产业流动的现象,但固定资产投资对就业的拉动效率呈现下滑趋势。还有,加大项目建设即期就可以带动大量就业,但后期带动就业的情况因项目性质不同而有所不同,这些均为今后政府制定政策提供了基本依据。本文进一步得出,伴随着重庆城镇化进程的加快,推动第二、第三产业高质量发展仍是优化就业结构和缓解就业总体压力的最主要方向(特别是第三产业仍是缓解就业总体压力的主阵地),因此,今后重庆固定资产投资仍需在第二、第三产业上着力,同时通过持续优化投资结构,不断提高固定资产投资对就业的拉动效率水平。随着乡村振兴战略的实施,在第一产业上的固定资产投资需要以提高农业现代化水平为主,进而吸引中高端劳动力回流第一产业,推动农业产业结构不断升级。

(二)政策建议

1.建立并完善固定资产投资对就业影响的评估机制,规范项目运行

《"十四五"就业促进规划》提出,要健全就业影响评估机制,提升重大政策规划、重大工程项目、重大生产力布局对就业的促进作用;《重庆市就业促进"十四五"规划》也明确提出要健全就业影响评估机制,制定实施宏观政策时要充分评估对就业的影响。项目是投资的重要载体,建议今后将就业效果评估纳入投资项目决策程序中,在项目进行立项审批、核准以及备案时,根据项目的建设规模、投资量、建设性质与建设周期(包括筹备期、建设期等),将专业人才需求情况、安置就业人员数量、增加就业岗位数量等纳入项目设计,研提评估意见,优先审批带动就业作用明显的项目,不再审批达不到用工标准或没有用工计划的项目;涉及房地产项目的,需加强商品房预售资金监管,并将其作为今后项目审批依据;强化市就业领导小组成员单位合力,按照项目建设情况,加强与项目建设单位和管理单位协调沟通,推动建立项目建设就业库,及时按照需求类型、年龄结构、数量、素质要求等进行分类汇总,强化项目劳动力的供需匹配;加强对投资项目的全过程管理,综合评估项目完成后的社会效益,确保项目建设与劳动力安置、就业需求、政策法规、培训技能一体推进,推行从项目立项审批到完成投产的全过程跟进;强化评估重点项目带动就业情况,将评估结果作为调整、制定促进就业的相关政策依据。此外,还要完善固定资产投资领域就业和失业统计体系,实现对数据统计的全面性与及时性,有效准确判断固定资产投资对就业的影响,进而对下一步经济形势进行预判并及早做好项目储备。

2.有效扩大固定资产投资规模,强化投资带动就业增长导向

持续抓好政府项目投资,建立健全投资项目登记制度,及时掌握投资项目的动态,政府通过制定投资政策和发布社会投资信息,鼓励社会资本参与投资,促进社会资本实现优化配置,有效扩大固定资产投资规模。进一步拓展民间资本准入领域以及放开产权限制,支持与鼓励进入基础设施、公用事业、社会事业等领域,建立税收管理、市场准入、规费标准机制,持续健全招商引资机制,着力构建以企业为主体、市场化运作的招商引资模式,把引进就业容量大、技术含量高的大型绿色企业和发展中小企业作为产业调整重点。此外,金融是控制投资规模的重要行业,通过健全多层次融资体系、降低企业融资成本以及对承担重大建设项目和科技项目给予一定优惠政策,进而实现增加有效投资的效果。

3.建立完善重点项目带动就业的相关激励与约束机制,着力引导投资投向促进就业领域

完善财政激励机制,财政相关部门可以在每年财政预算中适当安排就业专项资金,奖励落实就业工作的项目建设;健全税收激励机制,对那些在项目建设之前测算带动就业人数并制订就业计划方案,且在实施中高标准落实就业工作并完成项目就业目标的项目单位或企业,在一定范围内依法给予税收优惠。加强政策约束,在项目的可行性研究报告等前期工作中,进一步完善就业内容,按照产业或行业亿元测算投资带动就业数量,并研提项目在建期间以及项目建成后的用工人数,政府部门的重大项目库系统要增加就业人数测算相关板块并作为项目审批依据,对那些达不到用工标准或没有用工计划项目实行"一票否决";强化财税约束,奖励高质量完成带动就业计划的项目,制约未完成或完成效果不理想的项目。

4.优化固定资产投资结构,加快产业结构优化升级

第二、第三产业的发展是今后缓解就业总体压力和优化就业结构的主要方向,尤其第三产业是解决就业规模巨大问题的关键,这将是今后固定资产投资的主要

方向,因此,要发挥政府投资项目特别是重大项目的导向作用,引导重点建设项目投向劳动密集型企业或产业,建立完善全市重大项目投资的结构体系。加大在第三产业基础设施建设上的投资力度,进一步强化第三产业劳动力培训,同时在第三产业内要注重对提升产业功能以及产业链延伸项目的开发和投资,着力发展现代物流、科技服务、金融服务、人力资源服务等生产性服务业,以及文化旅游、商贸服务、家庭服务等生活性服务业,不断提高劳动力吸纳能力;注重调整工业内部的项目投资,做强做大医药、汽车加工等支柱和优势产业,进一步强化对以农副产品加工为主的轻工业项目的投资。要进一步深化调整重大项目在不同所有制结构之间的投资比重,要逐步提高私营、民营企业项目的固定资产投资比重,进一步强化重大项目的投资带动就业的能力。随着乡村振兴战略的实施,今后还要强化对第一产业特别是特色农业和非农产业的投资力度,大力实施以工代赈,提高农业现代化水平,提升非农经济在农村经济中的占比,吸引中高端劳动力回流第一产业,进一步优化第一产业就业结构。

5.增加公共服务投入,增强就业内生动力

强化公共服务业领域投资,不仅可以改善民生,而且还能带动就业,特别是教育、卫生以及社会保障领域的投资,会直接带来就业岗位的增加。聚焦县域普通高中、学前教育、托育、住房、医疗、养老等六大领域,在加强政府对基本公共服务直接投资的基础上,进一步降低投资门槛,引导社会资本进入社会领域,形成多元化的投资格局,着力增加普惠性公共服务供给,注重提高农村公共服务投入力度,不断缓解供需矛盾。不断改善就业务工环境,引导外出人员回归就业创业,加大娱乐、文化、交通、商贸等配套设施建设投入,推动投资建设和就业质量同时优化提升,进而实现经济发展和扩大就业的良性互动。

6.加强多方协作,强化服务保障

积极落实就业优先战略,充分发挥政策对就业的扶持作用,按照吸纳的就业人员情况,给予贷款贴息、社保补贴等政策扶持。充分调动社会各方力量,推动产教融合发展,采取"对接式""订单式""储备式"等培训方法,加大对各种实训基地的投资力度,指导职业技能培训机构、技工院校,加强职业技能人才培训,为投资项目储备专业人才,鼓励企业开展岗前技能培训,着力缓解全市就业的结构性矛盾。大力开展就业岗位对接、信息对接、政策扶持对接等服务,提高劳动力市场匹配度。维护劳动人员的合法权益,着力改善工作环境、规范劳动用工、提高薪酬待遇,全方位促进就业。进一步完善城乡和区域之间的社会保障衔接机制,研究新经济、新业态平台运营企业的参保责任,构建适应非标准就业发展的社保体系,城镇最低生活保障制度逐步将进城务工人员纳入其中。加大对公租房建设的固定资产投资力度,完善政策措施,确保常住流动人口能够享受住房保障。

课题负责人:杨丹
课题承担单位:重庆师范大学
课题主研人员:肖陆军　肖力思　尹宁宜　李序科　黄　正　苏俊杰
　　　　　　　　向　眉　周　凡

财政政策支持技能人才队伍建设研究

摘　要:通过对财政政策对技能人才培养、吸引和留住的影响进行分析,以及对不同国家和地区的案例研究,本研究发现财政政策在促进技能人才队伍建设方面具有重要作用。财政政策可以通过提供资金支持、提供税收优惠、设立专项基金等方式,激励企业和个人在技能人才培养和发展上的投入。此外,财政政策还可以通过建立公平竞争的市场环境、提供公共设施和服务、创造良好的就业机会等方式,为技能人才提供更好的发展条件。

关键词:队伍建设　资金支持　就业机会

一、绪论

(一)研究背景

随着新型工业化、信息化、城镇化、农业现代化同步推进,超大规模内需潜力不断释放,为我国制造业发展提供了广阔空间。各行业新的装备需求、人民群众新的消费需求、社会管理和公共服务新的民生需求、国防建设新的安全需求,都要求制造业在重大技术装备创新、消费品质量和安全、公共服务设施设备供给和国防装备保障等方面迅速提升水平和能力。全面深化改革和进一步扩大开放,将不断激发制造业发展活力和创造力,促进制造业转型升级。与此同时,我国经济发展进入新常态,制造业发展面临新挑战,资源和环境约束不断强化,劳动力等生产要素成本不断上升,投资和出口增速明显放缓,主要依靠资源要素投入、规模扩张的粗放发展模式难以为继,调整结构、转型升级、提质增效刻不容缓。

技能人才队伍是支撑中国制造、中国创造的重要基础,对推动经济高质量发展具有重要作用。"十三五"时期,我国技能人才规模明显扩大、培养培训加快推进、职业技能竞赛蓬勃开展、技能人才评价激励政策更加完善,技能人才工作取得积极成效。数据显示,截至2021年底,全国技能人才总量超过2亿人,高技能人才已超过6000万人。[①]但是,从实际情况看,技术工人短缺问题仍比较突出,尤其是高技能人才的求人倍率(岗位空缺与求职人数的比率)长期保持在2以上。工信部、教育部的调查显示,仅制造业十大重点领域中,到2025年技能人才缺口将近3000万人。[②]

"十三五"时期特别是党的十九大以来,重庆市制造业转型升级取得明显成效。规模以上工业产值超过2万亿元,全部工业增加值近7000亿元。微型计算机、手机、汽车、摩托车产量占全国比重分别超过24%、9%、6%、29%,建成国内最大己二酸、氨纶生产基地。规模以上工业企业研发投入强度超过1.6%,位居全国前列,12英寸电源管理芯片、硅基光电子成套工艺等领域在国内率先实现突破。新兴产业快速壮大,规模以上工业战略性新兴产业、高技术产业占规模以上工业产值比重分别提高至32%、28%。[③]重庆制造业已具备实现更高水平、更有效率发展的基础和条件。

重庆市人力社保局数据显示,截至2022年5月,重庆技能人才总量达到473万人,比2017年增长了35.1%,其中高技能人才149万名,占技能人才总量的31.5%,较2017年占比提高了3.7个百分点。[④]为了进一步贯彻落实"两点"定位、"两地""两高"目标,发挥"三个作用"和推动成渝地区双城经济圈建设,重庆市还面临一些困难和挑战。其中,技能人才紧缺是制约重庆转变经济增长方式、推进产业结构优化升级的重要因素,有必要对加强重庆技能人才建设进行研究。

(二)研究目的

为更充分发挥财政在配置资源、调控经济社会运行方面的作用,努力把重庆建设成为技能强市和中西部技能人才高地,本研究希望通过调查分析,掌握技能人才的供需现状和当前财政政策支持现状,分析当前技能人才面临的困境,提出支持技能人才队伍发展建设的财政政策建议,为实施重大战略搭建人才支撑体系提供政策参考。

---

① 王俊岭.中国加快建设高技能人才队伍[EB/OL].(2022-10-12)[2022-12-30].中华人民共和国中央人民政府官网.

② 李心萍.技能中国行动正式启动:"十四五"时期有望新增技能人才4000万以上[EB/OL].(2021-08-30)[2022-12-30].中华人民共和国中央人民政府官网.

③ 重庆市人民政府.重庆市制造业高质量发展"十四五"规划(2021—2025年)[EB/OL].(2021-07-19)[2022-12-30].百度文库.

④ 钟旖.重庆市技能人才总量达473万人[N/OL].(2022-06-01)[2022-12-30].中国新闻网.

(三)研究意义

一是解决技能人才短缺的关键环节和迫切需要。从近年来我国劳动力市场需求来看,技术工人短缺问题仍比较突出,尤其是高技能人才的求人倍率长期保持在2以上。工信部、教育部的调查显示,仅制造业十大重点领域中,到2025年技能人才缺口将近3000万人。

二是促进工业化进程、优化产业结构的需要。当前现代化进程的加快和产业结构优化升级都对社会劳动力提出了新的要求,需要加强技能培训以提高其适应性。加强技能人才队伍建设,使重庆经济建设切实转到依靠科技进步和提高劳动者素质的轨道上来,具有重大意义。

(四)研究内容

本研究确定了以下四个方面的研究内容。

一是对重庆市技能人才队伍建设调查研究,是本课题的研究重点。通过技能人才的相关文献资料和实地的调研,通过对文献资料、统计年鉴等相关资料的整理,从而厘清重庆市技能人才现存的结构、素质、培训等情况,探讨经济和技能人才的关系,总结归纳重庆市整体的特征。

二是对当前技能人才队伍建设面临的困境分析,是本课题的研究重点。主要分析财政资金使用效率是否充分,财政支持政策与校企双方利益对接是否充分,职业教育财政激励机制与企业需求匹配度是否充分等问题。

三是财政支持技能人才队伍建设的作用机制分析,是本课题研究的创新点。从技能人才的新岗位开发、技能人才的培训、技能人才的培养、技能人才的认定、技能人才的激励保障等方面探讨人才支持机制建设。

四是支持技能人才培养的财政政策建议。支持技能人才发展,需要财税政策精准施策,充分发挥激励效应。对技能型人才的支持和发展是一项长期策略,需要包括财税政策激励在内的土地、融资等组合式激励政策体系支持。

(五)概念界定

1.技能人才

技能人才是指在生产和服务等领域岗位一线,掌握专门知识和技术,具备一定的操作技能,并在工作实践中能够运用自己的技术和能力进行实际操作的人员,包括无技能证书的普工及获得技能证书的技能工人。人力资源和社会保障部在2022年3月18日印发的《关于健全完善新时代技能人才职业技能等级制度的意见（试行）》，将技能人才分为学徒工、初级工、中级工、高级工、技师、高级技师、特级技师、首席技师共8个等级。本研究根据对岗位要求的不同，将高级工以上的技能人才称为高技能人才。

2.技能人才工种

依据人力资源和社会保障部公布的《国家职业资格目录（2021年版）》，技能人员职业资格包括13项：焊工、安全保护服务人员、消防和应急救援人员、消防设施操作员、健身和娱乐场所服务人员、航空运输服务人员、轨道交通运输服务人员、危险货物、化学品运输从业人员、特种作业人员、建筑施工特种作业人员、特种设备安全管理和作业人员、家畜繁殖员。人力资源社会保障部、市场监管总局、统计局在2022年9月27日正式发布《中华人民共和国职业分类大典（2022年版）》，一批反映新技术、新产业、新业态、新模式的新职业和新工种被纳入其中。具体来说，技能人才涉及的行业领域更广，如浙江省人社厅确定的技能人才职业（工种）与专技人才职称共包括了883个职业工种。①

（六）研究综述

国内外关于高技能人才队伍建设、校企合作、人才流动等方面的研究成果颇丰，但是对地方政府高技能人才队伍建设政策方面的研究较少，笔者在检索、查阅了相关数据库之后，归纳整理国内外关于高技能人才队伍建设政策的相关研究，现状如下。

第一，相关政策制定的必要性研究。崔秋立提出，完善的政策体系是技能人才队伍建设的核心，特别是应当制定完善的职业教育培训政策，促进岗位工人能够在实践中得到充分的锤炼。培训政策必须涉及多主体的相互配合，包括职业院校、龙头企业以及各级政府，并且协调好不同主体的利益关系。国家可以出台相关政策规范相关利益主体的职责，确保多主体为培养高技能人才的目标协同向前。

第二，高技能人才队伍建设政策的实施现状研究。"技能大师工作室制度建设研究"课题提出了政府在职工教育、职业培训中应当起到主导作用。刘颖对天津市技能型人才使用的机制展开实地调研认为，高技能人才需要多方面的激励措施，而

---

① 浙江省人力资源和社会保障厅.关于进一步加强高技能人才与专业技术人才职业发展贯通的实施办法（浙人社发〔2022〕77号）[EB/OL].（2022-11-24）[2022-12-30].浙江省人力资源和社会保障厅官网.

目前用人单位的分配政策缺乏激励效果。虽然给予高技能人才一定的补贴，但是用人单位却对技能津贴制度的补贴政策大打折扣，许多高级技工应当享有的技能津贴却没有得到落实。

第三，完善高技能人才队伍建设政策的相关研究。刘学民主张，高技能人才队伍的开发建设离不开政府的支持，也只有政府才享有协调各方主体的能力和资源，通过财政投入的增加为技能人才的岗位终身培训提供充足的资金。在财政政策支持方面，张韵姬认为，为了优化宁波高技能人才队伍结构，在原有的人才引进政策基础上，宁波还需要制定精准的引才政策。目前高技能人才服务政策中涵盖面较窄，需通过财政支持教育、医疗、住房、金融等一站式服务模式。姚东旻、李静分析了"十四五"时期财政支持国家创新体系建设，认为在人才保障方面财政应当发挥好基础保障作用，建立合理的财政激励进入与退出机制，为初创型科研探索与研究启动提供必要的财力支持，在自主探索逐渐发展壮大后，财政资助要适时退出，营造有利于人才竞争与成长的激励机制。张伟亮、宋丽颖探讨了财政激励政策、人才配置与经济增长的关系，认为政府需要在制定政策过程中注重将短期利益与长期利益相结合，营造积极创新、追求长远利益的社会氛围，缓解社会浮躁，引导人才积极进入研发领域。同时，需要注重财政激励政策对社会效率的影响，由于研发人才数量黄金水平的存在，制定相关政策过程中需要审慎评估，促进社会效率的改善、人民福利水平的提升和经济的高质量发展。

综上所述，目前国内对技能人才队伍建设的研究，集中在相关政策制定的必要性、政策实施现状、完善相关政策等领域，主要采用文字表述的方式，缺少定量分析。同时，研究的重点主要放在了"应该如何做"，而对"为什么愿意去做""怎么保证去做"等问题缺少具体分析，从而难以提出针对性的解决方案。目前国内对财政政策支持的研究，集中在科技创新、地方经济增长、乡村振兴等领域，缺少财政政策支持技能人才队伍建设的研究。在有关技能人才队伍建设研究中，通常把财政政策作为发展技能人才队伍建设的一项措施，缺少系统的研究。

二、重庆市技能人才现状

（一）重庆市经济社会概况

重庆市统计局数据显示,2021年实现地区生产总值27894.02亿元,比上年增长8.3%,两年平均增长6.1%,如图1所示。按产业分,第一产业增加值1922.03亿元,增长7.8%;第二产业增加值11184.94亿元,增长7.3%;第三产业增加值14787.05亿元,增长9.0%。三次产业结构比为6.9∶40.1∶53.0,如图2所示。全年人均地区生产总值达到86879元,比上年增长7.8%。民营经济增加值16628.56亿元,增长9.4%,占全市经济总量的59.6%。

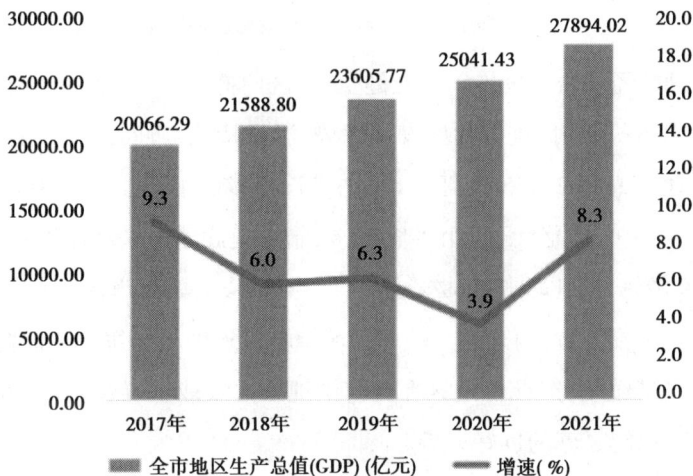

图1 2017—2021年全市地区生产总值及增长速度

新产业新业态新模式逆势成长。2021年规模以上工业战略性新兴产业增加值比上年增长18.2%,高技术制造业增加值增长18.1%,占规模以上工业增加值的比重分别为28.9%和19.1%。新一代信息技术产业、生物产业、新材料产业、高端装备制造产业增加值分别增长18.6%、11.9%、19.6%和13.2%。全年高技术产业投资比上年增长8.4%,占固定资产投资的比重为8.5%。全市限额以上单位通过公共网络实现商品零售额比上年增长27.3%,高于社会消费品零售总额增速8.8个百分点。全年新增市场主体57.88万户,年末市场主体总数320.37万户。

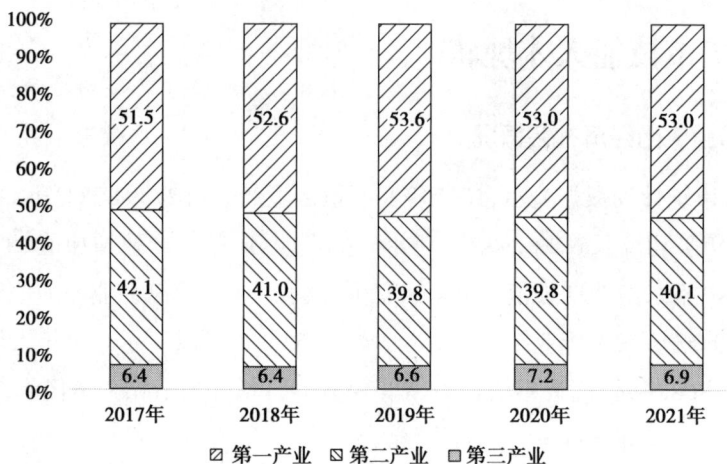

图2　2017—2021年三次产业增加值比重

"一区两群"经济协调发展。建立健全"一区两群"协调发展工作调度机制和区县对口协同发展机制,促进各片区发挥优势、彰显特色、协同发展。全年主城都市区实现地区生产总值21455.64亿元,同比增长8.0%;渝东北三峡库区城镇群实现地区生产总值4895.15亿元,同比增长9.1%;渝东南武陵山区城镇群实现地区生产总值1543.19亿元,同比增长7.6%。从工业生产看,主城都市区产业门类齐全,配套体系完善。从投资看,渝东北三峡库区城镇群投资增长加快。从消费看,主城都市区消费市场持续复苏;两群地区在特色山地效益农业、文旅融合发展的推动下,消费市场呈现稳健复苏的良好态势。

就业形势总体稳定。全年外出市外人口412.56万人,市外外来人口222.77万人。外出进城务工人员513.6万人,下降1.7%;本地进城务工人员242.7万人,增长13.4%。城镇新增就业人员75.08万人,比上年增长14.5%。年末城镇登记失业率2.9%,比上年末下降1.6个百分点;全年城镇调查失业率控制在5.5%以内。

全市共有普通高等教育学校69所,成人高校3所,中等职业学校129所(不含技工校)。2021年,重庆市共有普通高校毕业生24.4万人,本科毕业生毕业去向落实率为83.59%,与2020届同比上升4.79%,主要在教育、信息传输(软件和信息技术)服务业、建筑业以及制造业等行业就业。专科毕业生毕业去向落实率为95.11%,与2020届同比上升2.37%,主要在制造、建筑、批发和零售、信息传输(软件和信息技术)服务以及教育等行业就业。

(二)技能人才规模

重庆市人力社保局数据显示,截至2022年5月,重庆市技能人才总量达到473万人,比2017年增长了35.1%,其中高技能人才149万名,占技能人才总量的31.5%,较2017年占比提高了3.7个百分点。重庆市累计培养"中华技能大奖"获得者10人、国贴专家74人、全国技术能手271人,培养市级高技能领军人才5000余人。虽然重庆市技能人才规模增长显著,但与沿海发达地区相比仍有差距。如广东省在2022年技能人才总量达1804万人,其中高技能人才602万人,占比33.4%。[①]

"十四五"期间,重庆市人力社保局将深入实施"巴渝工匠2025"行动计划,力争到2025年底,重庆市新建高技能人才培养平台1000个,新培养高技能领军人才1000名;重庆市技能人才总量达到500万人,高技能人才超过160万人,技能人才占就业劳动者总量的30%以上,高技能人才占技能人才总量比例达到32%以上。

(三)技能人才培养

教育部印发《职业教育专业目录(2021年)》(教职成〔2021〕2号),这是首次将中职、高职专科和高职本科三个层次专业目录进行一体化修制订,建立了统一的分类框架和上下衔接的专业名称,使职业教育类型特征更为凸显。

1.高等职业教育

我国高职院校招生规模一直呈增长趋势,从2010年的218万人增长到2019年的389万人,增长了171万人,涨幅为78%;在校生规模从2010年的657万人增长到2019年的1004万人,增长了347万人;毕业生数从2010年的199万人增长到2019年的273万人,增长了74万人。2010年以来,我国高职院校总体招生规模、在校生规模及毕业生规模都在不断扩大。

2013—2019年,全国高职在校生数占高等教育在校生总数的比例从39.4%增长至42.2%,2020年达到44.4%。在这一过程中,我国高等教育毛入学率从2013年的34.5%增长到2020年的54.4%。这表明,高等职业教育作为我国高等教育的重

---

① 广东技能人才总量达1804万人[EB/OL].(2022-10-10)[2022-12-30].中共广东省委组织部.

要部分,在我国高等教育普及化进程中发挥了重要作用。

2019年重庆市有高等职业院校39所,低于全国平均水平46所,如图3所示。考虑到各地区经济发展水平和人口规模不同,按照每百万人口中高职院校数这一指标来衡量各地区高职教育整体发展水平,重庆市每百万人拥有1.22所高职院校,高于全国水平的1.01所。

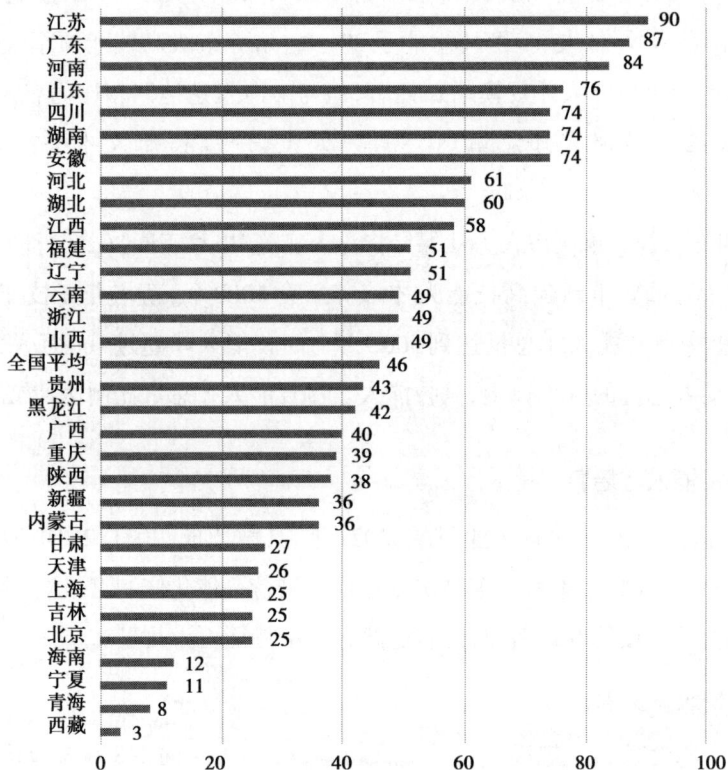

图3　2019年全国各地高等职业院校数量（单位：所）

2022年4月,《重庆市推动现代职业教育高质量发展若干措施》指出,在"十四五"时期,重庆市要建设市级优质中职学校50所,优质专业210个。建设市级优质技工学校20所,优质专业60个。建设市级高水平高职院校20所,高水平专业群60个左右。建设一批本科层次职业技术大学。支持优质中职学校开展长学制人才培养试点。建设中小学生职业体验基地50个以上。同时,将围绕产业布局和乡村振兴的需要,优化职业教育布局。在主城都市区,推动职业教育服务创新发展示范区建设;在渝东北三峡库区城镇群,推动职业教育服务生态优先绿色发展示范区建设;在渝东南武陵山区城镇群,推动职业教育服务文旅融合发展示范区建设。

近年来,从职业教育作为一种类型教育的角度来说,我国一直把产教融合、校企合作作为深化职业教育人才培养模式改革的关键,教育部及全国各地区也都发布了相关政策,支持相关制度的落实。2020年,重庆市高职院校企业录用顶岗实习毕业生比例平均值为66.35%,全国平均水平为61.82%,如图4所示。可以看出,重庆与浙江、湖南、江苏、广西、上海、辽宁等录取率高于70%的地区仍存在一定差距。

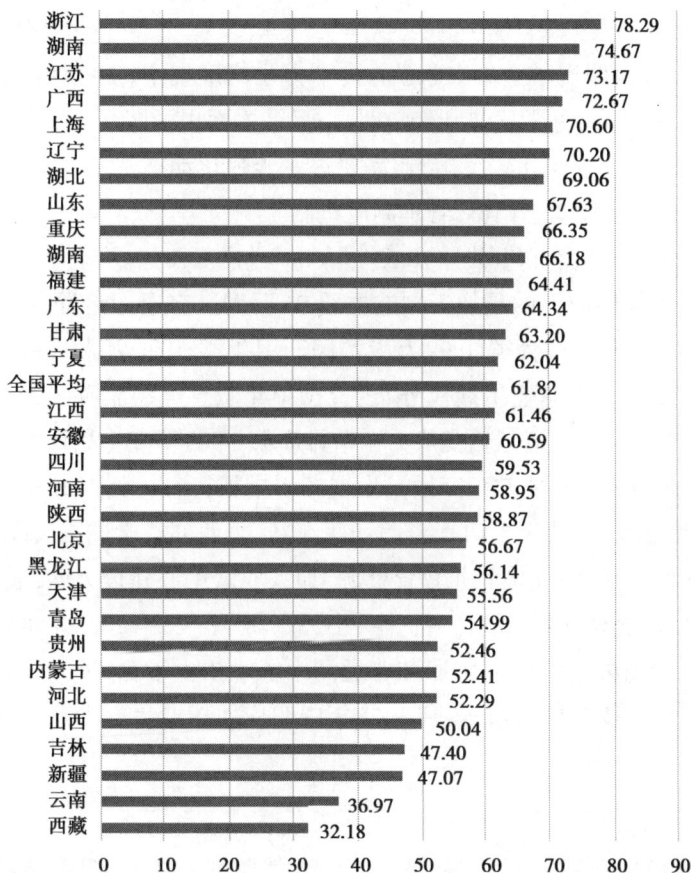

图4　2020年全国各地企业录用顶岗实习毕业生比例（单位：%）

2.中等职业教育

2020年,按照职业教育战略布局,全市41个区县举办学历教育招生的中职学校123所,其中,教育部门主管中职学校76所,占比61.79%;人力社保局主管23所,占比18.70%;其他11个委办局举办中职学校24所,占比19.51%。从办学性质来看,公办中职学校84所,占比68.29%;民办学校39所,占比31.71%。从学校类型来看,123所中职学校中有国家示范校30所,占比24.39%;国家示范校以外的国家重点中职学校14所,占比11.38%;市级示范校33所(2所整合为1所),占比26.83%;市级示范校以外的市级重点校20所,占比16.26%;市级高水平中职学校项目建设学校36所(含6所培育),全市具有示范性的中职学校占比52.03%。

2020年,重庆市中职教育在校生总人数35.22万人,校均在校生数2863人。其中,排序前五的专业大类分别为信息技术类(6.8万人)、交通运输类(5.99万人)、加工制造类(5.54万人)、医药卫生类(3.34万人)、教育类(3.33万人),累计占比70.98%。这一方面体现了全市中职学校专业办学高度集中,支柱性产业与人才培养在规模上匹配度高,办学优势和聚集明显;另一方面也说明当前中职学校专业设置过于集中,同质化现象比较突出,还需要进一步强化动态管控,跟进产业转型升级,建立健全专业建设动态调整、管理制度机制。

2020年,全市中职毕业生共计10.63万人(不含技工校)。从毕业生专业大类分布来看,2020年排序前五的是加工制造类(1.96万人)、交通运输类(1.87万人)、信息技术类(1.77万人)、教育类(0.99万人)、医药卫生类(0.98万人),占毕业生总数的71.3%。在专业大类毕业生规模分布上,2020年教育类将旅游服务类"顶出"前五,加工制造类"反超"交通运输类成为全市排序第一,且毕业生累计增长0.3%。

《重庆市推动现代职业教育高质量发展若干措施》指出,到2023年建设一批优质技工学校和专业;支持区县(自治县)和两江新区、西部科学城重庆高新区、万盛经开区(以下统称区县)统筹职业教育资源,加大职教中心建设力度,通过合并、合作、托管、集团办学等方式,整合一批"空、小、散、弱"学校,到2025年全市中职学校数量调减至120所左右。建立中职和普通高中统一招生平台,扩大中高职贯通培养规模,创新开展技工贯通培养,到2025年中职应届毕业生升入高等院校比例达到60%以上。

3.技能人才培训

开展大规模职业技能培训,是提升劳动者就业创业能力、缓解结构性就业矛盾、促进扩大就业的重要举措。2019年,国务院决定从失业保险基金结余中拿出1000亿元组织实施职业技能提升行动,面向企业职工、就业重点群体和贫困劳动力组织实施职业技能培训。技能人才培训的主体主要有行业企业、公共实训基地、普通高校、职业院校、职业技能培训机构,培训的内容包括就业技能培训、岗位技能提升培训和创业培训。本研究主要介绍重庆技工院校、重庆就业训练中心、重庆民办培训机构开展技能人才培训的情况。

（1）技工院校

技工院校毕业生获得中级职业资格的比重总体呈上升趋势。历年劳动统计年鉴数据显示，重庆市目前有各类技工院校51所，2020年毕业生为24542人，就业率为98.76%，获得中级职业资格的毕业生占比达85.67%。2016—2020年，毕业生获得中级职业资格的比例维持在60%~65%，获得高级职业资格的比例由2016年的5.56%上升到2020年的24.85%，见表1。

表1　2016—2020年全市技工院校毕业生情况

年份	毕业生人数（人）	获得中级职业资格（人）	中级职业资格占比（%）	获得高级职业资格（人）	高级职业资格占比（%）	就业人数（人）	毕业生就业率（%）	高级班学生（人）
2020年	24542	14926	60.82	6099	24.85	24238	98.76	5708
2019年	19690	11696	59.40	5905	29.99	19309	98.07	5987
2018年	21141	13485	63.79	3907	18.48	20524	97.08	5017
2017年	25590	16743	65.43	2871	11.22	24831	97.03	4870
2016年	23317	15223	65.29	1296	5.56	22897	98.20	2598

重庆市技工院校培训社会人员的人次逐年增加，由2016年的110025人次上升到2020年的167065人次，社会培训人员的结业人数稍有波动，总体维持在每年9000~10000人，如图5所示。

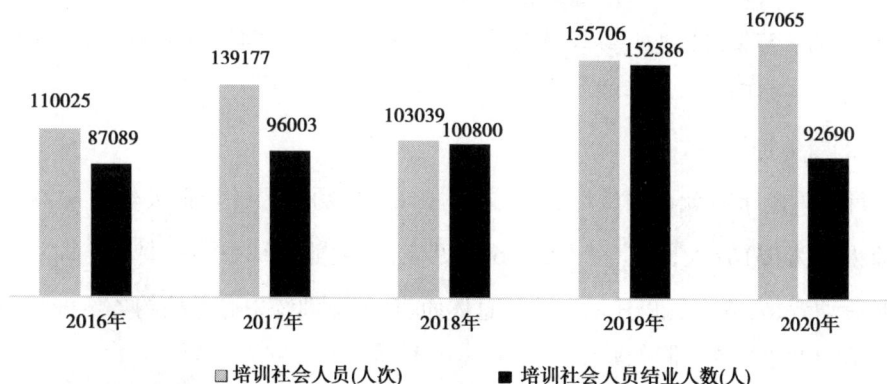

图5　2016—2020年技工院校培训社会人员人次及结业人数

从培训对象来源来看,技工院校社会培训的主体是在职职工。历年劳动统计年鉴显示,在职职工占技工院校培训的70%左右。其次是农村劳动者,该项占比在10%~30%。失业人员和劳动预备制人员占比相对较低,如图6所示。

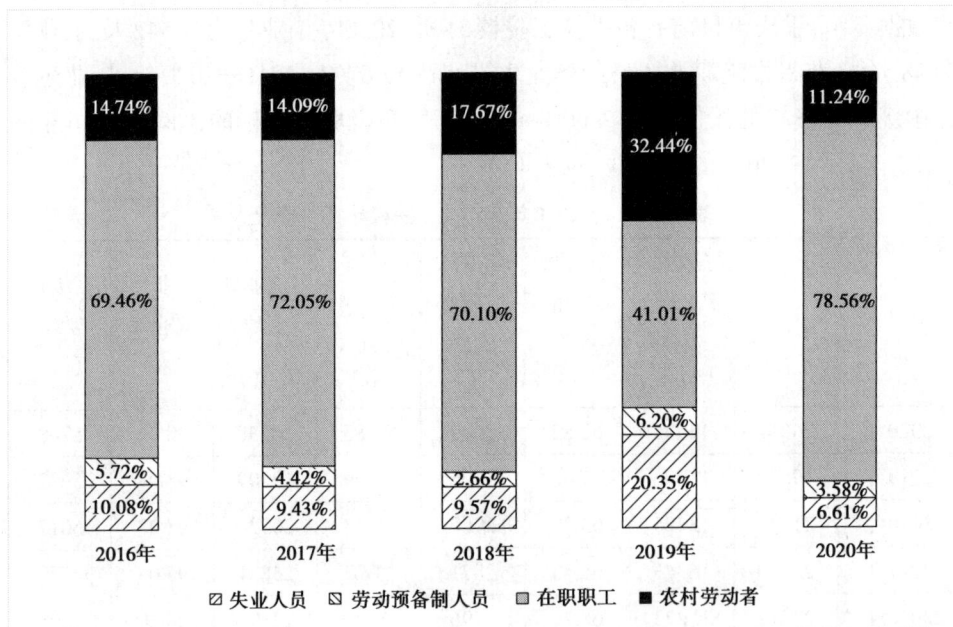

图6 2016—2020年技工院校培训社会人员主要来源

从获取的职业资格来看,近年来,技工院校整体上提升了初级和中级的职业资格培训占比。2020年获得初级和中级资格的占比达到了90.22%,2016年这一数据为86.17%,增加了4.05%。而高级职业资格的占比由2016年的11.19%下降到了2020年的8.57%,技师和高级技师资格从2016年的2.64%下降到了2020年的1.21%,如图7所示。

(2)就业训练中心

目前重庆市有就业训练中心12个。2016—2020年累计培训人数为65387人,结业人数为65167人,结业率为99.66%,见表2。就业训练中心主要的培训对象是农村劳动者、失业人员和其他人员。总体而言,就业训练中心承接的各工种的职业技能培训人数呈现下降的趋势。

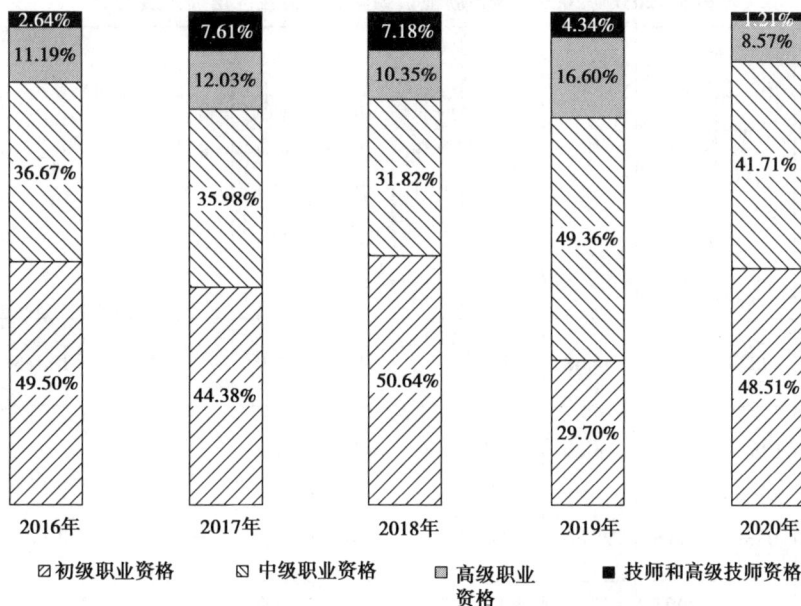

图7 2016—2020年技工院校培训各类职业资格占比

表2 2016—2020年全市就业训练中心职业技能培训情况

单位：人

年份	培训人数	结业人数	失业人员	农村劳动者	在职职工	其他人员
2016年	29833	29833	8722	11950	0	8561
2017年	18851	18730	7205	5006	0	6640
2018年	6382	6382	3546	2132	157	547
2019年	3810	3810	1643	1750	0	417
2020年	6511	6412	830	2408	261	3012

从培训周期来看，重庆市就业训练中心主要提供6个月以下的培训，培训后获得职业资格的比例较低，2020年培训后获得初级和中级职业资格占比为31.1%，高级及以上的职业资格基本上不会在就业训练中心培训认定。而经过职业技能培训后的就业率偏低，表明技能培训在实际就业中发挥的作用并不明显，见表3。

表3　2016—2020年全市就业训练中心职业技能培训开展情况

年份	培训人数（人）	6个月以下（人）	6个月以下占比（%）	6个月至1年（人）	1年以上	初级职业资格（人）	中级职业资格（人）	高级职业资格（人）	技师和高级技师资格	就业人数（人）	就业人数占培训人数比重（%）
2016年	29833	28245	94.68	1588	—	1969	240	—	—	13815	46.31
2017年	18851	17963	95.29	888	—	2298	1776	—	—	—	—
2018年	6382	6118	95.86	264	—	1418	371	—	—	1950	30.55
2019年	3810	2995	78.61	815	—	1241	102	—	—	1457	38.24
2020年	6511	6511	100.00	—	—	1834	189	—	—	1863	28.61

（3）民办职业培训机构

目前重庆市有民办职业培训机构681个,相较2016年的597个,增长了84个,增长率为14.07%。2016—2020年累计培训人数为4828596人,结业人数为4364235人,结业率为90.38%。就业训练中心主要的培训对象是农村劳动者、在职员工和其他人员。总体而言,就业训练中心承接的各工种的职业技能培训人数每年稳定在100万人左右,规模较大,见表4。

表4　2016—2020年全市民办职业培训机构职业技能培训情况

单位：人

年份	培训人数	结业人数	劳动预备制学员	失业人员	农村劳动者	在职职工	其他人员
2016年	1158763	1092691	38724	71677	416273	387251	244838
2017年	1027814	886381	36721	62810	398515	367942	161826
2018年	1035242	845628	35120	50213	402861	386527	160521
2019年	268420	238954	8567	48961	41882	36821	132189
2020年	1338357	1300581	15673	81196	265346	758374	217768

从培训周期来看,重庆市民办职业培训机构主要提供6个月以下的培训,培训后获得职业资格的比例较低,2020年培训后获得职业资格占比为14%,2016年这一数据为20.36%,下降了6.36%。高级及以上的职业资格基本上不会在就业训练中心培训认定。而经过职业技能培训后的就业率偏低,2020年就业人数占培训人数的比重为32.74%,与2016年的79.27%相比,下降了46.53%,见表5。

表5 2016—2020年全市民办职业培训机构职业技能培训开展情况

年份	培训人数（人）	6个月以下占比（%）	6个月至1年占比（%）	1年以上占比（%）	初级职业资格占比（%）	中级职业资格占比（%）	高级职业资格占比（%）	技师和高级技师资格占比（%）	就业人数（人）	就业人数占培训人数比重（%）
2016年	1158763	91.62	4.68	3.69	7.69	9.27	2.72	0.68	918551	79.27
2017年	1027814	90.12	6.12	3.76	10.01	9.60	1.93	0.45	718647	69.92
2018年	1035242	90.03	6.99	3.74	3.74	9.93	1.57	0.38	768460	74.23
2019年	268420	79.84	17.96	2.19	46.92	39.45	1.82	0.83	2093	0.78
2020年	1338357	98.50	0.53	0.97	9.41	4.48	0.11	—	438178	32.74

(四)职业技能鉴定

2020年重庆市职业技能鉴定机构共有72个,相较于2016年的53个,增加了19个,增长率为35.85%。2016—2020年重庆市累计鉴定考核153.23万人,获得证书人数为135.34万人,整体考核通过率为88.32%,见表6。

表6 2016—2020年全市职业技能鉴定情况

年份	本年鉴定考核人数（人）	初级占比（%）	中级占比（%）	高级占比（%）	技师占比（%）	高级技师（%）	本年获得证书人数（人）	初级占比（%）	中级（%）	高级（%）	技师（%）	高级技师（%）	考核通过率（%）
2016年	401222	32.10	55.08	9.72	2.01	1.10	345793	33.00	56.23	8.13	1.62	1.03	86.18
2017年	356547	28.41	57.37	10.69	2.36	1.17	313276	35.10	37.89	23.40	2.76	0.86	87.86

续表

年份	本年鉴定考核人数（人）	初级占比（%）	中级占比（%）	高级占比（%）	技师占比（%）	高级技师（%）	本年获得证书人数（人）	初级占比（%）	中级（%）	高级（%）	技师（%）	高级技师（%）	考核通过率（%）
2018年	223414	20.12	64.97	10.56	2.95	1.40	191247	21.61	66.65	8.80	1.98	0.97	85.60
2019年	266932	23.17	63.06	9.79	2.79	1.19	240784	24.42	63.81	8.87	2.04	0.85	90.20
2020年	284156	39.44	54.33	4.43	1.42	0.38	262302	37.86	44.61	15.29	1.55	0.69	92.31

具体来看，鉴定考核以初级、中级为主，2020年占比达到93.77%，相较于2016年的87.18%，增加了6.59%。而高级、技师、高级技师的考核占比整体出现了下降的趋势。

从获得证书的情况来看，初级和中级的占比由2016年的89.23%，下降到了2020年的82.47%，而高级以上职业资格的高技能资格则由2016年的10.78%，上升到了2020年的17.53%，增长了6.75%。从职业鉴定角度可以看出，高技能人才的资格认定呈现上升的趋势。

三、重庆市技能人才队伍建设面临的困境

（一）技能人才短缺

1.全国性的技能人才短缺，加剧重庆市技能人才紧缺度

人社部数据显示，截至2020年，我国技能劳动者超过2亿人，其中高技能人才超过5000万人。"十三五"期间，我国新增高技能人才超过1000万人，但高技能人才仅占技能人才总量的28%，这个数据与发达国家相比，仍然存在较大差距，发达国家高技能人才的数量占到技能劳动者总数的四成甚至一半以上。近年来，我国技能劳动者的求人倍率一直在1.5以上，其中高级技师、技师和高级工程师的求人倍率分别达到2.72、2.31和2.13，技能人才短缺成为各地面对的普遍性问题。

以重庆支柱产业之一的电子信息产业为例，作为全国重要的电子信息产业基地，重庆拥有"芯、屏、器、核、网"产业集群，集聚了大量相关企业，2021年重庆电子

信息制造业增加值增长17.3%,远远高于同期GDP增速。2021年,重庆电子信息产业用工需求高达49万人。2022年,随着重庆智能终端产业持续增长,企业订单充足,相关用工需求增加到55万人,存在不小的用工缺口。

2.重庆老龄化形势严峻,技能人才面临年龄断层

人口老龄化是经济增长和社会发展达到一定阶段的必然结果,重庆于1994年进入老龄化社会。2021年5月发布的第七次全国人口普查数据显示,在65岁及以上人口比例的数据对比中,重庆以17.08%排名全国第二,仅次于辽宁,处于高龄化阶段。

与此同时,重庆劳动年龄人口占总人口的比重将逐渐降低。2000年以来,重庆市的劳动参与率也一直保持在70%以上。较高的劳动年龄人口比例和劳动参与率保障了经济增长所需的劳动供给,为重庆经济的发展提供了较为充足的劳动力资源。根据重庆市人口发展规划的预测,重庆市15~64岁劳动年龄人口到2027年达到峰值2440万人后,其总量规模开始缓慢下降,增量减少。劳动年龄人口占总人口比重逐渐下降,劳动年龄人口平均年龄逐渐上升,劳动力资源优势开始减弱。届时技能人才短缺的情况更加难以应对,而针对一些具体岗位可能出现因年龄断层而人才短缺的情况。

(二)技能人才结构不合理

1.高学历、低技能现象突出

高等教育人群规模不断扩大,但教育培训模式、专业设置可能与市场需求存在不够契合的问题,因此可能出现一些高学历、低技能的结构性矛盾。年轻劳动者的规模依然比较大,部分劳动者渴望自身发展、价值实现,对就业有更高的诉求。年轻劳动力有一些人的实践经验、专业能力与市场需求存在着结构性矛盾,因此做好年轻人就业工作是一项长期的重要任务。

产业转型升级和自动化、智能化设备的广泛应用,使大龄职工越来越难适应新的岗位。而许多年轻人可能不太愿意到制造业领域去就业,而更倾向于去一些工作比较灵活、工作强度相对较小的服务业领域,所以客观上也加剧了制造业用工的紧张。另外,主要是持续性地缺熟练工、技术工,特别是技术技能人才。这几年我国产业结构转型升级步伐非常快,特别是一些新的科技应用在迅速深化和扩大。比如芯片半导体产业、新能源产业,这些领域用工需求很旺盛,同时它对技能型人才的需求比较大,不光是研发设计人员,也包括一些普工,但是在技能型人才培养上跟不上形势,所以出现了结构性缺口。

2.技能人才行业分布不合理

大数据、人工智能、物联网等新兴产业全年用工需求达22.4万人,同比增加3.1万人,紧缺急需人才缺口9700余人。企业对技术技能人才的需求增长62.5%,调查显示,79%的企业招聘技术人才困难。同时,2022年上半年全市人力资源市场提供岗位数70.7万个,同比减少16.5万个,在就业总量增加、市场岗位缩减的情况下,"就业难"现象仍在一定阶段内存在。

(三)技能人才培养模式单一

1.职业教育领域产教融合渠道依然不畅

多年来,产教融合、校企合作的深度和广度一直达不到预期效果。企业深度参与协同育人的渠道不畅是其中的一个重要症结,具体表现在两方面。一是行业龙头企业举办职业教育的内生动力不足。社会上还普遍存在着教育培养人才、企业使用人才的惯性思维,特别是在文凭内卷的背景下,企业拥有更大的选人用人裁量权,丧失了举办职业教育的内在动力。二是有积极性的企业参与职业教育得不到政策扶持。企业办学的合法性遭到质疑,企业办学性质不明、教师身份不明等问题首当其冲,打击了企业办学的积极性和主动性。企业举办职业院校没有纳入财政生均拨款制度的覆盖范围,学校融资和核算渠道不畅、教育费附加返还的比例和对象不明等问题普遍存在,企业办学经费不足,基本办学条件难以保障。此外,对于企业举办职业教育还存在条件过高等问题,政策要求与企业实际严重不符,例如开展技能培训的经费条件过于严苛。

2.职业本科教育的内涵尚待进一步厘清

在职业本科教育探索发展的过程中,还存在诸多尚未统一或存在争议的关键问题。具体表现为职业本科教育的基本概念界定还不清晰,方向引领和目标愿景还不明确,各地的认识和实践探索还有些混乱。比如,在概念内涵外延上,职业本科教育与专科高职的区别和联系、与应用型本科以及普通本科的区别和联系等都尚未探讨清楚,未达成共识,由此造成在人才培养上,职业本科教育的人才培养规格与专科高职和其他本科教育的区别难以厘清,显示度不够,成为掣肘职业本科教育发展的阻力和障碍。

(四)技能人才职业发展规划欠缺

1.技能人才的薪酬需要与发展需要强烈

企业的哪些因素能够使职业学校学生选择重庆呢？调查发现,位居前五位的因素分别是企业给予的个人发展机会、工作较稳定、企业的地理位置和区域环境、薪酬待遇及福利、工作中能发挥自己才能。可见,职业学校学生在选择就业单位时要求明显提高,他们不再单纯地考虑找到工作即可,而是将发展机会作为首要因素,综合考虑工作稳定性和福利待遇等其他因素的影响。

2.技能人才培养开发体系亟待完善

调查发现,受教育观念的影响,职业技术教育发展始终存在观念和制度上的缺陷,追求升学,歧视职业技术教育的现象仍然较为突出。在职业学校的办学问题上,培养与使用脱节现象突出,培养的技能人才难以满足用人单位的需求,即便如此,由于技能人才的短缺,职业学校培养的学生就业前景依然非常乐观,也使部分职业学校对教学质量的关注度不高。另外,企业缺乏与职业学校协作的主动性,在对职业学校的访谈中发现,由于缺乏用工需求单位的确切信息,职业学校专业设置、生源渠道选择、就业指导、师资配备、学生就业走向等方面都存在一定的盲区,技能人才培养更多的是凭借经验进行,与用工方的需求存在偏差,学校培养的人才难以满足企业的要求。

就企业的技能人才培养看,多数企业"重使用、轻培养"的观念较为严重,不愿意或者无力对企业的技能人才培养加大投入,导致技能人才随着年龄增加难以适应新的岗位需求,技能人才素质与企业需求的结构性矛盾突出。

四、财政政策支持作用机制

财政政策对支持技能人才队伍建设的作用主要有三个方面:一是技能人才需求,包括直接创造就业岗位、开发就业信息、消除制度壁垒、改善就业环境;二是就业供给政策,包括求职帮助和再就业服务、培训、创业等组成的开发技能人才资源的政策体系;三是社会保障类政策,包括社会救助和失业保险等。财政政策对技能人才队伍建设的首要目标是增加技能人才总量,开发就业岗位的政策可以直接增加人才总量,改善就业环境、消除制度壁垒等政策可以间接性地扩大人才总量。

(一)岗位开发

企业是吸纳就业的主体,保住企业、稳住岗位,就业就有保障。财政部门要最大限度发挥财政政策效益,需坚持减负、稳岗、扩就业等多措并举。目前重庆市产业结构逐渐由劳动密集型进入资本密集型,资本取代劳动力致使重工业化产业吸纳劳动力的能力逐年降低,而劳动密集型的中小企业及第三产业成为吸纳劳动力的主力军。产业结构的调整必然带来职业技能结构的调整,第二产业就业弹性的先扬后抑,第三产业的不断上升,要求劳动力具备越来越高的素质和技能。财政政策却没有对就业机会的结构性变化做出及时调整。投资导向仍然偏重资产回报率高的重工业,而对劳动密集型的中小企业和民营企业的财政支持力度不够。同时促进就业的财政补贴政策主要面向失业保险、失业救济,"消极"成分过大,对人力资源的开发重视不够,无法给中小企业和服务业提供足够的劳动力供给,出现技能人才"用工荒",劳动力市场出现了结构性失衡。因此,财政政策首先要着力激发市场活力。发挥财政资金引导扶持作用,鼓励中小企业发展,支持举办各类促消费活动,提振消费市场信心,促进内外贸易循环发展,扩大就业市场对劳动力的需求。其次加大援企稳岗支持力度。发挥失业保险防失业促就业作用,落实普惠性稳岗返还政策,延长经营困难企业稳岗返还政策实施期限,支持企业稳定岗位,预防或减轻技能人才的"外溢"现象。

(二)技能人才培训

职业技能培训通过提升劳动力的技能,匹配劳动力市场需求,是缓解就业结构性矛盾的关键举措。

首先,合理确定培训补贴标准是保证培训质量的重要因素之一。人力资源和社会保障部门、财政部门可结合培训工作实际,充分考虑培训课程开发、教材建设、师资培训、教学改革、实训设施设备升级改造等培训基础能力建设成本以及实训耗材、培训场租和培训时长等综合因素,科学合理确定职业培训补贴标准。建立培训补贴标准动态评估调整机制,结合评估结果,适时调整补贴标准。

其次,以需求为导向,紧密围绕人力资源市场的需求信息开展培训,充分发挥市场配置资源的决定性作用。财政政策减少对劳动力市场的直接性干预,由通过预算内投资和税收减免来直接创造就业岗位转变为对人力资源开发等的资金扶持、税收优惠等政策。当前养老护理、婴幼儿照护、生活服务以及车工、铣工等生产制造和生产服务等领域的缺工情况十分严重,同时新兴职业不断涌现。重庆可以把企业职工、农村转移就业劳动者、城乡未继续升学初高中毕业生、下岗失业人员、退役军人、就业困难人员等就业重点群体和贫困劳动力、贫困家庭子女作为培训重点。同时,围绕重庆大数据、智能化新兴产业和家政、养老、人力资源等现代服务业发展需求,健全急需紧缺职业和新职业技能培训政策。如天津市通过政府购买服务加快技能人才培养。[①]建立职业市场需求和培养成本发布制度,通过政府采购确定调查机构,对市场需求职业、等级及其培训成本进行调查,按照需求程度,将市场急需的职业划分为非常紧缺、紧缺、一般紧缺三类,向全社会公布,引导培训机构、职业院校、企业根据市场需求开展相应职业培训,提高了职业培训的针对性和有效性。

最后,加大培训补贴资金直补企业工作力度。财政补贴的政策目标性和针对性非常明确,财政补贴可以倾向于劳动密集型行业,引导企业增加投入,降低用工成本;鼓励企业雇佣弱势群体,由于这样会降低企业的竞争力,所以能否提高就业率的关键在于补贴额对企业雇佣弱势群体造成的竞争力损失的弥补程度。从技能人才供给角度看,财政补贴应主要着眼于对企业人力资源的开发和管理(教育培训)、科技进步与创新等,提高在职劳动力的职业技能,对职业培训机构、职业介绍机构等补贴,或对求职者直接进行个人补贴,鼓励自谋职业或自主创业。在财政补贴过程中应有针对性、专门性,尽量减少中间环节,减少无谓的效率损失。

(三)技能人才培养

目前,国家提出的技能人才培养体系是:构建以行业企业为主体、职业学校(含技工院校,下同)为基础、政府推动与社会支持相结合的高技能人才培养体系。财政部门和人社、教育等部门建立科学的政策搭配机制,加强政府部门间的协调,发挥财政与就业的协同作用。鼓励各类企事业组织、社会团体及其他社会组织以独资、合资、合作等方式依法参与举办职业教育培训机构,积极参与承接政府购买服务。

财政政策要支持职业学校培养高技能人才的基础性作用。职业学校要办出特色,就必须要和区域产业发展结合,和学校历史发展结合,和地域文化结合,和学校的内涵建设,特别是优质专业建设等结合。要突出优势,推动职业教育与经济社会

---

① 政府购买服务加快技能人才培养:天津市完善职业培训补贴办法[EB/OL].(2015-11-20)[2022-12-30].中华人民共和国人力资源和社会保障部官网.

同步发展,建设一批满足国家战略需要、与重庆市主导产业发展相匹配的特色专业,服务技能型社会建设。

我国现行的职业教学质量监控与评价体系大多只停留在学校内部评价的层面,忽视了社会、用人单位及行业专家的参与,进而造成人才培养与社会需求的相互脱节;缺乏对实习实训环节的有效监控;传统形式上的监控多停留于课堂授课的层面,而对影响教学质量的其他因素则很少涉及,如人才培养方案的制订、专业课程的设置依据、教材的选定、课程考核方式的论证等方面,从而造成了整体监控的不均衡,无法涵盖整个教学过程。建立以就业为导向的教学质量监控体系,注重学生实践能力、职业发展、就业质量、学生满意度、用人单位满意度、社会评价和第三方评价等因素的均衡考量,能够有针对性地解决以上问题,建立完善的教学质量监控体系,保障院校培养人才的综合素质与职业能力。

在政府的监督管理之下,大力开展地方性服务机构,充分利用地方的信息优势,密切与用工单位的合作关系,根据经济结构、就业结构灵活提供服务。支持高技能人才培训基地和技能大师工作室建设,发挥企业、高职院校等资源优势,为培养培训技能型人才创造条件。

充分发挥职业技能提升行动专账资金效能,扎实推进职业技能提升行动。组织开展职业技能提升行动质量年系列活动,全面推行中国特色企业新型学徒制,做好职业技能提升行动总结评估工作。广泛应用国家基本职业培训包,高质量开展职业技能培训。实施职业技能等级认定提质扩面行动。

(四)技能人才认定

目前,与沿海发达地区相比,重庆市的技能人才鉴定主体数量有限、类型单一。因此,可借鉴广东确立的"以技能人才培养联盟为纽带、以技工院校为主体、以第三方技术服务为支撑、以产企校协合作为特色的技工院校职业技能等级认定工作模式"。

支持符合条件的企业自主确定技能人才评价职业(工种)范围,自主设置岗位等级,自主开发制定岗位规范,自主运用评价方式开展技能人才职业技能等级评价;企业对新招录或未定级职工,可根据其日常表现、工作业绩,结合职业标准和企业岗位规范要求,直接认定相应的职业技能等级。打破学历、资历、年龄、比例等限制,对技能高超、业绩突出的一线职工,可直接认定高级工以上职业技能等级。对解决重大工艺技术难题和重大质量问题、技术创新成果获得省部级以上奖项、"师带徒"业绩突出的高技能人才,可破格晋升职业技能等级。推进"学历证书+若干职业技能证书"制度实施。强化技能人才评价规范管理,加大对社会培训评价组织的征集遴选力度,优化遴选条件,构建政府监管、机构自律、社会监督的质量监督体系,保障评价认定结果的科学性、公平性和权威性。

健全以职业能力为导向、以工作业绩为重点、注重工匠精神培育和职业道德养成的技能人才评价体系。建立与国家职业资格制度相衔接、与终身职业技能培训制度相适应的职业技能等级制度。健全以职业资格评价、职业技能等级认定和专项职业能力考核等为主要内容的技能人才评价制度。全面推行企业技能人才自主评价,并将评价结果与技能人才使用、待遇挂钩。加大社会培训评价组织的征集遴选力度,大力推行社会化职业技能等级认定,加强技术支持和工作指导。加强对行业组织开展职业技能等级认定的支持和指导。鼓励地方紧密结合乡村振兴、特色产业和非物质文化遗产传承项目等,组织开发专项职业能力考核项目。有序开展新职业培训评价试点工作,推动技能人才评价提质扩面。

(五)技能人才激励保障

广泛深入开展职业技能竞赛,完善以世界技能大赛为引领、全国职业技能大赛为龙头、全国行业和地方各级职业技能竞赛以及专项赛为主体、企业和院校职业技能比赛为基础的中国特色职业技能竞赛体系。依托现有资源,加强世界技能大赛综合训练中心、研究(研修)中心、集训基地等平台建设,推动世界技能大赛成果转化。定期举办全国职业技能大赛,推动省、市、县开展综合性竞赛活动。鼓励行业开展特色竞赛活动,举办乡村振兴职业技能大赛。举办世界职业院校技能大赛、全国职业院校技能大赛等职业学校技能竞赛。健全竞赛管理制度,推行"赛展演会"结合的办赛模式,建立政府、企业和社会多方参与的竞赛投入保障机制,加强竞赛专兼职队伍建设,提高竞赛科学化、规范化、专业化水平。完善并落实竞赛获奖选手表彰奖励、升学、职业技能等级晋升等政策。鼓励企业对竞赛获奖选手建立与岗位使用及薪酬待遇挂钩的长效激励机制。

加大高技能人才表彰奖励力度。建立以国家表彰为引领、行业企业奖励为主体、社会奖励为补充的高技能人才表彰奖励体系。完善评选表彰中华技能大奖获得者和全国技术能手制度。国家级荣誉适当向高技能人才倾斜。加大高技能人才在全国劳动模范和先进工作者、国家科学技术奖励等相关表彰中的评选力度,积极推荐高技能人才享受政府特殊津贴,对符合条件的高技能人才按规定授予五一劳动奖章、青年五四奖章、青年岗位能手、三八红旗手、巾帼建功标兵等荣誉,提高全社会对技能人才的认可认同。

健全高技能人才激励机制。加强对技能人才的政治引领和政治吸纳,注重做好党委(党组)联系服务高技能人才工作。将高技能人才纳入各地人才分类目录。注重依法依章程推荐高技能人才为人民代表大会代表候选人、政治协商会议委员人选、群团组织代表大会代表或委员会委员候选人。进一步提高高技能人才在职工代表大会中的比例,支持高技能人才参与企业管理。按照有关规定,选拔推荐优秀高技能人才到工会、共青团、妇联等群团组织挂职或兼职。建立高技能人才休假疗养制度,鼓励支持分级开展高技能人才休假疗养、研修交流和节日慰问等活动。

五、针对性建议

(一)深化财政政策与就业政策的协同

1.建立就业政策与宏观经济政策统筹机制

加强政策之间的有机衔接和协调联动,在制定财税、金融、产业、贸易、投资等重大政策时,要综合评价对就业岗位、就业环境、失业风险的影响。充分发挥全市就业联席会议作用,每季度定期召集相关部门传达中央、国务院和市委、市政府对就业工作的决策部署,分享行业数据分析,共同探讨就业形势,研究制定经济发展和就业相互促进的积极政策,会商拟出台的重大经济发展政策对就业的影响,协同落实技能人才队伍建设的举措,进一步牢固市级统筹、各部门齐心协力的一根绳、一股劲抓就业工作格局。

2.建立重大项目建设与就业联动机制

2022年市级重大项目包括重大建设项目、重大前期规划研究项目。其中,重大建设项目877个,总投资约2.6万亿元,年度计划投资约3600亿元;重大前期规划研究项目266个,总投资约1.3万亿元。重大项目涉及技能人才培养与职业教育的包括:重庆电讯职业学院綦江校区、綦江永桐新城职教城、重庆五一高级技工学校二期、梁平现代职教城、垫江职业教育中心迁建工程、垫江高职院校建设、垫江县政府、秀山县技工学校、中国(重庆)职业技能公共实训中心二期等。

技能人才与职业教育联席会议成员由市教委、市发展改革委、市经济信息委、市财政局、市人力社保局、市农业农村委、市商务委、市文化旅游委、市国资委、市乡村振兴局、市税务局组成,市教委为牵头单位。根据国内其他城市的经验,保障机制对重点建设项目的就业岗位和技能培训需求,进行统一摸底调查、统一网络管理、统一信息发布、统一对接服务,促进重点建设项目劳动用工需求与劳动力资源优化配置。

(二)搭建合理的技能人才培养体系

1.深化"放管服",鼓励优秀企业举办职业教育

构建多样化办学格局离不开优秀企业深度参与协同育人,因此要积极鼓励优秀企业举办职业教育。一是坚持需求导向和高质量标准。侧重于重庆市优先发展的先进制造、新能源、人工智能等方向,积极推动华为等行业顶尖企业与职业学校共同研制具有重庆特色、世界水准的职业教育质量标准体系。二是推动政策细则落地实施。出台促进产教融合的区域性法律法规,通过个案突破引领改革,特别是在资产评估、退出机制、税收优惠、办学身份等关键性问题上给出明确指向,用法律和制度改善龙头企业的顾虑与观望情绪,让利好政策落到实处,从根本上打破企业以营利为目的举办职业教育的不良预期。三是促进投资与职教发展良性循环。引导鼓励实业公司、制造业企业投资于职业教育,借鉴国际经验,未雨绸缪,研究出台行业企业必须参与产教融合、校企合作的硬约束政策与激励政策。完善政策体系,引导民间资本合理、理性投入职教教育。

2.加大投入力度,巩固职业教育的基础性地位

中等职业教育在现代职教体系中占有重要位置。一是要调整定位,引导中职教育多样化发展,发挥中职教育的就业、升学功能,使中职教育的定位从单纯"以就业为导向"调整为"就业与升学兼顾"。通过拓展中职学校办学功能,提升中职学校对不同需求学生的吸引力。二是优化布局,通过撤销、合并、转型、托管、土地置换等形式,整合"小、散、弱、空"学校。三是落实达标,举办方要高度重视职业中等学校办学条件不达标问题,切实扛起办学履责的主体责任,采取强有力举措,确保2023年中等职业学校办学条件基本达标。四是加大投入,完善中等职业学校生均经费拨款标准,建立与办学规模、培养成本相适应的拨款制度。五是培育示范,加快推动实施"优质中职学校和专业建设计划",财政通过专项奖补,加大投入,集中力量建成一批在办学、管理、人才培养、社会服务等方面具有示范引领作用的优质中等职业学校和品牌专业。

高起点做好职业本科教育,首先要坚持理论先行。通过理论研究助推职教本

科探索试点,为职业本科教育行稳致远奠定扎实的理论基础。为此,要加强对职业本科教育的概念名称、内涵特征以及外延边界等的研究,推动形成共识,指导实践。其次要加快标准研制。对标产业的高端和高端的产业,加快研究制定专业教学标准、专业教师标准、课程内容选取标准、教材开发标准、学位授予标准以及考试评价标准等。

2022—2023年的"技能中国"重点工作中包括大力发展技工教育,制定出台大力发展技工教育办好技工院校、加强技工院校教材管理等政策措施,组织第二届全国技工院校学生创业创新大赛、第三届全国技工院校教师职业能力大赛,评估、总结及推广通用职业素质课程,推进核增技工院校绩效工资总量、教师公开招聘等政策落实。

(三)优化公共就业服务机制

1.引导社会力量参与,推进公共就业服务更加便民化

健全户籍地、常住地、参保地、就业地公共就业服务供给机制,推进就业创业政策咨询、就业失业登记、职业介绍等服务覆盖全体城乡劳动者。支持各类市场主体在注册地、经营地、用工地免费享受劳动用工咨询、招聘信息发布等服务。推动公共就业服务向农村延伸,实现城乡公共就业服务便利共享。

引导社会力量广泛深入参与就业服务,推动公共就业服务机构与社会民营机构合作。支持民办非营利性社会组织提供公益性就业服务,探索建立就业指导专家、创业指导专家等志愿者团队提供灵活性就业创业服务。组织动员各类群团组织参与提供公共就业服务。根据不同劳动者的自身条件和服务需求,提供个性化服务和解决方案。

2.深化区域协调,加强就业交流合作

深化川渝就业协同。推动川渝两地公共就业综合服务平台共建,求职用工、就业监测、重点群体就业等大数据信息共享,实现就业服务跨区域通办。探索建立创业孵化基地共享合作交流机制,共享创业导师库、项目库资源。推动两地互设劳务办事机构,打造劳务品牌,深化进城务工人员服务协作。加强两地和谐劳动关系综合配套改革试点地区合作,健全两地根治拖欠进城务工人员工资协作机制,强化劳动保障执法办案联合联动。

积极开展对外合作。积极开展国际合作,加强与"一带一路"共建国家和地区交流,充分利用国际国内资源,有效激活重庆人力资源市场。加强与其他省份的交

流合作,持续推进鲁渝劳务协作工作,构建全面的技能人才评价制度。

(四)构建全面的技能人才评价制度

1.深化职业资格制度改革,健全职业标准体系和评价制度

探索开展技能人员职业标准国际互通、证书国际互认工作,各地可建立境外技能人员职业资格认可清单制度。健全以职业资格评价、职业技能等级认定和专项职业能力考核等为主要内容的技能人才评价机制。完善以职业能力为导向、以工作业绩为重点,注重工匠精神培育和职业道德养成的技能人才评价体系,推动职业技能评价与终身职业技能培训制度相适应,与使用、待遇相衔接。深化职业资格制度改革,完善职业资格目录,实行动态调整。围绕新业态、新技术和劳务品牌、地方特色产业、非物质文化遗产传承项目等,加大专项职业能力考核项目开发力度。

2.建立多元化参与主体,推行职业技能等级认定

支持符合条件的企业自主确定技能人才评价职业(工种)范围,自主设置岗位等级,自主开发制定岗位规范,自主运用评价方式开展技能人才职业技能等级评价;企业对新招录或未定级职工,可根据其日常表现、工作业绩,结合职业标准和企业岗位规范要求,直接认定相应的职业技能等级。打破学历、资历、年龄、比例等限制,对技能高超、业绩突出的一线职工,可直接认定高级工以上职业技能等级。对解决重大工艺技术难题和重大质量问题、技术创新成果获得省部级以上奖项、"师带徒"业绩突出的高技能人才,可破格晋升职业技能等级。推进"学历证书+若干职业技能证书"制度实施。强化技能人才评价规范管理,加大对社会培训评价组织的征集遴选力度,优化遴选条件,构建政府监管、机构自律、社会监督的质量监督体系,保障评价认定结果的科学性、公平性和权威性。

课题负责人:周志开

课题承担单位:重庆市秘书学会

课题主研人员:余　杰　郑元丽　陈先觉　胡婷婷　沈朝健

　　　　　　　张瀚予　朱鸿艳

大数据背景下高校毕业生就业结构性矛盾成因分析与对策研究

摘 要: 大学生就业已成为中国社会经济发展中越来越突出的热点问题。通过对相关文献的综合研究和实地调研,本研究发现高校毕业生就业结构性问题主要表现为供需不平衡和岗位不匹配的现象。供需不平衡方面,就业市场需求与毕业生专业结构之间存在不匹配,一些专业就业困难,而另一些专业供大于求。岗位不匹配方面,毕业生的技能与实际工作岗位的需求存在差距,导致不少毕业生在就业后需要进行再培训和适应。

关键词: 就业结构性矛盾 大数据 路径 环境

一、绪论

(一)研究背景

近年来,随着我国高等教育的普及化和高校毕业生就业体制的转变,大学生就业成为政府、社会、高校以及学生共同关注的议题。2022年全国高校毕业生总人数达到1076万人,同比增加167万人,规模和增量均创历史新高。此外,受国际疫情影响,近两年回国就业的留学生不断增加,整体来看,高校毕业生就业形势复杂严峻。在各大招聘会场,出现一个职位几十个人乃至几百个人争抢的局面;但同时,部分用人单位"招工难""用工荒"现象也日益凸显。就业市场上这种供求不匹配的现象,称为就业结构性矛盾。这一就业问题对社会和谐稳定与国家经济发展均构成一定挑战,政府部门应高度重视。因此,探讨高校毕业生就业结构性矛盾的成因与治理对策意义重大。

本课题对高校毕业生就业结构性矛盾的成因与对策进行研究,主要目的是了解目前重庆市高校毕业生就业结构现状及存在的矛盾,包括知识技能结构性矛盾、专业结构性矛盾、岗位结构性矛盾,明确导致高校毕业生三类就业结构性矛盾的原因,并具体提出相应的解决对策,为重庆市高校人才培养、学科专业设置以及就业管理工作提供参考。

(二)研究意义

1.理论意义

现有高校毕业生就业结构矛盾的研究成果丰富,且据此提出了一些解决对策。但目前的研究存在两个方面的问题:一是现有多数研究成果在高校毕业生就业结构性矛盾相关问题的分析中,往往缺少实际数据支持,导致提出的对策建议说服力不足;二是现有多数研究成果在对高校毕业生就业结构性矛盾成因分析中,多是以个人经验或主观臆断为主,缺乏相应的调查数据和计量模型,研究方法科学性不足,致使研究结论的可靠性存疑。

据此,本课题采用定量研究的方法,基于重庆市高校毕业生就业数据库、重庆市高校就业管理部门、政府就业管理部门和部分用人单位进行资料收集整理,分析用人单位对本市高校毕业生需求和毕业生实际就业情况的结构性差异,探讨知识技能结构性矛盾、专业结构性矛盾、岗位结构性矛盾三类就业结构性矛盾的成因,弥补相关研究数据缺乏等问题,在研究方法上更加科学,研究结论也更加可靠,可以丰富高校毕业生就业结构性矛盾成因及对策研究的理论成果,亦可以为其他学者的后续相关研究提供更加科学的理论框架。

2.实践意义

本课题采用定量研究的方法,基于重庆市高校毕业生就业数据库和问卷调查数据,分析用人单位对重庆市高校毕业生需求,以及高校毕业生就业去向。基于毕业生自身知识结构、高校学科专业结构、毕业生就业结构流向三个方面分析其与社会需求的结构性矛盾,并明确结构性矛盾产生的原因,提出相应的解决对策。课题研究成果去向包括重庆市各高校、政府教育管理和就业管理部门等,可以为各高校人才培养、学科专业设置、就业管理提供参考,亦可为重庆市高校毕业生就业市场的供需平衡提供方案。

(三)研究思路与内容

1.研究思路

本课题首先界定高校毕业生就业结构性矛盾的内涵,构建大数据背景下高校毕业生就业结构性矛盾成因分析与对策研究框架。其次,明确高校毕业生专业结构、实际就业去向(就业意向)结构、就业能力结构等,明确高校毕业生就业结构现状。然后,从知识技能结构性矛盾、专业结构性矛盾、岗位结构性矛盾三个方面,探究重庆市高校毕业生就业存在的结构性矛盾。再次,从实证分析和描述性统计分析两方面探究高校毕业生三类就业结构性矛盾成因及其作用机理。最后,从宏观调控、专业设置、就业引导、就业培训、人才培养等方面提出对策建议。

2.研究内容

本项目采用定量研究的方法,基于重庆市高校毕业生就业数据库,分析用人单位对重庆市高校毕业生需求,探讨就业结构性矛盾的成因,从而对高校人才培养、学科专业设置提出建议。

具体来看,本课题的主要内容有六个部分。

(1)绪论

对本课题的研究背景、研究意义、研究思路与内容、研究方法、创新点做概述性说明。

(2)文献综述

归纳国内外高校毕业生就业结构性矛盾及成因的相关研究成果,结合课题组成员对重庆市高校就业情况的长期跟踪研究以及对用人单位等的人力资源需求调查结果,界定高校毕业生就业结构性矛盾的内涵,并构建大数据背景下高校毕业生就业结构性矛盾成因分析与对策研究框架。

(3)重庆市高校毕业生就业结构现状

基于重庆市高校毕业生就业数据库及对部分高校毕业生抽样调查,明确高校毕业生专业结构、实际就业去向(就业意向)结构、就业能力结构等,以明确高校毕业生就业结构现状。

(4)重庆市高校毕业生就业结构性矛盾分析

基于课题组成员对高校毕业生就业情况的长期跟踪,统计分析用人单位在各高校岗位需求情况和人社部门各类政策性岗位需求情况,比较分析需求与实际流向之间的差异,分析构建重庆市高校毕业生就业结构性矛盾分析框架。该部分基于对部分用人单位的问卷调查和访谈,结合前文对重庆市高校毕业生就业结构现状的调查和分析,充分运用重庆市高校毕业生就业数据库等数据资源,从知识技能结构性矛盾、专业结构性矛盾、岗位结构性矛盾三个方面,深入探究在现实背景下,不同因素对高校毕业生三类就业结构性矛盾的影响机理,增强高校毕业生就业结构性矛盾成因分析结论的可靠性和实用性。

(5)重庆市高校毕业生就业结构性矛盾的成因实证分析

根据文献研究、工作实践和调查资料,设计研究方案。设计调查方案,收集重庆市高校毕业生相关数据资料,并对重庆市高校毕业生就业结构性矛盾的成因进行分析,明确重庆市高校毕业生就业结构性矛盾的成因,探究其影响机理。

(6)重庆市高校毕业生就业结构性矛盾的对策建议

基于以上分析,本课题在大数据背景下对重庆市高校毕业生就业结构性矛盾进行定量研究,探究其成因,并对就业结构性矛盾下的教育改革提出对策建议。

(四)研究方法

(1)文献研究法

梳理国内外大数据背景下高校毕业生就业结构性矛盾成因及对策相关的文献资料,结合课题组成员对重庆市高校就业情况的长期跟踪研究以及对用人单位等的人力资源需求调查结果,界定高校毕业生就业结构性矛盾的内涵,并构建大数据背景下高校毕业生就业结构性矛盾成因分析与对策研究框架。

(2)问卷调查和访谈法

对部分高校毕业生进行问卷调查,明确高校毕业生专业结构、实际就业去向(就业意向)结构、就业能力结构等;对部分用人单位进行问卷调查和访谈,明确不同产业、不同区域、不同性质用人单位对高校毕业生在数量和能力素质等方面的需求以及需求满足程度。结合重庆市高校毕业生就业数据库、重庆市各高校毕业生就业信息等已有资料,为大数据背景下高校毕业生就业结构性矛盾成因及对策研究提供可靠资料。

(3)实证分析方法

构建高校毕业生知识技能结构性矛盾、专业结构性矛盾、岗位结构性矛盾三类就业结构性矛盾影响因素的实证分析框架,设计高校毕业生就业结构与社会需求调查问卷,分别抽取部分高校毕业生和用人单位进行填写,基于调查问卷数据,从理论上验证不同因素对高校毕业生三类就业结构性矛盾的影响程度和影响方向。

(4)描述性统计分析方法

基于重庆市高校毕业生就业数据库、重庆市各高校毕业生就业信息、对部分高校毕业生及用人单位的抽样调查资料,综合运用图表分析、交叉分析、数据整理和排序等方法,对高校毕业生就业结构现状进行分析,明确当前高校毕业生就业情况。同时,用描述性统计分析方法对三类就业结构矛盾实证分析中验证的高校毕业生就业结构性矛盾影响因素进行逐一分析,深入探究在现实背景下,不同因素对高校毕业生就业结构性矛盾的影响机理。

(五)调查方案

本课题使用的数据为近三年重庆市高校毕业生就业质量报告对全市高校毕业生和部分用人单位的调查数据,毕业生的调查为全样本调查,用人单位实行抽样调查,回收学生问卷30余万份,用人单位数量1.2万余家。同时使用重庆市高校毕业生就业数据库统计数据。为保证课题研究的时效性,课题组同时辅以针对用人单位和高校毕业生问卷调查。其他数据来源还包括统计年鉴、政府工作报告、新闻公开报道等。

课题组向用人单位发放"高校毕业生就业结构性矛盾调查问卷(用人单位)",共回收125份,有效问卷100份,有效问卷率为80%,见表1。

表1　被调查用人单位基本情况

分类标准	类别	数量(个)	占比(%)
按单位性质分类	事业单位	8	8
	国有企业	21	21
	非国有企业	46	46
	社会团体	9	9
	其他	16	16
按所处行业门类划分	采矿业	1	1
	制造业	29	29
	电力、热力、燃气及水的生产和供应业	1	1
	建筑业	11	11
	批发和零售业	8	8
	交通运输、仓储和邮政业	1	1
	住宿和餐饮业	6	6
	信息传输、软件和信息技术服务业	11	11
	金融业	4	4
	房地产业	1	1
	租赁和商务服务业	1	1

续表

分类标准	类别	数量 （个）	占比 （%）
按所处行业门类划分	科学研究和技术服务业	3	3
	居民服务、修理和其他服务业	1	1
	教育	10	10
	卫生和社会工作	12	12
按单位规模划分	20人以下	4	4
	20~50人	8	8
	50~300人	14	14
	300~500人	9	9
	500人以上	65	65

　　对重庆市高校毕业生发放"高校毕业生就业结构性矛盾调查问卷（高校毕业生）"，调查对象主要针对已就业高校毕业生，共回收问卷3169份。由于填写问卷的部分调查者不符合条件，故筛选后的有效问卷数量偏少，有效问卷仅1472份，有效问卷率为46.45%，见表2。

表2　被调查高校毕业生基本情况

分类标准	类别	数量（人）	占比（%）
性别	男	753	51.15
	女	719	48.85
学历	专科	756	51.36
	本科	659	44.77
	研究生	57	3.87
就业去向	升学	366	24.86
	自主创业	14	0.95
	政府机关	24	1.63
	事业单位	182	12.36
	国有企业	252	17.12
	非国有企业	400	27.17
	基层项目	32	2.17

续表

分类标准	类别	数量（人）	占比（%）
就业去向	自由职业	107	7.27
	其他	95	6.45

二、文献综述

(一)概念界定

1.高校毕业生

我国主要将高等学校分类为普通高等学校和成人高等学校,再按办学的层次,普通高等学校分为研究生层次、本科层次、专科层次。本课题所谓的高校毕业生,是指那些通过普通高校统一考试的学生,在普通高等学校完成全日制学习任务后,达到结业要求规定,刚步入社会工作的2022届应届毕业的学生们,包括2022届毕业的专科、本科、研究生层次的学生。

2.就业结构性矛盾

就业结构是指劳动力在国民经济各部门间的配置情况。就业结构性矛盾则是指劳动力在国民经济各部门间的配置不合理。吴天赐指出,就业结构性矛盾是在市场供求总量基本相当情况下,人力资源供给与需求产生的不匹配,是经济社会发展不协调不平衡造成的结构性矛盾在就业领域的集中反映[1]。王阳指出,就业结构性矛盾是劳动力要素在国民经济各部门与产业间的配置不平衡[2]。廖海霞认为,结构性失业是指在动态的市场经济中,因技术进步、经济结构调整所致的就业市场上一方面存在不能找到工作的劳动力,另一方面又存在空余岗位的失业问题[3]。

本课题所研究的就业结构性矛盾是以高校毕业生为主体,其定义不仅仅是指高校毕业生作为劳动力市场的供给者与用人单位作为劳动力市场需求者之间的供需失衡现象。即本课题所涉及的高校毕业生就业结构性矛盾不是指高校毕业生的供给数量不足,也不是用人单位对高校毕业生的需求不足,而强调的是在高校毕业生劳动力市场供给和需求都充分的条件下,仍然存在着职位空缺与高校毕业生失

① 吴天赐.高职学生就业的专业结构性矛盾及突破路径[J].中国成人教育,2021(17):32-35.
② 王阳.就业领域重大结构性失衡及应对举措研究[J].财政科学,2021(4):69-80.
③ 廖海霞,马珺.我国医学生结构性就业难的原因及对策探析[J].现代预防医学,2018,45(2):380-383.

业并存的不匹配现象。

3.市场性岗位与政策性岗位

本报告所称市场性岗位,是指其员工招聘的行为(招聘规模、招聘对象、招聘标准等)主要受市场经济规律支配的工作岗位,主要包括非国有企业、国有企业、自由职业、自主创业以及其他渠道。政策性岗位是指员工招聘行为主要受各级政府政策调节的工作岗位,主要包括事业单位、升学、机关、基层项目等。

在对市场性岗位和政策性岗位的划分中,需要特别注意国有企业相关岗位。一般而言,由于国有企业的全民所有制性质,其在经营决策上会比非国营企业受到更多的政策性因素的影响,但其作为市场中的经营主体,自负盈亏,其招聘行为根本影响因素仍是出于市场经营管理的需要。据此,课题组在对国有企业岗位类别划分中,将其归类到市场性岗位。

(二)国内外研究现状

1.高校毕业生就业相关研究

(1)高校毕业生就业现状及问题相关研究

就业是最大的民生。高校毕业生就业政策的有效落实,不仅能稳定社会结构,为国家经济注入活力,而且还涉及千家万户的幸福感。但21世纪以来,我国大学生面临的就业形势出现了较为严峻的情况。教育部数据显示,2022年我国大学毕业生达到1076万人,同比增加167万人,规模和增量再创新高[1]。与此同时,各地区不时爆发的疫情,给经济带来下行压力,高校毕业生就业供需方面出现了两头抢手中间遇冷的现象。岳昌君、邱文琪等人通过对我国高校毕业生进行实证分析得出,毕业生整体就业比例下降,同时待就业比例上升;在区域上毕业生首选沿海发达地区,教育行业和民营企业受到毕业生青睐[2]、[3]。国外学者 Xiao Liang 等通过对中国2020年疫情影响下的实证分析,在宏观上从理论和实践的角度论述了疫情对高等教育与高校毕业生就业的冲击[4]。

部分学者从院校特招生就业角度出发。李被从体育特长生的视角出发,了解

① 高校毕业生就业现状:"两头"抢手"中间"冷[J].廉政瞭望,2022(8):12.

② 岳昌君,夏洁,邱文琪.2019年全国高校毕业生就业状况实证研究[J].华东师范大学学报(教育科学版),2020,38(4):1-17.

③ 岳昌君,邱文琪.疫情防控常态化背景下高等学校毕业生就业状况及影响因素[J].教育研究,2022,43(6):28-44.

④ LIANG X, ROZELLE S, YI H M. The impact of COVID-19 on employment and income of vocational graduates in China: Evidence from surveys in January and July 2020[J]. China Economic Review, 2022, 75: 101832.

到体育特长生对外公布的就业比例还好,但在后疫情形势下,体育行业赛事举办的限制和公众对体育的重视程度不足,仍然会对体育生就业形势产生下滑影响[①]。Gemma Doleman等发现护士就业市场供给过剩,需要政策性扶持才能取得就业改善[②]。刘娜等从残疾大学生的角度进行研究,发现生理残疾的学生就业要比身体健康的学生就业比例更低,尽管国家出台了一系列政策,可是仍未达到预期目标[③]。

（2）高校毕业生就业影响因素相关研究

高校毕业生就业的影响因素较多,学者们分别从宏观产业结构和微观的毕业生自身角度进行了研究。从宏观产业结构出发,李薪茹在其博士论文中认为,大学生之所以找不到工作,并非劳动市场上资源过剩,更多是由于结构和流向的不合理。最根本原因则是我国经济产业结构转型和一些高校的盲目扩招,导致社会需求人才和培养人才的整体生源素质下降[④]。薛雅等采用调查问卷的形式,以就业市场上个人、高校、政府、企业四个参与方划分,构建结构性方程,得出高校实施的就业政策和疫情时的行业结构变动对大学生就业影响最大[⑤]。

从微观毕业生出发,系统性回顾相关文献,毕业生研究又可以划分为可衡量指标和难以度量指标。在可衡量指标方面,毕业生不同性别、学历层次、专业、学科结构等因素显著影响就业水平[⑥,⑦]。张建武、崔惠斌认为,就业出现结构性矛盾,在于毕业生的保留工资与就业单位实际支付工资的冲突[⑧]。在难以度量指标方面,Wang Haoyu等认为在国家高端装备制造业研究中,尽管国家强调忠诚和奉献精神对毕业生是重要的品质,但在实际招聘时却钟爱于具备合作创新能力、知识技能、压力管理与适应三种能力的学生[⑨]。朱国玮、黄珺以职业胜任理论为理论基础,认

① 李被.后疫情时代体育教育专业毕业生就业前景分析[J].就业与保障,2021(11):191-192.

② DOLEMAN G, DUFFIELD C, LI I W, et al. Employment of the Australian graduate nursing workforce: A retrospective analysis[J]. Collegian, 2022, 29(2): 228-235.

③ 刘娜, 张聪聪, 付孟冉, 等.残疾大学生就业现状分析及其对策研究[J].卫生职业教育, 2019, 37(20): 33-36.

④ 李薪茹.面向产业需求的我国高职院校专业结构调整研究:以人工智能(类)专业为例[D].天津: 天津大学, 2020.

⑤ 薛雅,杨胜媛,冯晓丽.基于结构方程模型的后疫情时代大学生就业影响因素分析[J].现代营销(学苑版),2021(11): 93-95.

⑥ 邓峰,孙百才.高校扩招后毕业生就业影响因素的变动趋势研究:2003—2011[J].北京师范大学学报(社会科学版), 2014(2):132-138.

⑦ MORIÑA A, BIAGIOTTI G. Inclusion at university, transition to employment and employability of graduates with disabilities: A systematic review[J]. International Journal of Educational Development, 2022, 93: 102647.

⑧ 张建武,崔惠斌.大学生就业保留工资影响因素的实证分析[J].中国人口科学,2007(6):68-74,96.

⑨ WANG H Y, LI S, QIN P F, et al. The employability of graduates of national characteristic discipline programs of study in China: Evidence from employers[J]. Sustainability, 2022, 14(13): 7955.

为大学生的影响力、团队领导、自信等胜任特征会显著影响就业[1]。

(3)高校毕业生就业措施相关研究

许多学者借鉴了发达国家采取的措施。李晓颖通过归纳各个发达国家促进毕业生就业的措施,总结政府采取措施有短期和长期的,模仿他国措施时要充分考虑措施特征[2]。就业环境平稳时,把促进劳动市场有效运作作为一项经常性的工作。安锦指出毕业生就业问题不能改善的根本原因是缺少理论支持,他从本源上对公益性岗位、创业政策、蚁族的理论内涵和实践定位进行了比较全面的理论研究,借鉴典型国家的促进政策,构建属于中国的毕业生就业评估体系,提出"五位一体"促进机制构想[3]。王秀芝、罗嘉珂举例了许多欧美高校成功缓解就业压力的案例,认为提高就业能力是解决就业难问题的重要途径,高校、政府、企业应该共同合作。我国需要基于本国教育现状,模仿买卖方协调模式,构建持续化的就业指导体系[4]。

(4)高校毕业生就业的其他相关研究

部分学者总结了多年来的相关文献。吴明霞统计2000—2019年与毕业生就业相关的发文趋势、前10名的学术机构,分析得出该领域发文最多前10位学者、文献被引频次前10名的论文、WEB下载频次前10名的论文,总结出大学生就业指导、就业能力是热门研究主题[5]。周文霞等统计了2019—2022年知网上高校毕业生相关主题的研究期刊数目和分类,归纳之后发现主要研究领域集中于就业质量、现状、影响因素、困境、返乡就业、创新就业等热门主题,并提出市场环境制度完善、政府促进工作、大学生准备不充分三个方面缺乏文献研究,需要进一步探讨[6]。

部分学者从就业质量出发。刘扬从人力资本角度,探讨了毕业生就业后工作与专业匹配情况,分析了专业性结构矛盾的原因在于劳动力市场的信息不对称,提高信息反馈能力,可以稳定毕业生长久的就业状况[7]。王霆、张婷指出政府总是将毕业去向落实率的提升作为政绩指标,却忽视了就业质量也应当是关注的重点,工资待遇走低、就业稳定性降低正在危害着毕业生就业状况,无法建立刚步入社会大

① 朱国玮,黄珺.大学生就业能力影响因素研究[J].教育研究,2011(8):64-68.

② 李晓颖.大学生就业难问题:国外的研究与经验[J].西北人口,2010,31(2):61-66.

③ 安锦.高校毕业生就业促进政策与促进机制研究:以湖北省为例[D].武汉:武汉大学,2011.

④ 王秀芝,罗嘉珂.欧美高校提升大学生就业力:模式、措施及启示[J].现代教育管理,2013(5):120-124.

⑤ 吴明霞.硕士研究生如何快速了解选题国内研究现状:以"大学生就业"为例[J].云南科技管理,2020,33(5):44-50.

⑥ 周文霞,李硕钰,冯悦.大学生就业的研究现状及大学生就业困境[J].中国大学生就业,2022(7):3-8.

⑦ 刘扬.大学专业与工作匹配研究:基于大学毕业生就业调查的实证分析[J].清华大学教育研究,2010,31(6):82-88.

学生的保障[①]。史淑桃从既有理论出发,梳理了毕业生就业质量的基本因素,归纳了各因素的内在联系,搭建了最新的就业质量评价体系[②]。

2.就业结构性矛盾相关研究

(1)就业结构性矛盾的概念及类型相关研究

韩伟等指出,大学生就业结构主要是指大学生的就业分布,具体表现为在不同行业部门地区之间大学生就业数量比例关系的配置状况。如果在一定时期内,大学毕业生就业分布不平衡,也就意味着就业结构的失衡[③]。赵利群指出,大学生结构性合理就业的内涵是:高质量的创新型人才以专业为依托,纳入社会结构,在合适的岗位上发挥素质特长并与之相互建构,助力行业发展并获取相应的社会回报[④]。结构性失业是指劳动力市场出现的需求与供给不均衡而导致的"有人没活干、有活没人干"的一种现象[⑤、⑥]。刘畅认为,大学生结构性失业是指大学生的专业知识、实践技能、综合素质与市场职位需求错位而导致的一种失业现象。目前大学生"就业难"不是供给大于需求,不是单纯的就业职位缺乏,实质上反映的是由高等教育与市场实际需求之间的"结构性矛盾"[⑦]。

就业结构性矛盾强调的是在劳动力市场供求总量均衡的前提下,也就是说,就业结构性矛盾不是指高校毕业生的供给数量不足,也不是指社会对于高校毕业生的需求量不足,而是指高校毕业生与社会需要之间不匹配,其最大的特点是职位空缺与高校毕业生失业并存。

关于就业结构性矛盾的分类,众多学者从不同角度出发进行了分类。张明广等将高等职业教育就业结构性矛盾分为层次结构性矛盾、专业结构性矛盾、院校结构性矛盾及区域布局结构性矛盾[⑧]。魏义方将就业结构性矛盾分为以下几类:技能结构性失衡、产业结构性失衡、区域结构性失衡和社会结构性失衡[⑨]。王阳将就业

① 王霆,张婷.扩大就业战略背景下我国大学生就业质量问题研究[J].中国高教研究,2014(2):26-30.

② 史淑桃.基于解释结构模型的高校毕业生就业质量影响因素分析[J].河南社会科学,2022,30(1):112-118.

③ 韩伟,王栋亮,康丽滢,等.河北省大学生就业结构失衡与优化路径研究:基于2019年河北省20所本科院校大学生就业质量报告[J].河北民族师范学院学报,2021,41(2):122-128.

④ 赵利群.大学生结构性合理就业促进研究:基于"大学生智力众筹平台"的构建[J].江苏高教,2020(9):83-87.

⑤ 梁妙荣.大学生就业供需结构性矛盾产生的原因及对策[J].学校党建与思想教育,2015(3):72-74.

⑥ 赵忠见.产业结构调整背景下的高职生就业的结构性问题探究[J].中国成人教育,2015(17):106-108.

⑦ 刘畅.经济转型背景下大学生结构性失业对策分析[J].中国成人教育,2015(7):52-54.

⑧ 张明广,茹宁.产业转型升级背景下高职毕业生就业的供需匹配研究[J].中国职业技术教育,2022(18):17-26.

⑨ 魏义方.积极应对就业结构性失衡[J].宏观经济管理,2021(4):26-33.

结构性失衡分为就业城乡区域结构失衡、就业产业结构失衡、就业收入结构失衡和就业技能结构失衡[①]。刘静认为大学生就业结构性矛盾实为"空间结构不完全匹配型"和"时间结构不完全匹配型"两大形态下的五种结构性矛盾，包括供需质量结构性矛盾、供需价格结构性矛盾、供需意愿结构性矛盾、时滞就业结构性矛盾和延时就业结构性矛盾[②]。马世洪认为大学生就业市场结构性矛盾主要表现为供给与需求的类型结构性矛盾、层次结构性矛盾、专业结构性矛盾[③]。刘畅认为经济转型期大学生结构性失业的类型包括专业结构性失业、区域结构性失业、行业结构性失业、学历结构性失业和性别结构性失业[④]。

（2）就业结构性矛盾的成因相关研究

多数学者从宏观视角进行分析，认为产生就业结构性矛盾的主要原因是经济发展带来的产业结构变化速度与教育结构调整速度的不匹配。张彬斌指出，结构性就业矛盾的生成逻辑在于，劳动力市场的调整速度滞后于产品市场调整速度，劳动力供给结构不能及时响应产品市场派生的内在需求[⑤]。曹佳认为，高校毕业生就业结构性失衡的根源主要在于产业转型升级创造高端岗位的速度远低于高校毕业生的增速[⑥]。赵忠见认为，高职生就业的结构性问题缘于在区域产业结构调整背景下，政府对高职院校的发展宏观调控不及时，高职院校人才培养的步伐没有跟上产业结构调整的速度[⑦]。中国劳动保障科学研究院能力建设研究室主任袁良栋指出，就业结构性矛盾来源之一是产业结构调整带来的职业结构的变化，职业教育结构、人才培养层次和专业设置滞后于产业结构的变化[⑧]。

部分学者从供需均衡以及供给方和需求方等角度出发探究就业结构性矛盾的成因。曹佳指出，高校专业转换成本较高导致专业设置的刚性，从而对就业结构性矛盾产生不利影响[⑨]。曹洪军从供给侧进行分析，指出供给侧结构问题表现为人才供给的纵向层次结构、横向专业结构及就业能力结构与社会需求脱节[⑩]。郑志来认

① 王阳.就业领域重大结构性失衡及应对举措研究[J].财政科学,2021(4):69-80.

② 刘静,张天雪.大学生就业结构的关联模型、矛盾形态与破解路径[J].黑龙江高教研究,2021(5):90-94.

③ 马世洪.以供给侧改革破解大学生就业市场结构性矛盾[J].中国高等教育,2016(10):15-18.

④ 刘畅.经济转型背景下大学生结构性失业对策分析[J].中国成人教育,2015(7):52-54.

⑤ 张彬斌.就业扩容提质 促进共同富裕:以加快破解结构性就业矛盾为抓手[J].产业经济评论,2022(2):168-185.

⑥ 曹佳.高校毕业生就业结构性失衡及应对[J].中国劳动关系学院学报,2021,35(3):47-54.

⑦ 赵忠见.产业结构调整背景下的高职生就业的结构性问题探究[J].中国成人教育,2015(17):106-108.

⑧ 袁良栋.加强技能培训是缓解就业结构性矛盾的基本途径[J].职业技术教育,2014,35(30):25.

⑨ 曹佳.高校毕业生就业结构性失衡及应对[J].中国劳动关系学院学报,2021,35(3):47-54.

⑩ 曹洪军.论大学生就业的供给侧结构性改革[J].学术论坛,2016,39(5):159-163.

为,我国大学毕业生工作难、实际毕业去向落实率低等问题的根源在供给层面,在于我国高等教育供给结构不合理[1]。马世洪认为,供给与需求割裂、脱节,是大学生就业市场结构性矛盾突出的重要原因[2]。梁妙荣认为,就业结构性矛盾主要成因包括:高校专业设置与快速变化的市场需求之间的脱节、高校人才培养模式与社会多元需求之间的错位、学校分数至上与社会能力第一的人才标准的迥异、大学生的就业期望与社会需求之间的反差、大学生职业生涯准备滞后于社会发展的现实需求等[3]。

(3)就业结构性矛盾的对策相关研究

解决结构性矛盾,其目标就是要实现岗位和人之间的匹配。应对结构性矛盾,最重要的问题是人如何适应岗位。从就业角度来看,一方面要把人如何适应岗位放在首位,也就是如何培养合格劳动者的问题;另一方面岗位也要适应人。

针对我国高校毕业生结构性矛盾的现状和成因,大部分学者认为大学生就业结构性矛盾的存在有其现实基础,从宏观结构出发,提出了缓解就业结构性矛盾的基本途径。张明广、茹宁提出建议,通过高等职业教育结构调整,提升职业教育人才培养规格和质量,对接产业转型升级需求,破解高职毕业生就业的结构性矛盾[4]。文宗瑜认为,促进中低端的相对充分就业与兼顾大学毕业生群体的就业,在一定程度上会缓解"人才荒"的压力[5]。王阳认为,只要市场机制在资源配置中发挥作用,就会存在就业结构性失衡问题。当然,如果政府没能很好地发挥作用,也会造成或加剧就业领域的结构性失衡问题[6]。吴绮雯认为,推进教育培训制度改革,大规模开展职业技能培训,提升劳动者素质,能够推动产业转型升级,缓解劳动力供给不足和就业结构性矛盾[7]。汤建认为,加强高等教育结构、产业结构和就业结构三者之间的互动与关联,能够在更大程度上缓解结构性就业矛盾[8]。

部分学者从劳动力市场需求方面提出对策建议。人力资源和社会保障部劳动科学研究所就业室主任张丽宾提出,促进民营经济劳动者的就业,是解决就业结构

① 郑志来.大学生就业难悖论与高等教育结构性改革[J].教育科学,2016,32(4):56-63.
② 马世洪.以供给侧改革破解大学生就业市场结构性矛盾[J].中国高等教育,2016(10):15-18.
③ 梁妙荣.大学生就业供需结构性矛盾产生的原因及对策[J].学校党建与思想教育,2015(3):72-74.
④ 张明广,茹宁.产业转型升级背景下高职毕业生就业的供需匹配研究[J].中国职业技术教育,2022(18):17-26.
⑤ 文宗瑜.化解"就业难"与"人才荒"结构性矛盾:以产业产品附加值提升为视角[J].人民论坛,2021(2):64-67.
⑥ 王一鸣.建设现代化经济体系论纲[M].广州:东方出版传媒,广东经济出版社,2020.
⑦ 吴绮雯.加强职业教育培训体系建设应对就业结构性矛盾[J].中国高等教育,2020(Z2):64-65.
⑧ 汤建.高等教育结构、就业结构和产业结构的相关性分析:以安徽省为例[J].重庆高教研究,2018,6(2):48-57.

性矛盾的必要出路。文宗瑜主张着眼尊重劳动要素配置的内在规律,通过"促就业"优先缓解"就业难"压力[①];魏义方建议从促进劳动力供给优化、有效增加劳动力需求、持续完善劳动力市场等方面积极应对就业结构性失衡[②]。马世洪认为,"供给侧"是破解大学生就业市场结构性矛盾的切入点,深化高等教育供给侧结构性改革,实现高等教育由低水平供给向高水平供给的跃升,是破解大学生就业市场结构性矛盾顽疾的必然遵循[③]。张学英认为,亟待通过内资企业和私营企业的良性发展创造更多的就业岗位,解决对劳动力总量需求不足问题[④]。孙静静通过研究得出结论:以推动制造业升级、发展第三产业、加快产业结构调整作为突破口是解决结构性矛盾的根本出路[⑤]。

部分学者从就业结构性矛盾所涉及的主体的角度,分别提出了建议措施。习近平总书记在党的十九大报告中针对大学生就业问题指出,应大规模开展职业技能培训,注重解决结构性就业矛盾,而其中就涉及两个匹配主体,即岗位需求和自身技能。韩伟等指出,优化大学生就业结构,政府要加大宏观调控力度,企业要更新用人观念,高校要深化教育教学改革,大学生自身要努力提高就业竞争力[⑥]。曹洪军针对问题成因提出改革的着力点:强化政府宏观管理职能,着力调整人才供给总量及层次结构;完善高校办学自我约束机制,着力优化人才供给专业结构;发挥政府、高校和市场合力,着力推动人才培养质量提升[⑦]。梁妙荣认为,化解大学生就业供需结构性矛盾,需要高校以社会需求和市场为导向,促进高等教育教学改革;转变教育观念,提高人才培养质量;采取切实措施加强就业教育,完善就业指导服务;大学生应转变就业观念,注重发展自己的就业能力;社会应理性看待就业形势,营造良好的舆论氛围[⑧]。赵忠见认为,就业的结构性问题在短期内是很难改变的,它需要依靠政府、高职院校、行业及企业、家庭及学生个体诸方的协同[⑨]。

① 文宗瑜.化解"就业难"与"人才荒"结构性矛盾:以产业产品附加值提升为视角[J].人民论坛,2021(2):64-67.
② 魏义方.积极应对就业结构性失衡[J].宏观经济管理,2021(4):26-33.
③ 马世洪.以供给侧改革破解大学生就业市场结构性矛盾[J].中国高等教育,2016(10):15-18.
④ 张学英,闫妍.天津市劳动力市场供求总量与结构性问题分析[J].天津职业技术师范大学学报,2015,25(1):48-52.
⑤ 孙静静."大学生就业难与民工荒"的解释和出路:基于产业结构与就业结构的协调性分析[D].扬州:扬州大学,2013.
⑥ 高校毕业生就业现状:"两头"抢手"中间"冷[J].廉政瞭望,2022(8):12.
⑦ 曹洪军.论大学生就业的供给侧结构性改革[J].学术论坛,2016(5):159-163.
⑧ 梁妙荣.大学生就业供需结构性矛盾产生的原因及对策[J].学校党建与思想教育,2015(3):72-74.
⑨ 赵忠见.产业结构调整背景下的高职生就业的结构性问题探究[J].中国成人教育,2015(17):106-108.

三、重庆市高校毕业生就业结构现状

（一）重庆市高校毕业生基本情况

2017年以来，重庆市高校毕业生数量逐年增多，加之新冠疫情导致的社会招聘需求降低，高校毕业生就业难度极大，也给重庆市各级就业主管部门、各高校带来了空前压力。

1.重庆市高校毕业生性别趋向均衡

2017—2022年，高校毕业生的性别分布从男少女多转变为男女均衡，且在数量上均处于增长状态。

2.重庆市高校毕业生各学历层次均有增长

专科层次毕业生占比大幅增加，研究生层次毕业生占比小幅增加，本科层次毕业生占比大幅降低。2017—2022年，专科、本科、研究生层次的毕业生的数量均有所增加，但专科层次毕业生增长速度最快，本科生和研究生增长相对较慢，致使专科层次毕业生在全部毕业生中的占比大幅增加。

3.重庆市本地生源在高校毕业生中占比持续提高，其他地区生源毕业生占比不同程度降低

生源地位于重庆的高校毕业生占据了大部分，且2017—2022年还呈现出上升状态，其他按占比依次为四川省、西部其他省份、中部地区、东部地区、港澳台生源毕业生，且以上地区生源的学生占比均有所下降。

总体来看，重庆市高校毕业生数量呈增长趋势，且2022年增长幅度较大，呈现生源地逐步本地化、集中化趋势，男女比例趋向均衡，且专科层次毕业生比重大幅增加。因此，在重庆市高校毕业生就业工作中，要明确高校毕业生各项特征的变化趋势，针对性提出一些管理措施，强化就业管理工作的有效性。

4.重庆市高校毕业生多数专业占比相对稳定，各专业毕业生占比与市场需求有一定关联

若将理学、工学、农学、医学归纳为理工类专业，将哲学、经济学、法学、教育学、文学、历史学、管理学、艺术学归纳为文科类专业，则可发现，专科层次高校毕业生理工科类专业占比明显高于文科类专业，本科层次理工科类占比明显低于文科类

专业,研究生层次理工科类专业与文科类专业毕业生占比相对均衡。

其中,2022届重庆市专科层次高校毕业生中,理工科类专业(农林牧渔大类、资源环境与安全大类、能源动力与材料大类、土木建筑大类、水利大类、装备制造大类、生物与化工大类、轻工纺织大类、食品药品与粮食大类、交通运输大类、电子信息大类、医药卫生大类)占比65.17%,文科类专业(财经商贸大类、旅游大类、文化艺术大类、新闻传播大类、教育与体育大类、公安与司法大类、公共管理与服务大类)占比35.83%。从变动趋势来看,2019—2022年,专科层次高校毕业生中理工科类专业占比增长明显,从2019年的58.48%增加至2022年的65.17%。

2022届专科层次高校毕业生数量排名前五的分别是电子信息大类、财经商贸大类、土木建筑大类、装备制造大类、医药卫生大类,从中也可以看出理工科类专业占据着绝对的优势。

2022届重庆市普通本科层次高校毕业生中,理工科类专业(理学、工学、农学、医学)占比42.57%,文科类专业(哲学、经济学、法学、教育学、文学、历史学、管理学、艺术学)占比57.43%。从变动趋势来看,2019—2022年,普通本科层次高校毕业生中理工科类专业与文科类专业占比相对平稳,未有明显变化。

就单个专业的毕业生人数占比来看,2022届普通本科层次高校毕业生排名为工学、管理学、文学、艺术学、理学、经济学、法学、教育学、医学、农学、历史学、哲学。

此外,2022届职业本科迎来了首批毕业生,但毕业生数量相对较少,分布于土木建筑大类、装备制造大类、电子信息大类、财经商贸大类、教育与体育大类五类专业,各专业在职业本科毕业生中的占比呈现出与普通本科毕业生不一致的专业结构。

2022届重庆市研究生层次高校毕业生中,理工科类专业(理学、工学、农学、医学)占比49.23%,文科类专业(哲学、经济学、法学、教育学、文学、历史学、管理学、艺术学)占比50.77%。从变动趋势来看,2019—2022年,研究生层次高校毕业生中理工科类专业占比呈缓慢下降趋势,而相应的文科类专业占比呈缓慢上升趋势。

就单个专业的毕业生人数占比来看,2022届研究生层次高校毕业生排名为工学、教育学、法学、管理学、医学、理学、文学、经济学、农学、艺术学、历史学、哲学。

5.重庆市高校毕业生对个人就业能力自我评价普遍较低

课题组采取李克特五级量表的形式对2022届重庆市高校毕业生进行了问卷

调查,在个人就业能力评价环节,各调查项目对非常符合、很符合、一般、很不符合、非常不符合分别赋值5、4、3、2、1。调查结果显示,在调查的全部29个项目中,平均分均低于3分,重庆市高校毕业生对个人的就业能力普遍存在悲观态度。

从横向对比来看,重庆市高校毕业生各项就业能力的自我评价差别相对较小,其中工作态度(2.82分)、责任心(2.71分)、时间管理能力(2.69分)、适应能力(2.68分)、勤奋(2.66分)相对较好,而学科竞赛经历(2.01分)、外语水平(2.05分)、科研能力(2.08分)、跨学科复合型知识和技能(2.28分)、写作能力(2.36分)等则处于较差水平。

(二)重庆市高校毕业生毕业去向落实率及变化趋势

高校毕业生就业情况关乎千家万户的利益,是长期人力资本投资获得回报的必要条件,也是检验各高校人才培养体系是否符合社会需求的重要标准。2019年以来,新冠疫情导致经济发展受到极大阻碍,全社会多数用人单位,尤其是民营企业对人力资源的需求量下降幅度较大,加之高校毕业生数量的快速增长,就业压力较大。在此背景下,重庆市各级就业管理部门和各高校把就业放在首要位置,尽力保障高校毕业生就业。

在2017—2022年,2022届高校毕业生毕业去向落实率仅比2020届稍高,与2017届、2018届、2021届相比,降幅较为明显。其中的原因,更多的在于高校毕业生规模的大幅增加,以及新冠疫情对经济发展长期的负面影响导致的人才需求增速放缓。

从分学历层次来看,2022年各层次高校毕业生毕业去向落实率不均衡。其中,专科层次毕业生毕业去向落实率最高,研究生层次毕业生毕业去向落实率其次,本科层次毕业生毕业去向落实率最低。

从就业趋势来看,研究生层次毕业生近年来虽有波动,但整体相对稳定;本科层次毕业生毕业去向落实率最低。

从分专业来看,2022届研究生层次高校毕业生中,按毕业去向落实率由高到低排名为管理学、工学、教育学、经济学、法学、哲学、理学、医学、历史学、艺术学、文学。若把2018—2022年各专业毕业去向落实率平均值作为衡量标准,则2022年农学、哲学、教育学、历史学、法学、理学、管理学、医学、工学、经济学超出近5年平均毕业去向落实率,表明此类专业毕业去向落实率在2022年得到了一定程度的提升;艺术学、文学低于近5年平均毕业去向落实率,分别低于4.17%、4.23%,表明此类专业毕业去向落实率在2022年出现一定程度的下降。

2022届普通本科层次高校毕业生中,按毕业去向落实率高低对专业进行排序,应为历史学、教育学、工学、理学、文学、管理学、医学、经济学、法学、艺术学、哲学、农学。以2018—2022年5年的平均毕业去向落实率为基准,则2022年仅有历史学、医学高于平均值。由此可见,2022年重庆市普通本科层次高校毕业生多数专业的毕业去向落实率均处于近年来的较低水平,是就业帮扶的重点对象。

2022届职业本科层次毕业生是重庆市职业本科教育的首届高校毕业生,毕业去向落实率普遍较高。各专业按毕业去向落实率排序为装备制造大类、电子信息大类、土木建筑大类、财经商贸大类、教育与体育大类,均处于较高水平,也在一定程度上说明职业本科层次高校毕业生得到了社会各类用人单位的认可。

2022届专科层次高校毕业生中,按毕业去向落实率高低对专业进行排序,应为生物与化工大类、能源动力与材料大类、新闻传播大类、轻工纺织大类、食品药品与粮食大类、装备制造大类、农林牧渔大类、文化艺术大类、电子信息大类、旅游大类、资源环境与安全大类、水利大类、医药卫生大类、财经商贸大类、公共管理与服务大类、土木建筑大类、交通运输大类、公安与司法大类、教育与体育大类。以2019—2022年4年的平均毕业去向落实率为基准,则2022年仅有生物与化工大类、新闻传播大类、食品药品与粮食大类比平均值增加2.92%、1.69%、0.05%,农林牧渔大类、装备制造大类、能源动力与材料大类、旅游大类、轻工纺织大类、文化艺术大类、交通运输大类、电子信息大类、医药卫生大类、财经商贸大类、土木建筑大类、资源环境与安全大类、教育与体育大类、水利大类、公共管理与服务大类、公安与司法大类则分别比平均值降低。专科层次高校毕业生毕业去向落实率总体情况较好,但新冠疫情依然对其产生了一定的负面影响。

总体来看,2022年重庆市高校毕业生毕业去向落实率处于相对较低的水平,专科和研究生层次毕业生毕业去向落实率相对稍高,本科生较低,就业形势严峻,其主要原因在于毕业生规模大幅提高,以及新冠疫情导致的经济发展受阻。从各专业看,不同层次毕业生各专业毕业去向落实率变动趋势不一,专科层次相关各专业毕业去向落实率较高,研究生层次毕业生多数专业的毕业去向落实率高于近5年的平均值,普通本科和专科层次毕业生多数专业的毕业去向落实率则低于近5年的平均值,表明多数专业的就业情况未能达到预期。高校毕业生的就业是高校人才培养质量的重要检验标准,也是政府就业工作的重点。为此,应进一步了解高校毕业生就业意愿、就业能力和就业去向,以及用人单位需求,科学做好高校毕业生就业指导工作。

(三)重庆市高校毕业生就业去向结构

1.重庆市高校毕业生就业区域流向结构

基于2017—2022年重庆市高校毕业生就业质量报告、重庆市高校毕业生就业数据库以及问卷调查的结果,课题组探究了重庆市高校毕业生就业区域流向的结构特征及问题,具体包括两个方面。

一是对比生源地结构,重庆市高校毕业生向东部地区和港澳台净流入明显,西部地区均处于净流出状态。对比来看,东部地区对重庆市高校毕业生仍然充满着较强的吸引能力。

与此同时,中西部地区长期受人才吸引力度弱势导致的人才缺口困扰。以重庆市支柱产业汽车制造业为例,2019—2021年,全国汽车行业人才短缺TSI指数[①]总体呈上升趋势,其中重庆汽车行业人才短缺指数全国涨幅最大,从2020年的0.79上升到2021年的1.52,涨幅近1倍。在此背景下,留住高校毕业生这一高质量人群十分关键。然而,根据问卷调查,在汽车行业需求量最大的工科类专业高校毕业生中,21.10%的工科类本科和研究生毕业生就职于我国东部地区、港澳台以及海外,剩余78.90%在以重庆为代表的中西部就职,其中留在重庆市就职的工科类本科和研究生毕业生仅占52.60%,这一比例还远低于重庆市全部毕业生留在重庆就业的比例,表明重点行业的人才流失更为严重。

根据对重庆市高校毕业生问卷调查的结果可知,在重庆市外就业的高校毕业生,不愿留渝的原因按选择频率从高到低分别为就业地比重庆的发展机会更多(55.56%),就业地比重庆发展前景更大(54.58%),就业地比重庆的工资高、福利好(48.21%),其他因素(26.28%),家庭因素(22.29%),重庆近年房价上涨过快(20.42%)。由此可见,为高校毕业生提供多样化发展平台、提高高校毕业生福利待遇、处理好高校毕业生就业和家庭的矛盾等,是提高高校毕业生留渝积极性的可能举措。

二是重庆市高校毕业生绝大多数选择在城市就业,深入村镇的意愿较低。从调查数据来看,53.46%的重庆市高校毕业生选择在省会城市和直辖市中心城区就

---

① 人才短缺指数分析:TSI(Talent Shortage Index),TSI>1表明人才供不应求,TSI<1表明人才供给大于需求。如果TSI呈上升趋势,说明人才越来越受欢迎,找工作相对容易。

业,12.36%选择在地级市就业,25.54%选择在县城、直辖市远郊区或县级市城区就业,仅7.27%选择在乡镇就业,选择在农村就业的更是仅有1.36%。可见,重庆市高校毕业生对乡村就业的选择较少,认可度相对较低。

此外,以乡村振兴迫切需要的专科层次粮食类专业高校毕业生为例,在调查对象中,76.92%的毕业生在省会城市和直辖市中心城区就业,15.38%的毕业生选择在县城、直辖市远郊区或县级市城区就业,而在乡镇就业的毕业生仅有7.69%。由此可知,即使是与乡村联系更为紧密的专业,高校毕业生到乡镇就业的意愿也较低,这也印证了上述观点,即高校毕业生在就业区域的选择上,更倾向于城市。

长期以来,乡村中青年、优质人才持续外流,人才总量不足、结构失衡、素质偏低、老龄化严重等问题较为突出,乡村人才总体发展水平与乡村振兴的要求之间还存在较大差距。进入新发展阶段,全面推进乡村振兴,加快农业农村现代化,乡村人才供求矛盾将更加凸显。2021年2月,中共中央办公厅、国务院办公厅印发的《关于加快推进乡村人才振兴的意见》,正是在此背景下诞生的。该意见明确提出,培养造就一支懂农业、爱农村、爱农民的"三农"工作队伍,为全面推进乡村振兴、加快农业农村现代化提供有力人才支撑。基于此,提高重庆市高校毕业生下乡就业的意愿,是加强乡村振兴人才队伍建设的必要措施。

2.重庆市高校毕业生就业行业门类去向结构

2022年,重庆市高校毕业生就业的行业门类中,按就业人数占比分布,分别为制造业,农、林、牧、渔业,居民服务、修理和其他服务业,文化、体育和娱乐业,批发和零售业,住宿和餐饮业,电力、热力、燃气及水生产和供应业,交通运输、仓储和邮政业,军队,金融业,租赁和商务服务业,卫生和社会工作,水利、环境和公共设施管理业,房地产业,公共管理、社会保障和社会组织,教育,建筑业,国际组织,科学研究和技术服务业,信息传输、软件和信息技术服务业,其中在采矿业就业的极少,忽略不计。

统计数据显示,在2017—2022年,重庆市高校毕业生就业的行业门类选择受到了市场环境的影响。一是部分行业在政策等因素的推动下处于上升周期,高校毕业生就业的比重显著增长,如文化旅游相关的文化、体育和娱乐业以及住宿和餐饮业,与电商相关的交通运输、仓储和邮政业,与经济实体化相关的制造业等;二是部分行业在政策、其他行业冲击等多种因素的作用下处于下降周期,高校毕业生就业的比重显著下降,如批发和零售业、房地产业、建筑业;三是部分具有刚性需求的行业,高校毕业生就业的比重相对稳定,如居民服务、修理和其他服务业,电力、热力、燃气及水生产和供应业等。

3.重庆市高校毕业生就业单位去向结构

2022年,重庆市高校毕业生就业单位按吸纳学生比重排序,分别是非国有企业、升学、事业单位、国有企业、自由职业、自主创业、基层项目、机关。由此可见,在新冠疫情肆虐的经济环境下,虽然非国有企业经营相对更为困难,但由于体量巨大,仍是吸纳重庆市高校毕业生就业的主体,在解决高校毕业生就业难题中发挥了支柱作用。同时,专升本、研究生的扩招,为高校毕业生就业提供了缓冲。事业单位、国有企业、基层项目、机关等部分政策性岗位吸纳毕业生,为高校毕业生就业难题的解决和就业稳定性提供了支持。自由职业和自主创业比重相对提高,但吸纳毕业生数量有限,其在高校毕业生就业问题中的价值实现路径还有待进一步探究。

从近年来就业单位结构变化趋势来看,2017—2022年,重庆市高校毕业生就业单位中,升学、自由职业、基层项目、自主创业、其他渠道占比有所扩大,机关、事业单位、国有企业、非国有企业有所减少。

同时也应看到,在所有就业单位去向中,吸纳毕业生就业占比的降低并非代表着吸纳毕业生数量的绝对值减少。2022年,重庆市高校毕业生总量增加,这也对各类单位吸纳毕业生就业提高了要求。以毕业生就业占比下降最多的非国有企业为例,虽然2022年吸纳毕业生占比同比下降,但吸纳毕业生绝对量却比2021年增加,即使与近年吸纳毕业生数量最多的2018年相比,也有所增加。

由此可见,高校毕业生总体毕业去向落实率的降低,并非各类单位对毕业生的吸纳能力减弱,而是毕业生总体规模的大幅增加所致。当然,新冠疫情导致的经济发展速度降低,也是其中的重要因素。

四、重庆市高校毕业生就业结构性矛盾分析

市场经济时代,高校毕业生就业的自主性很强,且易受家庭、朋友、社会舆论等的影响,在不同区域、不同性质用人单位、不同岗位形成冷热不均的现象。在各大招聘会场,出现一个职位几十个人乃至几百个人争抢的局面,但同时部分用人单位"招工难""用工荒"现象也日益凸显。就业市场上这种供求不匹配的现象,称为就业结构性矛盾。该部分从专业结构性矛盾、岗位结构性矛盾、知识技能结构性矛盾三个方面论述重庆市高校毕业生就业结构性矛盾。

(一)高校毕业生专业结构性矛盾

高校的专业结构是高校培养专门人才的横向结构,它包括专业结构的比例关系,以及专业门类与经济结构、科技结构、产业结构等之间的联系。高校毕业生专业结构性矛盾的主要原因是高校的专业结构调整滞后于产业结构的调整,人才培养与需求脱钩,导致一些专业人才紧缺,而另一些专业严重失业。高校毕业生就业的专业结构性矛盾是指由学科专业供需失衡而导致的不同学科专业毕业生供不应求与供过于求并存的矛盾。大学生就业的专业结构性矛盾主要表现在三个方面。一是部分专业人才供给产能不足。专业设置与国家宏观产业结构、经济结构并不完全匹配,高校人才培养的供给不能及时适应产业转型升级和新兴职业对专业人才的市场要求,从而出现"结构性缺失"。二是部分专业人才供给产能过剩。高等教育人才培养专业结构调整不能适应新兴行业企业人才需求变化和新兴职业的人才需求,人才供给差异化特征不明显,导致大学生就业市场中部分专业的毕业生供给远远大于需求。三是专业人才培养质量不高。部分高校忽视师资、课程、质量保障制度以及设施设备等教育资源不足的办学条件,盲目追求专业数量的"大而全"而不注重专业内涵建设,课堂教学停留在知识传授的初级阶段,大学生就业力得不到有效提升,专业人才培养质量与用人单位需求不匹配,从而导致毕业生在就业市场中缺乏核心竞争力。

根据2017—2022届的调查数据,重庆市高校毕业生从业占比最高的是第三产业,其吸纳大学生就业的比例均在60%以上。重庆市第二产业高校毕业生毕业去向落实率最高,大学生的从业占比偏低;第三产业的高校毕业生从业占比最高,但毕业去向落实率却显著偏低,说明重庆市的产业结构仍处于劳动密集型的传统产业阶段,目前主要靠第一产业和第二产业吸纳大学生劳动力;第一产业的高校毕业生从业占比最低且毕业去向落实率也最低,其对大学生的吸纳能力不足,也进一步说明高校毕业生选择第一产业就业的兴趣不高。

根据重庆市就业中心的统计数据对重庆市各行业吸纳高校毕业生的变化情况进行分析,农、林、牧、渔业,制造业,批发和零售业,文化、体育和娱乐业,居民服务、修理和其他服务业等5个行业的高校毕业生从业占比最高;而采矿业,教育,信息传输、软件和信息技术服务业,科学研究和技术服务业,国际组织等5个行业的高校毕业生从业占比最低。

首先,从总体上看,专业结构性矛盾长期存在。采矿业,教育,信息传输、软件和信息技术服务业,科学研究和技术服务业,国际组织等5个行业的从业占比较低。这些行业除采矿业为第二产业外,其他均属于第三产业,大多数属于知识密集型产业,就业岗位需求较大,但劳动力供给却不足,专业结构性矛盾显著。从工作性质来看,这些专业大多从事一线技术开发和项目管理,工作条件相对艰苦,专业要求相对较高,薪资待遇也较普通行业要好。岗位的特殊性不仅需要大学生具备较强的专业基础知识,还需要具备踏实肯干、吃苦耐劳的精神。当前高校毕业生更愿意从事工作环境相对较好、工作时间相对固定、收入相对较高的"白领"工作,对一线技术人员或项目管理人员等"灰领"工作并不太感兴趣。而在当前及今后相当长一段时间里,高水平"灰领"可能更受市场青睐。对于高校毕业生而言,要及时转变就业观念,适应新的市场需求;对于高校而言,要根据产业结构的调整加快调整专业结构设置,适应产业变化的劳动力需求。

其次,从变化趋势上看,专业结构性矛盾呈现周期性的变化趋势,这种周期性的变化还要取决于毕业生人数和就业岗位数量。在没有经济刺激或政策支持的情况下,很多专业的结构性矛盾呈现周期性的变化,而在经济刺激或政策支持的情况下,周期性变化会发生异常,随着政策的退出,又将恢复周期性变化。多数专业的结构性矛盾周期是1~2年,这是由于前一年的毕业生已经消化了大量的就业岗位,相关就业岗位相对减少,下一届在此行业的毕业去向落实率就会相应降低。如建筑业的专业结构性矛盾周期为2年,建筑业作为高校毕业生就业总量最大的行业之一(表3),为毕业生的就业提供了较好的选择,但2017—2022届的高校毕业生在建筑业的从业占比逐年下降,进一步说明建筑业和房地产业总体趋向饱和状态;教育行业也表现出类似的现象。此外,毕业去向落实率变化周期还与产业性质、行业属性等有密切关系,如农学在高校毕业生中的从业占比较高,但其实际毕业去向落实率却不高,特别是学历越高毕业去向落实率越低,其专业结构性矛盾周期也更长。

表3 2020—2021届高校毕业生前五就业行业

学历	2020届前五就业行业	2021届前五就业行业
专科	建筑业(12.18%)、制造业(10.39%)、教育(10.25%)、卫生和社会工作(10.25%)、信息传输、软件和信息技术服务业(8.94%)	制造业(11.55%)、建筑业(11.24%)、批发和零售业(10.98%)、信息传输、软件和信息技术服务业(10.39%)、教育(9.93%)

续表

学历	2020届前五就业行业	2021届前五就业行业
本科	教育（23.74%），信息传输、软件和信息技术服务业（12.70%），建筑业（10.19%），制造业（10.18%），公共管理、社会保障和社会组织（6.57%）	教育(19.45%)，信息传输、软件和信息技术服务业(13.71%)，建筑业(11.89%)，制造业(11.52%)，文化、体育和娱乐业(7.94%)
研究生	教育（20.88%），公共管理、社会保障和社会组织（13.64%），建筑业（9.50%），科学研究和技术服务业（6.82%），金融业（6.40%）	教育(28.22%)，信息传输、软件和信息技术服务业(12.76%)，卫生和社会工作(9.32%)，制造业(8.69%)，公共管理、社会保障和社会组织(8.41%)

最后,高校专业设置与产业结构之间存在供需矛盾。近5年,由于受学校的办学历史、师资条件等条件限制,重庆市文史、经管本科专业(经济学、法学、文学、管理学、艺术学)比重过大,毕业生比重占了55%,尤其是师范类院校的毕业生较多。而从重庆现有产业结构和未来经济社会发展趋势看,政府所主导和重点发展的产业所对应的人才需求主要集中在工学、理学等应用型学科,文科类专业毕业生总量供大于求,这种结构性失衡导致了非常明显的供需矛盾。这是本科毕业生就业难、专业对口率低、离职率高、满意度低等一系列问题的深层次原因。

(二)高校毕业生岗位结构性矛盾

2022年,按不同就业渠道吸纳高校毕业生占比,依次为非国有企业、升学、事业单位、国有企业、自由职业、自主创业、基层项目、机关。

从高校毕业生数量变化趋势来看,2017—2022年,各类单位就业的数量均有不同程度的增长,其主要原因在于高校毕业生总量的增加。

按就业高校毕业生占比分析,在重庆市高校毕业生就业单位中,升学、基层项目呈现连续上升趋势,非国有企业呈现连续下降趋势,事业单位、国有企业呈现波动下降趋势,但下降幅度相对较少,自由职业、自主创业、其他渠道波动上升。

事业单位、升学、机关、基层项目对高校毕业生的聘用需求受政策调节力度较大,本课题将其归纳为政策性岗位;非国有企业、国有企业、自由职业、自主创业以及其他渠道对聘用高校毕业生的需求则主要受市场调节,本课题将其归纳为市场性岗位。

按政策性岗位和市场性岗位考察其占比可知,2017—2022年重庆市高校毕业生在政策性岗位呈现单边上升趋势;市场性岗位就业占比呈现单边下降趋势。

近年来虽然各类具体的就业渠道吸纳高校毕业生就业的占比波动不一,但政策性岗位和市场性岗位的占比变动趋势却比较明确,政策性岗位占比的单边上升和市场性岗位占比的单边下降形成了鲜明的对比。

究其原因,新冠疫情导致的经济困难,受市场规律调节的经营主体人才需求降低是一个重要方面,但更为重要的是高校毕业生就业偏好的改变。2019年新冠疫情暴发以来,受市场调节的各个行业受到了极大冲击,相关岗位的稳定性较低。在此背景下,加之社会舆论的影响,部分高校毕业生追求就业岗位稳定性,以及通过升学提升学历的同时延迟就业的意愿极高。

用人单位处在招聘高校毕业生的第一线,其感受最能够说明各类岗位的受欢迎程度。课题组对用人单位进行了问卷调查,在"在历次招聘中,您发现重庆多数高校毕业生对国家机关、事业单位等单位的热情较高,而对普通企业招聘的热情较低"的调查中,39%的用人单位选择"非常符合",34%的用人单位选择"很符合",25%的用人单位选择"一般",1%的用人单位选择"很不符合",1%的用人单位选择"非常不符合"。

而在针对用人单位"您认为您的单位无法招聘到符合需求的高校毕业生,主要有哪些原因"的问卷调查中,选择"毕业生对公务员等政策性岗位的热情远高于市场性岗位"的高达58%,在17个备选原因中排名第2位,仅次于"毕业生对自己的定位太高,对工作的预期过高"。综合以上两个方面的调查可见,多数用人单位认可"重庆多数高校毕业生对国家机关、事业单位等单位的热情较高,而对普通企业招聘的热情较低"这一结论。

同时,从高校毕业生角度,也可以进一步论证这一结论。按政策性岗位和市场性岗位分类看,选择政策性岗位的占比为64.19%,市场性岗位的占比为35.81%。由此可见,重庆市高校毕业生对政策性岗位的就业意愿较强。而提供的政策性岗位有限(30%~35%),市场性岗位相对充足(65%~70%),与毕业生的主观就业意愿刚好倒置,从而导致毕业生就业难和用人单位招工难两难并存的局面。

从不同就业渠道的再次就业意向看,目前在政策性岗位再就业选择政策性和市场性岗位的比重分别为79.93%、20.07%。在政府机关、事业单位、基层项目、升学落实就业的毕业生再就业意愿选择政策性岗位的比重分别为91.67%、68.69%、75.01%、85.21%,说明政策性岗位就业的毕业生仍热衷于类似岗位。而目前在市场性岗位再就业选择政策性和市场性岗位的比重分别为53.28%和46.72%。在自主创业、自由职业、国有企业、非国有企业、其他渠道就业的毕业生,再就业仍愿意选择市场性岗位的比重分别为80.00%、56.08%、47.23%、43.25%、44.21%,仅自主创业和自由职业选择市场性岗位的比重超过50%,其他均低于50%,说明当前市场性岗位就业的毕业生再次选择市场性岗位的意愿较低,再次选择时政策性岗位热度较高。

以政策性岗位中最为火热的政府机关为例,几乎所有岗位均需具备大专以上学历,且绝大多数需要本科及以上学历。2022年重庆公务员最终报名人数高达123779人,平均竞争比44.67∶1。

与之对应的市场性岗位,则对高校毕业生的吸纳力度相对较低,即使工作待遇和稳定性相对更高的上市公司也面临着这一问题。从2022年1—2月中国上市公司招聘学历要求分布来看,学历不限的职位占18.6%;需要高中及以下学历的职位占8.2%;需要大专学历的职位占38.8%;需要本科及以上学历的职位占34.4%。然而,重庆市多数上市公司由于对高校毕业生的吸引力较弱,部分公司员工的学历结构无法达到这一标准。以上市汽车公司为例,长安汽车专科学历的员工占比仅25.84%,本科及以上学历的员工占比也仅33.19%,均未达到上市公司招聘学历的比例。

如果说部分员工以前招聘的学历要求较低,导致当前的员工学历结构无法达到2022年招聘的平均学历要求,那么将驻地在重庆的长安汽车、赛力斯(小康股份)与国内其他类似整车汽车制造企业对比,则更加能够说明问题。课题组根据上市公司2021年年报,统计了长安汽车、赛力斯、东风汽车等9个A股上市汽车制造企业的员工学历结构,按本科及以上学历的员工占比排名,分别为东风汽车(48.39%)、一汽解放(44.90%)、长城汽车(41.28%)、福田汽车(39.40%)、江淮汽车(38.11%)、赛力斯(35.25%)、江铃汽车(33.46%)、长安汽车(33.19%)、海马汽车(32.71%),赛力斯和长安汽车排名较为靠后。可见,重庆市上市汽车制造企业对高层次学历人才的吸引力度较弱。若是将专科学历员工也考虑进去,在对专科学历员工有独立统计的7个汽车制造企业中,按专科及以上学历员工比例排序,则为东风汽车(70.85%)、一汽解放(66.08%)、长城汽车(65.41%)、长安汽车(59.03%)、福田汽车(57.52%)、海马汽车(52.06%)、江铃汽车(46.55%),长安汽车的排序仍仅处于中游水平,与东风汽车差距高达11.82%。

此外,按重庆市高校毕业生再次就业意愿的选择比例排序分别为升学(32.40%)、国有企业(20.31%)、事业单位(16.71%)、政府机关(11.68%)、自由职业(5.23%)、非国有企业(3.40%)、基层项目(3.40%)、自主创业(2.51%),另外其他渠道就业占4.34%。各类就业渠道就业意愿冷热不均。

同时,即使在政策性岗位和市场性岗位内部,各类岗位就业意愿的区别也比较大,政策性岗位中升学、事业单位、政府机关较高,而基层项目则相对较低,说明高校毕业生虽然热衷于继续学习和稳定的就业岗位,但对于"三支一扶"等工作环境相对差一些的基层项目仍不具备太高的热情。在当前乡村振兴如火如荼开展的背景下,高校毕业生对乡村经济社会发展的支撑作用仍有待加强。而市场性岗位也存在这一问题,国有企业的选择意愿最高,其主要原因在于国有企业在市场性岗位中,工作相对稳定,而自由职业、自主创业、非国有企业以及其他渠道的选择意愿则相对较低。尤其是我国有大量的非国有企业,也有着大量的人才需求,却仅有3.40%的高校毕业生再次就业时愿意选择非国有企业,难以满足其发展对高层次人才的需求。

总之,目前重庆市高校毕业生已就业的各类渠道中,市场性岗位占比较大,但近年来占高校毕业生就业数量的比例持续下降,而政策性岗位占比虽然相对较小,但相应的比例持续提升。同时,重庆市政策性岗位的报考火热,而市场性岗位则高层次学历比重偏低。可见,政策性岗位和市场性岗位的冷热不均。在政策性岗位和市场性岗位内部,也存在着具体就业渠道就业意愿的显著差异。政策性岗位中升学、事业单位、政府机关较高,而基层项目则相对较低;市场性岗位中国有企业的选择意愿最高,而自由职业、自主创业、非国有企业以及其他渠道的选择意愿则相对较低。据此,重庆市高校毕业生就业的各类渠道中,就业供给和需求存在着较为明显的结构性矛盾。

(三)高校毕业生知识技能结构性矛盾

高校毕业生的知识技能结构与水平是支撑其就业能力的核心素养,也是高校毕业生培养质量的重要指标。以2022届重庆市高校毕业生为调查对象,对其知识技能的自我认知情况进行了问卷调查。在"我发现大多数毕业生的综合素质很难满足用人单位招聘或工作能力要求"的问题中,选择"非常符合"的占比13.25%,"很符合"的占比26.90%,"一般"的占比52.58%,"很不符合"的占比4.96%,"非常不符合"的占比2.31%。由此可见,被调查高校毕业生普遍认为毕业生群体的综合素质难以满足用人单位需求。

从各类具体素质看,被调查高校毕业生的自我评价普遍较低。在"即使已经毕业,我仍然会抽出较多的时间学习新的知识"等问题的调查中,对"非常符合"赋值5分,"很符合"赋值4分,"一般"赋值3分,"很不符合"赋值2分,"非常不满意"赋值1分。而被调查对象在综合素质的自我评价中,均值最高的"工作态度"仅得分2.82,均值最低的"学科竞赛经历"得分更是仅为2.01,可见重庆市高校毕业生对本群体综合素质的自我评价极低,这也是高校毕业生认为本群体综合素质无法满足用人单位需求的重要原因。

用人单位作为高校毕业生的聘用者和使用者,对高校毕业生的知识技能水平也同样有着较为准确的认识。故此,课题组还就"在历次招聘中,您发现重庆多数高校毕业生的综合素质很难满足您的单位招聘或工作能力要求"的问题对用人单位进行了问卷调查。调查结果显示,被调查用人单位选择"非常符合"的占比11%,选择"很符合"的占比25%,选择"一般"的占比43%,选择"很不符合"的占比16%,选择"非常不符合"的占比5%。可见,用人单位对高校毕业生群体的综合素质也不太满意,与高校毕业生自我评价结论基本一致。

同时,课题组还考察了用人单位对高校毕业生各类素质的具体评价。在对"请对您的单位聘用的2022届高校毕业生的以下素质进行评价"的问题调查中,同样是以李克特五级量表的形式,从"非常符合"到"非常不符合"分别赋值5、4、3、2、1分。调查结果显示,用人单位对高校毕业生综合素质的评价要稍高于高校毕业生的自我评价,但绝对值也未能达到理想状态。

此外,课题组还就用人单位对高校毕业生各类素质的需求程度进行了调查,并根据用人单位的需求程度得分均值对各类素质进行了排序,并将该排序与用人单位对高校毕业生各类素质评价得分排名进行比较。对比可知,高校毕业生多数素质按用人单位需求程度排序和按用人单位评价排序不一致,且部分差别较大,如"乐观""勤奋""发现和解决问题能力""自信心""责任心""持续学习能力""执行能力""目标感与意志力""理解能力"等。尤其是部分素质用人单位需求迫切,但高校毕业生却无法满足用人单位的需求,进一步说明重庆市高校毕业生的知识技能无法满足用人单位的需求。

总之,通过对高校毕业生和用人单位的调查可知,重庆市高校毕业生的知识技能处于较低水平,表现为高校毕业生自我评价较低,用人单位对高校毕业生评价稍高,但绝对值仍较低,无法满足用人单位的需求。同时,对比用人单位需求和用人单位对高校毕业生素质的评价,用人单位部分需求迫切的素质,高校毕业生获得用人单位的评价却不高。综合来看,重庆市高校毕业生具备的知识技能无法满足用人单位需求,知识技能结构性矛盾凸显。

五、重庆市高校毕业生就业结构性矛盾的成因实证分析

(一)专业结构性矛盾成因分析

为更深入分析高校毕业生专业结构性矛盾的程度,我们引入"行业结构偏离度"指标。行业偏离度指标计算公式为:

$$S_i = \frac{G_i}{L_i} - 1 \tag{1}$$

$$S = \Delta |S_i| \tag{2}$$

式中,S_i表示第i产业高校毕业生产业结构偏离度;S表示产业结构总偏离度;G_i表示第i产业GDP构成比,即第i产业GDP除以产业总GDP;L_i表示第i产业大学生构成比,即第i产业高校毕业生就业人数除以产业高校毕业生就业总人数。

当$S_i = 0$时,产业结构和就业结构完全协调;$S_i < 0$时,该产业人才供给过多,S_i的绝对值越大说明人才的冗余越多,需要及时从该产业转移出部分人才;$S_i > 0$时,该产业人才供给不足,S_i的绝对值越大说明人才越紧缺,应该及时引进所需人才。

产业结构偏离度反映产业结构与就业结构之间的偏离度。理想状态下就业人员的增长应该与产业发展同步,既能满足产业发展需要,又能保证充分就业。当产业发展速度超过人才供给速度时,出现正偏离(即$S_i > 0$),人才供不应求;当产业发展速度低于人才供给速度时,出现负偏离(即$S_i < 0$),人才供大于求,会导致部分人员失业。根据重庆市统计年鉴和重庆市就业中心提供的重庆市高校毕业生就业质量报告,本文从产业种类不同入手,对不同产业领域的产业结构偏离度进行分析,探寻专业结构性矛盾的成因,如图1所示。

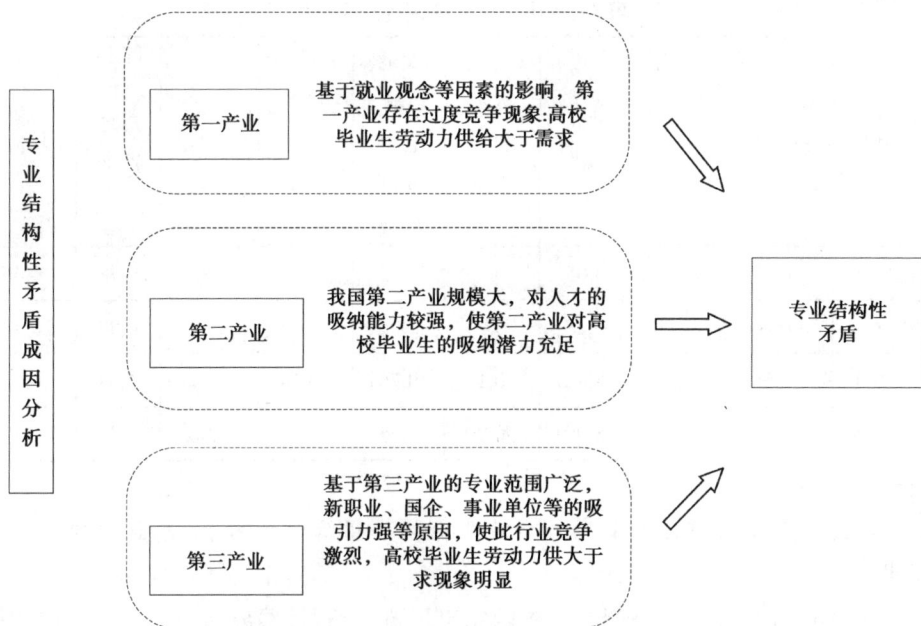

图1　专业结构性矛盾成因分析

具体来说,依据公式(1),我们计算出了重庆市产业结构偏离度(表4),衡量高校毕业生专业结构性矛盾。可以观察到,第一产业处于负偏离状态,但偏离值在1以下,高校毕业生就业竞争激烈。第二产业情况则相反,处于正偏离状态,对高校毕业生的吸纳能力最强。第三产业处于负偏离状态,但偏离值在0.3以下,供给略大于需求,属于基本平衡状态。总体而言,第一产业就业竞争激烈,第二产业对高校毕业生的需求旺盛,第三产业趋向饱和。下面基丁各个行业偏离度(表5)对高校毕业生专业结构性矛盾的成因进行分析。

表4　重庆市产业结构偏离度

年份	第一产业	第二产业	第三产业
2017年	−0.45	0.92	−0.22
2018年	−0.46	0.89	−0.21
2019年	−0.56	1.07	−0.19
2020年	−0.49	0.98	−0.20

表5 重庆市就业结构行业偏离度

年份	农、林、牧、渔业	工业	建筑业	批发和零售业	交通运输、仓储及邮政业	住宿和餐饮业	金融业	房地产业	其他
2017年	−0.45	0.58	3.65	−0.25	1.03	−0.59	0.82	0.78	−0.46
2018年	−0.46	0.47	5.28	−0.23	1.08	−0.64	0.80	0.92	−0.42
2019年	−0.56	0.59	5.82	−0.19	0.76	−0.64	0.81	1.04	−0.40
2020年	−0.49	0.52	5.90	−0.20	0.66	−0.67	1.00	1.31	−0.41

1.第一产业从整体来看高校毕业生劳动力供给大于需求,专业结构性矛盾突出

从表4可以看出,第一产业连续四年出现负偏离,且偏离度在0.5左右,说明第一产业对高校毕业生的需求不足。从重庆市每年的高校毕业生规模来看,第一产业的毕业生规模基本稳定在较低水平,而毕业去向落实率却呈现下降的趋势。这进一步说明第一产业存在过度竞争现象,对人才的需求呈现逐年下降的趋势。造成这一产业过度竞争的原因不在于大学生对该产业存在较高的就业兴趣,更多的是源自两方面。一是受到就业观念的影响。当前的高校毕业生往往会多方面考虑进行择业,如工资福利、就业环境、发展前景等,由于第一产业的特殊性,使多数大学生不愿意选择这一产业。二是高校对大学生的就业指导缺失。当前高校毕业生就业于第一产业的岗位更多侧重于技术性的工作,而目前多数高校虽增加了对大学生实践能力和实训技能的培养,但大都重于形式,使高校毕业生就业能力不足。

2.第二产业各行业对高校毕业生的就业吸纳潜力较大

从表4可以看出,第二产业是三大产业中唯一处于正偏离状态的产业,说明第二产业对高校毕业生的吸纳潜力较大。第二产业偏离度为正且有微弱增加的趋势,一方面说明了第二产业对高校毕业生的就业吸引力较强,产业发展新增的就业岗位能够及时得到补充;另一方面也说明了第二产业的就业吸纳能力有所增强。具体来看,建筑业的结构偏离度最大,且表现出明显的上升趋势,其行业偏离度几乎达到了6(图2);工业的结构偏离度虽未显著上升,但基本稳定在0.5,说明了建筑业、工业行业处于人才紧缺的状态。表5显示高校毕业生在建筑业的毕业去向

落实率显著居于其他行业的前列,进一步说明了第二产业对高校毕业生需求旺盛、吸纳潜力巨大。此外,建筑业和制造业毕业去向落实率虽高,但呈现出微弱的下降趋势,造成这一现象的原因主要源于高校第二产业相关专业的毕业生规模迅速增长。近些年随着经济的快速增长,重庆市第二产业快速发展,每年新增了充足的就业岗位,行业吸纳大学生就业的能力较强。由于2019年底新冠疫情,全国经济进入后疫情时代,经济发展放缓,产业结构和就业结构匹配度有所降低,但仍能够满足就业的需求。

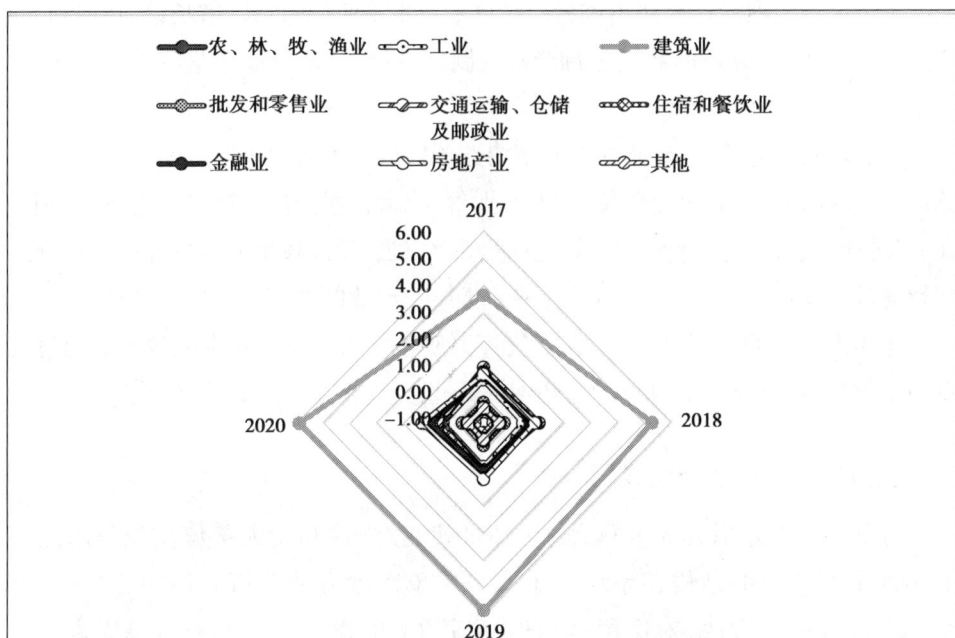

图2 2017—2020年高校毕业生就业人员产业结构偏离度

3.第三产业各行业就业竞争较为激烈,人才供求基本平衡

整体来看,第三产业是吸纳高校毕业生就业的主要产业,表现为负偏离状态,说明第三产业对高校毕业生的需求趋向饱和,部分大学生从第三产业中被挤出,转移至第二产业。具体来说,金融业和房地产业均为正偏离,且偏离度逐年增加。由于经济和社会的快速发展以及电子商务的迅速崛起,金融业、房地产业和交通运输业迎来了新的发展机遇,使金融业、房地产业与交通运输、仓储及邮政业为市场提供了大量的就业岗位,对高校毕业生的吸纳潜力较大。金融和房地产行业的偏离度均逐年增加,交通运输、仓储及邮政业的偏离度有明显的下降趋势,但仍为正偏离,这进一步说明这些行业对高校毕业生有较大的吸纳潜力。

除金融业、房地产业和交通运输、仓储及邮政业外,批发和零售业、住宿和餐饮业以及其他行业(教育、公共管理和社会组织、文化、体育和娱乐业等行业)属于过度竞争性行业,均为负偏离状态,但偏离值在0.5左右,总体趋向饱和状态。从毕业去向落实率来看,第三产业表现出显著的下降趋势。教育行业作为大学生就业量最大的行业之一,总体趋向饱和状态,而教育行业受政策影响较大,政策的变动会直接影响该行业的毕业去向落实率。公共管理和社会组织新增岗位较为有限,竞争十分激烈,特别是后疫情时代,高校毕业生的增量呈现有增不减的趋势,使该行业的竞争更加激烈。这反映出该行业高校毕业生就业"基数大、增长慢、趋饱和"的特点,而政府对公务员的数量进行严格控制,可以预计该行业的竞争更加激烈,行业结构偏离度会进一步增加。

基于以上分析,第三产业的专业结构性矛盾成因主要源于两方面:一方面是第三产业包含政府部门、事业单位、国有企业等,也就是所谓的"铁饭碗"行业,特别是在后疫情时代,这一类行业对大学生的吸引力更强,使高校毕业生更加愿意选择这些行业进行就业;另一方面是由于可就业于第三产业的专业范围广泛,特别是近些年衍生出多种新职业(如网络直播带货等),使相关的高校毕业生人数远远超过就业岗位数量,竞争极为激烈,人才挤出现象严重。

(二)岗位结构性矛盾成因分析

岗位结构性矛盾是指实际就业去向(就业意向)和用人单位岗位需求之间的不匹配而产生的结构性矛盾。本文采用单因素方差分析和回归分析法,并结合图表分析的方法,对岗位结构性矛盾的成因进行探究。通过单因素方差分析探索不同学历对毕业去向落实率的影响,对比专科生、本科生和研究生学历的高校毕业生在2017—2022届的毕业去向落实率上有差异,从而回答用人单位对人才质量需求是否存在差异的问题。

通过回归分析探索影响毕业去向落实率的因素和机制,回归分析模型如公式(3)所示。

$$\text{Employ} = \alpha_1 \text{Edu} + \alpha_2 \text{Coincid} + \alpha_3 \text{Gender} + \sigma \qquad (3)$$

式中,Employ代表高校毕业生毕业去向落实率;Edu代表高校毕业生学历;Coincid代表高校毕业生的职业期待吻合度;Gender代表高校毕业生的男女性别比例。

表6描述了2017—2022年重庆市高校毕业生相关数据的特性,其中学历变量中,1表示专科生,2表示本科生,3表示研究生。

表6 描述性统计

变量	N	Mean	Std. Dev.	min	max
Employ	18	0.8706	0.0437	0.788	0.9511
Edu	18	2	0.8402	1	3
Coincid	8	0.8248	0.1115	0.6250	0.9170
Gender	8	0.8363	0.0117	0.8212	0.8490

根据以上结果分析,重庆市高校毕业生岗位结构性矛盾的成因主要体现在以下三方面(图3)。

1.用人单位对人才质量的要求有所提升

毕业去向落实率的单因素方差分析结果见表7。结果表明,不同学历的高校毕业生的毕业去向落实率存在显著的差异,并且专科生的毕业去向落实率与本科生和研究生的毕业去向落实率有显著差异。这一结果说明用人单位在选择人才时对学历表现出明显的区别。

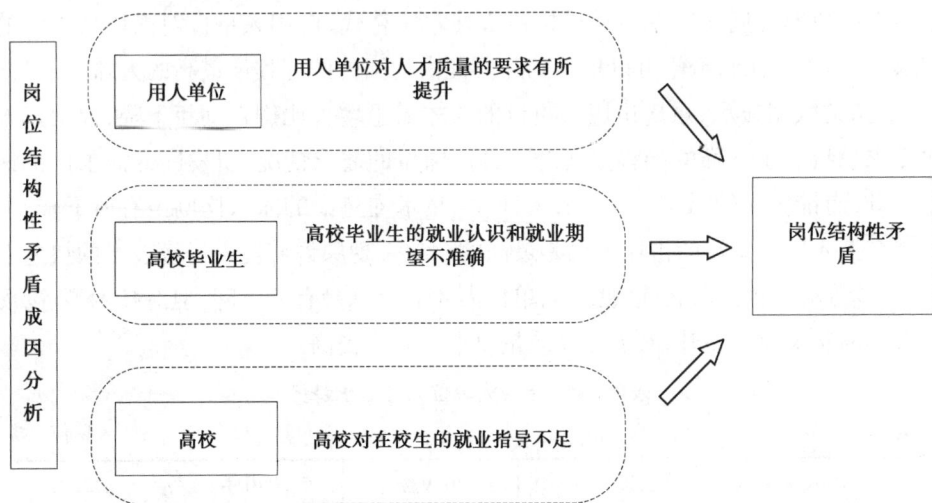

图3 岗位结构性矛盾分析

表7 毕业去向落实率的单因素方差分析结果

Panel A: 方差分析					
Source	Analysis of Variance				
	SS	df	MS	F	Prob>F
Between groups	0.018428271	2	0.009214136	9.87	0.0018
Within groups	0.014008340	15	0.000933889		
Total	0.032436611	17	0.001908036		
Panel B: Bonferroni					
Row Mean−Col Mean	本科生		研究生		
研究生	0.0167				
	(1.000)				
专科生	0.074667***		0.057967**		
	(0.002)		(0.015)		

注:*p* statistics in parentheses. * $p < 0.1$, ** $p < 0.05$, *** $p < 0.01$。

　　具有专科和本科学历的毕业生去向落实率表现出了显著的下降趋势,而具有研究生学历的毕业生去向落实率却有上升的趋势。这进一步说明就业岗位对高质量人才的需求增加,高校毕业生的岗位结构性矛盾严重。造成这一现象的原因在于经济的快速发展使简单劳动被机器或技术所替代,使用人单位对高质量人才的需求大大增加,他们希望可以招聘到与所提供的岗位匹配程度最高的人才。

　　表8的数据显示,重庆市用人单位的人才需求增长比例在逐年下降,说明其人才需求总量处于下降的趋势。而对于具体岗位的需求情况,研发岗的需求比例逐年上升,而销售岗的需求比例却逐年下降,技术支持岗的需求比例虽有所下降,但整体在人才需求总量的占比中仍是最高的。这一现象说明随着经济技术的快速发展,简单劳动被机器所替代,使用人单位人才需求总量有所下降,但对技术型、高质量人才的需求却在提升,对人才的质量要求也有所提高。

表8 重庆市用人单位人才需求趋势

单位：%

用人单位人才需求趋势		2019年	2020年	2021年
数量需求	增长	73.24	71.69	70.63
	持平	23.90	18.48	18.95
	减少	2.86	9.83	10.42

续表

用人单位人才需求趋势		2019年	2020年	2021年
岗位需求	行政岗	9.48	10.34	10.00
	研发岗	11.96	12.09	13.66
	技术支持岗	45.15	38.71	37.17
	销售岗	27.31	24.80	18.15
	其他	6.10	14.06	21.02

为进一步探索重庆市用人单位岗位需求与学历的关系,对2017—2022年重庆市高校毕业生的毕业去向落实率与学历情况进行回归分析,结果见表9。学历越高的高校毕业生毕业去向落实率却偏低,而职业期待吻合度与男女性别比例对毕业去向落实率没有显著的影响。这进一步说明用人单位对人才质量的要求虽有所提升,但对高质量人才的岗位需求数量仍赶不上学历增长的数量,使部分高学历的高校毕业生出现就业困难的现象。

表9 毕业去向落实率影响因素分析回归结果

变量	(1)	(2)
	Employ	Employ
Edu	−0.0290***	−0.0503**
	(−3.4620)	(−3.0490)
Coincid		−0.2172
		(−0.7150)
Gender		2.3610
		(0.7040)
_cons	0.9286***	−0.8260
	(49.799)	(−0.321)
N	18	8
R^2	0.311	0.557
adj. R^2	0.268	0.224

注意:t statistics in parentheses. * $p < 0.1$, ** $p < 0.05$, *** $p < 0.01$。

2.高校毕业生的就业认知和就业期望不准确

从高校毕业生求职关注点来看,薪酬福利、个人发展空间、工作环境、工作稳定性和个人兴趣等为高校毕业生就业时重视程度较高的前五大因素。通过调查发现,用人单位普遍认为当前高校毕业生没有调整好自身心态,对自身的定位不合理,对于就业过于理想化,在择业问题上过于挑剔,存在较高的就业期望。

从高校毕业生职业期待吻合度来看(表10),当前高校毕业生从事的职业与自己所期待的吻合度相对较高,且有增加的趋势,说明高校学生对职业的期待越来越贴近现实,但仍有待改善。从毕业生学历来看,学历越高的毕业生相应的职业期待吻合度越高,进一步说明学历越高的毕业生对真实职业的期待更贴近现实。造成这一现象的原因,是多数大学生在校期间并没有做好充足的心理准备,缺乏对当前就业形势的深刻认知以及对自身定位的不合理,存在着较高的就业期望,没有把足够的时间和精力放在自身的职业生涯规划上,而是盲目跟风,追逐所谓的热门地区、行业和岗位,从而导致学生职业期待的吻合度较低。

表10 重庆市高校毕业生职业期待吻合度

单位:%

毕业生职业 期待吻合度	2017届	2019届	2020届	2021届
专科	67.20	—	85.52	88.90
本科	62.50	—	85.48	88.67
研究生	—	—	89.87	91.70
总体	—	92.67	85.68	88.92

3.高校对在校生的就业指导不足

图4显示,高校对在校生的就业指导工作存在多方面的不足,如就业指导工作的教学形式单一,个性化指导缺乏,针对性的就业指导内容缺乏等,使课堂效果大打折扣。近几年虽然上述问题有所改善,但仍是就业指导工作的主要问题所在。这些问题的存在导致大学生缺少对职业生涯规划,择业时往往不知所措。高校不仅要传授给学生专业知识和技能,还要在不耽误学业的前提下,为学生提供进入用人单位参与实践的机会,引导学生了解和学习用人单位的工作方式和模式。

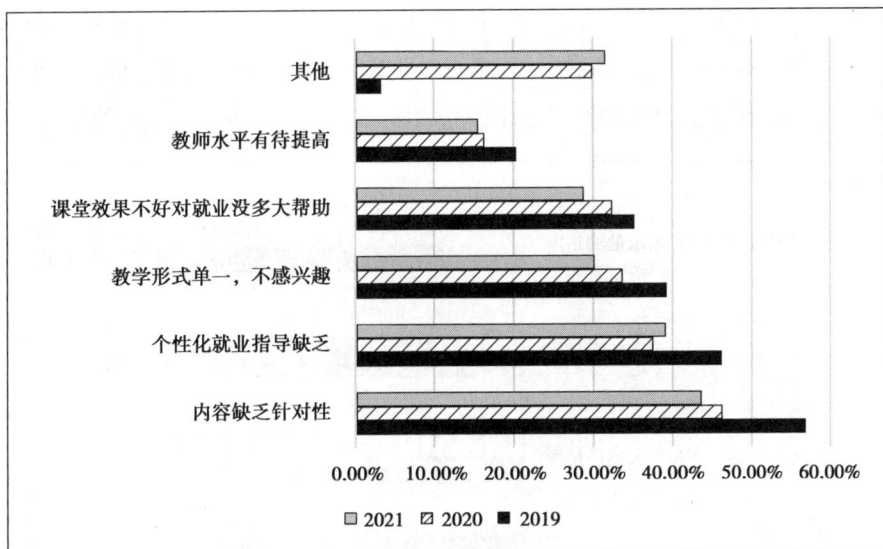

图4　重庆市高校就业指导工作存在的问题

(三)知识技能结构性矛盾成因分析

知识技能结构性矛盾是指高校毕业生就业能力和岗位胜任力素质要求之间不匹配而产生的结构性矛盾。本文结合回归分析和图表分析,对知识技能结构性矛盾的成因进行探究,主要体现在以下两方面(图5)。

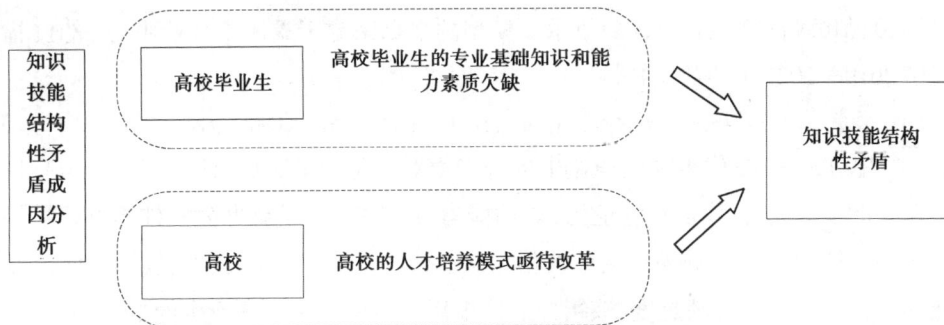

图5　知识技能结构性矛盾成因分析

1.高校毕业生的专业基础知识和职业能力素质欠缺

从大学生的就业能力上看(图6),高校毕业生的就业能力基本可以满足岗位的需求,特别是学习能力和团队协作能力对岗位要求的满足度超过了98%,但专业知识和技能对岗位要求的满足度相对要弱一些,基本都在90%以下。造成这一现象的原因在于,当前很多大学生存在着专业基础知识掌握不扎实,知识面不够,缺乏个人的独创性思想等问题。这与大学生在校期间对专业理论知识和专业技能的学习不足及热情不够有着很大关系,这一现象直接导致了高校毕业生在就业时所暴露出的专业水平不足、职业能力欠缺等问题,使大学生难以达到岗位胜任力素质的要求。

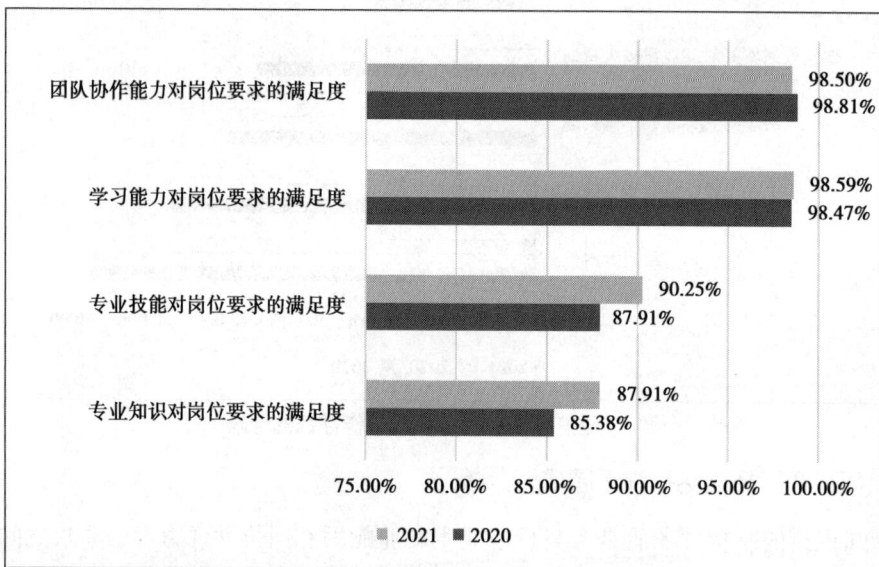

图6 重庆市高校毕业生各种能力对岗位要求的满足度

利用回归分析进一步探索高校毕业生的专业知识技能水平对岗位要求的影响机制,回归分析模型如公式(4)所示。模型的数据来源于重庆市就业中心,表11描述了2019—2021年的数据特性。

$$PostStatis = \beta_1 KnowledgeStatis + \beta_2 TurnoveRate + \delta \qquad (4)$$

其中,PostStatis代表高校毕业生各种能力对岗位的满足度,该指标的值由高校毕业生的学习能力、团队协作能力、表达能力、抗压能力、基础办公软件操作能力和资源整合能力对岗位的满足度的均值表示。KnowledgeStatis代表高校毕业生的专业知识技能对岗位的满足度,该指标的值由用人单位对高校毕业生的专业知识、技能满意度的均值表示。TurnoveRate代表高校毕业生的工作离职率。

表11 高校毕业生的知识技能变量描述性统计

变量	N	Mean	Std. Dev.	min	max
PostStatis	6	0.3279	0.5080	0	0.9837
KnowledgeStatis	6	0.2929	0.4538	0	0.8908
TurnoveRate	4	0.2439	0.0288	0.202	0.2663

表12的回归结果表明,高校毕业生的专业知识和技能对其就业能力具有显著的正向影响。专业知识和技能越好,就业能力就越高。结合图6,研究结果表明高校毕业生目前的专业知识和技能仍存在较大的提升空间,导致知识技能结构性矛盾突出。高校大学生在校期间应积极学习专业知识和技能,为提升自身的就业能力打下坚实的基础。

表12 高校毕业生知识技能结构性矛盾回归结果

变量	(1)	(2)
	PostStatis	PostStatis
KnowledgeStatis	1.1193***	1.1205**
	(83.580)	(51.442)
TurnoveRate		−0.0578
		(−0.508)
_cons	0.0001	0.0137
	(0.943)	(0.503)
N	6	4
R^2	1.000	1.000
adj. R^2	1.000	0.999

注: t statistics in parentheses. $^*p < 0.1$, $^{**}p < 0.05$, $^{***}p < 0.01$。

2.高校的人才培养模式亟待改革

高校毕业生对高校的就业工作评价逐年提高,但由于用人单位人才需求的变化,高校毕业生对高校就业指导等相关工作的需求也发生了变化。高校毕业生对高校就业服务工作的需求和质量提出了更高要求,要求高校进一步加强校企沟通、拓宽服务项目、增加招聘场次、改进服务态度等,结合图4的分析,高校虽在就业指导工作方面做出了许多努力和改变,但仍存在较大的改善空间。

从高校人才培养的角度出发,高校对在校生的职业能力培养不足,培养方式缺乏灵活性、多样性。高校在培养在校生期间,多采用固定的培养方案,缺乏必要的实践项目或实习机会来锻炼大学生的就业能力,使培养出来的学生虽有相对扎实的专业基础知识,但缺乏实践应用能力,导致高校毕业生就业时的岗位胜任力素质不高,难以满足用人单位的实际需要。

六、重庆市高校毕业生就业结构性矛盾的对策建议

课题组采用定量研究的方法,基于重庆市高校毕业生就业数据库、用人单位在各高校岗位需求统计、各类政策性岗位统计、用人单位对学生能力素质要求等调查问卷,分析用人单位对本市高校毕业生需求和毕业生实际流向、高校专业设置、毕业生所具备的能力素质的差异,探讨高校毕业生岗位结构性矛盾、专业结构性矛盾、知识技能结构性矛盾三类就业结构性矛盾的表现和成因,并据此提出缓解高校毕业生就业结构性矛盾的对策建议,以期为重庆市高校就业管理、人才培养、学科专业设置等工作提供参考。

(一)加快推进高校专业设置改革

1.构建对用人单位人才需求的精准识别机制

通过高校层面对用人单位人才需求的调研、高校教师社会实践对用人单位人才结构特点的认识、往届毕业生对自我能力的评价等,多渠道汇集用人单位人才需求,建立高校与用人单位之间稳定的信息联络机制,针对全市用人单位,在一定周期从政府层面推动更大范围的人才需求调查,并通过大数据手段获得更加精准的社会人才需求信息。

2.建立高校专业的动态调整机制

教育行政部门对高校学科专业设置和招生计划制订实行严格监管,对毕业去向落实率连续3年低于50%的专业,采取减少招生计划、调整专业方向甚至停招等措施。各高校要根据国家战略、区域发展和社会发展需求,充分调研和超前谋划新增专业;要集中优势资源聚焦自身所长和特色办学,以优势学科和领域内比较优势推动高校毕业生高质量就业。

3.建立适应新时代经济社会发展的交叉学科集群

鼓励重庆市各高校设立"交叉学科"专项支持计划,对不同学历层次的交叉学科专业设置专项招生计划和培养方案,加快培养用人单位紧缺人才,提高高校毕业生综合素质与社会人才需求的契合程度。

(二)加强市场性岗位就业引导

1.发挥市场性岗位的主渠道作用

完善落实鼓励民营企业招录毕业生的配套支持政策,整合市级部门和行业企业资源,积极举办多种形式双选会,为毕业生提供更多就业机会。加强就业信息平台建设,利用信息平台整合全市高校用人单位信息资源,及时快捷地向毕业生精准推送。

2.加强对市场性岗位的就业引导

通过就业教育、社会舆论宣传,让大学生认识到,在政府机关、事业单位之外,民营企业、中小微企业等也是学以致用、建功立业的主战场。出台针对大学生到民营企业就业的支持政策,探索建立优秀大学生从民营企业进入公职单位、学历晋升的"绿色通道",取消政府机关和事业单位招录的年龄限制,在民营企业、国有企业、政府机关、事业单位等不同性质的就业渠道间打破人才交流壁垒。支持民营企业和中小微企业更多吸纳高校毕业生就业,按规定给予社会保险补贴、扩岗补贴、创业担保贷款及贴息、税费减免等扶持政策。

3.加大高校毕业生创业的扶持力度

提高大学生创新创业的系统知识和实践能力,为高校毕业生提供创业载体,支持高校运营创业载体,为高校毕业生安排低价甚至免费的创业场地,同时支持各高校与校外创业孵化机构建立更为密切的合作关系。落实一次性创业补贴、担保贷款等创业扶持政策,多渠道解决其创业资金短缺问题。建立全程化创业跟踪指导体系,支持各高校建立囊括校内外创业专家的师资队伍,为大学生提供指导服务,并鼓励有资源的创业专家积极与大学生对接。

4.注重高校毕业生从事自由职业的规范和保障

建立规范的自由职业市场交易体系,针对各类自由职业相关的交易行为,增强自由职业相关产品和服务的民众认可度,以自由职业市场规模的扩大增强其对高校毕业生的吸纳能力。加大对自由职业高校毕业生的社会保障力度,鼓励灵活就业人员参保缴费,加快开发适合的商业养老保险产品和各类意外伤害保险产品,提供多元化定制服务。强化针对自由职业高校毕业生的职业技能培训,对有意愿从事自由职业的高校毕业生,联合政府、高校、金融机构、创业孵化机构等,针对从事自由职业的类型,精准予以职业指导、担保贷款、场地支持等帮扶措施。

2022 **重庆就业蓝皮书**
重庆就业发展报告

(三)平衡市场性岗位和政策性岗位供需关系

1.积极开发政策性岗位

继续加大政府机关、事业单位等政策性岗位面向应届毕业生的招录规模,尤其要重视对本科层次高校毕业生就业的吸纳力度,稳住高校毕业生就业的基本盘。围绕乡村振兴、中西部地区、城乡社区等实际需要,以"三支一扶"计划、"西部计划"、特岗教师为重点,辅以基层社区服务、科研助理等岗位的开发,为高校毕业生服务基层提供充足的机会。同时,要在全市高校中开展"下基层"相关的就业育人主题活动,让大学生认识到在基层同样可以施展抱负,实现人生价值,在全市范围内提高面向高校应届毕业生征召规模,健全大学生入伍优惠政策,提高应届毕业生参军入伍的积极性。

2.创新性开拓市场性岗位

加强与企业的招聘需求对接,架起企业与高校毕业生之间的桥梁。以企业招聘需求为标准,结合大学生就业意向和综合素质水平,实现精准推荐。注重见习岗位对高校毕业生的吸纳作用,应以政府为主导,通过见习补贴、税收返还等政策,提高企业设置见习岗位的积极性。

3.注重政策性岗位和市场性岗位的供需均衡

政策性岗位和市场性岗位的设置和拓展,要以高校毕业生就业需求和经济社会发展中的人才需求为双重导向。一方面,要注重高校毕业生的就业意愿,在端正其就业观念的前提下,适当考虑设置更加契合其就业意愿的岗位;另一方面,要重视经济社会发展对各类岗位的设置需求,从国家战略、区域发展规划以及各类用人单位发展需要,鼓励用人单位设置一批专项用于招聘高校应届毕业生的岗位,在满足用人需求的前提下,进一步拓展高校毕业生就业机会。

(四)加强高校大学生职业知识技能的培养

1.优化高校就业指导体系,提升指导效果

建立完善的就业指导工作领导机制,强化职业生涯规划指导。把职业生涯规划指导融入高等教育全过程,对大学生的就业指导,应结合大学生从筛选就业信息到应聘考核、聘用入职一系列的实践操作中加以实时指导,实现对大学生全方位的就业指导。对于高校就业指导工作,应以学生就业能力提升和顺利就业为导向,建

立过程指导和就业结果两个层面的考核机制,并将就业指导作为高校考核指标体系的重要组成部分,督促各高校重视该项工作的开展。

2.提高大学生跨学科知识与技能

制定以社会需求为前提的培养目标体系,构建多学科交叉的教学课程体系。在校内成立跨学科实践小组,将不同学科教师按照教学实际组合成实践队伍,围绕学习能力和思维方法等互通要素设计教学活动;联合多学科优势资源,建立校内跨学科实践基地;与用人单位联合建立校外实践基地,并与用人单位联合制订实践教学方案,构建多层次跨学科实践教学体系。在大学生综合素质考核中,提高跨学科知识技能的比重,并注重采用多种考核方式,以考核标准为工具,增强大学生学习跨学科知识技能的主动性。

3.打造大学生勇于创新、开拓进取的意识

要锻炼大学生的创新精神以及将创意转化为产品或服务的能力。要充分发挥创新创业教育在大学生创新精神和创意转化方面的重要作用。通过心理健康教育提高自我心理调适能力,提高大学生对待困难和挫折的勇气;在全校范围内树立开拓进取的典型,并适时邀请校内外典型人物开设讲座,以榜样的力量,激发全校大学生的上进心;引导大学生树立远大的理想,提高大学生的成就动机,增强大学生职业进取意识。

4.培养大学生吃苦耐劳、爱岗敬业的精神

应充分发挥劳动教育、课程思政在大学生吃苦耐劳品质培养中的重要作用,辅以大学生校内外实习实践,使大学生真正做到"吃得了苦,耐得住难",提升大学生的毅力和耐力。加强对大学生劳动观的培养,让其树立正确的劳动观念;引导大学生树立正确的职业目标,提高其职场动力;完善大学生校内外实习实践体系,尤其要注重团队任务对其敬业精神的培养,用勤劳、踏实、认真等良好品质固化其身。

(五)优化高校毕业生留渝就业政策

1.开放人才政策,提供优厚的后勤保障

参照长三角、珠三角等地区的政策,出台对高校毕业生友好的减负稳岗、现金补贴、社保补贴、学费代偿等一系列政策,制定针对留渝优秀高校毕业生的各类财政补贴政策。提供宽松的高校人才落户政策和相对友好的房租房价,针对部分困难群体提供专项的租房补贴或公租房申请政策,以及高校毕业生在渝创业的税收、场地、贷款等相关的优惠政策,推动高校毕业生前三年个人所得税减免等政策。高校毕业生留渝就业的,应对其在住房、配偶(情侣)双方就业意向、后续子女入学等相关问题统筹考虑,提高重庆对高校毕业生的吸引力。

2.搭建发展平台,拓展高校毕业生职业空间

依托在渝高校、职业生涯专业指导机构等组织,搭建专业的高校毕业生职业生涯规划平台,指导高校毕业生衔接起在校期间的职业生涯规划,根据实际情况指导其适当调整,并注重转变其就业观念。整合在渝高校、重庆职业技能公共实训中心、各区县职业教育中心、民办职业技能培训机构等,建立具有一定公益性质的高校毕业生能力转换和职业能力提升服务体系,以政府部门为主导,支持高校毕业生从学生向职业人员的转变。建立高校毕业生的就业匹配平台。加大重点支柱产业的产业结构转型升级力度,培育更多具有本土特色和市场竞争力的知名企业。同时,积极引进国内外规模型企业,开发更多适合高校毕业生就业的岗位,搭建有利于高层次技能型人才干事创业的平台。

3.加大人文关怀力度,以情感留住高校毕业生

重庆市各级政府,要注重加大对在校家庭困难大学生的关怀,包括经济补助、勤工俭学岗位的设置等。重庆市各级政府应注重在各高校中加强对巴渝文化的宣传,并指导各高校通过开设独立的巴渝文化相关课程以及将巴渝文化融入教育教学,为在校大学生实地体验巴渝文化提供支持政策等,强化文化纽带在留住人才方面的重要作用。重庆市各级政府部门要关注高校毕业生的就业意愿,为其搭建各类平台。

(六)加快建设区域一体化高校毕业生就业服务平台

1.借助成渝双城经济圈,建设区域性高校毕业生就业服务平台

整合完善成渝双城经济圈高校毕业生就业基础信息数据资源,建立高校毕业生求职预警监测系统。完善用人单位就业情况反馈制度,为合理调整高校学科专业结构提供依据。提高高校大学生就业服务平台的数据挖掘分析能力,充分搜集区域内外就业吸引力强的行业或岗位,为高校大学生合理调整就业去向提供参考,并为高校学科发展、专业设置、教学资源分配等提供依据。

2.创新大学生就业服务机制,为高校毕业生就业保驾护航

以大数据手段为学生汇集更大范围内的招聘信息,加强信息资源汇集,强化招

聘资源的整合和共享,实现周边高校优质宣讲会、双选会、招聘信息的自动采集,对优质企业的就业资源进行定向采集、靶向定制,并通过就业信息与高校毕业生个人简历的精准对比,零延时推送匹配的就业信息。建立高校毕业生就业导师制度,全面负责高校毕业生在简历制作、招聘信息匹配、投递简历、笔试面试、录取入职等全流程的咨询和指导。落实高校毕业生就业资助政策,充分提高高校毕业生和用人单位的积极性。

3.加强思想引领,端正大学生就业观念

在就业指导相关课程中,强化就业育人,加强就业观念教育,引导高校毕业生根据个人特点合理规划职业发展方向。在社会层面做好市场性岗位和基层项目的宣传推广,鼓励高校毕业生到市场性岗位和基层项目建功立业。树立就业典型,对于积极就业的高校毕业生予以各种形式的表彰,引导大学生建立毕业即就业的观念,坚决遏制缓就业甚至不就业的错误就业观念。

(七)建立高校毕业生就业供求信息跟踪机制

1.完善高校毕业生就业信息管理机制

以文件形式明确高校毕业生就业信息登记的内容。高校毕业生就业信息登记时,不仅要登记可以体现就业结果的信息指标,还应对就业全流程的信息加以登记,包括就业意向信息、就业指导信息、就业匹配信息、签约信息、派遣信息等,便于通过大数据手段探究不同阶段、不同特征高校毕业生的就业行为特征。

2.建立用人单位招聘信息管理系统

用人单位招聘信息统计的缺失致使高校毕业生就业管理部门难以准确地了解社会对高校毕业生的数量和质量需求,在就业推进工作中无法做到有的放矢。为此,与大学生就业信息管理平台相对应,应建立用人单位招聘信息管理系统。要建立规范的管理制度,对用人单位招聘信息的登记、管理、保密措施、应用场景等加以规范,为高校毕业生招聘需求的大数据分析提供数据支持。

课题负责人:唐雪平
课题承担单位:重庆市大学中专毕业生就业指导服务中心
课题主研人员:许 杨 谭建伟 韩伟亚 梅 玫 徐珮杰 尹 亮
刘 露 黄 新 吴 静

新就业形态发展调查研究

摘 要:基于分享经济理论、制度创新理论和技术-经济范式相关理论,结合新就业形态背景的特殊性,界定了新就业形态、新就业形态从业者等核心概念,并探索归纳了新就业形态的特征、类别与模式、对应职业等理论基础;调研了我国新就业形态发展的现状,梳理了全国新就业形态目前存在的问题;基于对重庆市新就业形态系统的调查研究,针对重庆市新就业形态发展存在的不足,针对性提出了解决建议,并形成了推进新就业形态发展的咨政报告。

关键词:新就业形态 稳就业 制度创新

一、项目研究背景及意义

第四次工业革命的快速演进,推动了就业形态的变革,产生了大量既不同于标准雇佣模式也不同于传统非正规就业模式的就业形态。2015年,党的十八届五中全会首次提出"新就业形态"的概念,引起了社会各界的广泛关注。这一概念的提出,反映了新一轮技术革命所导致的就业模式、工作模式的巨大变化,也概括了我国劳动力市场中出现的新趋势。"十三五"时期,我国新就业形态发展态势良好。国家信息中心组织撰写的《中国共享经济发展报告(2021)》显示,2020年共享经济参与者人数约为8.3亿人,其中服务提供者约为8400万人,同比增长约7.7%。"十四五"开局的2021年,我国新就业形态从业人员已达1.1亿人。新就业形态借助互联网平台提供的新技术手段,实现劳动供需匹配效率的提升,吸纳了大量就业,提高了社会整体福利水平,得到了广大从业者与社会公众的认可,提高了社会经济发展的水平。

但与此同时,新就业形态作为工业4.0的产物,在发展过程中也暴露出了一些问题。由于我国新就业形态发展时间较短,且其在发展过程中打破了旧有行业和法律秩序下的利益关系和管理规范,对传统就业群体、管理手段、劳动法律体系、社会保障政策等形成了一定的冲击,同时也出现了一些与新就业形态相关的劳动争议,引起了社会的较大关注。

2021年3月,《中华人民共和国国民经济和社会发展第十四个五年规划和2035年远景目标纲要》提出,要"完善促进创业带动就业、多渠道灵活就业的保障制度,支持和规范发展新就业形态"。

2021年8月,《"十四五"就业促进规划》提出,要"实施灵活就业人员和新形态就业劳动者保障计划,支持和规范发展新就业形态"。

2022年10月,党的二十大报告明确提出,要"完善促进创业带动就业的保障制度,支持和规范发展新就业形态"。"新就业形态"表述首次出现在党的报告中。

"十四五"是我国全面建设社会主义现代化国家的关键时期,本课题将进一步调研我国特别是重庆市新就业形态的发展状况,梳理新就业形态发展中的问题痛点,结合国家对新就业形态的发展定位与政策,运用相关理论基础,提出支持和规范新就业形态持续健康发展的举措对策和政策建议,推动实现更加充分更高质量就业。

二、核心概念界定

(一)新就业形态相关概念

1.非标准就业

这一提法在2010年以来引起了国际上的关注和讨论,这是由于21世纪初数字化和新经济形态的快速发展,就业形态渐趋多元化,"非标准就业"便是从就业形态视角进行定义。国际劳工组织2016年出台的《世界非标准性就业:理解挑战、塑造未来》报告对标准就业进行了明确界定,即"为全日制、无固定期限雇佣、构成双方直接从属雇佣关系的就业",在此范围之外的均为非标准就业,包含临时性就业、非全日制就业、多方雇佣关系、隐蔽性雇佣和依赖性自雇。在中国国情下,我国的非标准就业主要包含以完成项目或一定工作任务为期限的合同用工、季节性用工、零工和日结工资的工作。新就业形态与非标准就业的范围有一定重合,其中依托平台、互联网、新技术的平台型就业可归为新就业形态,而传统就业形态中未呈现新经济形态的非全日制用工、劳务派遣、临时性雇佣则不属于新就业形态范围。

2.共享经济模式下的灵活就业

共享经济是指高度网络化和各种信息技术结合的网络平台下各种资源在不同主体之间的共享行为模式,网络就业平台的劳动者是一种新型自我雇佣的自由职业者,其工作特征呈现出灵活性,体现的用工形式是"本人劳动+他人生产资料+个人生产资料",雇佣关系转变为以网约工、网约平台为主的虚拟化契约关系,这种灵活就业的特点为用工非正规化、用工灵活化、就业时间灵活、就业稳定性低,这将导致共享经济下的就业者难以获得正规的劳动权益保障,收入、工作时间的不确定性有损就业者的休息与身心安全权益,用工关系多变导致易发生劳动争议。

3.平台型就业

平台型就业包含"平台型标准就业"与"平台型非标准就业"两大模式,两种模式的划分依据为依托网络的就业平台与劳动者之间是否有直接、稳定的雇佣关系,即是否签署劳动合同、劳务合同、合作协议。因此平台型就业依托网络实现劳动力的出让,可以更灵活地兑现劳动力价值;同时,"平台型非标准就业"也存在劳务派遣用工,弱化隐匿雇佣关系,将社会保障风险转嫁给劳动者个人的弊端。

4.平台经济

平台经济是21世纪初被国外经济学界广泛重视并深入研究的课题。一般来说,平台经济被认为是以信息技术为基础,以整合资源、规模化发展为手段,以降低成本、提高效率为目的,兼具"新技术、新业态、新模式"特征的新兴经济。它基于虚拟或现实空间,以平台经济企业为主导,通过整合力量,与关联方一起组成一个新的经济生态系统,双边或多边使用群体通过使用平台使彼此受益,形成平台经济,通过这些平台经济活动,实现市场信息的集聚和交易的集中。广义的平台经济包括以实体商品集散地为主要表现形式的平台经济;以提供服务业实体平台为最新表现形式的平台经济;以提供信息虚拟平台为最新表现形式的平台经济(21世纪初开始出现)。狭义的平台经济专门代指网络信息平台经济,而新就业的典型形态主要表现为平台就业,且为依托于互联网的平台就业。平台经济与新就业形态互为制约交互发展,平台经济的众多平台创造了众多形态的新就业,如网约车平台、共享单车平台、电商平台及由此而产生的第三方支付平台等,而随着选择新就业形态就业的群体不断扩张,对平台经济无论是线上还是线下平台的就业机会,均会起到积极的推进作用;同理,新就业形态中的"依托互联网而对整个系统进行维护"的高智商人群又是网络信息平台经济的缔造者,这部分人在新就业形态中创造了新的就业平台,间接创造了数量更多、门槛更低、形式更加多样灵活的新就业岗位。

5.零工经济

零工经济又称 Gig 经济,由美国人 Tina Brown 第一次提出,即从业人员可以根据其偏好、所掌握的知识或其他物理资源,选择不同的工作及方式。相比于传统的工作,零工经济具有更加灵活、自我管理和多样性的特点。这是由数字平台的发展催生的一系列新商业模式,如 AirBNB、Lending Club、Postmates、Uber、TaskRabbit等平台。不同的学者从不同的角度对零工经济就业进行研究,但从本质上,零工经济的内核在于链接买方、卖方、第三方平台,本质上是促进社会资源的再分配,提供的是一种高效的交易环境。

(二)新就业形态概念界定

"新就业形态"是一种传统产业基于互联网发展延伸而产生的就业形态,目前尚未成为独立形态。2015年,党的十八届五中全会首次提出"新就业形态"概念,这一概念反映了国内外新就业模式的出现以及劳动力的变化趋势。此后,学术界、业界、政府、社会等开始了新就业形态的研究与实践探索、推进和进一步发展。

1.从就业模式角度界定

关于新就业形态的概念,中国就业促进协会认为,新就业形态指与建立在工业化和现代工厂制度基础上的传统就业方式相区别的就业形态,主要包括伴随着互联网技术进步与大众消费升级而出现的去雇主化就业模式及借助信息技术升级的灵活就业模式。

2.从用工主体、就业主体、就业方式等角度界定

汪雁、张丽华认为,新就业形态是相对于传统标准就业形态而言的,新就业形态表现为用工的主体是共享经济平台企业,平台实行轻资产运营,强调就业主体的独立性且自备生产工具,采用较大弹性、灵活性和社会化的用工方式;就业的方式主要为非标准化,通过网约方式进行;用工管理方面则更注重绩效而非责任以及就业关系的去劳动关系化。

3.从生产力和生产关系角度界定

张成刚从生产力的角度对"新就业形态"进行定义,认为"新就业形态"是指新一轮工业革命带动的智能化、数字化、信息化条件下,通过劳动者与生产资料互动,

实现虚拟与实体生产体系灵活协作的工作模式。在疫情中脱颖而出的"新就业形态",主要是指生产关系角度的新就业形态,指伴随着互联网技术进步与大众消费升级出现的平台化的就业模式。新就业形态的稳定性和劳动关系的非标准化一定程度上有别于传统的正规就业。

4.从传统产业延伸角度界定

朱松岭认为,新就业形态是传统产业在互联网条件下延伸而产生的、尚未完全转化成独立新形态的就业形态。它的主要特点包括:传统就业形态的延伸;虚拟与现实相结合的工作模式;私人定制式的雇佣模式,一般不固定,没有长期劳动合同关系;互联网延伸下的就业,征兆不明显,一般不需要政府的核准或许可;具有创新驱动,在互联网下经常延伸出新的形态,具有共享的特征。

5.从马克思主义劳动过程理论角度界定

有专家指出,新就业形态实际上是劳动者与生产资料新的结合方式的具体表现。

6.本课题组界定

经文献梳理发现,近年来引起业界讨论、与新就业形态有关的相关概念并不是一成不变的,从概念发端到渐成体系,有"非标准就业""灵活就业""平台型就业""平台经济""零工经济"等。它们有的是新就业形态发展的前身,有的是新就业形态呈现的具体模式,有的是新就业形态发展后带来的影响。

通过对这些概念的系统梳理,厘清各种概念与新就业形态的关系发现,新就业形态与上述概念既有联系又有区别:新就业形态与"非标准就业"的范围有一定重合,依托平台、互联网、新技术,以完成项目或一定工作任务为期限的非全日制、临时性的非标准就业为新就业形态,而传统就业形态中未呈现新经济形态的非全日制用工、劳务派遣、临时性雇佣则不属于新就业形态范围,属于传统的非标准就业;新就业形态一定程度上包含了"灵活就业",传统灵活就业用工方式非正规化、用工灵活化、就业时间灵活、就业稳定性低,高度网络化和各种信息技术结合的共享经济模式下的灵活就业为新就业形态;平台型就业是新就业形态的重要就业模式,而"平台型就业"的不断发展也带动"平台经济"的发展变革;国外提出的"零工经济"也被认为是新就业形态的前身。

综上,理论界对新就业形态有不同的界定,新就业形态尚未完全形成独立新形态,因此根据前文对新就业形态相关文献的研究,本课题组研究认为,新就业形态是指,依托智能化、数字化、信息化与互联网等现代信息科技手段,实现有别于正式稳定就业和传统灵活就业的灵活性、平台化的组织用工和劳动就业形态。

新就业形态不仅是一种新的就业方式,还是以技术的根本性变革为基础的产业模式和企业形态的根本性转变在劳动力市场的表现。技术进步为新就业形态的发展提供了条件,改变了传统的生产方式和产业组织方式,从而影响劳动者的就业方式。

三、相关理论基础

(一)分享经济理论

在美国经济滞胀的背景下,1984年美国经济学家马丁·L.魏茨曼于《分享经济》一书中首先提出了分享经济理论。魏茨曼提出的一种以提高生产率和战胜停滞膨胀为目的的分配理论,从收入分配角度去研究资本主义经济制度的新工资决定理论。魏茨曼认为,资本主义的雇员报酬制度分为两种:工资制度和分享制度,资本主义经济也可分为工资经济和分享经济。他认为应将传统的工人工资与厂商经营活动无关且工资固定的工资制度转变为工人工资与某种能恰当反映厂商经营指数如收入和利润相联系,这样工人的工资不再是工作多少个小时的合同,而是企业收入中占分享比例的协议,工人收入与企业经营状况相联系,降低了在经济下行时的企业成本,也促进员工积极劳动。原有工资制度下,在市场收缩、产量减少时必然会出现工人失业现象,而分享经济可以有效缓解企业压力。

魏茨曼的分享经济理论核心观点认为,非固定化是一种常态,同时劳动者收入与企业经营状况息息相关。从新就业形态视角出发,多数劳动者不再以传统用工形式同用人单位签订劳动合同,用工形式更加灵活,劳动者所得报酬更多的是固定工资与绩效工资相结合的模式。新就业形态企业的经营范围灵活不固定,如互联网平台企业的经营范围可以是物品、技术乃至教育。新就业形态从业者的劳动关系和劳动报酬不固定,如网约配送员没有劳动合同,以灵活就业身份参加社会保险,同时多数劳动者没有底薪,以实际配送情况为计薪方式,劳动者收入与新就业形态企业的业务量挂钩,这与分享经济理论的观点相契合。

(二)制度创新理论

制度创新理论由道格拉斯·C.诺斯和兰斯·戴维斯提出,两人1971年出版的《制度变革与美国经济增长》是西方经济学第一部较为系统阐述制度创新的著作。诺斯提出,制度是促进经济发展和创造更多财富的保证,若社会群体发现现有的制度不能促进社会经济发展,就应建立新的制度,否则经济就会处于停滞状态。同时制度创新可以分为两种类型,一类是诱导性制度变迁,一类是强制性制度变迁。诺斯提出当现存的制度下存在潜在获利机会大于内在外在障碍所造成的成本时,便会出现一项新制度安排。

制度创新理论的核心在于,制度创新是促进社会经济发展的关键,能够用新潜在获利机会或者新制度扩大内需,从而促进经济发展。从新就业形态角度来看,其本身就是新的概念,引发了新的政策,规范了新的行业制度,在扩大就业的基础上间接促进了社会经济的发展。新就业形态相关的政策为制度的创新提供了保障,如平台型企业相关的扶持政策和约束政策让平台型企业在规范中壮大;而新制度引发了新经济,让平台企业不再局限于单一的商业模式,而将多种模式相结合形成了新的经济模式;新经济的发展为新就业形态的形成夯实了基础,新就业形态是促进经济发展的一个重要途径,如平台企业的蓬勃发展不仅能扩大传统行业的就业需求,还能吸纳新就业形态下如网约配送员(快递、外卖配送人员)和网约车司机等灵活就业人员,而跨境电商也是促进国内国际经济良性发展的方式。

(三)"技术–经济范式"理论

布莱恩·阿瑟在《技术的本质》中认为,当新技术出现并发展的时候,会改变商品和服务的经济模式,一项新技术的采用会使应用技术的产业从中获益,随后应用这些产业的产业也会受到影响。就如同牵拉一根丝会引起整个蜘蛛网的伸展和重塑一样,一项新技术的到来会引起经济中的价格和生产网络在各行各业伸展、重塑。阿瑟将经济看作技术的一种表达,经济是技术作为中介(覆盖)的一系列关于商品和劳务的活动。技术构成了经济的框架,经济中的其余部分,如商业活动、就业模式以及随之而来的物流、服务流等构成了经济中的神经和血液。当企业把新技术带来的发明或成果引入生产经营体系中制造出市场需要的商品,就产生熊彼特意义上的创新行为。当这种创新行为上升到产业层面或者宏观层面的时候,就会产生新的供给和需求模式,从而催生新产业和新业态的出现。创新经济学家多西、弗里曼和佩蕾丝将新技术推动微观和宏观经济结构与运行模式的改变过程概括为"技术-经济范式"。

"技术-经济范式"理论,强调技术在整个经济中的渗透作用,它不仅导致国民经济中的生产、流通、分配和消费过程发生变化,而且会影响经济生产的范围、规模和水平。每一次新的技术浪潮,会产生新的技术-经济范式,每一种技术-经济范式都有自己通行的组织原则和最优的惯行模式,并在一定时间内保持相对的稳定性。但是随着科学技术的发展,主导技术群发生变化,经济运行过程和经济发展方式也发生变化,从而引起技术-经济范式的更迭,进而衍生新的产业链,改变宏观经济结构,并创造新的就业形态和就业岗位,就业方式的变迁伴随生产技术的变迁而发生。当前,我国正处于实施创新驱动发展战略的关键时期,以移动互联网、云计算、大数据等为代表的新一代信息通信技术,被广泛地推广和渗透到国民经济中的各个行业,建立在工业社会基础上的旧经济范式正被新的技术-经济范式取代。在新的技术-经济范式中,互联网+的通用技术体系,正推动互联网技术、平台和应用向传统产业领域渗透和扩散,不断催生新业态、新模式和新产业,企业组织形式也发生变化,改变了劳动者的就业技能、就业方式、就业结构等,促使就业方式转型,从而产生新就业形态。

本研究课题主要以"技术-经济范式"理论为理论基础,研究新就业形态发展的类型、特征、模式、趋势等,分析存在的问题,并提出相关发展建议。

四、新就业形态发展概述

(一)新就业形态的主要类型

职业的变迁既反映客观经济现实,顺应市场需求变化,又体现了创新、协调、绿色、开放、共享的新发展理念。本研究通过对近年来职业分类大典、1~5批人社部公示的新职业公布情况的系统梳理,结合新就业形态职业具体的特征,对新就业形态进行类型划分,将职业大典中对应的职业和岗位与新就业形态类型相匹配。

1. 新版职业大典的职业划分

2022年9月27日,《中华人民共和国职业分类大典(2022年版)》审定颁布会在京召开,会议审议通过了《中华人民共和国职业分类大典(2022年版)》(以下简称《大典》)。这是自1999年颁布首部国家职业分类大典以来的第二次全面修订,其中既纳入了新增职业信息,又更新合并了部分原有职业信息,是贯彻落实《中华人民共和国劳动法》《中华人民共和国就业促进法》和《中华人民共和国职业教育法》等法律法规的重要举措,对优化人力资源开发管理、促进就业创业、推动国民经济结构调整和产业转型升级,都具有十分重要的意义。

职业划分的8个大类分别是:第一大类:国家机关、党群组织、企业、事业单位负责人,其中包括5个中类,16个小类,25个细类;第二大类:专业技术人员,其中包括14个中类,115个小类,379个细类;第三大类:办事人员和有关人员,其中包括4个中类,12个小类,45个细类;第四大类:商业、服务业人员,其中包括8个中类,43个小类,147个细类;第五大类:农、林、牧、渔、水利业生产人员,其中包括6个中类,30个小类,121个细类;第六大类:生产、运输设备操作人员及有关人员,其中包括27个中类,195个小类,1119个细类;第七大类:军人,其中包括1个中类,1个小类,1个细类;第八大类:不便分类的其他从业人员,其中包括1个中类,1个小类,1个细类。亿万劳动者所从事的职业被划分为8个大类、2967个工种。与2015年版大典相比,增加了法律事务及辅助人员等4个中类、数字技术工程技术人员等15个小类,以及碳汇计量评估师等155个职业,职业数达到1639个,其中数字职业和绿色职业占比近15%。

其中,新就业形态劳动者主要集中在第四大类"商业、服务业人员"范围内,包括批发与零售服务人员,交通运输、仓储物流和邮政业服务人员,信息传输、软件和信息技术服务人员,租赁和商务服务人员,居民服务人员,文化和教育服务人员,健康、体育和休闲服务人员等7个中类。

2.新职业类型

第四次工业革命带来经济全球化发展的同时,也推动着新就业形态的发展,为新兴领域、新兴职业劳动者提供了更大的职业发展空间。

一方面,数字经济是新就业形态的重要载体,新版大典对数字、互联网职业的重视体现了新就业形态的大势所趋。如新版大典首次标识了97个数字职业,有利于推动数字经济发展、加速技术创新和人才队伍建设。特别是专门增设了数字技术工程技术人员小类,下设13个数字技术职业。并且从2021年起,人社部会同工信部制订颁布了其中10个新职业的国家职业标准,启动实施了专业技术人才知识更新工程数字技术工程师培育项目,并组织编写了相关培训教程,主要面向数字技术技能领域实施规范化培训、社会化评价,每年培训数字技术技能人才8万人左右。北京、上海、天津、深圳等地还在工程系列里增设了人工智能等职称评审专业,为新职业群体提供了更加科学、更有针对性的职称评审服务。

另一方面,自2019年以来,在人社厅发的1~5批新职业名单中,新就业形态比例稳健,2019年公布的13个新职业中隶属新就业形态的集中在高新技术领域,包括电子竞技运营师、电子竞技员2种;2020年16个新职业中隶属新就业形态的集中在新兴产业和现代服务业,包括网约配送员、人工智能训练师、全媒体运营师、健康照护师、出生缺陷防控咨询师、康复辅助技术咨询师6种;2020年7月9个新职业中隶属新就业形态的集中在互联网产业和现代服务业,包括互联网营销师、在线学习服务师、社群健康助理员、老年人能力评估师4种;2021年3月18个新职业中隶属新就业形态的集中在技术培训行业,包括企业合规师、易货师、调饮师、电子数据取证分析师、职业培训师5种;2022年6月第5批18个新职业中,隶属新就业形态的职位集中在数字技术、服务领域,如数字化解决方案设计师、商务数据分析师、家庭教育指导师、研学旅行指导师、民宿管家5种。

3.新就业形态主要类别及对应职业

"新就业形态"有别于传统非标准雇佣模式就业形态,体现了新一轮技术革命所导致的就业模式、工作模式的巨大变化和我国劳动力市场中出现的新趋势,主要有以下四个类别。

(1)创业型就业形态

主要是通过自主创业的方式实现就业,常见的一类是淘宝店主、微信店商、网络代购商等,他们借助电商平台等网络资源,将线下店铺经营和传统零售模式搬到线上,即调查中从事互联网商品交易的人员。另一类是分布于各类创业服务平台上的"创客"等新型创业者。他们以满足用户个性需求为核心,运用生产工具,创新、设计、制造产品和服务,所创事业多处于酝酿和孵化阶段,通过互联网承接生产订单,多不进行工商注册。

其对应职业,一是有互联网商品交易及工商注册的电子商务服务人员、网商、平台管理员等。二是多不进行工商注册,从事创新、设计、制造产品和服务的人员,包括创业指导师、职业指导师、劳动关系协调师等。

(2)平台型就业形态

从业者通过电商平台、分享平台、社群平台等,利用禀赋差异性直接满足市场上多元化产品和服务需求,多不隶属于任何雇主,分为体力型、技能型、知识型、网红型等。

其对应职业,一是体力型,包括网络预约出租汽车司机、网络货运员、物流服务师、快递员、汽车代驾员等。二是技能型,包括企业合规师、职业培训师、电子竞技员等。三是知识型,包括健康照护师、家庭教育指导师、研学旅行指导师等。四是网红型,包括直播销售员、视频创推员等。

(3)兼职型就业形态

常见有两种:一种是"主副兼业"。从业者拥有一份固定工作,同时也利用个人专长和闲暇时间从事其他工作。另一种是"平行兼业"。从业者同时拥有几份工作和多重身份,但没有主次之分,常在多个工作、多重身份间转换。

兼职型就业人员是依托于互联网或市场化资源的多重职业者、非单一职业就业人员,不同于"创业型就业、平台型就业"能够对应到具体的职业,兼职型就业可能包含多种职业类型,其组合方式包括"传统就业+新就业""新就业+新就业"。

(4)单位灵活雇佣就业形态

劳动者在单位就业过程中又有了新的雇主或成为创业主体。部分他雇型就业中出现了新变化。一种为由网络线上业务衍生出大规模发展的劳务型岗位;另一种为企业边界虚拟化、资源共享化趋势日益明显下,部分企业将岗位进行外包,原有人员的劳动关系转换为劳务关系或是经济合同关系。

不同于"创业型就业、平台型就业"能够对应到具体的职业,单位灵活雇佣这种类型是企业发展过程中雇佣关系的变化。比如,人力资源服务公司东方慧博依托微工网平台,将公司劳务派遣业务互联网化,在网络平台上承接季节性、阶段性用工,实现了蓝领与客户直接对接;部分高校、科研院所等事业单位专业技术人员,在原单位保留人事关系的同时进行离岗创业等。

综上所述,新就业形态的类型主要是从产业结构、生产关系、雇佣关系的变化进行分类。

(二)新就业形态的主要特征

新就业形态的"新"是与传统就业相对而论,从根本上讲,新就业形态"新"在劳动者与组织之间的关系呈现非雇佣性,个人就业不再依赖组织,科层制组织逐渐被扁平化平台取代,个人获取就业也不再受时间、地点、空间的限制。在总结前人文献、资料报告、系统分析的基础上,本文认为,与传统就业形态相比,新就业形态的劳动关系、技术手段、组织方式、就业观念都呈现了许多新特征。

1.就业观念"新"

许多就业者不再追求"铁饭碗"式稳定的就业,而更愿意从事灵活性与自主程度高的工作;同时,"大众创业、万众创新""支持灵活就业"等强有力的政策支持,为新就业形态的发展前景提供了强有力的政策保障。

2.就业领域"新"

新就业形态大量出现在小微创业企业、电子商务、分享经济、社群经济等新经济、新业态中。目前,我国城镇新就业规模每年都保持在1300万人以上,即使受到新冠疫情的影响,新就业形态仍在稳步增长。新就业形态的灵活性吸引了越来越多的新生代劳动者进入。

3.技术手段"新"

新就业形态依托互联网、大数据、移动通信技术的发展,极大地降低了就业服务的交易成本,提高了劳动者与企业、消费者的匹配效率,扩大了就业服务的范围。

4.组织方式"新"

新就业形态下劳动者与组织的关系更松散、灵活,许多劳动者个体不再作为"单位人"来就业,而是通过信息技术、各类平台或是与市场细分领域的联结,实现个人与工作机会的对接。雇佣平台和劳动者之间也不是传统的劳动关系,而更贴近于一种合作模式。

综上所述,新就业形态具体特征包括就业观念新、就业领域新、技术手段新、组织方式新。总的来看,就业观念与技术的演变催生了就业新领域、组织新方式,是区别于传统就业形态的显著特征。

通过对新就业形态典型特征的梳理,有利于对新就业形态核心概念的区分,加深对新就业形态的认识。同时,通过特征判定,能快速区分就业形态是否隶属新就业模式,与传统就业形态区分开来,有利于快速确定研究样本。

(三)新就业形态的主要劳动模式

在前文区分了新就业形态特征、明确新就业形态类型的基础上,与经济利益息息相关的新就业形态劳动模式也是学界、业界讨论的热点。独特、多元的劳动模式不仅仅是新就业形态区别于传统就业的显著特征,劳动关系差异也是影响新就业形态发展的重要因素。

1. **"去雇主化"模式**

新就业形态中最常见的,也是最受关注的一种形态就是以"去雇主化"为典型特征的新就业形态,即在新技术、新经济和新业态发展的推动下出现的,依赖信息技术手段、互联网平台、通信技术等提供商品或服务,劳动关系具有不确定性的就业形态。本研究将这一类型的新就业形态称为A型新就业形态,"新"同样也表现为劳动关系之"新"。在标准就业中,劳动关系往往表现为1对1的关系,即一个特定的雇员对应一个特定的雇主;A型新就业形态最大的特点是劳动关系有别于传统的标准化劳动,即不存在明确的雇主与雇员的对应关系(平台经济中相当一部分从业者与平台企业之间只是一种协作关系,而非雇佣关系)。

从劳动关系的角度来看,A型新就业形态与国际劳工组织界定的非标准就业或我国所谓灵活就业具有类似特征。A型新就业形态主要集中在电子商务、共享经济、平台经济、众包经济、零工经济等领域,最常见的案例是随平台经济、零工经济而兴起的各种"网约工"和"众包工作",如网约车、骑手、快递(但如果与平台公司或关联公司签订了劳动合同,则其劳动就有了明确的从属特性,其就业形式就属于后文将要提到的C型新就业)、网络直播,以及远程技术服务、远程文案、远程视频音频处理、远程数据处理、网络写手等与数字劳动相关的工作。

2. **"多雇主化"模式**

从劳动关系的角度来看,还存在以"多雇主化"为特征的新就业形态,本研究将这类新就业形态称作B型新就业形态,他的劳动关系表现为1对N的情况,存在明确的劳动从属特性。从劳动方式上来看,既存在传统的劳动方式,也存在与A型相似的新型劳动方式。

B型新就业形态以"共享用工"为典型代表。"共享用工"可以分为两种类型。第一种类型可称为临时性共享用工。譬如一家用工单位受多因素的影响(如受订单、疫情或季节变化的影响)在一定的时间内无法为自己的员工提供充足的工作,因此将员工临时性地提供给其他用工单位使用(与劳务派遣用工不同的是,这类用人单位不是专门的人力资源公司,而是出于特殊原因在一定时期内无法为自己的员工提供工作)。第二种类型的共享用工叫策略性共享用工,指的是两家或多家相关联的用工单位建立用工联盟共同雇佣员工。这种类型的共享用工比较适合那些在用工上具有时间互补性的企业。譬如,甲企业主要用工时间为春秋两季,乙企业主要用工时间为夏冬两季,如果采用共享用工的方式,那么他们联合雇佣的员工就可以得到持续性的工作,这一雇佣形式已经在欧洲国家开始兴起。

3.标准劳动关系下劳动方式新型化模式

除从劳动关系的角度外,还可以从劳动方式的角度来理解新就业形态。科学技术的发展带来了人们工作方式的变化,在传统劳动关系下,新的职业、新的岗位、新的劳动方式同样不断涌现。本研究将那些在传统劳动关系下的以劳动方式的新型化为特征的就业形态称为C型新就业形态。与以"去雇主化"为特征的新就业形态类似,C型新就业形态同样可以基于新技术、新经济和新业态的发展而出现,表现出基于互联网和通信技术及可移动工作的特征,工作时间和工作场所具有灵活性。

C型新就业形态最大的特征是劳动方式的新型化。近年来,随着新技术和新经济的发展,逐渐兴起的新职业新岗位,如人工智能工程师、电子竞技运营师、轰趴师、线上装修师等带来的相当一部分就业形式也属于C型新就业形态。一个值得注意的现象是,在新冠疫情蔓延期间,在线工作、远程办公等借助互联网和通信技术手段的新的工作方式在全球范围内得到了快速发展,这种新发展也必将在一定程度上改变人们的工作方式。从劳动关系的角度来看,与A型新就业形态不同的是,C型新就业形态中的劳动关系是明确的,即存在明确的雇员与雇主之间的对应关系。同样是"网约工""电子竞技员"或"人工智能工程师",当其与关联企业(如平台企业)之间建立了劳动合同关系时,他们的就业形态就属于C型新就业形态;而当他们没有明确的劳动从属关系时,则属于A型新就业形态。

4.三大新型就业形态模式发展状况

近年来,上述三大类型的新就业形态在全球范围内都得到了快速发展,其中最为突出的是A型和C型新就业形态。就A型新就业形态而言,其本质上是新技术高速发展背景下的新形态的非标准化就业/灵活就业。而非标准化就业在全球范围内,特别是在新兴经济体中一直占有非常突出的比例,国际劳工组织发布的《2015年世界就业和社会展望》显示,全球范围内仅有1/2的工作者属于工薪就业,其中仅45%为全日制的稳定雇员。世界银行2019年的统计数据显示,数字技术正在产生更多的短期性工作,而不是"标准化的"长期合同,这通常是通过在线工作平台产生的。就我国的情况而言,我国包括零工在内的灵活就业人员数以亿计。在大量的灵活就业人员当中,有相当比例者的就业形态正是A型就业。目前国内一些机构统计的与共享经济、平台经济相关的就业数据,尽管其中既包含了A型又包含了C型新就业形态,但总体上可以反映出这两类新就业形态的发展趋势。中国人民大学劳动人事学院课题组2019年的两份研究报告(《阿里巴巴零售平台就业机会测算与平台就业体系研究报告》《滴滴平台就业体系与就业数量测算》)分别显示,2018年阿里巴巴零售平台总体为我国创造4082万个就业机会;滴滴出行平台在国内共带动1826万个就业机会,其中包括网约车、代驾等直接就业机会1194.3万个,带动间接就业机会631.7万个。

从上述统计数据可以看出,A型和C型新就业形态在吸纳就业中的作用日益凸显。并且值得注意的是,新就业形态在分流、吸纳传统行业溢出的劳动力方面发挥着积极的作用。随着中国经济的转型和升级,部分传统行业的从业人员面临着被"挤出"的压力,而新经济和新业态则为这些被"挤出"者提供了新的就业机会。《中国共享经济发展年度报告(2018)》显示,截至2017年底美团外卖配送侧活跃骑手中来自煤炭、钢铁等传统产业的工作占比达31.2%。除了A型和C型新就业形态得到快速发展之外,受新冠疫情的影响,B型新就业形态的"共享用工"也开始在我国逐步兴起。据报道,目前"共享用工"这一模式已在零售业、物流业、制造业等多个行业应用,并从一线城市向二、三线城市扩展。通过对两种基本形式的"共享用工"的讨论,本文认为,"共享用工"不只是特殊时期企业"抱团取暖"的应急之策,更有可能成为疫情危机后常见的一种用工模式。

因此,本研究认为,在具体的职业划分中,主要是以互联网、"互联网+"为代表的新型就业形态,第一种以"去雇主化"为典型特征的劳动关系,是在新技术、新经济和新业态发展的推动下出现的,依赖信息技术手段、互联网平台、通信技术等提供商品或服务并且没有固定的雇主和雇员的对应关系;第二种以"多雇主化"为典型特征的模式,以"共享用工"为典型代表,主要分为临时性共享用工和策略性共享用工;第三种是以标准劳动关系下劳动方式的新型化为特征的新就业形态,最大的特征是劳动方式的新型化并且在新冠疫情期间该工作方式在全球范围内都获得了迅速的发展。新就业形态的职业包括网约配送员、互联网营销师、人工智能工程师、电子竞技运营师、轰趴师、线上装修师、远程技术服务、网络写手等。

五、全国新就业形态发展基本状况

以移动互联网、云计算、大数据等为代表的新一代信息通信技术,被广泛推广和渗透到国民经济中的各个行业,建立在工业社会基础上的旧经济范式正被新的技术–经济范式取代,推动了微观和宏观经济结构与运行模式的改变,以信息为基础的经济形态转变促进新就业形态形成。

信息的分享促进了个体消费者之间的交换、分享等经济行为,这种经济模式被称为"分享经济"或"共享经济"(Sharing Economy)。这一概念最早由美国社会学家马科斯·费尔逊和琼·斯潘思于1978年提出,马丁·L.魏茨曼于1984年将其正式发展为分享经济。2017年,国家发展改革委印发了《关于促进分享经济发展的指导性意见》,将"分享经济"定义为:利用网络信息技术,通过互联网平台将分散资源进行优化配置、提高利用效率的新型经济形态。党的十九大后,中央正式文件基本采用"共享经济"一词。一方面,共享经济通过建立电子商务交易平台,发展了大量通过网络和外包的物流系统接受小额高频订单及安排销售的网络商户,形成了淘宝电商群体的"微经济";另一方面,共享经济催生出更多网络共享平台和各类交易平台,形成了"平台经济"。平台经济产生了大量依托各类网络平台工作的"平台员工"和"网约工"。网约工——大量依托网络的劳动者可以根据自己的兴趣爱好、技能和时间,选择接受不同的工作,他们通常是临时工或者兼职人员,一般没有固定的工作场所和时间,属于"打零工"。依据这种特征便产生了"零工经济",零工经济以我们通常所说的灵活就业群体和创业群体为主。从共享经济到零工经济,转变的是产业与商业运作的实践规范,改变了劳动关系的要素,促进了劳动岗位解构、劳动空间脱域、劳动时间弹性化、管理平台化,因此被称为经济形态转变下的"新就业形态"。

通过对以上相关概念的生成逻辑进行梳理,我们能够发现:信息、共享、平台、零工等概念在劳动生产中早已有之,通信科技发展加速了相关技术的广泛应用,从而将这些理念转为规模经济形态;信息经济是其他经济形态的演变基础,连接工业经济基础和计算机高级经济形态,信息技术具有的共享、微小、灵活等特征催生出其他经济形态发展理念;知识经济是经济形态的宏观高阶形态,网络经济、共享经济等都是其发展阶段或组成部分;共享经济理念和技术衍生出平台经济和微经济,从而促进零工经济形成,组成了我国当前的经济形态。

经济形态从信息积累、技术运用到知识管理的转变是全球性且不可逆的,这已经成为既定事实,其信息加速和资源调配的本质属性促使就业形态必须围绕劳动空间、时间、契约等要素发生改变。共享、平台、零工的经济形态,通过对资本和劳动力-市场关系的改变促进就业形态发展成为新趋势。故本课题以包含了共享、平台、创业、零工等类型与特点的共享经济发展状况为代表研究新就业形态发展。

(一)全国新就业形态发展基本情况

《中国共享经济发展报告(2021)》数据显示,2020年我国共享经济市场交易约为33773亿元,同比增长约2.9%;平台员工数为598万人,比上年增长7.5%;共享经济参与者人数约8.3亿人,其中服务提供者约为8400万人,同比增长约7.7%;平台企业员工数约631万人,同比增长约1.3%。《中国共享经济发展报告(2022)》数据显示,2021年我国共享经济市场交易约为36881亿元,同比增长约9.2%,服务提供者约为1.1亿人。

1.共享经济市场交易规模同比增长9.2%

初步估算,2021年我国共享经济市场交易规模约为36881亿元,同比增长约9.2%(表1),增速较上年明显提升。从市场结构上看,生活服务、生产能力、知识技能三个领域共享经济市场规模位居前三,分别为17118亿元、12368亿元和4540亿元(图1和图2)。

表1 2020—2021年我国共享经济发展概况

领域	共享经济市场交易额(亿元)		
	2020年	2021年	2021年同比增速
交通出行	2276	2344	3.0%
共享住宿	158	152	−3.8%
知识技能	4010	4540	13.2%
生活服务	16175	17118	5.8%.
共享医疗	138	147	6.5% .
共享办公	168	212	26.2%
生产能力	10848	12 368	14.0%
总计	33773	36881	9.2%

(资料来源:国家信息中心分享经济研究中心)

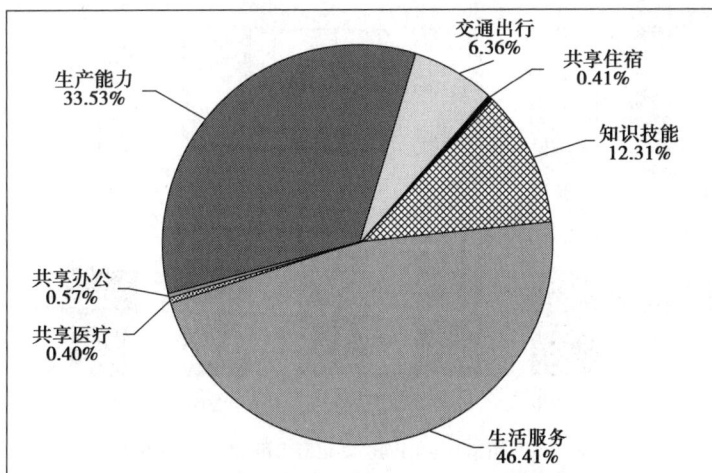

图1　2021年我国共享经济市场结构情况

（资料来源：国家信息中心分享经济研究中心）

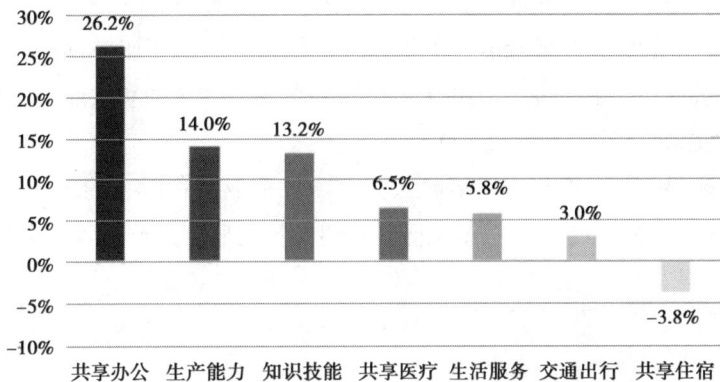

图2　2021年我国主要领域共享经济市场规模增长情况

（资料来源：国家信息中心分享经济研究中心）

2.共享型服务和消费继续发挥稳增长的重要作用

近年来，我国服务业发展规模和水平不断提高，2021年第三产业增加值占GDP比重为53.3%，比第二产业高13.9个百分点；其增长对经济增长的贡献率为54.9%，比第二产业高16.5个百分点。服务业的主导产业地位逐步确立，成为经济发展的主动力和经济平稳运行的"压舱石"。

从发展态势看，在交通出行领域，2021年网约车客运量占出租车总客运量的比重约为31.9%（图3），占比较上年减少2个百分点。

167

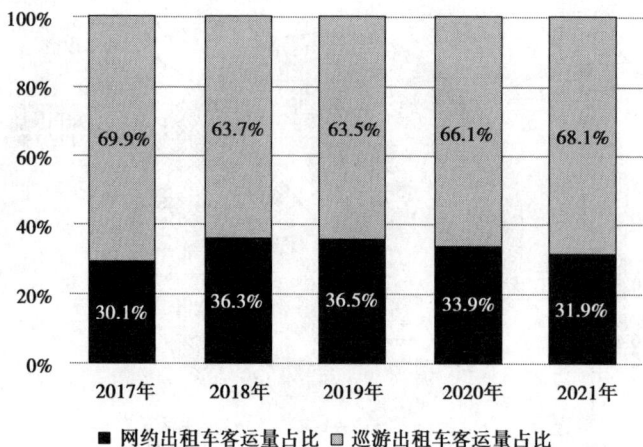

图3　2017—2021年网约车与巡游出租车客运量占比情况

（资料来源：国家信息中心分享经济研究中心）

在生活服务领域，疫情防控常态化不断激发线上服务需求，外卖餐饮、预约家政、生鲜电商等在线服务领域迅速扩张，通过平台预约、购买服务逐渐成为人们日常消费的主要方式。测算表明，2021年在线外卖收入占全国餐饮业收入比重约为21.4%，同比提高4.5个百分点（图4）。

在住宿领域，2021年共享住宿收入占全国住宿业客房收入的比重约为5.9%，同比下降0.8个百分点（图5），主要是受到疫情防控与监管趋严的双重影响。

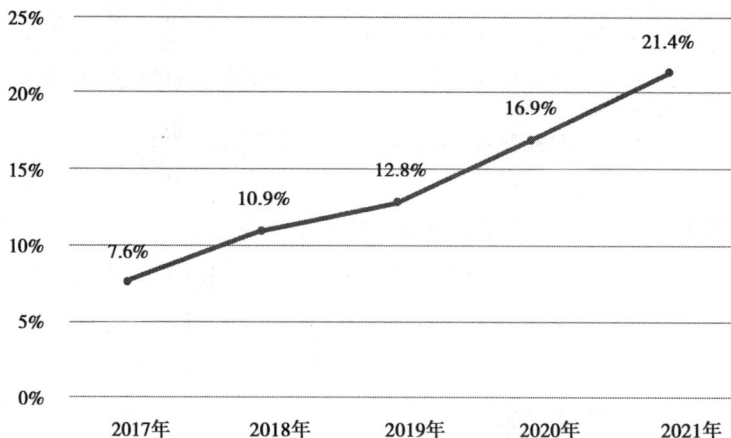

图4　2017—2021年在线外卖收入占全国餐饮业收入比重

（资料来源：国家信息中心分享经济研究中心）

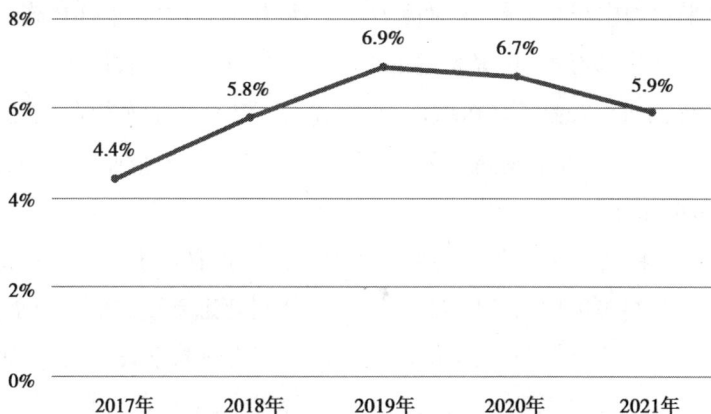

图5　2017—2021年共享住宿收入占全国住宿业客房收入的比重

（资料来源：国家信息中心分享经济研究中心）

2021年全国共有258家网约车平台公司取得网约车平台经营许可，环比增加3家；各地共发放网约车驾驶员证394.8万本、车辆运输证155.8万本，环比分别增长2.2%、3.9%。2021年12月共收到订单信息68123万单，环比上升9.3%。2021年12月订单量超过30万单的网约车平台共17家，其中订单合规率最高的是享道出行，最低的是花小猪出行。

3.共享经济对"保市场主体"的作用日益凸显

市场主体是社会财富的创造者，是经济增长的"发动机"和稳就业的"顶梁柱"。

一是平台助力中小企业数字化转型从"授人以鱼"到"授人以渔"。美团推出"春风行动"商户成长计划，一年内将投入20亿元相关资源，使商户线上化营收平均增长30%，助力100万优质商户走上数字化道路。在饿了么平台上，中小商家的占比达到73%。

二是基于消费体验共享的"探店经济"成为线上线下实体经济的连接器。2021年小红书平台上有超过1200万篇关于"探店"的笔记，其中测评类笔记阅读量超过90亿次。消费体验共享平台"探店"数据的高涨，反映了这种来自在线平台创新的"先体验后消费"模式，正在帮助线下商业获得更多吸引力，带动线下消费的回暖。

三是技术共享加速中小企业数字化进程。近两年共享经济日益从消费领域向生产领域渗透。一方面，平台企业可以基于开源技术及相关平台为中小企业数字化转型提供技术支撑，助力中小企业实现数字化转型和智能化发展。百度基于飞桨深度学习平台为中小企业提供AI能力和工具,目前百度大脑AI开放平台已开放270多项核心AI技术能力,集聚超过260万开发者,服务了超过10万家企业,广泛应用于互联网、工业、农业、金融、城市、医疗、能源、教育等诸多行业。另一方面,市场主体依托共享平台重塑制造业发展模式与生态。相关企业可通过云端工厂、App(应用程序)抢单等途径,实现订单、设备等生产资料共享。

四是生产资料共享使企业尤其是广大中小企业获取和使用资源的成本进一步降低。国家发改委等部门联合印发的《关于支持新业态新模式健康发展 激活消费市场带动扩大就业的意见》明确提出,要"探索生产资料共享新模式,盘活空余云平台车间厂房等"。依托数字基础设施和共享平台载体,生产资料共享有望不断向数字化、平台化、无人化方向发展。

4.共享经济新就业群体的权益保障备受关注

新就业形态劳动者的就业质量引发了广泛的关注。一方面,平台依托大数据、人工智能和算法等新技术,形成了对劳动者更为精细化、严密的管控机制;另一方面,基于工业经济时代建立起来的劳动保障制度和社会保障体系面临一系列新的问题和挑战。

从国家层面看,加强平台从业人员的权益保障是近几年我国引导和规范平台经济健康发展的重要内容。

在加强社会保障制度创新的同时,相关部门还加强了对算法在调度类平台和新就业形态方面的应用监管,明确要求这类平台的算法设计需要考虑劳动者和消费者的双重约束。人社部等八部门发布的《关于维护新就业形态劳动者劳动保障权益的指导意见》和市场监管总局等七部门发布的《关于落实网络餐饮平台责任切实维护外卖送餐员权益的指导意见》,要求企业要合理制定订单分配、计件单价、抽成比例、报酬构成及支付、工作时间、奖惩等制度规则和平台算法,提出通过"算法取中"等方式,替代"最严算法"的考核要求。

5.共享经济企业积极推进上市融资

初步测算表明,2021年共享经济领域直接融资规模约为2137亿元,同比增长80.3%(表2)。受企业上市、行业监管政策和疫情变化等多种因素影响,各领域融资情况呈现较大差异。

表2 2019—2021年共享经济各领域融资规模

领域	融资额(亿元)			2021年同比增速（%）
	2019年	2020年	2021年	
交通出行	78.7	115	485	321.7
共享住宿	1.5	1	6	500.0
知识技能	314	467	253	−45.8
生活服务	221.5	260	750	188.5
共享医疗	38.1	88	372	322.7
共享办公	12.0	68	1	−98.5
生产能力	48.2	186	270	45.2
总计	714	1185	2137	80.3

6.共享经济主要领域市场竞争格局加快重塑

受监管政策、企业上市、资本市场形势等多种因素影响,共享经济平台企业之间竞争更加激烈,部分领域市场格局出现新变化,一些行业进入新的整合期,一些领域出现新一轮"洗牌潮"。总体上看,已经积累了一定用户规模的平台企业,都在积极向线上线下多元化场景拓展,努力形成竞争壁垒。多元化商业模式的扩充和创新更加重要。

7.共享经济市场秩序进一步规范

过去几年,针对共享经济发展中出现的各种问题,我国相关制度建设持续推进,制度体系不断完善,共享经济市场秩序进一步规范,主要体现在两个方面:一是相关制度进一步完善;二是对大型平台的反垄断和网络安全审查执法力度加大。

(二)面临的问题

1.多种因素影响共享经济企业预期

一是宏观经济下行持续承压;二是平台治理和监管持续强化。

2.共享经济企业合规发展水平亟须提高

共享经济平台在参与主体、用工管理、价格行为、数据管理等方面的合规化水平亟须提高。

3.数据安全治理面临新挑战

一是数据泄露风险;二是资本对数据的控制力持续加强造成风险隐患;三是数

据跨境流动频繁带来治理新挑战可能直接影响到国家安全和公共利益。

4.共享经济企业"走出去"面临新挑战

共享经济平台企业在拓展国际市场过程中,跨境运营和数据跨境流动都需要满足不同国家的监管要求,因而面临着更大的不确定性和更高的合规成本。

报告认为,"十四五"我国共享经济新业态新模式迎来新的发展机遇,共享经济在生活服务和生产制造领域的渗透场景将更加丰富。随着共享经济的全面发展,平台新就业形态劳动保障制度体系将加快完善,平台企业主体责任将进一步明确。从政策导向上看,发展共享经济将成为提升实体经济数字化转型实效的重要抓手。

六、重庆新就业形态发展状况

(一)重庆市新就业形态发展基本情况

重庆新就业正持续推进以大数据智能化为引领的创新驱动发展战略行动计划,打造"智造重镇"、建设"智慧名城",以平台经济为代表的数字经济已经成为重庆推动新就业高质量发展的主引擎。2019年,全市数字经济增加值为5250亿元,同比增长15.9%,数字经济企业达到15000余家,数字经济发展进入全国第一方阵,发展指数排名全国前十;在2021年,重庆数字经济增加值超过7580亿元,增速约为16%。

重庆市打造了一批数字经济发展战略平台,包括两江数字经济产业园、仙桃数据谷、中国智谷(重庆)科技园、两江新区礼嘉智慧体验园、两江协调创新区、西部(重庆)科学城。同时,重庆市引进培育了猪八戒、花呗借呗、阿里飞象、忽米网、马上金融、渝客行等知名线上服务平台,初步建成柑橘、生猪、药材、柠檬、榨菜等特色产业级互联网平台,打造了恒都牛肉、江小白、涪陵榨菜、巴味渝珍、易宠商城等涉农电商平台。

目前,重庆市第三产业就业人数达到875.28万人,新就业形态劳动者已达200多万人,约占全市就业人数的14%。此外,全市建立新就业形态劳动者工会组织435家,覆盖职工4.5万人,发展会员3.6万人。上半年,重庆市城镇新增就业40.1万人,完成目标任务的66.8%,快于全国7.3个百分点;平均调查失业率5.4%,较全国低0.3个百分点,是全国低于控制目标的10个省份之一,就业形势总体稳定,好于全国平均水平。

重庆市新业态从业者分布情况为：21.69%的新就业形态人员主要从事互联网商品交易，18.98%的人员从事新型物流服务，14.65%的人员通过互联网承接生产订单，13.51%的人员从事网约车服务，10.93%的人员从事互联网金融服务，6.21%的人员从事生活服务，6.21%的人员从事知识、技能、广告服务，3.41%的人员从事娱乐、游戏等服务。

（二）重庆市新就业形态不同类别发展状况

1.企业基本情况

根据国家统计局制定的《新产业新业态新商业模式统计分类（2018）》，本课题调研了重庆市平台企业125家，主要包括四类：一是以京东为代表的互联网与现代信息技术服务企业，调查完成40家；二是以猪八戒为代表的现代技术服务与创新创业服务企业，调查完成31家；三是以马上金融为代表的现代生产性服务企业，调查完成21家；四是以T3出行、美团为代表的新型生活性服务企业，调查完成33家。

从企业注册类型来看，平台企业以私营企业为主。私营企业的占比为29.60%，国有企业的占比达到了8.80%，事业单位和合资企业等其他类型占2.40%。可以看出，互联网技术的进步，激发了市场经济的活力，也让非公有制经济在平台经济领域得到了充分的发展。

从企业规模来看，平台企业以中小微企业为主，占比为81.60%。小微企业占比为58.40%，中型企业占比为23.20%，大型企业占比为18.40%。根据工信部、国家统计局、国家发改委、财政部制定的《中小企业划型标准规定》（工信部联企业〔2011〕300号），平台企业多属于软件和信息技术服务业和其他未列明行业，企业人数在300人以下的属于中小微企业。

从企业主要收入来源来看，平台企业收入来源广泛，以业务收入为主。类似猪八戒这种体量较大的平台具备广告收入的能力，新型生活性服务平台企业具有增值服务收入。

调研显示，疫情对平台企业的经营产生了较大的影响，55.83%的企业表示2021年经营状况要低于2020年同期。其中，T3出行、滴滴等网约车平台的运营车辆数量、运营收入等都未达到2020年同期水平的八成。疫情对美团的影响较大，2021年一季度，其三大业务餐饮外卖营收同比下滑11.40%，到店、酒店及旅游业务下滑31.10%，但美团买菜、美团闪送等新业务上涨了4.90%。以京东为代表，22.22%的平台企业表示企业经营收入要好于2020年同期。

2.企业用工模式

平台企业主要采取多种用工形式相结合的用工模式,以标准用工为主,以劳务派遣、劳务外包、众包等灵活用工形式为辅助。

在标准用工方面,结合企业的规模来看,超过半数的平台企业的标准用工达到中小型企业的标准。四类平台企业中,标准用工仍然是主要用工形式。

在灵活用工方面,本次调查中,75.11%的平台企业存在灵活用工的情况。87.88%的新型生活性服务企业、80.65%的新技术与双创服务企业、70.00%的互联网与现代信息技术服务企业、61.90%的现代生产性服务企业,存在平台灵活用工。灵活用工方式主要包括劳务派遣、劳务外包、众包、非全日制用工等。

劳务派遣用工是补充形式,只能在临时性、辅助性或者替代性的工作岗位上实施。本次调查中,71.60%的平台企业采用了劳务派遣,主要分布在技术岗和客服岗。劳务派遣用工人数在1~9人的占40.80%,小微企业劳务派遣员工工作岗位较为单一,用工人数较少。用工人数在250人及以上的占20.80%,大型企业的劳务派遣用工岗位分布较为广泛,用工人数较多(图6)。

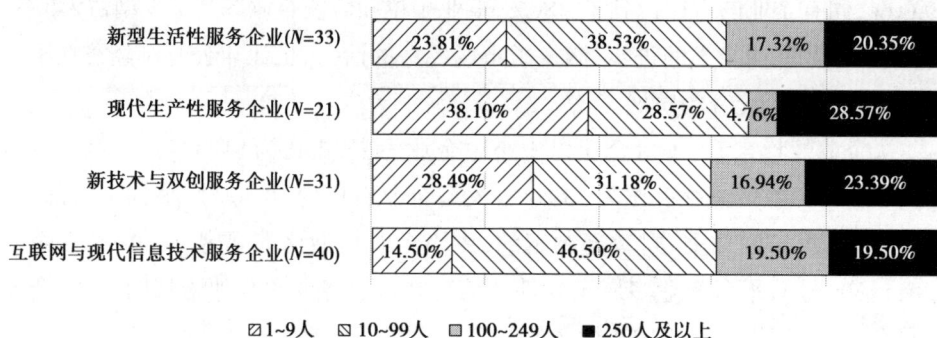

图6 平台企业员工规模 (*N*=125)

在劳务外包方面,40.08%的平台企业使用了劳务外包,非全日制岗位主要集中在技术岗、后勤保障岗、客服岗。外卖和网约车平台灵活用工形式是业务整体外包。在业务承揽方面,28.00%的平台企业使用了业务承揽。京东平台劳务外包岗位集中在技术岗和客服岗,用工形式是平台直接用工、业务整体外包、平台业务承揽。

(三)重庆新就业形态发展存在的问题

1.新就业形态的发展层次与人才供给不适应重庆发展战略

人才是发展的基础和第一资源,人力资源直接影响发展的核心竞争力。重庆在接下来的发展中,提出了7个聚焦:成渝地区双城经济圈建设、建设西部陆海新通道、培育先进制造业集群、构建西部数字经济产业高地、推进国资国企改革、加强能源资源开发利用、促进城乡融合发展等。这对数字化、人工智能、大数据、先进制造等产业与人才的要求都非常高,但重庆数字产业化与产业数字化等新经济、新业态、新模式等发展层次不高,相关产业行业提供的新就业形态岗位不足,同时相应的人才供给也不足(图7)。

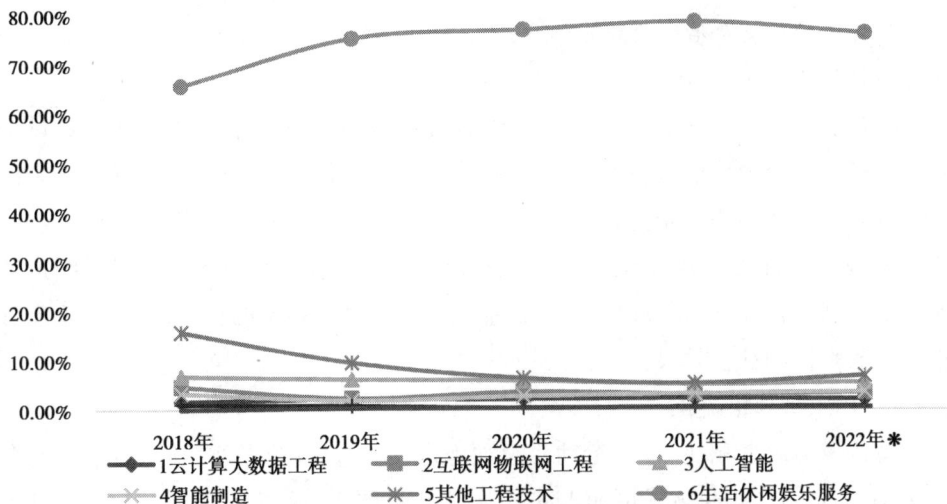

图7 重庆近年新职业企业各行业招聘占比情况

2.用工结构性矛盾凸显

重庆平台经济整体处于发展起步阶段,对于各类型人才需求量正逐步扩大,特别是平台经济既需要大量的劳动力从事骑手或网约车司机,又需要懂数字技术和服务经营的复合型人才。由于经济结构转型升级,人口红利逐渐削弱等因素,重庆的平台劳动用工呈现出总体平衡、结构性矛盾凸显的特点。

从总体来看,据58同城招聘研究院2021年4月家政行业就业大数据显示,家政招聘需求整体环比上升15.28%。其中,宠物护理和美容、家电维修环比上升超过100%,护工招聘需求环比增幅也达到60%以上。疫情防控"后半场",居民积压的生活性服务需求集中释放,相关行业的企业招聘需求也环比大幅度提升。重庆市的招聘活跃度位居全国第三,求职热度排名全国第八,两者存在一定的差距。

从结构上来看,本次调查中,26.96%的企业存在用工短缺,短缺岗位主要集中在程序员、研发人员的技术岗(66.67%)、市场岗(41.67%)、客服岗(20.83%)、骑手和网约车司机(20.00%),个人企业存在多岗位用工短缺。平台技术岗需要高学历、高技术水平的技术型人才,分布在信息与通信技术基础产业和科研部分,适合平台经济发展的专业化人才供应不足,而且薪酬水平超出了生活服务业商户的承受范围。外卖骑手和网约车司机的需求量同样较高,由于择业观念的变化,以及平台网约工作时间长、强度高,劳动者往往不愿意从事外卖骑手和网约车司机工作,使该类劳动者需求与供给结构性矛盾突出。

3.传统劳动关系治理模式受到冲击

(1)用工主体微型化

平台经济的一个显著特点就是生产单元缩小,小微企业和个人从业者数量剧增。小微企业分散化、隐蔽化的特点本身增加了劳动保障监察的难度,而众多未设置实体经营场所的小微企业,更使政府对该领域的主动监察行为难以实施。当前,平台从业人员有表达诉求的需要但无有效渠道,如果任凭从业人员自发组织迫使平台做出暂时性让步,不仅难以形成从业人员参与规则制定的长效机制,而且还可能产生破坏性的社会效果。

(2)用工管理粗疏化

与传统劳动者相比,平台劳动者无须坐班,无固定办公场所,甚至可能需要自备劳动工具,劳务给付方式更加丰富灵活,自由度更大。平台以及承接平台管理工作的劳务公司对劳动者的管理较为粗疏化。以外卖平台为例,派送公司与骑手签订劳务协议,骑手可以自行选择接单时间和地点,其工作时间和地点极其自由,交通工具和服装由骑手自己准备,派送公司不对其进行任何形式的管理。对于应属于劳动关系的紧密型用工,为降低用工成本,许多平台通过与从业者签订"不属于劳动关系"的格式条款,试图规避劳动法规范,规避用人单位责任。

(3)用工关系复杂化

平台企业用工关系多样,大体包括:传统劳动关系、劳务派遣关系、劳务外包关系和众包关系。

一是传统劳动关系,平台直接与劳动者签订书面劳动合同,建立了标准劳动关系,基本上不存在法律适用上的纠结与模糊性。

二是劳务派遣关系,平台企业与劳务派遣公司签订合同,由劳务派遣公司直接招募员工,再由派遣公司将劳动者派遣到平台企业从事工作。

三是劳务外包关系,平台企业将工作外包给第三方公司,由第三方公司与劳动者签订协议。平台企业只与第三方公司存在普通的民事合同关系,与劳动者不存在劳动法上的权利和义务关系。劳动者与第三方公司并非必然建立标准劳动关系,彼此之间仍然存在法律关系属性的定性和法律适用的难题。

四是众包关系,劳动者仅需要通过下载平台 App 简单注册就可以参与完成平台企业发布的工作任务,平台企业不要求劳动者唯一从属于某家平台,允许劳动者同时兼职多家平台。众包关系中的劳动者与发包平台之间因不存在明显的从属性,不会被定为是劳动关系,而是一种较为特殊的民事关系。

平台企业内部不进行劳动关系、非劳动关系的用工类型区分,未区别用工类型建立相应的用工制度体系。尤其对于不属于劳动关系的灵活型用工,未与从业者充分说明和磋商,亦缺乏明确的、书面的约定,导致认识模糊、意见分歧,埋下纠纷隐患。

4.劳动者基本权益保障较弱

(1)失业保险和工伤保险缺失

我国社会保险法将工伤保险和失业保险只覆盖具备劳动关系的劳动者。失业保险以终止劳动关系作为给付保险待遇的前提条件之一,而工伤保险则以劳动关系存续为获取条件。除平台传统劳动用工和劳务派遣用工外的其他灵活用工模式下,劳动者与用人单位之间的法律关系属性不明、从属性不清晰,其他灵活用工模式中的劳动者难以获得工伤保险和失业保险保障。

(2)工作时间长,工作强度高

借助于大数据处理技术,平台可以对平台劳动者的所有订单进行服务能力评价,并进行动态化调整。据调查,外卖骑手每天平均工作时间为 11.4 小时,其"高薪"的背后是超长的劳动时间。过长的劳动时间不仅影响身体健康,也加剧了送餐过程中的危险性。

平台劳动者的工作强度高。以美团外卖为例,从用户在平台下单开始,骑手平均只有半个小时,需要赶到店里等餐,并将食物从商家送到用户手上。实际上,骑手送餐的时间可能根本没有半小时。系统派单不合理、商家出餐时间太慢、遭遇高峰时段甚至骑手送餐路上遇到电动车剐蹭、爆胎意外,都可能会影响送餐时间。在工作日,午餐和晚餐是最繁忙的时段。尤其是中午高峰时间,骑手跑一趟就会同时派送七八个订单。2021 年 5 月 19 日,我国多家社会组织在对 343 名骑手深入调查后发布《骑手生存与发展需求报告》,显示有接近两成的骑手每天工作时间超过 12 个小时,88.28% 的骑手会为了按时送达而选择违反相应的交通规则。无论刮风下雨还是严寒酷暑,骑手都需在规定时间内完成订单。同时,在高强度的工作中,除美团专送骑手配备有头盔外,兼职骑手缺少必要的劳动保护,骑手的人身安全存在一定的风险。

(3)违规扣罚情况较为普遍,收入稳定性较差

平台规范主要包括服装、车辆、礼仪、安全等外在形式规范。对于平台劳动者行为不规范的情况,平台主要采取封号、扣款、取消绩效奖励的方式。不少外卖平台为规避外卖人员可能造成的侵权损害赔偿责任,都在尝试采取各种"去劳动关系化"的用工模式,如众包配送、代理配送等。复杂的用工模式给劳动关系认定和劳动者权益保护带来挑战,也让受害人不好找到赔偿主体,不能得到及时赔偿。

在收入稳定性方面,一方面,平台采用调度系统对骑手和网约车司机进行派单,具有很高的随机性。网约车司机通常会遇到半天接不到订单的情况。而网约车平台对司机每天完成的订单量和订单金额都有要求,在每天上下班高峰期,司机如果接到去往人流量较少的地方,就影响到他们一天的收入。外卖平台对每单单价不断下调、扣款金额的增加导致骑手每天需要配送更多的订单,才能保障正常水平的收入。另一方面,平台劳动者工资构成中绩效占比偏高,收入主要依赖提成,再加上频繁的工作转换,使平台劳动者在收入方面"看天吃饭",稳定性较差。

(4)劳动者对平台依附较强,谈判能力较弱

一是劳动者对平台的信息依附。智能派单系统是平台企业控制外卖骑手的核心方式,所有的订单信息都需要通过外卖平台获取。这种方式进一步加剧了平台与劳动者之间的不平等,资强劳弱的局面更加严重。凭借着垄断信息优势,外卖平台制定了定价体系、派单规则、奖惩制度、评价规则等一系列劳动过程运行规则。劳动者可以选择不进入该劳动力市场,但是一旦进入该市场成为外卖骑手,就必须遵守平台制定的运行规则,并形成对外卖平台的依附。

二是平台劳动者的分散性。平台经济的发展进一步推动了劳动用工的分散化,进而降低了劳动关系的稳定性和劳动者的组织化程度。分散于各地的从业人员很难真正组织起来形成可以与平台谈判的对等力量,导致传统集体协商与集体合同制度很难在该领域发挥作用。在调查中,48.80%的平台企业成立了工会。平台企业与灵活用工员工之间并不构成劳动关系,所以很难加入工会组织。而且,平台相对于分散的从业人员拥有绝对的强势地位,对平台规则具有绝对的话语权。从业人员议价能力差,对平台规则只能选择接受或者不接受,无权表达自己的声音,尤其当平台走向垄断时,从业人员的境遇更加堪忧。

（5）职业发展渠道狭窄，风险应对能力较弱

新型生活性服务平台多属于劳动密集型用工，对平台劳动者的技能、学历要求相对较低。就目前而言，平台劳动者工作强度较大，再加上没有劳动保障、职业认同感低、缺乏长期职业规划，使骑手对职业认同度不高，职业前景不看好，职业发展空间不大，平均离职率高达10%～15%。廉思课题组调查发现，快递员、外卖骑手的平均年龄为27.62岁。这些劳动者在现有工作中得不到技能经验的积累，能够实现职业向上流动的人屈指可数。在步入中年以后，他们的就业很可能会陷入困境。

因为缺少稳定可持续的经济支持，平台劳动者形成"经济短视"倾向，注重当期收入胜于预期收入，低估老年经济风险、疾病健康风险及其他社会风险的收入损失效应。根据廉思课题组调查数据，57.27%的快递员和外卖骑手处于已婚状态，55.67%的人已育至少一个孩子。这些人可能又是家庭的唯一收入来源，所以在日常生活开支、人情往来等方面面临较大的经济压力。由于经常需要在大街小巷中穿梭，骑手的工作危险性很高，很容易出现交通事故，一旦发生意外，骑手所在家庭的正常生活会受到较大影响。

5.现行劳动保障法律法规体系对新就业形态用工兼容性低

（1）劳动关系确认

从我国当前的劳动保障体系来看，社会保障和劳动基准保护均以劳动关系为前提。建立劳动关系则可以享受全部的劳动和社会保障，不建立劳动关系则无权享受劳动和社会保障。这意味着在此背景下，互联网平台用工要么完全隶属于劳动法规范体系之内，要么完全游离于劳动法规范体系之外，其是否属于劳动关系则尤为关键。目前劳动保障体系刚性有余、弹性不足，缺乏足够和多元的灵活型用工及劳动保障形态。

（2）劳动基准

劳动基准作为最低程度的劳动保护，我国劳动基准尚不存在立法规范。考虑到目前平台经济发展现状，平台用工劳动基准的欠缺主要体现在：一是履行按时足额给付工资的责任。《中华人民共和国劳动法》第46条规定："工资分配应当遵循按劳分配原则，实行同工同酬。"平台在按时足额给付工资时，应当遵从按劳分配、同工同酬，应当让职工切实分享企业的发展成果。二是履行保障平台劳动者休息休假的责任。虽然平台企业实现工作时间的弹性化，但是也要平衡劳动者权利的保护和平台的生产方式。平台应当通过科技手段防止平台劳动者"过劳"，保障休息休假的权利。三是履行保障平台劳动者职业安全保护的责任。平台劳动者在提供

服务过程中,因为受不可控的交通状况、接单时间控制、接单被取消等客观因素的影响,发生交通事故造成人身伤害的可能性极高。提供"上门服务"的平台劳动者以"服务者移动"替代"消费者移动",这种强移动性的特征增加了工伤事故的发生概率。网络服务平台除了在制度设计上完善职业安全管理制度,还应当切实监督平台劳动者提供劳务行为。

课题负责人:吴新中

课题承担单位:重庆交通大学

课题主研人员:王　辉　向柳遐　吴　险　吴　惊　罗雨欣　熊浩然
　　　　　　　颜君君　程　蕊　王　静　李胡轩

就业创业数字化路径研究

摘　要:数字化对就业创业具有重要的促进和改变作用。数字化技术的发展使信息获取和交流更加便捷,为求职者和创业者提供了更多的机会和资源。数字化平台的兴起改变了传统的招聘和创业方式,提供了更多的灵活性和选择性。此外,数字化还推动了新兴产业的崛起和创新创业的发展。

关键词:路径　创新创业　数字化平台

一、研究概述

就业是最大的民生,也是经济发展最基本的支撑。"十四五"时期,实现更加充分更高质量就业,是推动高质量发展、全面建设社会主义现代化国家的内在要求,是践行以人民为中心的发展思想、扎实推进共同富裕的重要基础。

党的二十大报告指出:实施就业优先战略。就业是最基本的民生。强化就业优先政策,健全就业促进机制,促进高质量充分就业。健全就业公共服务体系,完善重点群体就业支持体系,加强困难群体就业兜底帮扶。统筹城乡就业政策体系,破除妨碍劳动力、人才流动的体制和政策弊端,消除影响平等就业的不合理限制和就业歧视,使人人都有通过勤奋劳动实现自身发展的机会。健全终身职业技能培训制度,推动解决结构性就业矛盾。完善促进创业带动就业的保障制度,支持和规范发展新就业形态。健全劳动法律法规,完善劳动关系协商协调机制,完善劳动者权益保障制度,加强灵活就业和新就业形态劳动者权益保障。

习近平总书记高度重视就业工作,在考察调研、出席会议等多个场合对就业进行相关论述。习近平总书记强调,要把实体经济特别是制造业做实做强做优,推进5G、物联网、人工智能、工业互联网等新型基建投资。要围绕产业链部署创新链、围绕创新链布局产业链。要延伸产业链条,提高抗风险能力。稳就业,归根结底靠产业带动。稳住存量,拓展增量,都需要我们发展产业。既要稳住受疫情冲击较大的传统产业,更要善于从新行业、新业态、新模式中挖掘就业潜力。发挥新基建的"头雁效应",延长产业链条,就能带动上中下游广大中小企业发展,吸纳更多就业。

(一)研究背景及意义

1.政策背景

国家层面,"十三五"以来,面对错综复杂的国际形势、艰巨繁重的国内改革发展稳定任务特别是新冠疫情的严重冲击,党中央、国务院始终坚持以人民为中心,将就业摆在经济社会发展优先位置,创新实施就业优先政策,推动就业工作取得积极进展。就业是最大的民生,也是经济发展最基本的支撑。"十四五"时期实现更加充分更高质量的就业,是推动高质量发展全面建设社会主义现代化国家的内在要求,是践行以人民为中心发展思想、扎实推进共同富裕的重要基础。党中央、国务院高度重视就业工作,习近平总书记多次指出,党和国家要实施积极的就业政策,创造更多就业岗位,改善就业环境,提高就业质量。

党中央、国务院高度重视并系统部署我国数字经济发展。2017年,"数字经济"首次出现在《政府工作报告》中。"十四五"规划纲要的第五篇《加快数字化发展 建设数字中国》指出,推进网络强国建设,加快建设数字经济、数字社会、数字政府,以数字化转型整体驱动生产方式、生活方式和治理方式变革。2022年1月,国务院正式印发《"十四五"数字经济发展规划》,提出以数据为关键要素,以数字技术与实体经济深度融合为主线,加强数字基础设施建设,完善数字经济治理体系,协同推进数字产业化和产业数字化,赋能传统产业转型升级,培育新产业、新业态、新模式,不断做强做优做大我国数字经济,为构建数字中国提供有力支撑。

重庆市层面,"十三五"以来面对错综复杂的国际形势和新冠疫情的严重冲击,市委、市政府始终坚持以人民为中心,深入学习贯彻习近平总书记对重庆提出的营造良好政治生态,将"稳就业"和"保居民就业"作为重大政治任务,摆在经济社会发展优先位置。重庆市第六次党代会报告指出:深入推动民生改善,切实在高质量发展中促进共同富裕。坚持尽力而为、量力而行,从最突出的问题着眼,从最困难的群体入手,从最具体的工作抓起,持续增进民生福祉,促进人的全面发展。强化就业优先导向,做好高校毕业生、进城务工人员、退役军人、困难群众等重点群体就业工作,实施"就在山城·渝创渝新"就业创业促进计划,支持发展新职业,不断促进就业"量"的扩大和"质"的提升。

重庆市就业促进"十四五"规划指出:立足新发展阶段,完整、准确、全面贯彻新发展理念,积极融入和服务新发展格局,深入实施就业优先战略,健全有利于实现更加充分更高质量就业的促进机制,完善就业优先政策体系、强化培训服务、注重权益保障,千方百计扩大就业容量,持续提升就业质量,着力缓解结构性就业矛盾,继续促进重点群体就业,防范化解规模性失业风险,不断增进民生福祉,为重庆市推动高质量发展、创造高品质生活做出积极贡献。

2.现实背景

近年来,我国大力推进"互联网+"行动计划、国家大数据战略和数字经济战略,加快数字产业化和产业数字化发展,推动经济社会数字化转型。2016年发布了《"互联网+人社"2020行动计划》,随着互联网和数字技术不断向生产和消费领域渗透,以知识经济和信息技术为代表的新兴产业和平台经济迅速崛起,新兴职业不断涌现,新就业形态快速发展。在互联网平台、文化创意产业、生活服务行业、知识经济和科技创新等领域,灵活就业、弹性工作、兼职兼业日益盛行,形成就业形态的新格局。新冠疫情暴发以来,新业态新模式应用场景急速扩张,网络购物、网络会议、在线办公、在线教育、在线医疗、网络金融、新媒体、数字娱乐等日益盛行,进一步加速了新业态新模式发展。

新业态新模式正在逐步改变人们的工作方式和就业形态。当前就业表现出以下四方面的突出特征。

(1)无边界工作场域

互联网社会兴起和信息技术发展打破了时间和空间的区隔,为人们提供了无边界的网络场域。无边界工作场域为青年提供了无限可能和机遇,为新业态新模式创造了巨大发展空间,改变了传统工作方式的时空限制。

(2)去中心化

任何人都可以在网络上表达观点、原创内容、生产信息、提供服务,从而每一个网民都可以成为独立的内容生产者和信息提供商。互联网平台"去中心化"推动了技能型、知识型、创意型零工经济的发展,创造了大量的新型就业岗位和新型职业种类。

(3)去雇主化

去中心化的互联网平台弱化了科层制度和等级架构,个人通过互联网平台可以完成内容生产、销售、服务过程,个体生产者对单位组织的依赖性大大减弱,独立自主性增强。随着"逆组织化"工作模式流行,灵活性大、自由度高的劳动用工方式迅速普及,去雇主化成为新的就业形态趋势。比如,依托线上平台提供各类生活服务的青年就业者(如网约配送员、网约车司机等)就是典型的去雇主化就业人员。

(4)兼职兼业

兼职兼业是新业态新模式的典型特征。无边界工作场域、去中心化的平台经济和内容生产过程以及去雇主化的灵活就业形态为兼职兼业创造了有利条件。

信息技术革命、产业升级和消费者需求,带动了新业态的产生和发展,也为未来职场带来新的变化。

一是新经济推动消费和服务升级,传统雇佣关系转为合作关系。未来消费和服务的优化升级方式,更注重智能、绿色和安全等体验,正朝着生存型向发展型转变、单一化向多元化转变、大众化向个性化转变。共享经济、平台经济等新经济的推动,也促使生产活动的组织方式发生了跃迁性的变革。"90后"一代的员工,是伴随着互联网发展而成长的,他们更注重人文情怀、工作环境和发展空间等条件,未来企业与员工之间单向雇佣关系,也逐渐转变为双方共赢的合作模式。

二是共享平台优化岗位供需配置,工作形式趋于灵活协作状态。共享经济以互联网平台为媒介,整合线下的闲散物品或劳动力服务,通过以较低的价格或成本实现供给方和需求方的最优匹配,达到了物质和人力资源的高效利用。这种模式允许人们平衡工作和生活的时间配置,尤其是有助于提高家庭中女性的劳动参与率,其工作场所更加多元,工作时间更加灵活,工作方式更加人性化。

三是人工智能逐渐取代劳力工作,企业人才争夺战将越演越烈。以"无人驾驶""农用机器人"以及"机器仓管员"等为代表的人工智能技术崭露头角,正逐步取代基础的劳力工作。一些科技巨头公司,诸如谷歌、微软和百度争相开拓各自的人工智能领域,抢占行业制高点,推出重金招聘、大量并购人工智能小公司、将人工智能团队进驻在各个部门等策略吸引人才。全球范围内的人才争夺战也将愈演愈烈。

现阶段,数字经济发展正进入新时期,数字经济在中国已上升为国家战略,成为拉动经济增长的重要引擎和产业升级的重大突破口,为促进就业创业提供了良好的客观环境。但也要看到,"十四五"时期就业领域也出现了新变化、新趋势,就业工作面临新矛盾、新挑战。劳动力技能素质与高质量发展要求还不完全适应,技能人才数量难以满足经济社会发展需求,"就业难"与"招工难"并存,结构性就业矛盾将更加突出。人口老龄化程度进一步加剧,人口红利正逐渐消失,用工成本逐渐上涨,大龄低技能劳动者将面临更大就业压力。高校毕业生、进城务工人员等重点群体就业压力依然较大。灵活就业人员和新业态从业人员劳动权益保障亟待加强。

3.现实意义

推动就业创业工作数字化升级,是实现更加充分更高质量就业的关键举措,对加强数字政府、服务政府建设,对促进全国统一人力资源大市场建设,对推动有效市场和有为政府更好结合、进一步完善高校毕业生就业创业工作体系,具有非常重要的意义。

一是有利于实现就业创业资源供给的全域化。以数字技术整合教育系统、有关部门和社会就业创业资源,着力打造全国层面数字化"高校毕业生就业创业大市场",促进就业创业资源共享,提供更加全面更加优质的就业创业信息和指导服务,具有重要的推动作用。

二是有利于实现就业创业服务全时化。数字化平台可以提供全年365天每天24小时"一站式"、不断线就业创业服务,缓解线下校园招聘受阻,为高校毕业生和用人单位开展就业活动提供便捷的支撑保障。

三是有利于促进人岗匹配精准化。以大数据、人工智能等方式对毕业生和岗位进行精准匹配,利用推荐算法加强精准推送,进一步促进供需双方有效对接,提高供需匹配效率。

四是有利于助力政策决策科学化。充分利用就业创业数据统计分析,及时反馈高校专业设置与人才培养,推动高等教育改革深化。

因此,实现重庆市就业创业数字化转型是"十四五"时期重庆市经济社会高质量发展的重要内涵体现,对推动数字产业发展壮大,拓展就业新空间,促进传统产业数字化转型,带动更多劳动者转岗提质就业,激发数字经济创新创业活力,厚植就业增长具有重要的实践意义。

(二)文献与理论基础

1.数字化就业与就业数字化

本研究从国内外专家学者重要观点、政策文件、权威研究机构等层面梳理数字就业和就业数字化相关的概念内涵。就业数字化与数字经济、数字技术、数字化服务密不可分。

国家《"十四五"数字经济发展规划》指出,数字化服务是满足人民美好生活需要的重要途径。数字化方式正有效打破时空阻隔,提高有限资源的普惠化水平,极大地方便群众生活,满足多样化、个性化需要。数字经济发展正在让广大群众享受看得见、摸得着的实惠。

数字经济的快速发展会催生出大量灵活就业人员和多种新就业形态,为保障城乡劳动力就业创业开拓出更大的发展空间。此外,数字技术作为一项新兴技术,也给中国就业市场带来新的机遇和挑战。随着互联网、大数据、云计算、人工智能等数字技术日新月异,以数据资源为重要生产要素、以全要素数字化转型为重要推动力的数字经济蓬勃发展,数字经济领域就业加速增长,新就业形态不断涌现。

从重点群体的视角来看,推动大学生就业工作数字化升级,是实现更加充分更高质量就业的关键举措,对加强数字政府、服务政府建设,对促进全国统一人力资源大市场建设,对推动有效市场和有为政府更好结合、进一步完善高校毕业生就业工作体系,具有非常重要的意义。

就业数字化改革是推动就业工作制度重塑的一场变革,不仅可以更好地服务企业群众,还可以更好地掌握所在省份的就业动态,为领导决策提供可供参考的依据;要通过改革实现高质量就业和资金风险防控,借助智能机器人(AI)力量,逐步实现政策兑现项目无感智办。

中央党校的王小广认为,数字经济是推进中国在新发展阶段实现高质量发展的重要力量,更是解决大学生就业难、促进中等收入群体比重增加的重要途径。就业数字化是在数字经济的蓬勃发展下,借助数字化技术而产生的更便捷、更智能的新就业方式。充分发挥平台经济优势,最大化创造丰富多样的数字化就业机会。数字化就业更多是新职业新岗位,是基于个人专长和兴趣爱好个性化就业。广义来说,数字化就业等于数字就业,即进入数字化、数字经济行业和数字产业中就业。

2.数字化创业与创业数字化

迄今国内还没有一个关于数字化创业和创业数字化普遍接受的、确切的、统一的定义。

在这两个概念之前,学术界提出的研究范式为数字创业。吉林大学的朱秀梅等学者在《数字创业:要素及内核生成机制研究》中提出,数字创业是数字创业者和数字创业团队为适应数字经济变革,通过识别和开发数字创业机会,以领先进入或跟随进入的方式进入数字市场,创造数字产品和数字服务的创业活动。数字创业具有极强的颠覆性,能够推动社会迁移,从根本上改变经济增长方式和产业布局,改变人们的生产和生活方式,成为当前数字经济发展的主旋律以及数字经济增长的核心引擎。

上海财经大学的刘志阳学者认为,在创业要素方面,传统创业需要创业机会、创业资源、创业团队3种关键要素,但数字创业突破了Timmons经典创业框架,数字创业企业需要数字技术、数字创业能力、数字创业机会、数字创业资源、数字商业模式5种要素研究新范式与新进展创业个体或团队组织。

由于数字化创业定义尚未成熟,相关定义尚在探索之中。结合众多研究,本课题组将数字化创业界定为:数字化创业是创业者在数字产业内进行的创业活动。

对创业数字化的定义为:以数字化技术为基础,对传统创业模式进行数字化改造的一种新兴创业模式。

3.智慧就业与智慧创业

智慧就业是运用"大数据"技术,建设人力资源基本信息库和企业用工岗位信息库。结合"互联网+"行动,开发就业创业服务线上线下平台,实现求职者与企业之间的互动,逐步达到智能化、信息化。智慧就业主要依托于智慧就业平台。智慧就业平台整合政府、企业、院校人才数据及用人需求,建设人力资源数据中心及人才数据库,加快与就业局相关平台实现对接和共享,打造集智能就业、智慧招聘洽谈、智慧培训监督、智能创业服务、智慧信息发布等功能于一体的智能就业创业服务平台。

一般来说,智慧就业平台有线上培训、招聘、办事、监控、创业等几大板块,使用者可直接在平台上办理和申请各方面的政策扶持,智慧就业平台大胆尝试和探索"互联网+"时代背景下公共就业服务新模式,将实现服务对象网上办理业务作为第一目标,把让老百姓能够通过信息系统真正把事办成作为第一功能,着力把智慧就业建成信息惠民的典范。

4.就业创业数字化文献热点分析

(1)就业数字化

通过"数字"并含"就业"等关键词在中国知网上共检索引用317篇中文文献作为数据样本,用CiteSpace软件对样本做了关键词共现图谱、关键词时间线聚类分析、关键词聚类图谱分析。

①关键词共现图谱。关键词是对整篇文献的高度概括与提炼,可体现一篇文献的核心内容。关键词共现是指不同的关键词出现在同一篇文献中,用来挖掘研

究领域的热点。通过选择 CiteSpace 软件"Keyword"选项对国内数字化就业领域的关键词共现情况进行可视化分析,结果如图 1 所示。

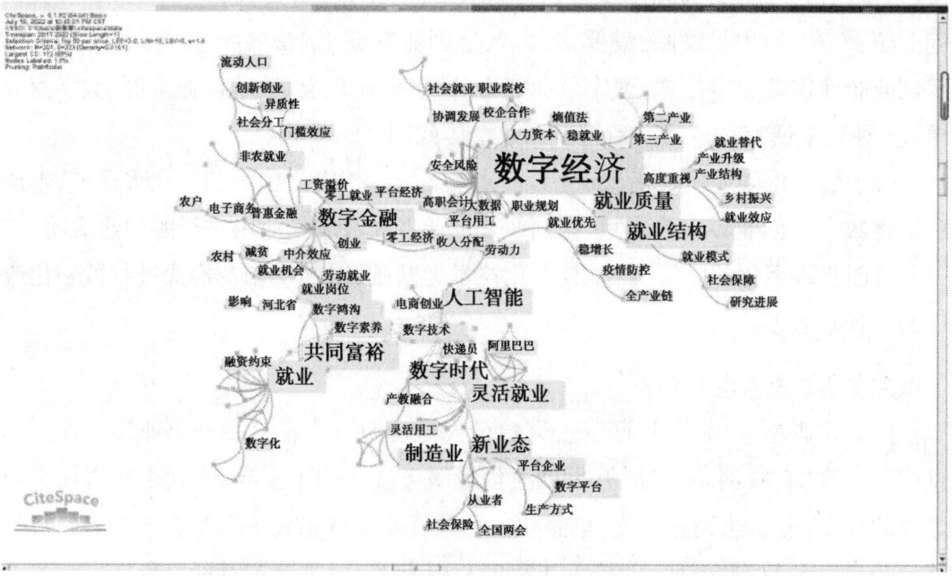

图1 数字就业关键词共现图谱

从左上角软件给出的数据显示,本图谱共生成了节点 201 个关键词节点($N=201$),关键词之间的连线共 323 条($E=323$),图谱网络密度为 0.0161(Density= 0.0161)。在图中能看到,生成的图谱节点较多但大小不一,热门关键词其中心性偏高,这也间接说明了就业领域的热点相对比较集中,没有特别分散。比较明显的字眼是"数字经济""数字金融""共同富裕""就业结构""就业""人工智能""灵活就业",也侧面证明这几个关键词是就业研究领域的重点核心。图中可以清晰地看到,数字经济等关键词在图中字体较大,象征着它们有一定的中心性,并且在共现的图谱中起的是重要的连接作用,具有中心性的关键词影响着整张图谱,其四周的小点都是以它们为中心自动生成的。

上述关键词体现出国内在数字就业的研究中重视就业结构的转型和就业质量的提升,通过多种方式转换就业方式,促进灵活就业。数字就业是在数字经济高速发展的前提下被提及出来的概念。就业、灵活就业、就业结构、就业质量等是数字就业的重要组成部分。数字就业在企业、国家等中宏观层面的讨论从"十四五"之后逐步兴起,数字就业的概念中贯穿了共同富裕、减贫等国家重视的民生问题。数字就业的研究已经进入了国家战略层面,关乎着国家的发展前景。

②关键词时间线聚类分析。关键词时间线聚类分析可以反映在同一条时间线上每个聚类标签的关键词变化以及关键节点之间的联系,进而得到研究领域的发展脉络及未来发展趋势。在前述关键词聚类分析知识图谱的基础上,选择软件"TimelineView"功能,生成国内数字化就业关键词时间线分布图谱,如图2所示。

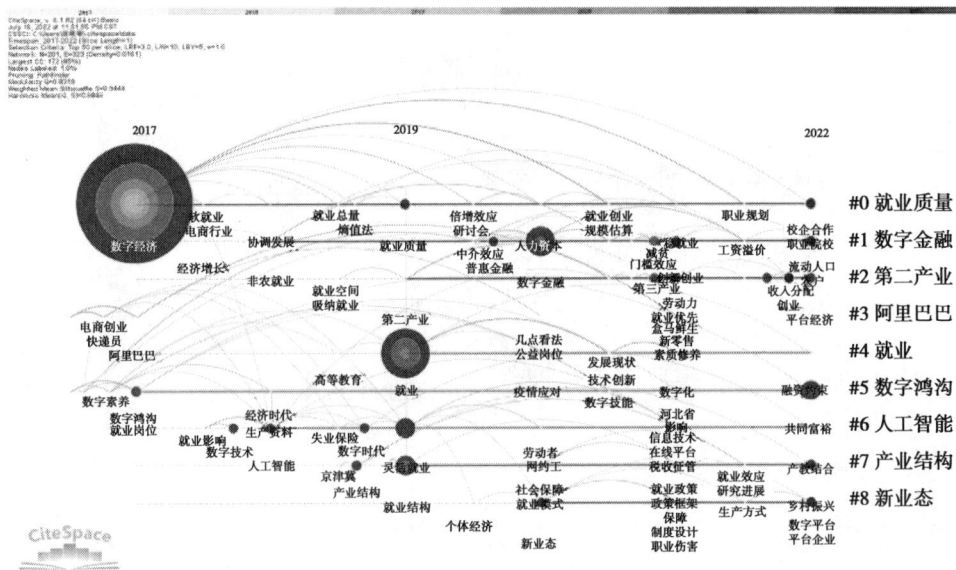

图2　数字就业时间线聚类

从图2可以直观地看出,我国2017—2022年就业研究领域论文关键词的时间演变轨迹,分析出其研究热点的变化。在图谱的右侧显示的是这6年关键词的聚类分析结果,排名前九的分别是:就业质量、数字金融、第二产业、阿里巴巴、就业、数字鸿沟、人工智能、产业结构、新业态。从图中可以很清晰地看出,每一个关键词聚类研究热点的演进过程,如"数字经济"在出现的众多节点中是节点最大的一个,表明数字经济是近几年就业领域的重点所在。

从图中可以看出,我国对于数字就业的研究主要开始于2017年前后,随着数字经济被提出,数字技术迅猛发展,数字就业问题引起国家重视,数字就业的研究领域也越来越关注人工智能、数字化、数字技术和人才聚集等,这符合现实发展特征的研究转变。数字就业发展中就业质量这一关键要素正扮演着越来越重要的角色。

③关键词聚类图谱分析。关键词聚类分析是将研究领域中相似度较高的研究点进行归类,以得到更精练的主题。在上文关键词共现操作的基础上,选择LLR聚类统计算法、K聚类划分标签,最终生成国内数字化创业关键词聚类分析知识图谱,如图3所示。

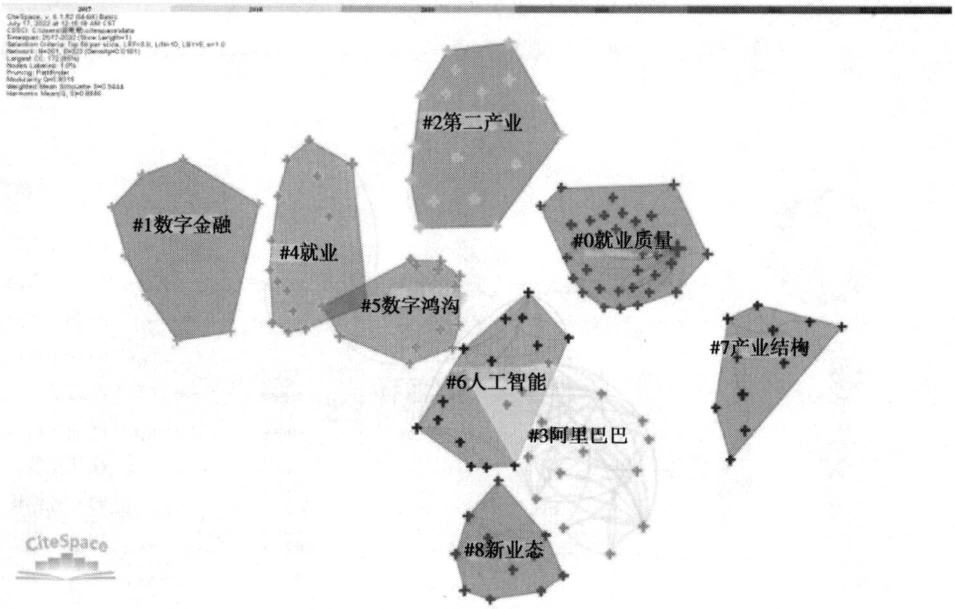

图3　数字就业关键词聚类图谱

对图3进行观察分析,2015—2022年我国就业研究领域关键词聚类分析图谱的左上角数值显示,图中Q值(聚类模块值)为0.8319,说明聚类图谱的结构非常显著,且S值(聚类平均轮廓值)为0.9444,说明该关键词网络聚类效果具有高可信度(在聚类分析中Q值大于0.3即表示聚类结构显著,且S值大于0.7说明聚类结果是令人信服的)。

自2018年起,国家加强了对就业问题的关注度,希望通过消除数字鸿沟、发展数字技术等数字手段来解决就业问题。随着数字经济的发展,我国更关注于就业质量的提升和产业结构的转型升级,为数字就业的发展提供了良好的契机。

(2)创业数字化

通过"数字"并含"创业"等关键词在中国知网上共检索得到2012—2022年共1752篇文献,剔除英文文献及与研究明显不相关的内容,如新闻、期刊征稿信息等,得到317篇中文文献作为数据样本,用CiteSpace软件对样本做了关键词共现图谱、关键词时间线聚类分析、关键词聚类图谱分析。

①关键词共现图谱。通过选择CiteSpace软件"Keyword"选项对国内数字化创业领域的关键词共现情况进行可视化分析,结果如图4所示。

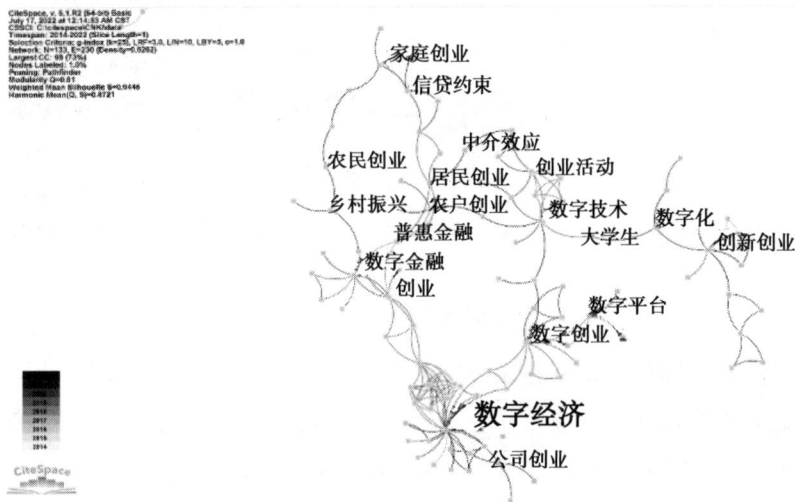

图4 创业关键词图谱

从左上角软件给出的数据显示,本图谱共生成了133个关键词节点(N=133),关键词之间的连线共230条(E=230),图谱网络密度为0.0262(Density=0.0262)。"数字经济""数字金融""数字创业""创新创业""创业""数字技术""数字平台""数字化""农民创业""乡村振兴"等关键词在图中比较突出,表明了近几年国内在数字创业的研究中重视对数字化技术及数字化相关产业间的联系,也说明了数字化技术及其衍生的相关服务在数字化创业中的重要性。

数字经济催生新产业、新业态、新模式,给人们的生活和观念带来巨大变化。数字化新职业不仅是青年实现梦想的舞台,更是经济社会发展的重要组成部分和驱动力。所以人们更要抓紧时间利用好数字时代带来的优势,在创新创业方面做得更好。

②关键词时间线聚类分析。在前述关键词聚类分析知识图谱的基础上,选择软件"TimelineView"功能,生成国内数字化创业关键词时间线分布图谱,如图5所示。

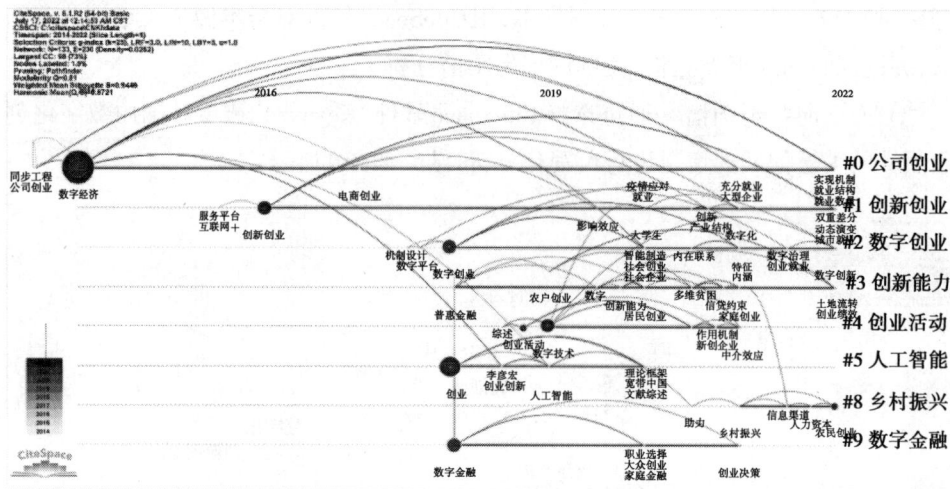

图5　创业时间线图谱

在时间线图谱上关键词会按其首次出现的年份在其所属的聚类中展开,由此显示聚类中关键词的核心地位与发展情况,通过时间线图谱有利于我们了解研究领域中各个聚类中主要的关键词在时间线上是如何演进发展的。

从图5中可以观察到,图谱右边生成具有代表性的聚类关键词为:公司创业、创新创业、数字创业、创新能力、创业活动、人工智能、乡村振兴、数字金融。图中大部分关键词都集中在2018—2022年,重要节点为数字金融、数字创业、就业结构等,这些关键词不仅联系密切还具有极长的跨度,也是最能够代表这几年创业领域的重要研究主题。从图中可以看出,国内最早提出的概念为"数字经济"(2014),随后开始衍生出"服务平台互联网+"(2016)、"电商创业"、"数字金融"、"数字创业"等概念。

从时间线上的关键词分布来看,未来几年研究可能集中在大数据、数字创新、就业质量等新兴领域上。从2014年开始,国内开始研究数字经济,从随后的研究发展可以看出,推进数字经济在创新创业中的落地是国内数字化创业的重要动力。从时间线关键词分布走势来看,国内未来研究发展趋势大致为以下两点:一是新兴数字技术和创业之间的关联;二是如何利用金融等服务助力数字化创业。

③关键词聚类图谱分析。在上文关键词共现操作的基础上,选择LLR聚类统计算法、K聚类划分标签,最终生成国内数字化创业关键词聚类分析知识图谱,如图6所示。

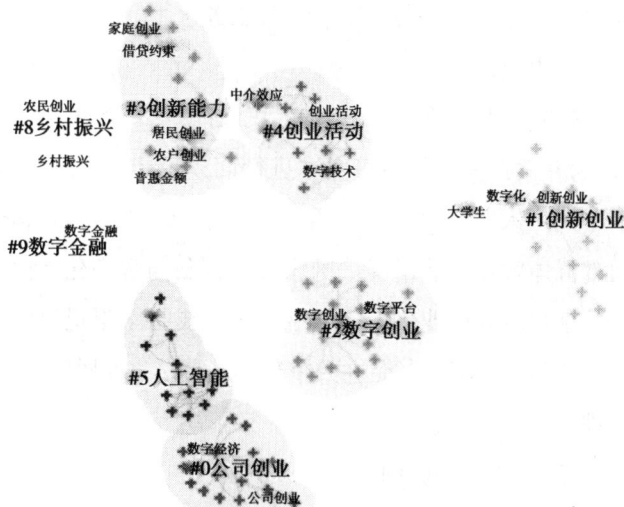

图6　创业聚类图谱

为进一步分析研究热点之间的内在联系,利用CiteSpace软件进行聚类分析,生成2012—2022年创业研究领域的聚类分析图谱。图中Q值(聚类模块值)为0.81,说明聚类图谱的结构非常显著,且S值(聚类平均轮廓值)为0.9446,说明聚类效果较好。

"创新创业"反映了对数字化创业的直接研究,"数字技术"反映了新型数字技术对数字化创业的重要性,"公司创业"则进一步落地,研究数字化创业在具体领域中产生的问题。最后,"数字金融""人工智能"等则具体分析数字化对创业的重要意义。

5.就业创业相关政策体系

(1)重庆市

在重庆市人民政府、重庆市人力资源和社会保障局、重庆市经济和信息化委员会等官方网站搜集重庆市就业创业相关政策,并对搜集到的政策文本进行词频统计,由高频词可知重庆市政府重视就业创业服务,支持创新创业活动,将数字化与就业创业相结合,以此来增加就业创业率。主要采取的措施有:一是开展就业创业指导服务。支持各级人力资源服务产业园和各类人力资源服务机构,紧密结合市场需求,优化就业创业培训项目、产品,提供各类实用型就业创业指导服务。二是创新发展灵活用工服务。鼓励人力资源服务机构进一步拓展和优化人力资源服务外包等业务,创新服务模式,提升服务水平。

(2)国家层面

在中央人民政府、江苏省人民政府等25个官方网站搜集了55个就业创业相关政策,并对搜集到的政策文本进行词频统计。在高频词中存在"创新""毕业生""数字""残疾人"等单词,可以看出国家及部分省份重视毕业生的就业创业情况,重视困难群体就业创业情况。国家重视创新与数字化,计划在就业创业领域进行创新,将数字化融入就业创业工作中。国家支持多渠道灵活就业,支持发展新就业形态,实施包容审慎监管,促进数字经济,为劳动者居家就业、远程办公、兼职就业创造条件。

(3)各省份就业创业环境政策梯度

在24个省份的人民政府网站收集了与就业创业有关的政策文本,通过分析各省份的就业创业政策,按照政策中所提及的困难人群次数,将各省份分为四个梯队:第一梯队为江西和黑龙江;第二梯队为江苏和广西;重庆虽然在第三梯队,但从词频数量上来看与第二梯队相差不大;第四梯队一共有14个省份,政策提及就业创业次数较低,如图7所示。

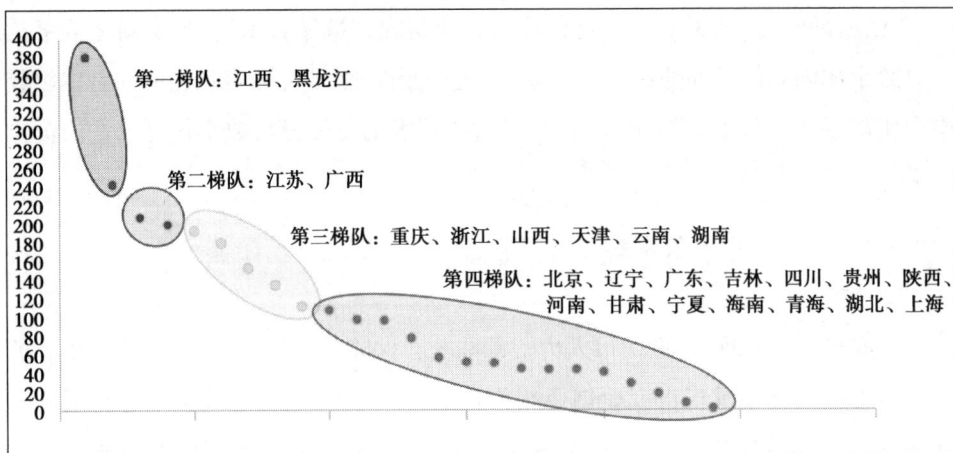

图7　各省份就业创业环境政策梯度

(三)研究思路与方法

1.研究思路

首先,通过收集相关资料,对就业数字化、数字化就业、创业数字化、数字化创业的概念和内涵进行界定。其次,通过实地调研及文献研究等方法对重庆市就业创业数字化工作情况进行研究,剖析重庆市就业创业数字化工作现状和问题。再次,通过文献和政策研究等方法,研究我国典型城市就业创业数字化工作情况,比较国内典型城市和重庆市就业创业数字化发展的异同,总结归纳各个省份和地区的经验与做法,为重庆市发展就业创业数字化提供经验借鉴。最后,依据调查结果,通过专家访谈、小组座谈、问卷调查等方式探讨重庆市就业创业数字化发展建议,并提出重庆市就业创业数字化发展路径。

2.研究方法

一是文献研究法。通过使用CNKI、万方、维普等数据库,搜集全国就业数字化、数字化就业、创业数字化、数字化创业等研究文献资料,归纳相关学术研究成果,确定"就业创业数字化"的基本概念。

二是实地调研法。调研分析重庆市就业创业数字化发展方向等。通过深入重庆市重点园区、企业,实地调研重庆市就业创业数字化发展方向;调研市内各类人才培养单位,例如重庆市内高校、职业院校、培训机构、人才协会和人才服务等机构,分析重庆市就业创业数字化发展现状。

三是问卷调查法。为清晰了解重庆市就业创业数字化的发展方向和存在的问题,采用制作网络调查问卷,并通过微信公众号等其他新媒体形式开展线上问卷调查,掌握就业创业数字化工作现状和存在的问题。

四是比较研究法。调研全国各省份就业创业数字化发展现状,明晰其发展现状与问题,对比分析重庆市就业创业数字化工作情况,总结归纳重庆就业创业数字化发展现状与问题。

五是专家座谈法。在实地调研的基础上,邀请相关领域的专家对重庆市就业创业数字化发展的方向做出评估,对重庆市就业创业数字化提出咨询建议。

3.技术路线图

技术路线图如图8所示。

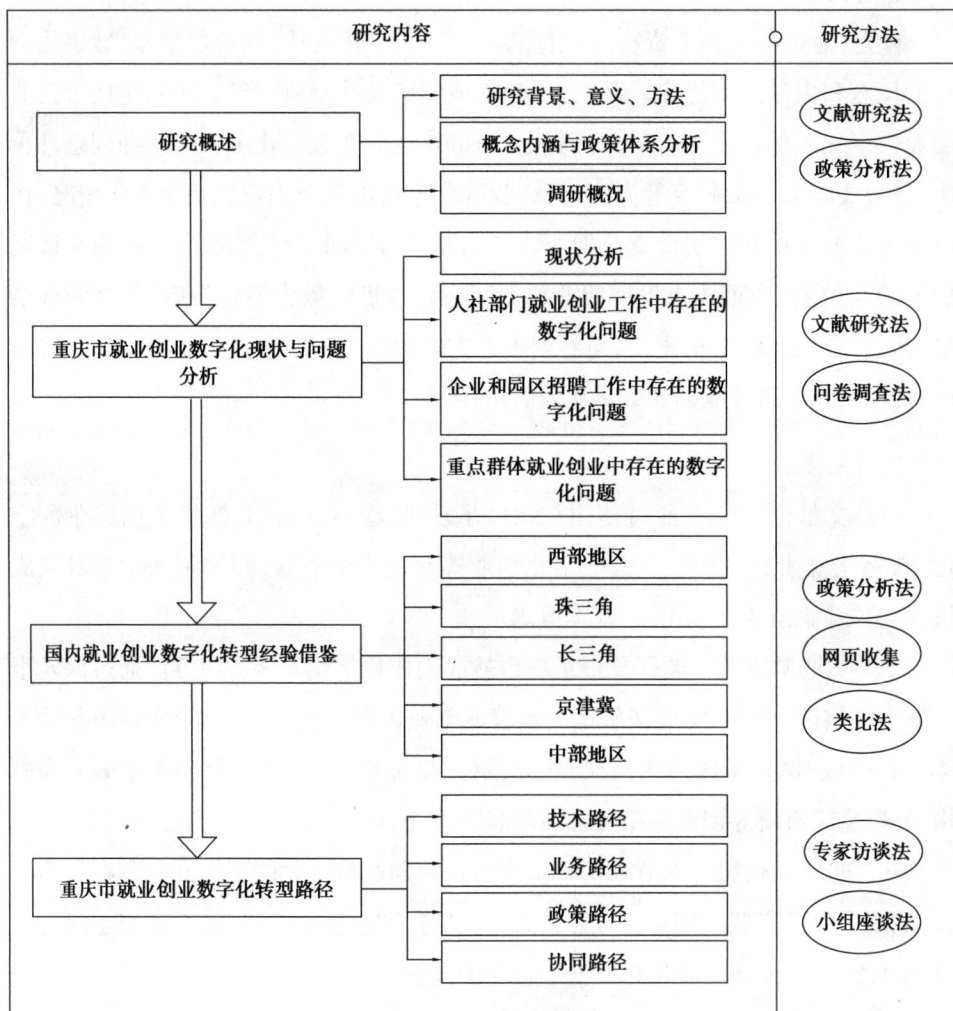

图8 技术路线图

(四)调研概况

1.我国主要城市就业创业信息化平台的调研

通过体验西安、郑州、厦门、杭州、成都、贵阳、北京、上海、广州、深圳等主要城市就业创业信息化平台并形成体验报告,对各个主要城市信息化平台的功能及应用进行系统梳理,同时梳理各就业创业信息化平台所提供的就业创业服务,以此来分析各就业创业信息化平台的优势和特色,见表1。

表1 主要城市就业创业信息化平台

城市	就业创业信息化平台
西安	西安人社通
郑州	郑优人才网
厦门	厦门人才网
杭州	杭州就业公众号
成都	成都e就业小程序
贵阳	贵阳人才网小程序
北京	北京市人力资源和社会保障局
上海	上海市人力资源和社会保障局
广州	广州市阳光就业中心
深圳	深圳市人力资源和社会保障局

2.重庆邮电大学毕业生就业创业情况的调研

通过问卷调查的方式,对高校毕业生在就业创业过程中面临的数字化问题,包括就业信息渠道来源、推送信息准确性、就业平台的交互性和毕业生的实习经历等方面进行调研。

3.重庆市用人企业招聘过程情况的调研

通过问卷调查的方式,对重庆市用人企业在招聘过程中面临的数字化问题,包括人事招聘渠道、网络招聘存在的问题、招聘网站的服务和线上面试存在的问题等方面进行调研。

4.重庆市区县人社局、人力服务机构就业创业服务情况的调研

通过问卷调查的方式,对重庆市区县人社局和人力服务机构在就业创业服务过程中面临的数字化问题,包括重庆市各公共就业网络服务平台的建设情况、工作人员对重庆市就业创业相关平台系统的掌握情况和就业创业工作中存在的困难等方面进行调研。

5.重庆市就业重点群体就业创业情况的调研

设计访谈提纲,通过访谈了解各重点群体在就业创业工作中遇到的问题,并摸清其在就业创业工作中所需得到的帮助。

二、重庆市就业创业数字化现状与问题分析

（一）现状分析

"十三五"期间,市委、市政府始终坚持以人民为中心,深入学习贯彻习近平总书记对重庆提出的营造良好政治生态,坚持"两点"定位、"两地""两高"目标,发挥"三个作用"和推动成渝地区双城经济圈建设等重要指示要求,将"稳就业"和"保居民就业"作为重大政治任务,摆在经济社会发展优先位置,建机制、强举措、抓落实,形成了"上下联动、分级负责、协同履职、全面尽责"的工作格局,在就业工作上取得积极进展。

为全面提升就业服务质量,重庆市探索实施"一库四联盟"就业服务机制改革。"一库"是指"人力资源信息库",而"四联盟"则分别指就业服务联盟、培训联盟、创业联盟和人力资本联盟。人力资源信息库抓取人力资源信息数据录入且分析,通过重点人群标识配合就业创业工作的开展,与"四联盟"实现信息互通。在此次机制改革中,重庆人社部门建立起集"大统筹、大数据、大平台"于一体的就业服务体系,通过数字思维、智慧赋能、科技助力,引领全市就业工作高质量发展。2021年,全市城镇新增就业75.1万人,同比增长14.5%,主要指标恢复到疫情前水平。目前,重庆已建立拥有2100多万劳动力的人力资源信息库,并分类建设专项信息库,多维度、多层次进行数据统计,为开展就业形势分析、政策研究制定、服务质量提升提供精准数据支撑。同时,实时共享社保参保、就失业登记、就业政策办理等内部信息,定期交换市场监管、公安、统计、教育、乡村振兴等外部门数据,实现人员信息自动更新。

2022年6月,西部(重庆)科学城就业服务联盟在重庆市大学生就业创业公共服务中心·大创慧谷正式启动。作为科学城"一库四联盟"的重要组成部分,该就业服务联盟旨在拓宽重点群体就业渠道,更好地服务于稳就业、保就业工作和西部(重庆)科学城建设。就业服务联盟的组织形式是以企业为主体,多方共同合作组成的为促进就业发展的联合集体。联盟将通过收集辖区内各重点企业的用工需求数据,增强高质量就业信息共享,凝聚就业创业资源,实现更加充分更高质量就业。西部(重庆)科学城持续深入推进"一库四联盟"工作,摸清摸准供给侧和需求侧,以大数据实施精准服务、以互联网实施线上服务,实现服务资源的网络共享、集约整合和高效利用,以全方位、精准化、智能化的就业创业服务吸引更多优秀人才在科

学城干事创业。

2022年9月,市人力社保局与中国联通重庆分公司(简称"重庆联通")签署战略合作协议,双方将围绕新一代信息技术在人力社保领域的融合创新发展开展合作,积极探索"人社+通信"服务新模式,合作内容涉及就业、社保、人才、信息化等多个领域。在此次战略合作协议中,明确提出建设人社西部(重庆)数据实验室,通过加强人社数据资源产业化研究,在实施就业优先政策、推动社会保险经办提质增效、推动人力资源高效配置、构建和谐劳动关系等方面形成可落地成果,共同探索大数据、区块链等新技术在人社领域的创新应用。除此之外,双方还将在智慧校园、5G+物联网智慧产业园、提升人才服务质效、打造便民服务新通道、提升服务品质、培养新型技能人才、促进就业等领域开展全面战略合作。

(二)人社部门就业创业工作中存在的数字化问题

一是数据质量不高。收集的意愿需求不准、电话不对,直接影响对接效能;就业行业中的其他选项有几百万人,与实际不符;灵活就业人员占比较大,与近年新增就业人员占比不符;就业结构不太合理,自主创业人员占比较少,不能精准反映全市人力资源就业失业状况。

二是服务闭环有待加强。大数据跑出来的数据分析情况目前只能通过每月报告的形式向区县下发,基层人员尚不能在信息系统中自行查看和统计;前期收集的意愿需求还未实现闭环服务,也不支持智能匹配推送。

三是可视化展示系统进展缓慢。主要问题有以下四方面:一是地图和画像3D效果达不到设计要求,画面美观度不佳;二是数据库效率低下,数据抽取过程困难;三是资源库数据不全,工商信息、失业金领取信息无法抽取;四是西部数据实验室展示大屏未购买,不能开展实机测试。

(三)就业创业数字化建设的顶层设计问题

一是就业创业的数字化平台的顶层设计有待强化。目前,重庆市数字政府、数字人力、数字就业相关的顶层设计、体制机制和组织保障等方面尚未形成较为完善的系统架构。人社局、大数据局、市教委、学校、企业等跨部门层面总体规划之间的衔接和协同不足,全市数字就业建设统筹推进协同力度有待加强;在具体实施中,不同市级部门出台的数字化转型规划或工作指导意见内容存在交叉重复、"多头管理",组织机构职能边界在数字化转型过程中并不清晰,数字就业建设的统筹推进、建设难度较大;各地区县园区数字就业和数字人力建设涉及多个部门,在建设任务、工作内容上分工不明、责任不清,容易出现效率低下、重复建设等问题,进一步明确责任、细化分工是当前数字就业创业平台建设需要解决的问题。

二是就业创业的数字化能力有待提升。当前重庆市就业创业领域的服务事项尚未完全实现"受办分离""一窗综办""一网通办""无感智办"。存在不同区县无法通办的现象,群众办事需要"多地跑""折返跑",同时,就业群体在办事过程中重复填报、多次证明等现象仍然存在。大数据跑出来的数据分析情况目前只能通过每月报告的形式向区县下发,基层人员尚不能在信息系统中自行查看和统计;前期收集的意愿需求还未实现闭环服务,也不支持智能匹配推送。就业招工、创新创业的政务服务办理便利程度仍需提升,对就业创业的关键服务需求缺少数字化支撑,覆盖重点人群就业创业的全生命周期的数字化服务体系仍需健全。

三是各个主体协同有待提升。当前重庆市级部门、产业园区、企业、高校主要围绕本部门核心业务来建设数字化就业创新创业的相关应用,以满足自身业务管理和服务。在就业创业的实际情况中,尚难打破各自为政、条块分割的建设局面,而跨部门的业务领域因缺少牵头部门或机制,推进缓慢。跨部门、跨区域的应用协同和大系统、大平台建设比较薄弱,业务、系统、数据的壁垒仍未完全打破。部分领域单点治理成效显著,但碎片化、分散化治理现象普遍存在,精细化、智能化的治理机制和平台系统尚未完全建立。

(四)企业和园区招聘工作中存在的数字化问题

一是招聘渠道单一。人才是企业最宝贵的资源,是企业创新发展的主体。企业在人才招聘中应海纳百川、不拘一格,采用多种渠道吸纳人才,但受制于体制机制及创新不够等因素的制约,一些企业的招聘渠道过于单一,招聘需求信息对潜在对象的可达性不高,导致招聘效果特别是高技能人才的招聘不达预期。

二是面试考核方式需提升,缺乏人才选拔工具。在面试过程中,影响个人表现的因素是多方面的,包括知识和技能等因素,以及动机、人格和价值观等隐含因素。如何充分识别候选人的能力和素质与岗位的匹配度,对于招聘人员来说压力很大,特别是当招聘人员的能力不足时,需要专业的评估工具。除了面谈和笔试外,很少有评估工具,如动机、专业倾向、个性和专业能力,这导致片面识别低精度的人才。而最简单的笔试题和面试题无针对性和无检查性,要具体求职者具体分析。目前的题主要针对具备相关经验的求职者,对无工作经验的求职者的题还需建立;目前已建立的笔试题没有通过检测就用,还存在很多细节问题,对求职者会造成影响。

(五)重点群体就业创业过程中存在的数字化问题

通过梳理国家"十四五"就业规划、重庆市就业创业相关政策文件等关于就业重点人群的分类,确定本项目组的研究对象,将就业重点群体分为高校毕业生、农村脱贫与低收入人口、其他群体(零就业家庭、残疾人、长期失业人员、大龄劳动者)等展开调研工作。

1.高校毕业生

一是就业扶持政策的数字化匹配机制有待加强。通过调研重庆邮电大学和重庆工商大学的应届毕业生,发现当前大学生就业工作中与就业部门存在沟通和信息传递不及时的问题,这增加了就业创新流程的烦琐程度和对策实施的难度,从而影响了大学生就业创业的效率。

二是个人信息泄露严重。调研发现,由于互联网招聘公司数据治理的问题,大学生个人就业求职信息的监督和保护措施力度还有待完善,网络信息的安全性有待进一步提升,这导致许多应届毕业生对互联网网络平台的信任度有待加强,拒绝完善本人信息,给大学生就业推荐工作带来了不便。

三是毕业生就业创业的数字化指导工作不精准。通过调研发现,高校应届毕业生工作主要是依托辅导员、系部还有家庭关系等方面的渠道,还沿用较为传统的就业指导工作模式。数字化就业的主要方式就是在互联网平台、微信等渠道进行求职信息填报,校内、校外和家庭三方的就业指导的数字化指导工作存在协同力度不够、数字化机制不够完善的问题。企业的现实需求和毕业生的职业目标、就业期望存在脱节,并没有充分考虑到社会对人才发展的客观需求和高校毕业生自身的特点,忽视了高校毕业生社会实践能力和动手操作能力的培养,缺乏精准化和数字化的指导。

2.农村脱贫与低收入人口

一是个人文化水平不高,缺乏实用数字化技能。在对长寿区进行电话访谈时,发现脱贫地区人口长期以来获取的教育资源不足,知识水平和文化程度较低,对新知识新技能的学习掌握速度偏慢,难以适应企业转型。而薪酬水平较高的行业对受教育水平有一定的要求,这导致农村脱贫人口与低收入人口在就业市场上处于明显劣势,就业方向主要是劳动强度大、技术含量低的工作。

二是就业信息发布多,但无人问津。通过调研发现,当前农村脱贫人口与低收入人口找工作大多依靠熟人推荐、老乡带老乡、自我寻找等方式,这导致其在就业时遇到就业质量不高、与企业需求匹配度不等、权益难以保障等问题。同时,调研发现农村脱贫人口与低收入人口大部分不会或较少使用现代信息网络,信息来源渠道虽然有微信群、社区宣传等,但是这部分群体及时获取最新并适合其需求的岗位信息的匹配度还有待加强,导致其求职效率不高。

三是就业创业的数字化思维有待加强。在对长寿区进行电话访谈时还发现,部分农村脱贫和低收入人口自身内生动力不足,参加就业数字化培训的力度不够,存在"等、靠、要"思想,这也影响了农村脱贫和低收入人口的就业。

3.其他群体

(1)零就业家庭

一是整体数字化素质普遍较低。在对长寿区进行电话访谈时,本项目组了解到零就业家庭成员普遍存在年龄偏高、文化程度偏低、劳动技能单一或没有一技之长等问题,这导致他们很难实现稳定就业。而当前本地劳动力市场的需求是素质较高的劳动力,因而劳动力供给方与需求方产生了三个错位:年龄结构错位、文化程度结构错位、数字技能结构错位。

二是就业观念较难转变。调研发现当前大部分零就业家庭的数字化思想观念相对陈旧,大多数人员不主动通过数字化的渠道寻找就业出路。同时部分群体在之前的工作单位享受了很好的福利待遇,工作环境也不错,失业后难以适应职位、工薪偏低的岗位,不能以正确、积极的态度对待就业,不愿参加相关数字化技能培训。

(2)长期失业人员

一是其自身文化素质不全面,技术技能单一,缺乏就业竞争力。在对长寿区进行电话访谈时,了解到部分长期失业人员由于自身的数字化技能素质较差,不能适应经济社会的发展和岗位的需要,难以在现代科技知识密集型的企业中寻找到合适的就业岗位。

二是思想认识有误区,择业观念有偏差。通过调研发现有些长期失业人员虽然自身素质差距较大,但选择就业岗位时,却偏重高、大、上的工作岗位,要求做一些比较体面的工作,不愿意到基层从事技能要求较低、相对简单的工作,以至于他们小工作看不上,大工作干不了,闲在家中无所事事。

三是有部分用人单位在招聘工作人员时存在不同程度的性别、年龄歧视。本项目组在电话访谈时了解到,在长期失业人群中,女性往往处于劣势地位,再加上年龄偏大、文化程度偏低等问题,实现再就业的难度比较大。

三、国内就业创业数字化转型经验借鉴

(一)西部地区

1.成都市

在政策层面,四川省大力支持就业创业的数字化转型。四川省出台的《四川省"十四五"就业促进规划》提到,促进数字技术与制造业融合发展,积极发展战略性新兴产业,挖掘更多高端研发类、经营管理类、创意咨询类岗位,拓展现代制造业就业空间。推动种养加结合与产业链再造,大力发展农产品电子商务、休闲农业、乡村旅游、乡村共享经济、创意农业等新业态,促进农村多元化就业。促进数字经济、平台经济健康发展,支持网络零售、移动出行、快递物流、线上教育、网络医疗、在线娱乐等新业态发展,鼓励居家就业、远程办公、兼职就业,积极探索共享用工、弹性工作等新就业模式。增强创新创业公共服务平台能力,拓展众创空间市场化、专业化功能,建设"孵化+创投""孵化器+商业空间""互联网+"等新型创新创业孵化器,完善创新创业孵化体系。

在平台建设层面,成都市不断优化创新创业生态。2021年11月15日,国务院办公厅正式公布《国务院办公厅关于对国务院第八次大督查发现的典型经验做法给予表扬的通报》,全国48项典型经验入选,其中"四川省成都市建设'科创通'服务平台激发企业创新创业活力"作为典型经验做法被国务院大督查通报表扬。由成都市科技局打造、成都生产力促进中心运营的"科创通"创新创业服务平台,以科技金融为特色,激发企业创新创业活力。采用"线上平台+线下活动+孵化载体"服务模式,推动资本与"知本"无缝对接。

2.贵阳市

在政策层面,贵州省曾多次提到数字就业创业等相关内容,大力推行数字经济与就业创业相结合。《贵州省"十四五"促进城乡就业创业规划》提到,"十四五"期间,贵州省坚持创新驱动发展,高质量建设国家大数据综合试验区,推动大数据与实体经济深度融合,实施数字经济万亿倍增计划,数字经济、平台经济将蓬勃发展,网络零售等行业加快发展,新业态、新模式不断涌现,将创造更多灵活就业岗位,有望成为稳就业的重要途径。

《省人力资源社会保障厅关于做好2022年高校毕业生就业创业工作的通知》提到,将灵活就业岗位供求信息纳入公共就业服务范围,引导高校毕业生围绕无接触配送、互联网医疗、共享经济、平台经济、新兴产业等新业态实现灵活就业。

《市人民政府关于印发贵阳贵安市场主体培育提升实施方案(2022—2025年)的通知》提到鼓励个体工商户通过电商、微商、代购、视频直播、网络营销等多种方式创新创业,拓展创业空间,拓宽就业渠道。

在平台建设层面,2022年发布的《市人民政府办公厅关于印发贵阳贵安提高城镇居民收入水平实施方案(2022—2025年)的通知》提到,推动灵活就业劳动者较为集中的保洁绿化、批发零售、建筑装修等行业提质扩容。依托数字经济、平台经济发展,加快推动网络零售、移动出行、线上培训、互联网医疗、在线娱乐等行业发展,为劳动者居家就业、远程办公、兼职就业创造条件。落实"筑人才·强省会"毕业生就业创业行动。加强创新创业服务平台建设,倾斜创业服务资源,创业孵化基地、人力资源服务产业园等各类创业载体要优先向高校毕业生提供场地支持和创业孵化服务。优化"筑人才App"高校毕业生线上招引平台,促进高校毕业生就业与产业发展深度对接。

《贵阳市人力资源和社会保障局等八部门关于维护新就业形态劳动者劳动保障权益的实施方案》提出,依托省级打造的社保经办网上服务平台,推动实现社保政务服务"全省通办""跨省通办""网上办""就近办",打造线上线下一体化服务。

《关于劳务品牌建设的实施意见》提出,加强对共享用工的就业服务,依托贵州省劳务就业大数据平台,把劳务品牌间共享用工岗位供求信息纳入公共就业服务范围,及时了解企业缺工和劳动者富余信息,免费为有用工余缺的企业发布供求信息,按需组织专场对接活动。鼓励人力资源服务机构搭建运用劳务就业大数据平台共享用工信息对接平台,促进精准、高效匹配。

3.西安市

2022年7月22日,西安市人民政府办公厅发布《西安市"十四五"就业促进实施方案》,部分实施方案如下。

一是促进数字经济领域就业创业。加快数字产业化,发展壮大云计算、区块链、地理信息等数字产业,加快建设西安数字经济产业园、国家地理信息出口服务基地、西咸新区国家级大数据和云计算产业基地。做大做强平台企业,进一步扩大和升级信息消费,促进电子商务等新业态蓬勃发展,建设西安高新区等国家电商示范基地。加快产业数字化,支持企业建设智能生产线、数字化车间、智能工厂和工业互联网平台,带动更多劳动者转岗提质就业。推动共享经济健康发展,培育多元化多层次就业需求。

二是培育发展创业载体。推进秦创原创新总窗口建设,争取更多重大科技基础设施布局西安,推动建成高精度地基授时系统、国家分子医学转化科学中心、国家超算(西安)中心。加快新型研发机构、技术创新中心等平台建设,推动西安地区科研平台、科研报告、科研数据、科研仪器设施、高校实验室向企业、社会组织和个人开放,创造更多创业机会。全面升级创业服务,支持建设一批高质量创业孵化基地和创业园区,提升线上线下创业服务能力。

三是发展灵活就业新业态。鼓励传统行业跨界融合、业态创新,增加灵活就业和新就业形态就业岗位。加快推动移动出行、线上教育培训、互联网医疗、在线娱乐等行业发展,为劳动者居家就业、远程办公、兼职就业创造条件。规范灵活就业人员分类管理,完善灵活就业人员特别是新业态平台灵活就业人员就业统计。

四是提升高校毕业生就业水平。健全覆盖高校毕业生等青年群体就业创业服务体系,搭建综合性就业创业服务平台,实施常态化就业信息服务。组织线上线下就业服务,举办行业性、区域性、专业性专场招聘系列活动,促进就业供需精准对接。加强高校毕业生职业发展教育和就业指导,鼓励高校毕业生等青年群体到新兴产业、中小微企业、基层以及平台经济、共享经济等新业态、新模式领域就业创业。

五是促进农村劳动力多渠道转移就业。鼓励农业经营流通市场主体发展农产品网络销售,支持农村劳动力从事网约配送、直播销售等新业态。支持有意愿的脱贫人口参加技能培训,完善公益岗位帮扶体系,统筹用好以工代赈资金和生态护林员等乡村公益岗位,促进脱贫人口稳定就业。

六是建设高标准人才资源市场。加快建设统一开放、竞争有序的人力资源市场体系,服务人才流动,促进就业创业。完善公共人力资源市场职业供求分析制度,及时发布全市职业供需状况及预测。深入开展"互联网+人力资源服务"行动,探索运用大数据、云计算、移动互联网、人工智能等新技术,促进人力资源服务业创新、融合发展。

七是建立就业风险监测预警机制。依托全市统一的实名制动态就业服务系统,推进劳动年龄人口就业失业实名登记全覆盖。建立就业形势分析研判机制,持续抓好就业常规统计,完善人力资源市场、重点企业、失业动态和农村劳动力转移就业4个专项监测体系,健全市级就业信息资源库,开展网络大数据分析应用,监测劳动力市场变化,掌握劳动力流动趋势。完善区县(开发区)企业规模性裁员风险工作预案,建立响应工作机制,积极防范化解规模性失业风险。

(二)珠三角

1.广州市

在政策层面,广州市出台的多项相关文件均涉及就业创业数字化。2021年12月发布的《广东省促进就业"十四五"规划》提出,加快国家数字经济创新发展试验区建设,促进数字经济和实体经济深度融合,稳步扩大第三产业吸纳就业比例。加大对离校未就业、困难毕业生帮扶力度,健全离校未就业高校毕业生实名登记数据库,实施专项帮扶、优先援助,向困难高校毕业生100%提供就业服务。拓宽就业渠道,打造"线上+线下"供需对接平台,鼓励用人单位吸纳退役军人就业。推行政务服务事项网办,优化服务体验,提高"网上办、掌上办"能力。加快推动就业信息联网向基层延伸,扩大行政村就业信息联网覆盖面,提高乡村就业创业服务能力。

《广州市人民政府关于印发广州市贯彻落实国务院扎实稳住经济一揽子政策措施实施方案的通知》提到,充分发挥平台经济的稳就业作用,稳定平台企业及其共生中小微企业的发展预期,以平台企业发展带动中小微企业纾困。

《广州市人民政府关于印发广州市妇女发展规划和广州市儿童发展规划的通知》提出,壮大新动能,培育新就业增长点,扩大妇女灵活就业、新就业形态空间。充分发挥现代服务业和新业态吸纳妇女就业的功能,推进数字技能培训,提高妇女技能水平。推进"农村电商"工程,支持妇女参与农村电商发展。打造一站式线上线下就业服务平台,推动在穗院校就业创业服务站建设,优化高校女毕业生就业创业服务,拓宽女大学生市场化社会化就业渠道。

在平台建设层面,广州市致力于提升就业服务和就业管理信息化、智能化、便利化水平。为打造全省统一的就业服务信息化平台,推进就业服务信息数据全量归集、协同共享和动态管理。深化线上线下服务融合,推动实现省级平台统一入口办理。《广东省人民政府办公厅关于印发广东省人力资源和社会保障事业发展"十四五"规划的通知》提到,建设全省统一的"粤就业"信息化平台,推进就业服务信息数据全量归集、协同共享和动态管理,推动线上线下服务深度融合,加强跨辖区、跨层级、跨业务经办衔接,推行"打包办""一网办""一件事"等便捷服务方式。扶持残疾人自主创业和灵活就业,支持和规范发展"互联网+"就业、居家就业、灵活就业等适合残疾人的新就业形态。

广东省人力资源和社会保障厅与中国邮政速递物流广东省分公司签订战略合作性协议,加强在政务专递便民服务领域的合作。通过政企合作,将整合双方资源为群众办理社会保障卡、职业资格证书等各类证照提供"足不出户、轻松领证"的邮寄便民服务;针对送达难问题,提供劳动仲裁专递、行政复议、社保核定、工伤认定、劳动能力鉴定等各类机关公文、核定书等打印制作、封装寄出、邮寄送达并反馈全程送达状态的服务;利用邮政网络通达和揽投终端上门服务优势,通过E键送达、智能文件交接柜等实现入户申请、入户指标卡寄送等邮政速递上门收取办理资料、代提交审批、办毕邮寄到家等全流程一体化的便民服务。

2.深圳市

在平台建设层面,深圳市积极帮助失业人群和就业困难等人群,《广东省进一步稳定和扩大就业若干政策措施》提到,加强基层公共就业服务平台建设,每月开展一次针对辖区内登记失业人员、就业困难人员的跟踪调查服务。完善失业人员分级分类帮扶机制,建立健全企业岗位储备库,精准开展岗位推荐和就业服务。加强经贸摩擦、重大项目、专项治理、机器换人等对就业影响的跟踪应对,对可能造成规模性失业的,提前制订工作预案及应对措施。2022年印发的《就业援助"暖心活动"工作方案》提出,对于三类困难就业群体,采取灵活多样的方式组织系列送岗活动,促进供求精准匹配对接。筛选适合援助对象的岗位信息,通过短信、微信、App等方式"点对点"定向推送。采取"互联网+"就业服务模式,组织开展直播带岗、云招聘等线上活动,或举办小规模、专业化、高频次线下专场招聘会,组织援助对象积极参加。

新技术催生新业态,新业态萌发新职业,从而吸收大批就业人群。在深圳,从事快递员、外卖员、货车司机、网约车司机等工作的人口就超过30万人。面对新情况,深圳创新求变,千方百计稳就业、保民生,推出系列稳保就业"硬核"措施,牢牢稳住经济社会大盘的基石,为服务全国全省发展大局交出稳就业、保就业的精彩答卷。深圳持续落实各类稳就业政策,推动企业加大对新技术人员的招聘,加强新职业岗位的培训,力保市场主体。新业态离不开良好的营商环境。深圳一直支持网红直播消费,计划打造10个100亿级直播基地,同时鼓励传统商贸企业开展直播营销、内容营销、社群营销,发展"线上引流+实体消费"等销售新模式。

针对高校毕业生就业问题,深圳市政府发布的《关于开展2022年离校未就业高校毕业生等青年群体服务攻坚行动的通知》提到,要健全实名制信息数据库。拓宽毕业生实名信息采集渠道,对本地未就业毕业生开展走访摸查,及早锁定服务对象。做好高校毕业生信息管理系统信息上传、校核、查重等工作,及时将跟踪服务、政策享受等情况录入实名制系统,实时更新动态管理,确保信息完整、应登尽登。同步开放线上线下求助渠道,做好人社部求职登记小程序登记毕业生联系服务工作,允许未就业毕业生等群体在户籍地、常住地、求职地进行失业登记或求职登记。开展就业服务公开行动。做好服务接续工作,推行"一站式"办理和网上办理等服务,加强政策服务清单梳理和解读宣传工作,通过各种渠道推送至未就业毕业生。

(三)长三角

1.上海市

在平台建设层面,上海市力图构建一体化智慧服务门户,持续推进业务流程再造,简化材料和环节,推进"不见面审批",全面提升用户体验。2021年7月发布的《上海市就业和社会保障"十四五"规划》提出,要提升就业和社会保障政务服务数字化水平,精心打造优质有温度的公共服务体系。基本公共服务智慧化水平显著提高,线上线下深度融合的标准化、专业化政务服务体系全面建立,基本公共服务便捷性、可及性持续提升。到"十四五"期末,力争就业和社会保障高频政务服务事项100%可以网上办理,社会保障卡持卡人数达到2000万人。强化就业动态监测和失业预防。科学开展劳动力资源调查,不断完善监测指标体系。运用大数据,强化关联信息分析,形成"早期预警+风险防控"的工作体系。完善监测机制,优化街镇社区就业监测点布局,加强重点区域、重点行业、重点企业就业形势跟踪监测。精准掌握高校毕业生、灵活就业人员和就业困难人员等重点群体的就业状况。制订防范和应对大规模裁员和失业风险应对预案,完善应对风险的政策服务举措,增加资金储备,及时防范化解风险隐患,稳慎处理突发事件。全面推进就业和社会保障政务服务"一网通办",持续推进"高效办成一件事"改革,加快推进"跨省通办"。建设电子档案信息平台,实现全面电子档案管理。强化信息安全保障,加强个人和企业信息隐私保护。

针对就业困难和失业等群体,上海市在《上海市人民政府关于做好本市当前和今后一个时期稳就业工作的意见》中提到,实现公共就业服务常住人口全覆盖,打造多元化服务模式,根据失业人员、进城务工人员、就业困难人员等群体的个人能力和服务诉求,建立健全劳动者个人"求职档案",完善精准就业帮扶机制,强化信息精准推送,推进供需精准对接,丰富服务手段,提升服务能级,更有针对性、更高质量地提供细分化公共就业服务。充分发挥市场在人力资源配置中的决定性作用,借助自身平台优势,采取直播带岗、远程面试等多种形式,加大网络招聘力度,为重点群体、重点企业提供优质高效的就业服务。健全人力资源市场"一线观察"等信息监测机制,动态反映人力资源市场供需状况和行业态势。鼓励优质经营性人力资源服务机构入驻上海公共招聘平台,推动就业服务数据和信息共享。

2.江苏省

在政策层面,2021年10月印发的《江苏省"十四五"高质量就业促进规划》提出,大力培育数字消费、康养消费、绿色消费等新兴消费,创造更多就业增长点。促进线上线下消费深度融合、跨境电子商务高质量发展,推动零售、餐饮、汽车、家电等消费品更新升级,进一步提升传统消费、培育新型消费,充分释放消费潜力。优化消费需求管理,发挥政策对消费的引导作用,完善财税金融政策,加强消费者权益保障,营造安全友好的消费环境,为扩大就业提供坚实支撑。加大政策支持力度,有效拓宽农村电子商务、乡村休闲旅游农业、农业生产性服务业等新产业新业态就业空间。

《省政府办公厅印发关于促进高校毕业生等青年就业创业若干政策措施的通知》提出,着力发展壮大互联网、物联网、大数据、云计算、人工智能等信息技术产业,促进电子商务、共享经济等新业态蓬勃发展,拓展就业新空间。多渠道发布数字经济就业创业政策、职业供求状况、工资指导价位等信息。支持高校毕业生发挥专业所长从事灵活就业,对毕业年度和离校2年内未就业高校毕业生实现灵活就业的,按规定给予社会保险补贴。启动新就业形态就业人员职业伤害保障试点,推动试点平台企业为通过平台注册并接单的新就业形态就业人员实名参加职业伤害保障。

在平台建设层面,江苏省积极建设省级集中的就业创业经办系统。推进就业创业领域业务系统一体化建设,实现跨层级、跨地域、跨系统、跨部门、跨业务的工作协同和信息共享。打造科学精细的研判决策支持系统。建设全省统一的智慧就业云平台和高校毕业生精准招聘平台,整合公共人力资源市场信息资源,实现省级集中与共享。推动实现就业创业服务"一网通办"。推动"异地办、就近办、马上办",将90%以上的就业事项纳入网办大厅办理,让群众足不出户就能享受网上服务。

针对残疾人就业问题,江苏省在《省政府办公厅关于印发江苏省"十四五"残疾人事业发展规划的通知》中提到,健全残疾人就业服务体系,依托公共就业服务平台、残疾人就业服务机构、人力资源服务专业组织和市场主体,完善覆盖城乡的残疾人就业服务网络,为残疾人和用人单位提供全链条精准化服务。建立全省残疾人就业合作人力资源服务机构库和适合残疾人就业岗位库,积极推荐残疾人就业。完善残疾人就业服务保障,加强就业信息数据库建设,建立残疾人就业信息互通、资源共享和跟踪反馈机制。通过"一人一策"精准服务,提升高校残疾人毕业生等重点人群就业质量。

3. 浙江省

在政策层面,浙江省鼓励促进数字经济与实体经济深度融合,《浙江省"十四五"就业促进规划实施意见》于2022年发布,里面提到要促进数字经济领域就业创业。实施数字经济"一号工程"升级版,加快建设国家数字经济创新发展试验区,打造新的就业增长点。到2025年,数字经济增加值占地区生产总值比重达到60%左右。推进服务型制造新模式,加快培育智能融合新产业、数字文化新业态、新经济模式等融合型新业态新模式,促进平台经济、共享经济、"非接触经济"、互联网微经济等模式快速发展,满足多元化多层次就业需求。稳步扩大农村电商、服务业电商、跨境电商等领域的就业规模,增强社交电商、直播电商等新业态带动就业新动能,培训电商从业人员50万人次以上。要支持多渠道灵活就业和新就业形态发展。落实维护新就业形态劳动者劳动保障权益实施办法,对依托互联网平台就业的网约配送员、网约车驾驶员、货车司机、互联网营销师等劳动者,统筹做好劳动用工、工资支付、社会保障、职业开发、技能培训、就业服务等工作。《浙江省促进残疾人就业行动方案(2022—2025年)》提到,扶持残疾人自主创业、灵活就业。全面落实场地(所)租赁补贴、一次性创业补贴、创业担保贷款贴息等扶持政策。发挥浙江省数字经济优势,拓展残疾人新业态就业渠道,继续实施电子商务助残计划,支持残疾人从事云客服、云审核、网络直播等职业。发动社会力量助力残疾人就业。支持各类企业开展各种形式的就业助残活动,组织一批头部平台、电子商务、快递等新就业形态企业,开发一批岗位定向招聘残疾人。

在平台建设层面,浙江省探索建立新就业形态岗位信息采集和统计监测制度。坚持政府引导、市场主导,建设集创业培训、政策咨询、开业指导、融资服务、创业交流、跟踪扶持于一体的综合性创业载体平台,全面推行数字就业服务应用场景。以高质量就业创业体系为蓝图,打造"浙里就业创业"重大应用,同步聚焦服务和治理两端,重点打造面向群众办事的"浙就业"服务专区、面向工作人员的"浙政钉"掌上经办平台和数据统一、分级治理的决策分析中枢"驾驶舱",努力实现省市县乡村五级贯通的就业服务治理智能化。加强部门间业务协同、数据联动,进一步丰富服务功能,提高服务的智能化水平,拓展数据分析的深度和广度,探索以数字化改革成果促进就业优先政策的落实。杭州积极从"云端"发力,线上招聘不停歇,打造公共"云招聘"平台。通过系统重塑、流程再造、功能优化等手段,全力打造"杭州就业"线上招聘PC端和移动端平台,实现用人单位和高校毕业生求职招聘渠道"空中对接"。搭建技能人才培养平台,深入实施"金蓝领"职业技能提升行动,全面推进"十万技能人才共富能力大提升行动",聚焦县内各行业各领域的需求,以及劳动者的培训提升要求,合理设置培训项目和课程。搭建动态监测平台,动态监测保障企业稳岗稳产。根据企业用工缺工总量、缺工类型、岗位技能需求、订单消化积压水平等情况,建立全区重点行业用工数据库和紧缺职业(岗位)数据库。构建富余劳动力与缺工企业信息交互机制,鼓励企业合理调配人力资源。如在鞋类制造业密集的丰门街道推行"共享订单"模式,让缺工企业与劳动力富余企业之间实现"共享用工",有效解决"用工荒"和"用工闲"的矛盾。

浙江省"数字就业"应用场景对失业重点人群实现从识别到帮扶再到就业的全周期服务流程再造,着力破解就业服务中的信息掌握不够全面、服务不够高效和帮扶不够精准等难题。"数字就业"打通了省(区、市)人社、民政、教育等多部门数据,并结合社工走访排摸,较为精准地掌握了居民就业情况,包括各类失业原因及占比等。如社保停缴3个月以上的居民,系统会自动预警,社工便可上门走访,及时掌握信息。从识别到帮扶,到再就业,数字赋能实现就业全周期服务闭环。系统建立了一个汇集58同城、人力资源产业园等处招聘信息的岗位信息库。系统可以根据失业人员的就业意向"智慧"匹配,经工作人员后台筛选后,即可直接以短信方式将匹配的岗位信息推送给失业人员,为失业人员再就业提供更多的岗位参考。

衢州市构建"企业服务"子场景,打造疫情"云上零工"市场。筛选采茶、家庭农场、光伏制造、家政服务、来料加工等临时性、季节性用工需求大的行业,发动企业、个体户入驻,用工主体可实时发布招聘岗位、薪资、技能工种和学历需求等,实现就业岗位"一网打尽"。用工主体发布岗位后,在招聘管理功能中对应聘人员进行查看、拒绝或录用,双方达成一致后通过"人脸识别"技术网签电子协议,协议根据用工实际分为劳动关系、劳务关系和雇佣关系3种类型,通过明确工作内容、时间、地点、薪酬、社会保险和职业伤害等8大关键要素,将以往灵活就业的"口头协议"变为"书面协议",提供电子合同签署、保存、查阅或调用的线上闭环服务,维护双方合法权益。

针对重点群体就业问题,浙江省政府在《浙江省人力资源和社会保障厅等17部门关于进一步做好高校毕业生等青年就业创业工作的通知》中提到,持续开展公共就业服务进校园活动,推进公共就业招聘平台和高校校园网招聘信息共享。完善高校毕业生就业岗位归集机制,相关部门按职能负责收集机关事业单位、国有企业、重大项目、城乡基层等高校毕业生就业岗位需求计划,由人力社保部门汇总后在指定的平台集中向社会发布并动态更新。整合省市县力量,在浙江人才网、浙江省大学生网上就业市场统一集中发布岗位信息,打造权威公信的高校毕业生就业服务平台。密集组织线上线下专项招聘活动,积极发动服务机构、用人单位进校园招聘。鼓励各地充分利用新媒体平台,推广直播带岗、名企推介等模式,多渠道提升招聘成效。畅通线上失业登记、求职登记渠道,依托"重点群体就业帮扶在线"应用,加强基层摸排,与有就业意愿的离校未就业高校毕业生普遍联系,为每人免费提供1次职业指导、3次岗位推荐、1次职业培训或就业见习机会。

浙江各地围绕提升就业创业质量谋新招、出实招。杭州实施"公共就业服务进校园"行动,采用导师面对面及人工智能实时政策咨询等模式,为46所长三角高校学生提供不断线就业服务;丽水每年培训农村劳动力3万人以上,1.46万名"云和师傅"引领带动全国100多万名农民发展产业;天台县建立在校大学生库,为本地户籍高校毕业生提供从入学到就业的全程跟踪式、订单式服务。为应对疫情影响,各地积极推行劳动力余缺调剂,促进用工平衡。杭州还从"智慧"着眼,政策咨询不掉线。立足服务对象需求,创新推出"数智就业"小程序,实现"政策智推"和"政策智配"的7×24小时智慧就业模式。一方面,通过"数智就业"AI机器人,向用人单位和高校毕业生智能推送可享受的就业创业政策;另一方面,用人单位和高校毕业生登录"数智就业"手机端后,AI智能机器人实时从数据中枢进行条件比对,3秒自动生成其能享受的所有就业政策,实现政策咨询"无碍智询"。义乌市人社局将培训重点瞄准"互联网+"直播创业培训,自主开发了"干货满满"的浙江省首套"互联网+"直播创业培训课程体系,包括高转化率直播内容设计等36课时的线下集中授课和主播职业生涯规划等20课时的线上在线学习。同时,于2021年4月推出"义乌市马兰花创业培训教学管理服务平台",实现培训机构全覆盖、培训人员全实名、培训过程可追溯、培训质量可监控的全流程效果评估体系,大大提升创业培训实效性。

(四)京津冀

1.北京市

在政策层面,《北京市"十四五"时期人力资源和社会保障发展规划》指出:一是防范化解规模性失业风险。完善就业需求调查和失业监测预警机制,跟踪监测个人就业、单位用工、市场运行等状况,综合分析应用宏观经济、人口变动、市场监管、社保缴纳等大数据资源,精准研判、预测就业形势。构建失业风险防控应急响应机制,研究失业风险等级标准和防控应急预案,做好政策措施储备,防范失业风险。二是开展进城务工人员进出京监测和就业状况调查,组织线上线下就业服务,满足进城务工人员就业需求。加强进城务工人员基层服务能力建设,完善进城务工人员服务保障机制,指导各区建立完善"务工人员之家"。发挥家政服务员培训输出基地引领示范作用,推进品牌化建设,引导家政企业与基地对接。三是深入推进"互联网+公共就业服务",拓展"就业超市"功能,加强流动人员人事档案信息化建设,提升服务智慧化水平。完善公共就业服务模式,建立服务专员网格化就业服务工作机制,提供个性化服务。深化线上线下服务融合,建设"15分钟公共就业服务圈",促进职住平衡。

《关于推进新时代首都人力资源服务业高质量发展的若干措施》提出,探索建设数字人事档案,提供符合劳动力就业和人才流动发展的流动人员档案数字化服务。

针对高校毕业生就业创业问题,《北京市支持高校毕业生就业创业若干措施》提出,要积极开展档案政策宣传,动态更新发布各区公共就业服务机构名录,方便高校和毕业生查询。推动线上签约,落实入职体检结果互认。集成实名服务、求职招聘、就业见习等事项"打包办",推行高校毕业生创业开办市场主体"一网通办"。

2.天津市

《天津市人力资源和社会保障事业发展"十四五"规划》提出以下措施。

一是健全市和区就业服务中心、街道(社区)公共服务平台等多层次的公共就业服务体系。搭建智慧就业信息化服务平台,推进就业创业服务网上办理。健全

就业需求调查和失业监测预警机制,有效防范规模性失业风险。完善网上就业服务平台、就业服务移动终端等功能,畅通线下线上相结合的公共就业服务渠道,提升公共就业服务标准化、智慧化、专业化水平。

二是建立就业岗位调查制度,改革完善城镇新增就业、登记失业统计制度,加强就业大数据分析,加强高校毕业生、进城务工人员、灵活就业人员等重点群体流动就业状况和市场招聘需求变化跟踪。

三是在智慧就业大厅、公共就业服务机构、劳务协作受援地工作站等场所配备智慧化终端设备,提供便利化的智能引导和智慧化自助服务。搭建统一系统的综合就业服务平台,通过行业细分、智能匹配、精准推送等方式,面向全市各类就业创业人群,提供人岗信息匹配、就业线上服务、就业补贴申请审核、就业资金监管、就业数据综合分析等全方位智能化就业创业服务。

四是大力推进"智慧人社"系统建设,落实人社部信息化便民创新提升行动要求,全面实现"全数据共享、全服务上网、全业务用卡",全面提升信息化创新应用能力,全面提高信息化便民服务水平。按照人社部行业标准和技术架构,搭建"智慧人社"的基础支撑云和数据库。开展人社数据治理,实现人社信息"同数同源",实现人社数据资源"全数据共享"。建设"智慧人社"核心业务系统,依托标准化业务经办规程,开发智慧就业、数字社保等核心业务系统,形成数据规范化、管理精细化、服务精准化的一体化智慧人社系统,实现人社业务"全服务上网"。

3.河北省

《关于做好高校毕业生城乡基层就业岗位发布工作的通知》提出,要强化动态跟踪服务。对到城乡基层就业创业的毕业生,要做好档案转递、社保缴纳、劳动权益维护等服务保障。

(五)中部地区

1.郑州市

在政策层面,河南省积极促进数字经济领域发展来吸纳更多就业人员。2021年12月印发的《河南省"十四五"人才发展人力资源开发和就业促进规划》提到,加快发展数字经济,打造数字经济发展新高地,推动数字经济和实体经济深度融合,催生更多新产业新业态新模式,培育多元化多层次就业需求。持续开展"上云用数赋智"行动,推进传统线下业态数字化转型赋能,创造更多数字经济领域就业机会。

推广在线服务、共享服务、无人服务等发展新模式,培育平台经济新业态,推进平台经济健康有序发展,带动更多劳动者依托平台就业创业。

完善就业失业统计监测调查体系。加快构建系统完备、立体化的就业失业监测信息化网络,逐步实现劳动力市场、企业用工主体和劳动者个体全覆盖,全面反映就业增长、失业水平、市场供求状况。完善就业统计指标体系和调查统计方法,探索开展就业质量、就业稳定性等分析。建立省级调查失业率按月统计发布制度,推动市级调查失业率调查统计工作。建立健全城镇实名制就业、调查失业率、重点企业用工、职业供求分析、失业风险预警等指标统计监测体系,强化第三方数据质量核查,提升综合分析应用能力。推进大数据在就业统计监测领域的应用。

在平台建设层面,河南省加快推动公共就业创业服务数字化转型。深入实施"互联网+"公共就业创业服务,加强全国公共就业信息服务平台建设,强化移动端应用,打造集政策解读、业务办理咨询于一体的智能服务体系,充分利用大数据技术,提升精准服务能力,提供全方位公共就业服务。做大做强数字经济创新创业服务孵化平台,支持建设一批数字经济创新创业孵化机构。鼓励高校、科研机构发挥技术优势,建设数字经济创新创业服务平台,盘活优质技术资源,服务数字经济创业企业发展。

2.武汉市

在平台建设层面,湖北省推动以"互联网+"、大数据和人工智能为代表的新技术在全省就业领域的广泛应用,在《湖北省"十四五"就业促进规划》中提出,加快先进制造业发展,全面推进新一轮技术改造升级,推进重点传统产业高端化、智能化、绿色化,促进制造业高质量就业。实施战略性新兴产业倍增计划,打造"光芯屏端网"、大健康等具有国际竞争力的万亿产业集群,提供更多高质量就业机会。提高公共就业服务信息化水平,充分利用"湖北智慧就业服务平台""湖北公共招聘网",构建全省统一、线上线下一体的就业创业服务,强化经办、监管、统计、分析、风险管控、大数据应用、智慧服务等功能,支持资金审核监管和服务绩效考核,支撑就业形势分析研判。推动服务向移动终端、自助平台延伸,打造集政策解读、业务办理等于一体的人工智能服务模式。充分挖掘数字经济、平台经济中的就业机会,引导高校毕业生多渠道灵活就业。推动新就业形态领域依法合规用工,维护从业者合理报酬和社保权益,加强新就业形态劳动者权益保障。

四、重庆市就业创业数字化转型路径

(一)总体思路与基本原则

1.指导思想

以习近平新时代中国特色社会主义思想为指导,深入贯彻党的二十大全会精神,全面落实习近平总书记对重庆提出的重要指示要求,立足新发展阶段,完整、准确、全面贯彻新发展理念,积极融入和服务新发展格局,深入实施就业优先战略,强化就业优先政策,促进高质量充分就业。

一是必须毫不动摇坚持新发展理念,使之贯穿就业工作全过程各领域,不仅要在建设现代化经济体系、推进乡村振兴、促进区域协调发展、推进高水平对外开放等国家重大战略中稳定和扩大就业,还要充分发挥市场在资源配置中的决定性作用,更好发挥政府作用,深入实施人力资源供给侧结构性改革,充分开发利用人力资源和提高劳动者素质,在促进高质量就业的同时,为高质量发展提供更坚实的人力资源保障。

二是进一步完善就业优先政策体系、强化培训服务、注重权益保障,千方百计扩大就业容量,持续提升就业质量,着力缓解结构性就业矛盾,继续促进重点群体就业,防范化解规模性失业风险,不断增进民生福祉,为重庆市推动高质量发展、创造高品质生活做出积极贡献。

三是坚持以人民为中心的发展思想,深化落实"放管服"改革、"互联网+政务服务"、优化营商环境要求,推动全市人社服务线上线下深度融合,大力推进"免申即享""直补快办",有效解决群众异地办事"多地跑""来回跑"等堵点难点问题,用创新的思维、改革的办法,持续推进社会保险、就业创业、人才服务、人事管理等人社服务信息化建设,加快推进信息系统整合和数据共享,切实推动人力资源和社会保障事业创新发展。

2.总体思路

一是强化数字思维,创新实施"数字人社"服务模式。依托一库四联盟"数字大脑"实现就业大数据"一屏掌握"。充分运用大数据、智能化技术实现精准对接,为服务对象提供全方位、精准化、智能化的就业创业服务,促进就业创业服务资源共享、互联互通,提升服务效能,以优质高效的就业服务助力就业工作高质量发展。

打造人社西部数据实验室,用"算力"代替"人力",以大数据、智能化促供需精准匹配;用"人力"填补"算法"空隙,培育劳务经纪人、职业指导师、创业导师等,实现群众不出镇、岗位送下乡、政策送上门,全力推动"人找政策"向"政策找人"转变。

二是促进数字经济领域就业创业。依托全国首个数字经济人才市场,以"立足重庆、辐射西部、面向全国"的总体定位,围绕数字经济人才的"引育留用转",以数字技术创新应用为驱动力,加快建设"智造重镇""智慧名城",打造全国领先的数字经济创新发展试验区和全球数字经济创新发展高地,推动数字经济和实体经济融合发展,构建"芯屏器核网"全产业链,集聚"云联数算用"全要素群,塑造"住业游乐购"全场景集,打造千亿级数字经济核心产业集群,扩大数字经济领域吸纳就业能力。支持高校、科研院所、企业建立数字经济领域博士后创新创业园,集聚一批专业拔尖人才,大力引进数字经济高端人才;强化企业重要主体作用,统筹全市高校学科资源调度,培育多层次数字经济人才,拓展数字经济领域创新创业空间。推进传统线下业态数字化转型赋能,促进平台经济等新产业新业态新商业模式规范健康发展,创造更多就业机会。

三是构建系统完备的"智能+技能"人才就业创业服务体系。依托重庆市"智能+技能"数字技能人才培养试验区,率先试点示范,以标准化、智能化、便利化为导向,健全互联互通、业务协同的就业创业公共服务体系。以市场需求为导向,持续开展大规模职业技能培训,探索"互联网+""智能+"培训新形态,推动培训方式变革创新。全面推行重庆特色企业新型学徒制,推广应用"智能就业培训平台",实施"智能+技能"高新技能人才新职业培训。按照"一城双核三区多点"雁阵功能布局,打造具有影响力的数字技能人才就业创业高地,为全国数字经济高质量发展提供有力人才支撑。

3.基本原则

一是聚焦就业优先,优化体制机制。发挥好市就业工作领导小组作用,不断强化党对就业工作的领导。坚持经济发展就业导向,注重通过经济增长创造更多高质量就业岗位。始终把稳定和扩大就业作为宏观调控的优先目标,健全就业工作责任制,压实各级政府促进就业主体责任。探索建立就业评估机制,在制定产业、投资等重大政策时,综合评价对就业岗位、失业风险的影响,形成"以增长促就业、以就业稳增长"的良性互动。

二是聚焦稳岗拓岗,扩大就业规模。在援企纾困稳岗上下功夫,综合运用税费减免、社保缓缴、稳岗返还、吸纳就业奖补等助企纾困政策,稳住市场主体,稳定就业岗位。在创新创业上下功夫,实施"渝创渝新"创业促进计划,发挥好创业担保贷款、创业孵化基地作用,定期举办创新创业活动,营造良好的创业生态,创造就业岗位。在拓展县域就业容量上下功夫,对接县域产业发展、以工代赈、乡村振兴等项目,促进就地就近就业。在促进灵活就业、支持规范发展新就业形态上下功夫,拓展就业岗位,使人人都有通过勤奋劳动实现自身发展的机会。

三是聚焦重点群体,守住基本大盘。实施百万青年就业促进计划和大学生创业启航计划,拓宽市场化社会化就业渠道,扶持毕业生创新创业,落实实名帮扶举措,帮助困难毕业生和失业青年就业创业。开展劳务协作,发展劳务组织和经纪人,培育劳务品牌,拓宽农村劳动力特别是脱贫人口就业渠道,稳定就业规模。畅通失业人员求助渠道,健全失业登记、职业介绍、职业培训、职业指导、生活保障联动机制,实施困难人员"一对一"帮扶,确保零就业家庭动态清零,让重点群体就业有出路、生活有保障。

四是聚焦技能培训,破解结构矛盾。以市场需求为导向,充分发挥有效市场和有为政府的作用,健全覆盖城乡劳动者、贯穿劳动者学习工作终身、适应就业创业需要以及高质量发展需求的终身职业技能培训制度,推动解决结构性就业矛盾。全面推行企业新型学徒制,落实专项培训计划,实施创业培训"马兰花计划",按需开展特色职业(工种)培训和新职业培训。引导培训资源向市场急需、企业生产必需等领域集中,动态调整培训项目目录。加强紧缺职业工种培训,优化培训资金管理,培训补贴直达企业和培训者,让更多劳动者在"好就业"的基础上实现"就好业"。

五是聚焦就业服务,兜牢民生底线。健全"户籍、常住、参保、就业"四地就业公共服务供给机制,完善"公共+市场"服务模式,构建"15+5"人社便民服务圈。深化人社领域基本公共服务标准化试点,统一核心业务流程和规范,健全就业公共服务标准体系。用好"一库四联盟",用活"智能就业"平台,加快服务智慧化升级,用大数据配置人力资源,实现从"人找政策"到"政策找人",从"一次办好"到"一次不跑"。

六是聚焦权益维护,促进公平就业。消除影响平等就业的不合理限制和就业歧视,维护公平的就业制度。完善共享用工、远程劳动等灵活用工形式下劳动者权益保护的政策措施。制定重点行业劳动标准,鼓励订立行业集体合同或协议。强化多方联动、齐抓共管的工作机制,加强监管执法,保障好灵活就业和新就业形态等各类劳动者就业权益,切实构建和谐劳动关系,守护劳动者"稳稳的幸福"。

(二)技术路径

一是打造重庆人社就业创业"数字大脑"。以服务对象为中心,以数据整合共享为主线,构建全市统一的人社一体化信息平台整体框架。依托一库四联盟、重庆"渝快办"和数字城市大脑,将全市分散独立的人社就业信息系统整合为一个互联互通、业务协同、信息共享的"就业大脑"。加快推动5G等通信技术在人社就业创业场景中的应用,助力人力社保信息化向智能化升级、向数字化转型。

二是持续动态更新就业创业基础数据库。以"数智就业"为核心,依托人力资源信息库,汇集人社、公安、教委、残联、民政、市场监管、乡村振兴等多部门数据,对全市2100万劳动力精准画像,以大数据为基础实施精准服务,建立起涵盖数据采集、整合比对、分析展示、成果运用为一体的全链条数据分析系统。通过整合数据库资源,开展大数据挖掘和分析,对企业用工、失业状况、农村劳动力转移就业、产业园区、人力资源市场供求等进行智能处理,对现行业人才急需紧缺状况、技能人才状况、高校毕业生情况等进行分析统计和预判,以就业数据可视化具体呈现。

三是完善数字经济重点产业就业创业人才需求数据库。围绕数字产业化、产业数字化重点领域的人才需求,梳理大数据智能化产业的就业创业重点企业、园区的人才需求,联合互联网招聘企业,采取政府购买服务的方式,形成培育"芯屏器核网""云联数算用""住业游乐购"等新业态、新模式、职能职业的就业创业数据库。

四是构建重点就业人群专题数据资源池。依托重庆人力资源服务产业园、互联网人力资源服务企业,整合并汇聚区县园区的人社数据,包括农村务农、在校学生、无就业意愿、无就业能力等非经济活动人员。搭建需求表达平台,全面收集就业困难人员公共就业服务实际诉求,有针对地提供公共就业服务,保障公共就业服务的合理性和有效性。通过"线上+线下"的渠道,方便就业困难人员通过手机或基层就业机构进行意见反馈,及时回访回复,同时将收集的需求信息及时整理收集反馈给上级决策部门。

(三)业务路径

一是积极探索数字人社+就业创业服务新模式。加强与中国联通重庆分公司的战略合作,围绕产业数字化、数字产业化,积极探索"人社+通信"服务新模式。加快建设人社西部(重庆)数据实验室,通过加强人社数据资源产业化研究,在实施就业优先政策、推动社会保险经办提质增效、推动人力资源高效配置、构建和谐劳动关系等方面形成可落地成果,共同探索大数据、区块链等新技术在人社领域的创新应用。

二是加强就业创业数据汇聚共享。依托一库四联盟,持续完善"市级—区县"人社数据共享体系建设。强化就业和人才数据目录管理,依托智慧人社大脑,构建全市"动态就业数据图谱",开展全市就业创业数据普查摸底,梳理重点产业、各区县就业数据的数量、类型、更新周期、产生来源、支撑应用等情况,分行业、分地域、分人群构建覆盖"产业+重点群体+专业+企业+职业+技能"的就业数据图谱,形成全市就业数据动态"一张图"。

三是加快就业创业"数"尽其用。坚持应用导向,强化产业、企业和园区直接的数据共享协同,实现数据应享尽享。依托"一库四联盟"和智慧人社大脑,坚持需求为主,综合分析数据共享开放至各区县,实现各区县查询本区域内数据,支持其在系统内直接记录服务过程。进一步完善人社系统内部的数据需求意愿和对接反馈功能,支持区县实现就业创业推送的精准服务。建设智能匹配算法模型,通过智能就业微信小程序、重庆就业网、企业人才供需服务 App、短信等方式实现人才、岗位、政策推送等多项功能。

四是打造就业创业数字化创新工作服务模式。把人力资源信息库作为基础数据库,持续推进"减证便民"行动,让群众少填表、少交证、少跑腿。推行免申即享、直补快办,通过大数据精准比对筛选补贴对象,提升群众满意度。完善数据统计分析,动态掌握就业失业、服务对接、政策享受情况,为政策制定、活动开展、重点帮扶等提供数据支持。基于各类数据资源,运用大数据技术对各类服务对象的基础属性、业务属性、行为轨迹进行"画像",开展比对和关联分析,准确描述不同群体、个体的业务行为特征,核验服务对象的业务状态,形成对服务诉求的感知与预判能力,为面向服务对象提供更具个性化的主动服务奠定基础。大力推进"不见面"办事,积极提供"不见面服务",引导企业群众线上办事。在保持政务服务事项"跑零次"、材料电子化、线上可办率100%的基础上,不断提升政务服务办件线上受理率。充分利用数据共享成果,全面推行证明事项告知承诺制,实现"无证明人社",民生事项"一证通办"实现率100%。大力推动"一件事"业务协同系统集成,"一件事"100%可网上办、掌上办。

五是实施数字化就业创新服务新举措。利用大数据技术,通过对服务诉求的实时感知与动态分析,为各类服务对象提供更具个性化的主动服务,变"服务对象找我"为"我找服务对象"。通过汇聚整合人口、就业、社会保险等数据资源,准确感知劳动者就业创业和人才服务需求,提供针对性服务;准确感知离校未就业高校毕业生、就业困难人员等重点群体需求,实施分类帮扶和精准扶持;准确感知广大群众的社会保障诉求,提供贴心服务。整合就业登记和社保登记两项高频业务,实施"就业社保一件事"联动登记新举措。通过优化各项业务程序的流转链接,打通各个登记信息的交互环节,实现就业登记与社保登记两项业务数据的互联互通。用人单位在进行社保登记时,系统将自动对数据进行比对校验、共享交换等处理,生成有效就业登记信息;失业人员成功申领失业保险金业务时,系统将自动为其办理失业登记。

(四)政策路径

一是做好数字化顶层设计。成立重庆数字人社专家委员会联系制度,在制度保障、供需层面、数据的"聚通用"等方面提出数字化转型的体制机制、管理机制、业务机制框架体系。围绕人社信息化建设的整体规划,以业务一体化为基准,数据全贯通为核心,提升服务能力为导向,全力打造集智能经办、智慧服务、动态监管、大数据决策为一体的智慧就业重庆模式。继续落实延续实施减负稳岗扩就业政策。各地细化实化失业保险稳岗返还、以工代训等各项政策措施,支持企业稳定岗位。促进创业带动就业,拓展就业渠道。

二是加强就业政策与财政、产业、区域、投资、消费、人口等政策协调联动。建立健全重大产业、项目、投资对就业的影响评估和同步应对机制。支持吸纳就业能力强的服务业和中小微企业、劳动密集型企业发展,创造更多就业机会。健全常态化援企稳岗帮扶机制,扩大政府购买专业化社会服务的规模,引导企业稳定和增加就业岗位。加快清理调整不适应新就业形态发展的制度规定,健全包容审慎监管制度,形成适应和引领新就业形态发展的政策环境。

三是完善数字+就业创业补贴政策,加大对新就业形态从业人员就业创业帮扶力度,加强新职业培训。完善就业管理服务和统计制度,将新就业形态从业人员纳入就业管理服务范围并享受促进就业优惠政策。健全适应新就业形态的劳动用工、工资支付、社会保障等政策措施,完善灵活就业人员参加城乡居民基本养老保险兜底政策,建立新就业形态人员职业伤害保障制度,维护灵活就业人员合法权益。

四是推进就业与智能化监管结合。建设由业务审核、后台监控、分析评估等模块构成的岗位风险防控系统,推动形成"互联网+"风险防控、培训监控及就业失业基金运行分析的新体系,实现各项就业创业工作事前、事中、事后的运行分析与监控。例如,浙江余杭建立的大数据系统,与社保、税务、银行等部门共享信息,有效防欠薪治欠薪的经验做法,为就业创业公平提供了良好的模式范本。

五是推进智慧就业与数据互联共享结合。以就业实名制数据库为支撑,协同人才、工商、社保等多部门数据采集为补充,创造性地实现系统内部、外部的数据共享,拓宽就业实名制数据来源渠道,扩充失业动态监测企业(机构)规模,推动就业实名制动态管理与就业创业指标评价相融合。

(五)协同路径

一是强化政府就业创业领导。围绕人力资源信息库,搭建数字化就业综合服务平台。构建跨成渝地区、重庆一体化的数字化就业创业综合服务平台,实现互联网技术和人力资源管理的深度结合,打通重点区域内政府、高校、企业间的信息共享渠道,完成线上面试、电子签约、就业审核以及相关报到手续等程序。由市人社局牵头,组织由区县、产业园区、用人企业三位一体组成的联办联动工作小组,协同制定工作规程和业务流程。进一步加强人社就业数据格式、字段的标准化建设,推动事项的名称、类型、依据、编码和指南统一规范。区县人社部门做好统筹规划,提出跨机构、跨地区、跨层级办理业务的解决方案,确保改革措施的系统性、整体性、协同性。充分发挥就业创业虚拟现实平台"渝小就"App的数字化功能,基于Web3.0和数字孪生技术,复刻活动周线下场景,全方位展示活动周概况、活动资讯、招聘信息、展销产品等内容,市民可以第一视角,沉浸式体验网络求职的便利。

二是大力实施企业就业创业引导。鼓励区县、产业园区及人力资源服务机构可以结合当地数字经济产业布局和发展实际,组织开展相关行业的创新创业大赛、成果展示交流等活动,邀请投融资机构、天使投资人、创业导师考察对接,为创新创业项目成果的转化孵化,提供广阔平台。依托西部(重庆)科学城大创谷信息共享中心,建立大学生创新创业信息共享平台,利用云计算、大数据等信息化技术加强创新创业要素资源整合和数据统计分析,及时发布创新创业政策、市场发展趋势和产品需求等,为大学生精准推送行业市场动向和需求等信息。加强对大学生创新创业项目的线上跟踪服务,畅通对接渠道,积极举办适合项目需求的投融资对接会。鼓励有条件的企业进一步加强与人社部门、人力资源协会、培训机构、高校等建立紧密、稳定、全面的就业合作关系,助推"互联网+人社"高质量发展。

三是积极鼓励重点就业人群就业创业主导。针对高校毕业生、进城务工人员等重点群体,重庆从"线上+线下"齐发力,多方搭建劳动供需对接平台,并以大数据智能化技术赋能,提升供需双方匹配效率,持续助力就业创业。依托直播招聘品牌、重庆智能就业平台,鼓励区县人力资源服务机构每周开展"云就业"直播招聘,企事业单位的招聘人员化身主播"直播带岗",以短视频展示工作环境,在线解答求职人员的疑问,老员工"现身说法"畅谈工作感受,鼓励求职者和用人单位在线上完成简历投递、远程面试、电子合同签订等求职招聘全流程。深入实施创业培训"马兰花"计划,鼓励有创业需求的返乡人员积极参加创业培训。鼓励农村重点群体不断学习新知识来提高自己的就业数字化技能和数字素养,适应新的工作要求。

四是加快高校就业创业指导。依托重庆西部科学城、两江新区在数字产业化、产业数字化招才引才的优势,采用数字化手段,为应届毕业生提供合适的就业岗位。鼓励市内高校基于自己的数字化平台建立动态跟踪的调研和反馈机制,向就业困难学生提供个性化指导,引导并支持大学生"云创业、云就业"。鼓励高校就业指导部门可以开放一定的信息数据权限给用人单位,用人单位可以一键登录将用人需求广而告之,应聘简历可根据编程自动匹配到适合的职业机会。市人社局、市教委牵头出台《大学生数字化就业指导意见》,指导高校开设"数字化就业教育"必修课程,将提高学生信息素养和数字化就业能力作为全校通识教育的核心目标,让应届毕业生认清数字化就业的新趋势,看准数字化产业的发展方向,熟练掌握数字化就业创业工具的应用技能,熟悉数字化就业创业的形态、业态、生态。以"一人一策"等方式,为学生数字化就业提供全方位指导服务,积极引导毕业生找准职业定位,合理调整预期,提高高校毕业生就业率和就业质量,提高教育对数字经济发展的贡献度。

实施高校党委书记校长负责制的就业创业数字化行动。支持重庆大学、西南大学、重庆邮电大学面向大数据智能化产业用人需求,开展高校书记校长访企拓岗促就业专项行动,实现产学研用部门精准协同、精准指导等多措并举,力保就业大局稳定。建立重点学生群体就业信息台账,"一生一策"做好精准帮扶,关心未落实学生的痛点、难点和心理状况,争取把每一个毕业生都推送到适合他们的岗位上去。

进一步完善数字化就业创业的指导服务体系。健全就业创业指导服务体系,组建专业化就业创业导师队伍,推动就业创业服务向校园延伸。完善离校未就业高校毕业生实名登记制度,强化"一对一"精准就业服务,多渠道搭建职业指导、职业培训、就业见习、创业实践和就业服务平台。

积极深入开展大学生就业线上+线下数字化招聘活动。举行校园专场招聘会、网络匹配会、校园宣讲会等活动。利用大数据对用人单位和毕业生的相关信息进行分析匹配,针对不同专业的高校毕业生和不同类型的用人单位,举办相应的人才交流会,提高大学生就业成功率。发动全市公共就业人才服务机构、人力资源服务产业园、大学生就业创业公共服务中心共同开展线上招聘、带岗直播、就业指导、职业体验等活动,加强企业、人才的供需对接,提高高校毕业生的就业能力,营造良好的就业环境。

五是深入实施人力资源服务机构就业创业向导。依托重庆人力资源服务产业园的优势,实施"互联网+人力资源服务"行动,面向现代金融、科技创新、教育医疗等领域开展跨界服务,为新就业形态、灵活就业人员提供专业化服务。

推动人力资源服务业数字化高质量发展。人力资源服务机构应围绕制造产业基础高级化、产业链现代化提供精准专业服务。增强管理创新、技术创新、服务创新和产品创新,大力发展人力资源管理咨询、高级人才寻访、人才测评等高人力资本、高技术、高附加值业态。

开展就业创业数字化技能培训。企业联合职业院校(含技工院校)和职业培训机构广泛开展定向、定岗培训,增强职业培训实用性。积极推广"互联网+"职业培训新模式,增强职业技能培训的适应性和灵活性。提升职业技能培训基础能力,建设公共实训基地和产教融合实训基地,推动各行业培训资源共建共享。提升学员大数据应用技术,并在培训结束后举办就业推介会,帮助学员在家门口就业。紧密结合市场需求,优化就业创业培训项目、产品,提供各类实用型就业创业指导服务。对有创业意愿的劳动者,提供职业规划、创业指导、招聘用工、经营管理、投融资对接等一体化服务,通过服务创业有效带动就业。

课题负责人:袁　野

课题承担单位:重庆邮电大学

课题主研人员:祖　纯　申永康　万晓榆　陈林枝　王奇升

人口老龄化对社会就业的影响研究

摘　要: 伴随人口老龄化程度的不断加深,随之而来对就业的影响逐渐显现。以重庆市近些年的面板数据为基础,分析人口老龄化与就业之间的关系,可得出以下结论:随着人口老龄化的加剧,劳动力人口总量及占比将持续下降,就业率呈整体下降态势,但与此同时,老龄人口人力资源价值发挥不充分等问题一直存在;老龄人口就业的意愿和能力越来越强,面对社会就业问题,坚持积极老龄化观念,促进老年人再就业,释放老年人口红利,将成为有效应对老龄化对就业负面影响的关键举措。

关键词: 人口老龄化　劳动力供给　老龄人口再就业

一、绪论

(一)研究背景及意义

1.研究背景

党的二十大报告指出,强化就业优先政策,健全就业促进机制,促进高质量充分就业。习近平总书记多次强调,就业是最大的民生工程、民心工程、根基工程,是社会稳定的重要保障,必须抓紧抓实抓好。中央要求做好"六稳"工作,其中稳就业居于首位。就业关乎社会大局,既是经济发展的"晴雨表",又是社会稳定的"压舱石"。人口因素作为经济社会发展的最基本因素,在国家或地区经济社会发展中,相比于人口数量增加对经济增长产生的影响,人口年龄结构变动对我国经济增长和结构调整的影响将更加长远,人口老龄化对我国就业的影响日益显著。"劳动年龄人口比重上升、抚养负担较轻"的人口年龄结构优势,对经济增长十分有利[①]。随着人口老龄化问题的加重和人们生育意愿的变化,人口年龄结构发生巨大转变,主

[①]　徐翔.就业结构变动对区域经济增长影响的差异分析[D].重庆:重庆理工大学,2014.

要表现为"两升一降"——老年人口比重上升,劳动年龄人口比重攀升,少儿人口比重下降[①],因此,破除妨碍劳动力资源的体制,降低人口年龄结构对就业的影响,解决好老龄化背景下的就业问题,对经济社会发展具有深远意义。

当一国或地区60岁及以上老年人口占总人口比重的10%,或是65岁及以上老年人口占总人口比重的7%,国际上通常即认定该国或地区进入了人口老龄化社会。我国人口老龄化程度逐渐加深,根据第七次全国人口普查结果,我国60岁及以上人口为26402万人,占总人口的18.70%,其中65岁及以上人口为19064万人,占总人口的13.50%[②]。与2010年相比,60岁及以上人口的比重上升5.44个百分点,其中65岁及以上人口比重上升4.63个百分点。《大健康产业蓝皮书:中国大健康产业发展报告》指出:预计到2050年我国60岁及以上人口将达到4.83亿人,占总人口的34.1%,65岁及以上人口占比将增至28.1%。显然,我国人口结构出现了明显变化,未来人口老龄化问题将由个体、家庭的问题向群体、社会的问题转变,劳动年龄人口老化趋势加剧,劳动年龄人口就业率呈逐年下降趋势,就业人口年龄结构呈高龄化趋势,以及人口老龄化规模大、增速快等特点,必将给就业水平和结构转型升级带来新的机遇和新的挑战。

重庆市人口老龄化问题在全国更为突出,第七次全国人口普查结果显示,全市60岁及以上人口占人口总量的21.87%,其中,65岁及以上人口占总人口的17.08%,高出国家4.3个百分点。市场上劳动力的供给量急剧减少,对提高劳动力供给保障水平和促进就业稳定增长提出了更高要求,提高对个体和不同群体就业全生命周期开发水平、研究推进老年人再就业已经刻不容缓。因此,加强重庆市人口老龄化对就业的影响研究,更具有现实意义。

2.研究意义

(1)理论意义

系统梳理人口老龄化与社会就业的相关文献,掌握该方面课题研究的最新进展,发现已有研究的不足,总结人口老龄化对社会就业影响的历史经验,为未来研究人口年龄结构对社会就业的效应提供参考和启示。有助于建立比较全面的、清晰的分析理论与研究框架,研究人口老龄化对社会就业的影响途径、带来的多面影响,进一步丰富人口老龄化与社会就业的理论。有助于研究分析人口老龄化对社

---

① 王莹莹,童玉芬,刘爱华.首都圈人口空间分布格局的形成:集聚力与离散力的"博弈"[J].人口学刊,2017,39(4):5
-16.
② 第七次全国人口普查公报.

会就业总量和就业结构的影响方向,深入了解重庆市人口老龄化对劳动力资源与社会就业影响之间的内在联系,为政府部门积极应对人口老龄化,制定与老年人再就业相关的促就业稳就业措施提供理论支撑。有助于丰富人口老龄化背景下就业预测理论,为未来就业水平和结构的变动规律提供预测机制。

(2)实践意义

人口老龄化对就业的供给面和需求面均有显著性影响,也是影响经济增长的重要因素,通过本文研究为找寻人口老龄化背景下的就业出路提供新思路,为政府部门制定完善的就业宏观调控政策提供决策依据。有助于重庆市立足自身经济社会发展实际和就业调控需要,构建人口老龄化与就业的动态监测机制,更加客观、及时、真实地反映人口老龄化对社会就业的影响趋势,为进一步研究完善促进老年人再就业提供科学务实、便于操作的政策工具和手段,以便提出更有针对性的缓解人口老龄化对重庆市社会就业影响的应对之策。日益加剧的人口老龄化问题蕴藏着就业结构转变的深层内涵,充分理解人口老龄化与就业水平、结构的内在逻辑关联,对促进地区稳定高质量就业十分必要,把人口老龄化对社会就业带来的机遇和挑战,转化为经济结构转型升级的现实依据。当前,重庆市经济发展面临需求收缩、供给冲击、预期转弱三重压力,"稳就业"和"保居民就业"等民生工作迫在眉睫,通过科学地分析预测重庆市人口老龄化背景下人口就业水平及结构变动的特点,探讨人口年龄结构对重庆就业影响,研究制定人口老龄化对就业的影响评估机制,更好发挥老年人再就业对经济发展的带动作用,对于重庆加快经济结构转型升级、全面建成小康社会来说,具有非常重要的现实意义。

(二)研究的思路与框架

在研究的思路上,本课题按照"背景意义—文献回顾—理论分析—现状分析—影响分析—问题分析—政策分析"的逻辑。首先介绍研究背景及意义,提出研究的相关基础理论——人口老龄化理论、就业理论等,同时阐述国内外有关研究成果。随后,对本课题研究的理论基础知识进行梳理分析,明确了人口老龄化、就业等关键词概念内涵,将不同年龄人口数量对就业总量、就业率、就业结构的变化趋势进行相关性分析。具体利用2000—2020年的人口普查数据和统计年鉴相关数据,进行比较分析和截面数据分析,得出人口老龄化对就业影响的研究结论,并提出当前应对人口老龄化促进老年人再就业的困境和相关政策建议。具体章节分布如下。

1.绪论

简单介绍本文的选题背景和研究意义,概括了研究内容及研究方法,对相关国内外研究文献做出梳理呈现,并简要概述了整篇的内容框架。

2.人口老龄化与就业的理论基础

介绍人口年龄结构、人口老龄化、就业、就业总量、就业结构等相关概念,熟悉了解有关理论知识为获取数据进行深一步研究做铺垫,从理论上分析人口老龄化对就业的影响。

3.重庆市人口老龄化与就业变动情况

搜集重庆市2000—2020年人口变动相关的统计数据,着眼于人口规模、人口年龄结构、劳动年龄人口、人口老龄化的变动情况全面分析重庆市人口老龄化的转变过程及未来发展趋势。以重庆市劳动力供给状况为切入点,从就业总量、就业率、就业结构等方面深入分析重庆市就业变动过程及特征。

4.重庆市人口老龄化对就业的影响

分别对劳动年龄人口、就业总量、就业率、就业结构相关数据和变动趋势分析判断,得出人口老龄化对劳动年龄人口及就业率、劳动力市场供需关系、三次产业就业结构影响的结论。

5.人口老龄化背景下老年人再就业的困境

结合研究的结论,提出人口老龄化背景下老年人再就业存在传统就业观和养老观根深蒂固、老年教育资源供给不足、社会和市场对老年人再就业认可度低、老年人再就业保障机制不完善等困境。

6.促进老年人再就业的对策建议

结合研究的结论、人口老龄化背景下老年人再就业面临的困境,提出从完善老年人再就业法律保障体系、加快推行弹性退休制度、优化老年人再就业环境、引导社会和个人观念转变、畅通老年人再就业渠道等方面着手,促进老年人再就业的对策建议。

(三)研究方法

1.文献研究法

主要通过收集、整理有关文献,研究形成对事实的科学认识的方法。本课题重点对人口老龄化理论、就业理论基础等进行了回顾,同时梳理国内外有关人口老龄化与就业的相关研究,并进行述评。

2.描述性研究法

描述性研究法是常用的一种研究方法,本文全程贯穿描述性研究法,通过文字及图表的描述方式对重庆市历年来人口年龄老龄化及就业的变动过程和特点等进行详细直观的阐述。

3.定性分析法

定性分析法主要通过研究事物的形式、性质、特征等,通过实践经验以及主观判断分析,推断出事物的性质和发展趋势。本课题主要探讨人口老龄化的变化、对社会就业产生的不同影响,并对此提出对策建议。

4.比较分析法

比较分析法主要是指把两个或两个以上的数据或者事物进行比较。本文重点对重庆市近二十年的人口年龄的具体指标进行纵向比较,同时对就业的相关数据也进行了比较。

总之,本课题运用理论分析与描述性研究相结合,定性分析与比较分析相结合的一般方法,对重庆市人口老龄化与就业之间的关系和影响进行了理论分析与实践研究,并为应对人口老龄化带来的就业影响,提出促进老年人再就业的困境和对策建议。

(四)国内外研究现状

1.研究现状

回顾国内外相关文献,人口老龄化对社会就业的影响,主要包括对就业总量和就业结构的影响两个层面,因而,有关人口老龄化对社会就业影响的文献,主要从这两个层面展开。

一些学者认为,人口老龄化对社会就业会产生不利影响,研究主要集中在人口老龄化导致劳动力供给数量和质量下降、就业人口下降、就业结构转型等方面。比如,周祝平、刘海斌利用多元回归方法研究了省内和国际两个模型中人口老龄化对劳动参与率的影响,结果表明:老龄化程度上升 7%~10% 将会导致劳动参与率降低 4.2%~6%[①]。蔡昉、王美艳也通过描述性分析发现,我国的人口老龄化趋势正在

---

① 周祝平,刘海斌.人口老龄化对劳动力参与率的影响[J].人口研究,2016,40(3):58-70.

加剧,其结果必然会降低劳动力供应[1]。张从发、王华莹、邓有成等人以第六次人口普查资料为基本依据,进行研究表明,湖北省正处于"人口红利期",但最明显的问题是劳动力资源分布不合理,第一产业劳动力投入过多,而第二和第三产业吸纳劳动力就业力度不够,人力储备不足,阻碍了产业结构优化升级的进程,进而影响就业结构的合理性。[2]韩汝月利用灰色关联度分析和OLS回归分析法得出,河北省的人口年龄结构转变对三次产业结构优化升级产生了显著影响。[3]王莹莹、童玉芬研究表明,随着人口寿命的延长,人口生育率却在大幅下降,造成劳动力人口在逐渐减少,劳动参与率降低,影响经济的发展。[4]卡尔维奇(Kalwij)等研究发现,老年人的再就业会对年轻人的就业造成影响,与年轻人形成竞争关系,造成就业机会的减少。[5]刘馨遥、张励和王杰经过研究发现,从短期来看,老年人再就业会挤占年轻人的岗位,对就业造成一定的冲击,但是从长期来看,是可以延长人口红利的[6][7]。史薇、李伟旭通过对北京市西城区随机抽样调查发现,失能老人对家庭成员(主要指配偶、子女)的照料满意度远远高出保姆或钟点工照料,这意味着伴随社会高龄人口的不断增长,家庭成员的照料任务将不断加重,势必减少家庭劳动力的市场时间,降低整个家庭的劳动参与率。[8]

虽然大多数研究倾向于负面效应,但也有与之不同的观点。一些学者认为,人口老龄化对社会就业具有积极影响,相关研究主要关注老龄化背景下老年人再就业、养老服务产业发展、带动就业结构变化等方面。比如,宋靓珺、王伟基于"老有所为"的视角,认为挖掘老年人口的劳动力是应对人口老龄化的积极措施,要鼓励、支持老年人再就业,实现共赢。[9]郭瑜将劳动力供给分解为劳动参与率、年龄人口数量、人口年龄结构三个部分,通过进一步分析得出,尽管目前我国年龄结构在不断老化,但老年劳动参与率还有较大增长空间,可以提供较大量的劳动供给。[10]孙

① 蔡昉,王美艳."未富先老"与劳动力短缺[J].开放导报,2006(1):31-39.

② 张从发,王华莹,邓有成.人口年龄结构变化对产业结构调整的影响:以湖北省为例[J].中南财经政法大学学报,2013(6):131-137.

③ 韩汝月.河北省人口年龄结构变动对产业结构调整的影响[D].长春:吉林大学,2019.

④ 王莹莹,童玉芬.中国人口老龄化对劳动参与率的影响[J].首都经济贸易大学学报,2015,17(1):61-67.

⑤ KALWIJ A, KAPTEYN A, DE VOS K. Early retirement and employment of the young[J]. SSRN Electronic Journal, 2009.

⑥ 刘馨遥.延迟退休对中国劳动力市场影响分析[J].中国市场,2019(33):174.

⑦ 张励,王杰.健康状况、延迟退休与就业效应[J].安徽建筑大学学报,2018,26(5):109-118

⑧ 史薇,李伟旭.城市失能老年人照料资源分布及照料满意度的实证研究:以北京市西城区为例[J].北京社会科学,2014(11):29-37.

⑨ 宋靓珺,王伟.中国会迎来"第二次人口红利"吗?——基于"老有所为"理论视角[J].老龄科学研究,2019,7(5):59-69.

⑩ 郭瑜.人口老龄化对中国劳动力供给的影响[J].经济理论与经济管理,2013(11):49-58.

文亮、原新认为,养老产业的发展将会刺激社会消费需求,从而增加就业机会。[①]老龄人口的增多将促进服务业的发展,比如餐饮、旅游等,这给老龄人口再就业提供了机会。[②]老年人的再就业行为会缓解劳动力供给不足的问题,进而促进就业的发展。

2.研究综述

总体来看,研究人口老龄化对就业的影响,既有的研究是通过人口老龄化对劳动力供给和参与率、产业结构优化升级、就业结构合理性等社会就业方面的影响,既有定性研究也有定量分析,既有实证研究也有规范分析。一些研究还针对当下备受关注的老年服务产业发展、老年人再就业、就业结构优化升级等问题做了深入的剖析,并结合当下的经济社会宏观环境,提出了富有建设性的政策建议。

但是,既有文献也存在一些不足之处,主要体现在以下两方面:第一,系统地分析人口老龄化对社会就业不同层面和多维度的影响的文献匮乏,一般的研究都关注某一个层面甚至某一个维度的人口老龄化对社会就业的影响,未能将人口老龄化对社会就业的不同影响纳入统一分析框架;第二,大量既有研究要么采用规范的研究方法,描述人口年龄结构的变化趋势及其对社会就业的影响,要么采用历史经验数据进行回归分析,普遍仅对整体数据进行实证分析,少有研究构建人口老龄化与社会就业分析的理论框架,对人口老龄化影响社会就业的理论传导机制阐释不足。既有文献的不足与缺陷,既是未来研究的方向,也是本课题研究的出发点。本课题将着力解决这两个方面的缺陷与不足,在构建人口老龄化与社会就业理论分析框架的基础上,多维度多角度分析不同的人口老龄化程度对社会就业的影响,并为应对人口老龄化带来的消极影响,提出促进老年人再就业的困境及对策建议。

二、人口老龄化与就业的理论基础

(一)人口年龄结构

人口年龄结构,指一定时点、一定地区各年龄组人口在全体人口中的比重。国际上通常将人口划分为三个大的年龄阶段:0~14岁为少年组,15~64岁为成年组,

① 孙文亮,原新.后人口红利时代的中国新型发展战略:基于老龄化经济影响的视角[J].河南社会科学,2018,26(4):111-116.

② AUTOR D H, DORN D. The growth of low-skill service jobs and the polarization of the US labor market[J]. American Economic Review, 2013, 103(5): 1553-1597.

65岁以上为老年组。[①]影响人口年龄结构的因素包括老年系数、少儿系数、老少比、抚养比、老年抚养比和少年儿童抚养比等。[②]老年系数是指老年人口总数占地区总人口数的百分比;少儿系数是指少年儿童的人口总数占地区总人口数的百分比;老少比是指该地区老年人口数与少儿人口数的百分比;抚养比也称为负担系数,即总人口中非劳动年龄人口数与劳动年龄人口数之比,抚养比越大,说明劳动力人均承担的抚养人数就越多,社会劳动力的抚养负担越严重;老年抚养比和少儿抚养比是指老年人口数或少年儿童人口数与劳动年龄人口数之比。与抚养比关联较大的一个概念是人口红利。所谓人口红利,是指一个国家和地区的成年组人口占总人口的比重较大,抚养比较低,为经济发展创造了有利的人口条件。[③]

(二)人口老龄化

人口老龄化是人口发展的自然变动过程,具体是指某国(地区)由于老年人口增加以及年轻人口减少所引起的人口结构不断老化的情况。[④]从国际经验来看,人口老龄化主要是由人口生育率降低、人均寿命延长导致的。因此,当生育水平、社会福利、医疗保障等出现变化时,人口老龄化是可能发生逆转的。衡量人口老龄化的数量指标有两个,即60岁及以上人口占总人口比例达到或超过10%,或65岁及以上人口占总人口比重达到或超过7%。以此为标准,2000年我国65岁及以上老年人口占总人口比重的7%,意味着我国正式迈入了老龄化社会,而重庆市早在1994年就已超过这一标准。随着社会人口结构的老化,即年轻人口减少,老年人口不断增加,便会导致老年抚养比的上升,所以老年抚养比也是人口老龄化的重要指标之一,具体计算为65岁及以上人口数量与劳动年龄人口数量的比值。人口老龄化程度的加深会加重社会经济的发展负担,例如社会抚养负担进一步加重、劳动年龄人口相对减少、劳动力年龄高龄化问题突出、工作效率及适用能力减退、社会消费结构变化等。

(三)就业

就业是人们获得生活资料的基本途径,也是实现人的自我发展的主要方式,还是经济增长和社会发展的必然要求。我国是人力资源大国,就业不仅是重大的经

---

① 黄冠.人口结构、生育政策调整与住房需求研究[D].武汉:华中师范大学,2020.

② 吴忠观.人口科学辞典[M].成都:西南财经大学出版社,1997.

③ 王秀银.关于人口现代化的几点思考[J].人口研究,2002,26(4):9-16.

④ 李雪.人口老龄化对劳动参与率的影响研究[D].成都:四川省社会科学院,2018.

济问题,也是重大的政治问题。从经济学原理看,就业的本质是指生产资料与人结合后的生产劳动。从个人角度看,就业是劳动者生存的经济基础和基本保障,也是其融入社会、共享发展成果的基本条件。从用人单位看,找到合适的人才以推动本单位的生存发展。从政府职能看,县级以上人民政府把扩大就业作为经济和社会发展的重要目标,纳入国民经济和社会发展规划,并制订促进就业的中长期规划和年度工作计划。随着人口老龄化的深入和城市化进程的稳步推进,劳动力供给数量持续下降,劳动力供给价格不断上涨,对不少产业冲击较大;与此同时,人口年龄结构的变化使家庭消费、储蓄和投资结构相应改变,在影响经济增长的同时,也会影响社会就业,包括对就业总量的影响和对就业结构的影响两个层面。[①]人口老龄化对就业总量的影响,是指人口老龄化变动给社会就业水平带来的变化;人口老龄化对就业结构的影响,是指社会就业结构随人口老龄化状况变化而变化的规律。

1.就业总量

就业总量是指在一个相对独立的社会系统中,总的就业人口数量。国家或地区通常以就业人口占总人口的比重作为衡量劳动力就业总量程度的标准。就业人口是指一定年龄范围内、具备劳动能力、从事一定社会劳动并取得劳动报酬或经营收入的人口。就业人口的界定有三个维度:一是就业条件,指在法定劳动年龄内,即劳动年龄人口;二是工资条件,指获得一定的工资;三是时间条件,即每周工作时间的长度。劳动年龄人口是社会生产的基本要素,劳动力人口中实际参加社会经济活动的就是就业人口,国际上一般认为劳动年龄人口为15~64岁,而我国一般认为劳动年龄人口为16~59岁。就业总量具有发展变动性、地域空间性、生产协作性。分析一个地区、城市的就业总量问题要用发展的眼光、空间的视角、开放的视野来全面审视,不能"画地为牢"。就业总人口数是衡量就业的决定指标,但由于就业者只是人力资源人口的一部分,因此还需要用就业率来反映一个国家和地区就业规模的相对性。就业率是指一国或地区就业人口与劳动年龄人口的百分比。就业率一般公式为:就业率等于就业人口除以劳动年龄人口再乘以100%。

2.就业结构

就业结构又称社会劳动力分配结构,指的是社会劳动力在国民经济各部门的分布、构成比例关系,体现了劳动力资源的变化特征和总体配置状况,反映了国家和地区社会劳动力的利用状况以及经济的发展方向和水平。按照劳动力在三次产

① 黄祖辉,王鑫鑫,陈志钢,等.人口结构变迁背景下的中国经济增长:基于动态可计算一般均衡模型的模拟[J].浙江大学学报(人文社会科学版),2014,44(1):168-183.

业结构的分布不同,将就业结构划分为第一产业就业、第二产业就业和第三产业就业。总体来看,就业结构是联系各行各业的重要纽带,起到联结人口与经济的核心作用。国家和地区的就业结构的状况可从结构合理化和结构高级化两个角度判断。一般来说,各产业之间的劳动力资源能够相互协调,适应市场需求,劳动力资源由一个部门转移到另一个部门后能够较好地适应,能为企业获取最大化效益,就实现了就业结构的合理化。就业结构是否达到合理化的主要标志有:社会劳动力利用率;人民生活质量有没有整体提升等。而就业结构的高级化指随着人均收入水平的提升,劳动力资源从以农业为主的第一产业向以工业及服务业为主的第二、第三产业转移的过程,是一种由低级向高级推进的演变规律,最终促使整个产业朝着高级化发展。就业结构的合理化与高级化都能够反映一个社会现代化发展的程度,对一个国家或地区的经济发展有着重要的指示作用。

三、重庆市人口与就业的变动情况

为客观反映重庆市人口老龄化对就业的影响,根据重庆市历年统计年鉴数据资料,对人口老龄化与就业问题进行分析研究。随着经济社会的快速发展,重庆市人口结构发生了很大变化,从2000年的第五次人口普查到2010年的第六次人口普查,再到2020年的第七次人口普查,可以看出重庆市人口规模、年龄结构、劳动年龄人口与就业人口、就业结构的变化趋势。

(一)重庆市人口的变动情况

1.重庆市人口规模变动情况

随着城市建设和经济的不断发展,人口流动日益频繁,重庆市在2005年人口总量增长由负转正,分别在2011年、2016年出现了两次生育高峰,由于受到经济发展和新冠疫情、家庭和生育观念的转变、医疗水平发展等影响,人口逐渐由高出生、低死亡、高增长的模式转变为低出生、低死亡、低增长的模式。根据重庆市2021年统计年鉴,2000—2020年重庆市人口总数从2848.82万人增加到2020年的3208.93万人,增长率为12.6%,净增360.11万人,如图1所示。这21年的平均增长率为0.6%,2010—2020年的年平均增长率达到1.1%,与前10年的年平均增长率相比,提高了0.9个百分点。在2015年10月实施全面放开二孩政策后,2016年、2017年人口增速明显增加,随后增速减缓,如图2所示。

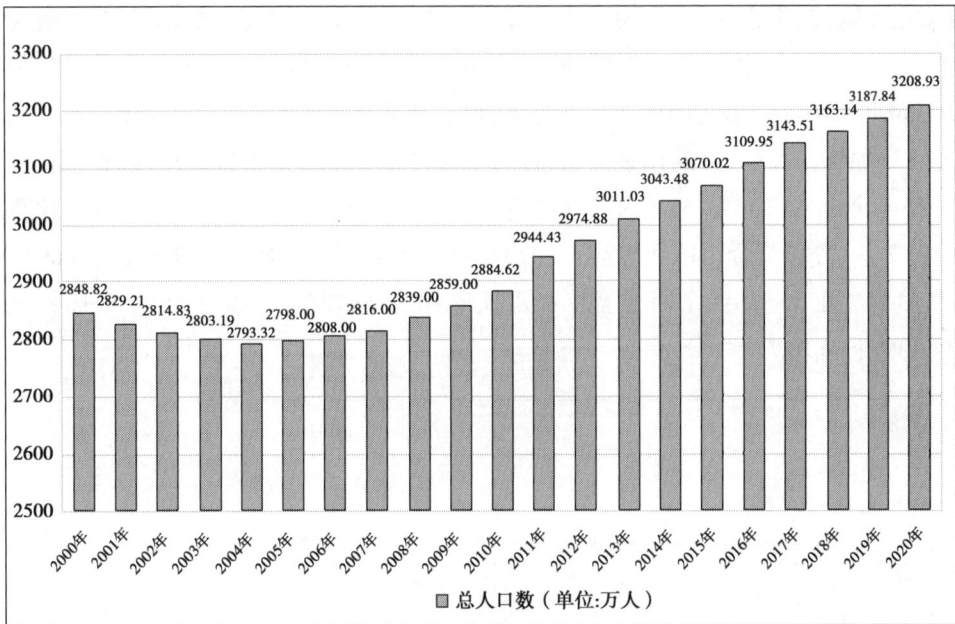

图1　2000—2020年重庆市人口规模

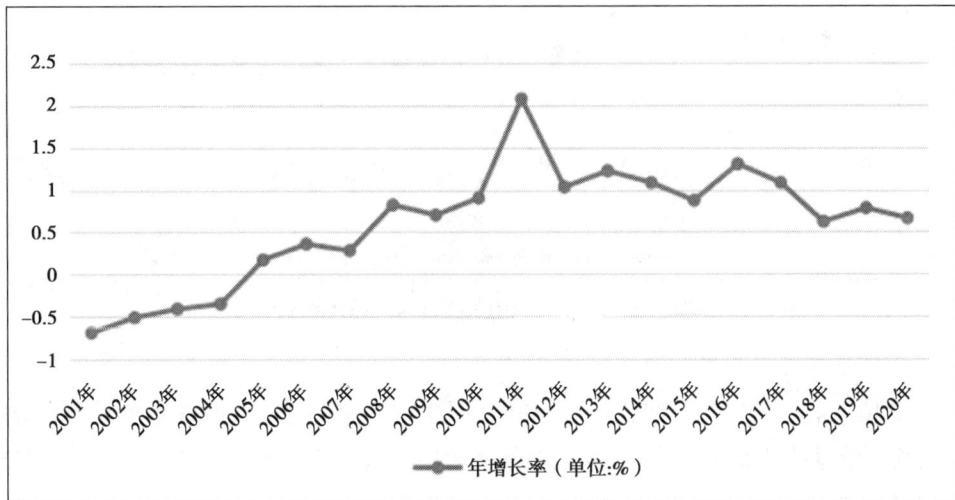

图2　2001—2020年重庆市人口发展趋势

2.重庆市人口年龄结构变动情况

由于本文讨论的是重庆市人口老龄化对社会就业的影响,因此重点从人口年龄结构看,2000—2020年,15~64岁人口数有所增长,所占比重呈"凸"型变化,65岁及以上人口数及比重逐年增长,老年抚养比上升,少儿抚养比基本呈下降趋势。截至2020年,重庆市0~14岁的少年儿童人口数为510.40万人,15~64岁人口数为2150.57万人,65岁及以上人口数为547.96万人。2020年65岁及以上人口数较2000年的241.85万人,净增306.11万人,增长率高达126.57%,自2011年起增长速度明显加快,占总人口的比重由8.84%增加到17.08%,增长了近2倍,如图3所示。2020年全市32个区县65岁及以上老年人口比重均超过14%。其中2个区县比重超过21%,分别是合川区和忠县。2020年重庆市老年抚养比为25.48%,较2000年的13.04%上升12.44个百分点;少儿抚养比为23.73%,较2000年少儿抚养比34.43%下降10.7个百分点。

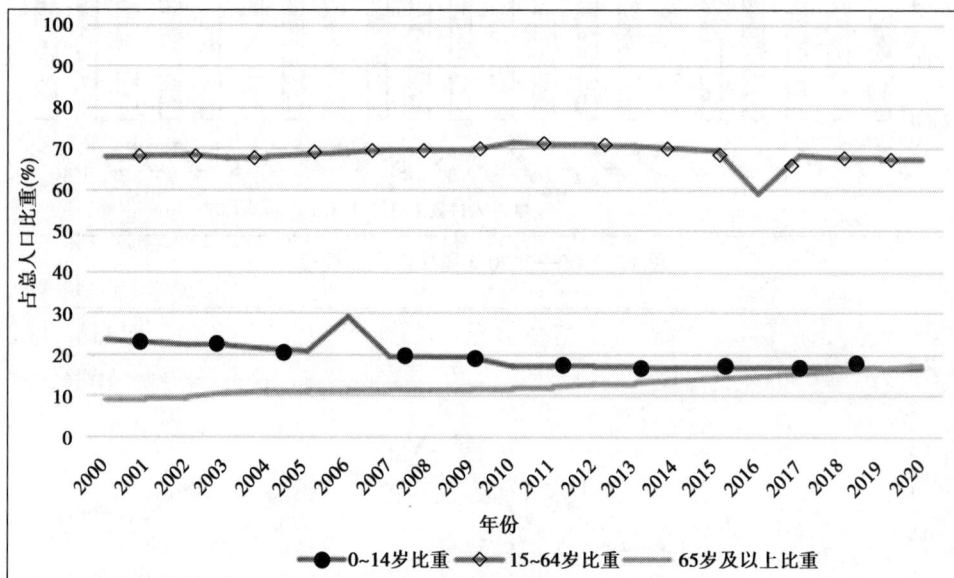

图3 2001—2020年重庆市各年龄段人口比重变化趋势

3.重庆市劳动年龄人口变动情况

总体上看,重庆市劳动年龄(16~59岁)人口规模不断扩大,但各年龄段人口分化发展,劳动力大龄化趋势明显。全市劳动年龄人口平均年龄从2010年的37.67岁提高到2020年的39.09岁。2020年重庆市劳动年龄人口数1958.35万人,较2010年增加113.70万人,增长6.2%,较2000年增加近60万人。2020年16~24岁、25~44岁、45~59岁的劳动年龄人口分别为328.55万人、788.90万人、840.90万人,占全部劳动年龄人口比重分别为16.8%、40.3%、42.9%,如图4所示。与2010年相比,16~24岁、25~44岁劳动年龄人口分别减少63.70万人、71.13万人,人数分别下降16.2%、8.3%,占全部劳动年龄人口比重分别下降4.5和6.3个百分点,呈现下降趋势;45~59岁劳动年龄人口增加248.53万人,增长42.0%,占全部劳动年龄人口比重上升10.8个百分点,呈现快速增长趋势。

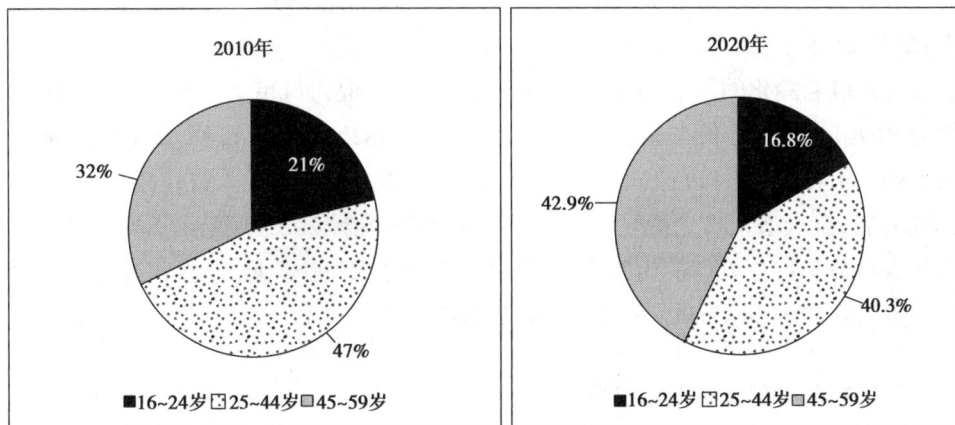

图4　2010年和2020年重庆市各年龄组劳动年龄人口占比

重庆市"一区两群"劳动年龄人口出现差异化发展的特征。2020年主城区都市区劳动年龄人口为1333.94万人,较2010年增加144.58万人,增长6.3%,占重庆市劳动年龄人口总量的68.1%,比重较2010年上升3.6个百分点。其中,中心城区劳动年龄人口693.69万人,较2010年增加143.43万人。主城新区2020年劳动年龄人口达到640.25万人,与2010年基本持平,增加1.15万人。2020年,渝东北三峡库区城镇群劳动年龄人口为460.77万人,较2010年减少35.48万人。劳动年龄人口在全市的占比由2010年的26.9%下降至2020年的23.5%,下降3.4个百分点。渝东北三峡库区城镇群劳动年龄人口规模呈现下降趋势。2020年,渝东南武陵山区城镇群劳动年龄人口为163.64万人,较2010年增加4.60万人,占全市劳动年龄人口的比重为8.4%,劳动年龄人口规模保持缓慢增长。

4.重庆市人口老龄化发展趋势

1974年实施计划生育国策以来,人们生活水平不断提高,以前因为"养儿防老"普遍选择生育好几个孩子的传统观念渐渐变得过时,"少生优生""男女平等"逐渐成为广大人民群众的普遍认知,中国在抚养儿童成长期间各方面的支出在世界上排名第八,少儿抚养成本提升,甚至出现了越来越多的"丁克族",即使调整全面放开二孩、三孩的计划生育国策,人们生育意愿仍在下降,重庆市人口出生率持续走低。近几年,重庆市人口出生率降至10%以下。另外,医疗卫生条件改善使社会疗养保健成本投入加大,公民保养意愿增强,其直接影响就是人口死亡率下降,高龄老年人口(80岁及以上)快速增长。2021年,80岁及以上高龄老年人口为106.84万人,比2020年增加6.34万人,增长6.3%。低龄老年人口(65~69岁)为212.26万人,增加4.85万人,增长2.3%;中龄老年人口(70~79岁)为251.11万人,增加11.06万人,增长4.6%。

受人口老龄化的影响,人口死亡率虽有所上升,但人口出生率和死亡率一降一增导致人口自然增长率呈下降态势,2021年、2020年人口自然增长率分别为-1.55%、-1.42%。人口自然增长人数下降,必然诱发育龄女性人数递减,人口红利持续减弱,重庆市人口老龄化程度将进一步加深,预计2025年我国65岁及以上的老年人口数量占总人口的比例将达到14%,高龄老人将快速增长,全市社会抚养负担系数将在2021年49.34%的基础上跨越50%的人口红利线。

(二)重庆市就业的变动情况

近年来,重庆市上下主动适应经济形势新变化,坚持稳中求进总基调,以贯彻就业优先战略和更加积极的就业政策为主线,积极应对经济发展中的变数,迎难而上、主动作为、锐意进取,确保了就业局势的总体稳定,为实现更加充分和更高质量就业奠定了坚实基础,为全面建成小康社会做出了积极贡献。

1.重庆市劳动力供给状况

一个国家或地区劳动力人口的数量、分布、构成及数字对判断市场运行前景及社会就业具有至关重要的作用。重庆市直辖以来,随着人口总数的增加,劳动力储备也是日益充实,但占总人口的比重却有所下降,2020年劳动力年龄人口占总人口数的61.03%,较2000年劳动力年龄人口占比66.62%下降5.59个百分点,劳动年龄人口的老年化,导致就业劳动力大龄化。据2020年就业人口抽样调查数据推算,16~59岁在业劳动力为1508.28万人,占就业人口总数的89.99%。分年龄组看,45~49岁在业劳动力占在业劳动力总数比重最大,达到18.52%;50~54岁在业劳动力与30~34岁在业劳动力人数相当,占在业劳动力总数的比例约为15%,如图5所示。

主城区都市区作为重庆市经济发展的主导力量,特别是中心城区就业需求量大,吸引了绝大部分市外外来和市内跨区县的流动劳动年龄人口,劳动年龄人口和在业劳动力规模持续增加。2020年,中心城区16~59岁在业劳动力人数和比重明显高于远郊区县。比如,2020年渝北区、九龙坡区在业劳动力占就业人口总数比重分别为7.93%、5.48%,而城口县在业劳动力占就业人口总数比重约0.50%。

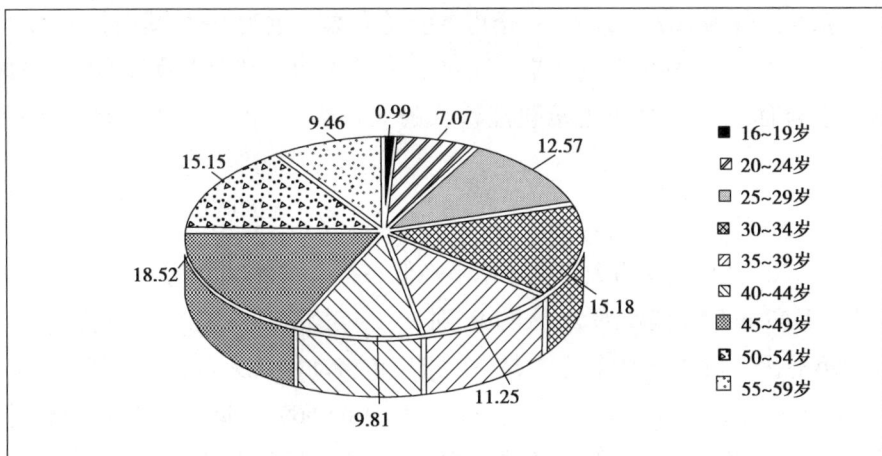

图5　2020年重庆市各年龄段在业劳动力比重（单位：%）

2.重庆市就业总量变动情况

从社会就业人数来看,重庆市2020年就业人数为1676.01万人,较2000年就业人数1661.16万人增加14.85万人。2000—2010年,全市就业人口数量呈现小幅波动,从2000年的1661.16万人逐年下降到2007年的1468.87万人,随后又开始回升。2010—2020年,全市就业人口保持稳定上升,从2010年的1551.03万人,逐年小幅增加到2020年的1676.01万人,如图6所示。受新冠疫情影响,2020年重庆市登记失业率达4.5%。

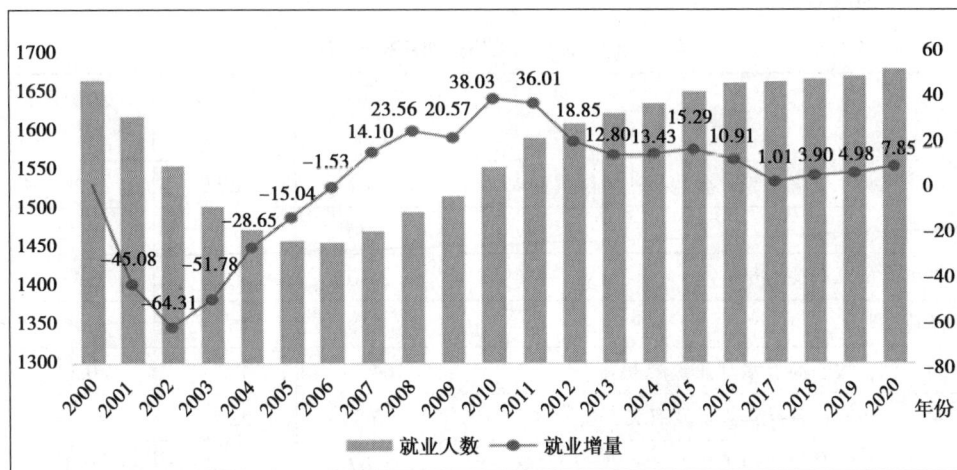

图6　2000—2020年重庆市就业人口数量及变动趋势（单位：万人）

据2020年重庆市就业人口抽样调查数据推算,在就业总量中,60岁及以上老龄人口就业人数为 167.73 万人,占全市就业总人数比重为 10%,其中,60~64 岁就业人数占 3.21%,65~69 岁就业人数占 3.76%,70 岁及以上就业人数占 3.03%。老龄人口就业群体以有农村土地承包经营权的人口为主,占老龄人口就业人数的 93.32%。

3. 重庆市就业率变动情况

2000—2020 年,重庆市人口就业率呈降低态势。按 2000 年第五次人口普查结果计算,重庆市人口就业率为 78.49%,到 2010 年第六次人口普查时为 65.23%,2020 年第七次人口普查时降到 55.58%。重庆市劳动年龄人口各年龄段的就业率显示,2000—2020 年,60~64 岁劳动力的就业率从 64.56% 下降到 31.40%,降低约 33 个百分点。65 岁的老年人口的就业率从 35.98% 下降到 19.32%,降低约 17 个百分点。

4. 重庆市就业结构变动情况

随着经济社会的发展,全国的职业无论是从总体上还是从结构上都发生了显著变化,重庆市从业人员在不同职业之间的结构也发生着明显变化。从全国从业人员就业结构分布情况看,不同职业之间的结构也发生着不同的变化,国家机关、党群组织、企业事业单位负责人,专业技术人员,不便分类的其他从业人员这三类职业的就业人口比重变化相对较小,专业技术人员略微上升。商业、服务人员的比重上升幅度较大,见表1。

表1　全国从业人员的就业结构分布比例

职业类别	2000年（%）	2010年（%）	2020年（%）
国家机关、党群组织、企业事业单位负责人	1.67	1.77	2.21
专业技术人员	5.70	6.84	10.42
办事人员和有关人员	3.10	4.32	6.95
商业、服务人员	9.18	16.18	33.87
农、林、牧、渔、水利业生产人员	64.45	48.31	20.53
生产、运输设备操作人员及有关人员	15.83	22.78	25.79
不便分类的其他从业人员	0.07	0.10	0.24

就业结构按照通行的产业分类,可以分为三大产业就业,第一产业(主要是农、林、牧、渔业)、第二产业(主要是工业和建筑业)和第三产业(主要是各类服务业),通常按就业人口在各产业间的分布比例进行分析。2000年,重庆市三次产业就业人员数分别为920.92万人、290.23万人、450.01万人,结构比例为55.44:17.47:27.09,就业结构明显属于以农业为主的"一、三、二"类型。2000—2010年,第一产业就业人员比重逐年下降,第二、第三产业就业人员比重逐年上升,第一产业的劳动力资源逐步向以工业、制造业为主的第二产业、以服务业为主的第三产业转移。到2010年,重庆市三次产业就业人员数分别为603.85万人、351.86万人、595.32万人,结构比例为38.93:22.69:38.38,自2011年起,就业结构类型正式迈入"三、一、二"类型,2014年就业结构进入"三、二、一"类型。随着农村城镇化水平的提升,服务业加速发展,产生更多服务业领域的就业岗位,第三产业就业吸纳能力明显增强,产业就业结构进一步优化,就业结构比重份额呈现新局面。2020年,第三产业就业人员达到877.01万人,同比增加24.39万人,三次产业就业结构比例为22.55:25.12:52.33,第三产业就业占比同比提高1.22个百分点,如表2和图7所示。传统的第二产业中,以制造业就业人数最多,建筑业其次,2020年这两类产业吸纳就业人员占第二产业就业人员的96.72%。第三产业就业形态以批发与零售业、住宿和餐饮业、居民服务、修理和其他服务业为主,近20年,这三类产业吸纳就业人数占第三产业总就业人员的比例超过55%。

表2　2000—2020年重庆市三次产业就业人数及比重

年份	就业人员（万人）	三次产业就业人员（万人）			三次产业就业人员比重（%）		
		第一产业	第二产业	第三产业	第一产业	第二产业	第三产业
2000	1661.16	920.92	290.23	450.01	55.44	17.47	27.09
2001	1616.08	870.52	287.31	458.25	53.87	17.78	28.36
2002	1551.77	801.04	285.09	465.64	51.62	18.37	30.01
2003	1499.99	742.90	280.83	476.26	49.53	18.72	31.75
2004	1471.34	704.22	280.73	486.39	47.86	19.08	33.06
2005	1456.30	678.32	283.08	494.90	46.58	19.44	33.98
2006	1454.77	664.35	286.46	503.96	45.67	19.69	34.64
2007	1468.87	658.52	294.43	515.92	44.83	20.04	35.12
2008	1492.43	652.19	307.66	532.58	43.70	20.61	35.69

续表

年份	就业人员（万人）	三次产业就业人员（万人）			三次产业就业人员比重（%）		
		第一产业	第二产业	第三产业	第一产业	第二产业	第三产业
2009	1513.00	638.08	326.04	548.88	42.17	21.55	36.28
2010	1551.03	603.85	351.86	595.32	38.93	22.69	38.38
2011	1587.04	568.95	390.80	627.29	35.85	24.62	39.53
2012	1605.89	531.18	422.73	651.98	33.08	26.32	40.60
2013	1618.69	495.08	452.21	671.40	30.59	27.94	41.48
2014	1632.12	463.78	464.48	703.86	28.42	28.46	43.13
2015	1647.41	440.30	473.70	733.41	26.73	28.75	44.52
2016	1658.32	419.19	476.66	762.47	25.28	28.74	45.98
2017	1659.33	402.91	461.68	794.74	24.28	27.82	47.90
2018	1663.23	390.62	442.56	830.05	23.49	26.61	49.91
2019	1668.16	381.48	434.06	852.62	22.87	26.02	51.11
2020	1676.01	378.00	421.00	877.01	22.55	25.12	52.33

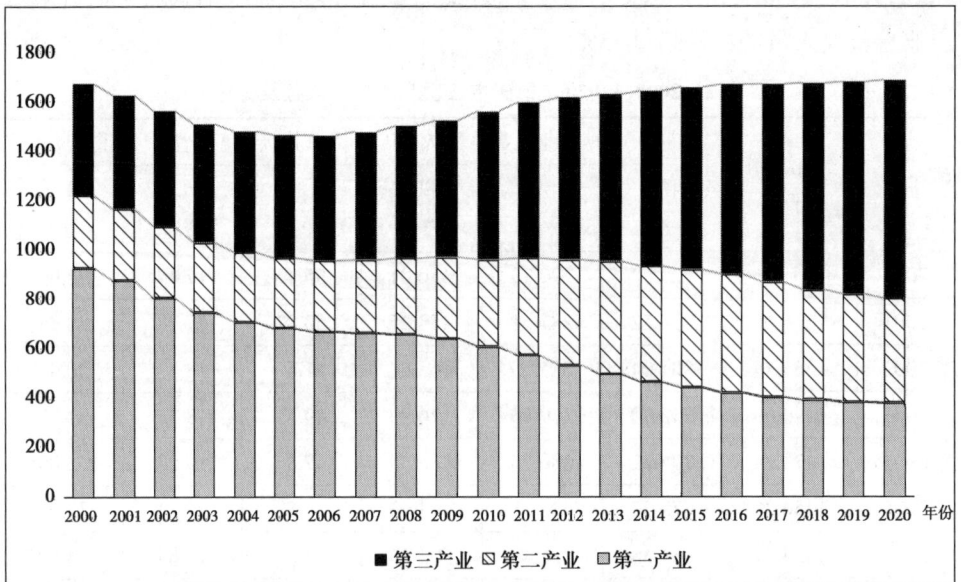

图7　2000—2020年重庆市三次产业就业人员数量（单位：万人）

四、重庆市人口老龄化对就业影响的分析

如果按照世界卫生组织的标准,重庆市已迈进了老龄化的社会,而且程度在持续加深。人口的老龄化使作为生产要素的劳动年龄人口老化和数量减少,劳动年龄人口数量、构成的变化对高质量发展和扩大就业将产生直接而深远的影响。

(一)对劳动年龄人口及就业的影响

1.劳动人口总量及占比持续下降

劳动年龄人口和占总人口比重,是影响和带动就业人数的变化的直接因素。一方面,根据重庆市人口年龄结构和老龄化程度数据分析,排除人口流动等因素影响,到2035年,预计有840.90万人(2020年45~59岁人口)退出劳动力市场,536.90万人(2020年0~14岁和2005年出生人口合计)进入劳动力市场,劳动人口总量减少约304万人,而随着人口生育意愿和生育率的降低,劳动人口总量也会随之大幅下降。另一方面,劳动人口占总人口比重将持续下降,在人口老龄化程度明显的2010—2020年,重庆市人口总量净增长320万人,增长11.1%,人口总量增长带动劳动年龄人口增长了113.70万人,增长6.2%,但劳动年龄人口增速慢于重庆市人口总量增速,2020年劳动年龄人口占人口总量的比重,相较2010年下降了2.8个百分点。从2020年开始重庆自然增长人口已经是负增长,但重庆作为中国中西部地区唯一的直辖市,是西部大开发的重要战略支点,处在"一带一路"和长江经济带的连接点上,全市正在推动高质量发展,创造高品质生活,深入推进成渝地区双城经济圈建设,对外来人口的吸引力也在增加,总人口下降程度会有所缓解,但预计总人口下降速度慢于劳动年龄人口下降速度,这必将在未来引发劳动人口占总人口比重持续下降。

2.就业率呈整体下降态势

企业普遍倾向于聘用35岁以下员工,重庆市人口老龄化带来大龄劳动者逐步增加,劳动年龄人口中青壮年人口逐步减少,就业率持续下降的整体趋势将维持不变。重庆人力资源信息库掌握了全市各年龄段的人口数据,相关数据显示,在不考虑人口流动和死亡的情况下,推算出到2025年,重庆市16~35岁人口将减少42.7万人,36~50岁人口将减少51.5万人,51~60岁人口将增加135.6万人。虽然这是静态推算数据,可能存在一定的误差,但劳动年龄人口将持续老化的大趋势不变。从重

庆市就业总量和就业率数据分析,2010年就业率比2000年降低了13.26个百分点,2020年比2010年下降了9.65个百分点,重庆市人口的就业率降幅有所放缓,但总体呈现降低态势。重庆30~49岁的劳动年龄人口就业率虽普遍在80%以上,但仍然有所下降,表明劳动年龄人口中参与经济活动的人员占比在减少,可能导致人力资源市场活跃度减弱,带来人力资源有效供给不足以及人力资源价格优势减弱的问题,加之劳动年龄人口老化程度加深,将导致就业率继续保持整体下降的态势。

(二)对劳动力市场供需关系的影响

重庆市宏观经济学会对153家企业进行问卷调查显示,35.9%的企业反映目前存在用工短缺情况。从分行业类型看,农业、制造业、服务业企业中,认为存在用工短缺问题的企业占比分别为42.5%、29%、29%。从短缺岗位类型看,普工类岗位缺口数量最多,短缺人数达到1749人,技术类、管理类岗位短缺人数分别为769人和85人。从具体岗位看,缝纫车工、保安、成型工等岗位缺口数量最大,人数均分别在500人、80人、40人以上。求职人员减少、技能等级和文化程度不符是造成3类企业用工缺口的最主要原因。在人口老龄化背景下,重庆市技能类岗位和低薪低技能岗位"招工难"与"就业难"并存的结构性矛盾将会更加凸显。

1.技能类岗位需求量大和人才利用不充分的矛盾突出

劳动参与率的降低将导致有效人力资源的短缺,部分行业招工难现象将加剧,对经济社会发展带来直接影响。调查显示,重庆市人力资源供需市场存在结构性失衡,存在"招工难"和"就业难"并存的现象。随着经济发展方式的转变,新兴行业和高新技术企业持续、快速发展,企业对人力资源市场的技能要求不断提高,部分企业难以招到符合企业需要的技能型员工,存在"有活没人干"和"有活干不了"的"招工难"现象。从岗位分类看,2022年三季度技能类岗位供需比最低,仅为0.58,技能型人才供给不足,熟练技工、高级技工都处于供不应求状态。根据抽样结果,45~59岁就业人数占比达43.12%,这一年龄组中不乏技能型人才,伴随着他们退出劳动力市场,经验丰富的技术类人才流失,技能类岗位人才没有得到充分利用。

2.改变低技能岗位劳动力供需关系

问卷调查显示,工厂车间和普通工岗位等低技能劳动密集型行业岗位需求量大。近年重庆市第三产业中批发与零售业、住宿和餐饮业、居民服务、修理和其他服务业就业占比大,这些岗位也伴有薪酬待遇低的特征。比如,智联招聘显示,

2022年三季度住宿和餐饮业供需比为2.68,整体上服务业人力资源仍供大于求,2022年9月16~24岁青年调查失业率为17%。随着大龄化劳动年龄人口退休,一部分低薪低技能岗位就业人员退出劳动力市场,未来新进入劳动力市场的人员基本为大专及以上学历,存在部分求职人员择业观念与自身实际不符,对职业期望值高、薪酬要求高,工作耐受力低,不愿意从事低薪低技能岗位工作,这将进一步化解低技能岗位劳动力供需平衡中存在的矛盾。

(三)对三次产业就业结构的影响

1.促进老年产业发展,就业吸纳能力提升

老年产业是伴随人口老龄化出现的一种新经济活动,是适应人口老龄化趋势的必然产物。重庆市老年人口数量日益增加,65岁以上人口数量和占总人口比重上升,老年群体的消费需求也将越来越旺盛,这为老年产业的蓬勃兴起创造了契机,使老年产业成为老龄化社会中最具活力、最有发展前途的产业之一。[①]老年产业包括传统老年产业如服装、食品、交通、老年福利设施,以及现代老年产业如娱乐、旅游、住宅、社区服务、医疗保健、老年教育等多种业态。老年产业的发展为劳动力市场提供更多的就业岗位。孙文亮认为,银色产业的发展将会刺激社会消费需求,从而增加就业。人口老龄化会使就业结构向第二、三产业转移,传统老年产业中的衣食住行多属于劳动密集型产业,对这些产品需求的增加将带动第二产业就业增加,促进中小企业的发展和农村剩余劳动力的转移。当代中年人进入老龄阶段后,他们对娱乐、旅游、社区服务、医疗保健、康养等服务需求迅速增加,这些产业的发展对劳动力将产生巨大的社会需求,进一步促进现代服务业发展和就业人数增加。

2.带动三次产业结构调整,就业结构更趋优化

2000—2020年,重庆65岁以上人口占总人口比重从8.84%增加到17.08%,上升了8.24个百分点,同期,第一产业就业比重从55.44%下降到22.55%,第二产业就业比重从17.47%增加到25.12%,第三产业就业比重从27.09%增加到52.33%,伴随老龄化进程的加快,第一产业就业比重下降,第二、三产业就业比重上升,呈现出与产业结构相同的演进规律,这说明人口老龄化进程在一定程度上影响就业结构。在人口老龄化进程中,与老年相关的第三产业如老年心理疏导康复、家政服务等需

---

① 于宁."后人口红利时代"中国的挑战与机遇:基于老龄化经济影响的视角[J].社会科学, 2013(12): 82-92.

求增加,吸收一定数量的劳动力;具有一定技能的老龄人员陆续退出第二产业劳动力市场,资本有机构成高的行业特点制约了第二产业吸收新增劳动力的能力,导致第二产业就业比重下降。出生率降低致使14岁以下人口比重呈现下降趋势,人口老龄化将导致农村劳动力供给呈现由比重下降总量扩张到比重下降总量减少转变,加上农业劳动适龄人口源源不断进入第二、第三产业就业,使未来农村劳动力供给总量趋于减少,第一产业就业比重进一步下降。

五、人口老龄化背景下老年人再就业的困境

为应对人口老龄化带来的劳动人口和比重下降、就业率降低、技能人才浪费等问题,应坚持积极老龄化观念,推动老年人特别是低龄老年人再就业,积极参与经济社会活动,释放老年人口红利。但是,老年人达到国家规定的年龄界限退出劳动领域后,受观念、教育、市场、社会、政策等多方面因素的制约,老年人再就业依然面临诸多限制和障碍,这在一定程度上打击了老年人再就业的意愿。学者钱鑫、姜向群分别从年龄、性别、受教育程度、健康状况、经济状况、是否有一技之长6个维度对老年人就业意愿进行回归分析,研究显示,在我国城市仅有1/3的老年人有就业意愿。[①]

(一)传统就业观和养老观根深蒂固

我国现行的退休制度是以20世纪50年代初企业职工退休制度为基础且已实行几十年,其退休年龄标准是男性职工年满60周岁,女性职工年满55周岁(女性工人年满50周岁)。虽然,2012年7月,人力资源和社会保障部研究所所长何平提出:"我国应逐步延迟退休,建议到2045年不论男女,退休年龄均为65岁。"2015年制订延迟退休方案,两年后上报中央同意并公开征求公众的意见公布方案,但目前仍未实施调整。现行退休政策的延续形成了传统的就业观念,认为达到国家规定的退休年龄之后理应退出劳动领域,不再参与社会就业,从某种程度上使大量低龄老年人力资源遭受浪费,加重社会养老负担和养老金代际冲突。我国有几千年浓厚的"孝道"文化,部分子女认为让年老的父母出去工作是"不孝"的表现,认为老年人退休后自身价值递减,退休就应退岗,置身事外、安度晚年、照顾子孙,不用考虑

---

① 钱鑫,姜向群.中国城市老年人就业意愿影响因素分析[J].人口学刊,2006,28(5):24-29.

再就业,这些传统观念所反映的社会理念与积极老龄化的观念背道而驰,成为制约老年人就业的根本所在。

(二)老年教育资源供给不足

当前社会中对老年人展开的培训大部分是通过老年大学教育、社区老年教育和远程老年教育进行,以政府主办的老年大学为主。《中国老年教育发展报告(2019—2020)》统计,截至2019年底,国内有7.6万余所老年学校,包括远程教育在内的老龄学院共有老年学生1428万余人,但是这仅占60岁及以上老年人口的5.4%,还有相当一部分老年人并未接受过任何教育培训。①截至2020年,重庆市开办的老年学校不到50所,与近600万老年人口数量相比,老年培训教育资源非常匮乏,不足以满足老年人的需求。就重庆市老年人就业的实际状况,有农村土地承包经营权的人口就业人数占老年人就业人数的93.32%,远远高于城市。但老年教育主要集中在城镇,这也反映出老年教育发展的不均衡性,以及老年教育对老年人社会参与助力的弱化。从老年教育目的看,当前我国老年教育主要是为了丰富老年人的业余文化生活。②重庆市老年大学教育培训主要为满足老年人的精神文化需求,以娱乐、休闲为主,并非从用人单位和劳动力市场的需求出发来促进老年人就业。这就导致老年人所掌握的知识和技能与就业市场脱节,在就业过程中缺乏能力提升的有效路径。重庆市60岁以上老年人大部分受教育程度集中于未上过学——初中这一阶段,普遍没有较高的文化水平,少数当年的大学生也已经退休,即使他们有广博的学识,但还是落后于社会知识更新速度,他们的知识和技能储备逐渐难以胜任岗位需求,这从客观上制约了低龄老年人再就业。

(三)社会和市场对老年人再就业认可度低

受我国传统文化中"养儿防老"和"颐养天年"观念的影响,当前社会主流视角下对老年人的就业整体上是排斥的,大多数老年人,都被负面地贴上"落伍、落后、弱势群体"的标签,理应置于社会保护之下,自然忽视了老年人就业的社会权利。就业市场不愿意接受老年人,用人单位认为老年人所拥有的知识和技能已经过时,同时他们身体素质差、学习新知识能力衰退、缺乏创新力,无法适应社会和经济市场的需要,不能为企业的发展创造财富,因此,大部分用人单位更倾向于选择年轻

---

① 报告:中国老年大学在校学员超千万,女性学员约占七成[EB/OL].(2021-10-19)[2021-11-19].光明网.
② 赵喜顺.人口老龄化的影响及发展老年产业分析[J].四川行政学院学报,2004(1):72-75.

人。即使有的老年人拥有十几年工作经验,曾经是企业高管或高技能人才,不少老年人身体依然很硬朗,思维也很敏捷,但企业招聘岗位年龄条件限制为硬性要求,仍然不会被聘用。社会上诸多人认为,老年人再就业会挤占青年劳动力就业机会,大数据和人工智能技术对老年人来说挑战巨大,适应过程相对缓慢,通常所说的"数字鸿沟"明显将老年人逐渐地边缘化。部分老年人认为自己已经是社会的负担,没有能力也没有意愿再参与社会经济生活,这些观点使老年人再就业的意识和观念薄弱。诸多因素交织阻碍了老年人再就业,从而造成大量老年劳动力资源浪费。

(四)老年人再就业保障机制不完善

我国现行《中华人民共和国就业促进法》明确规定禁止歧视女性劳动者和残疾人劳动者,提出反户籍歧视、疾病歧视,各民族应该享受平等的就业权利,但其中并未涉及禁止年龄歧视,没有对老年劳动的就业权利进行保障。《中华人民共和国老年人权益保障法》提道:"国家和社会应当重视、珍惜老年人的知识、技能、经验和优良品德,发挥老年人的专长和作用,保障老年人参与经济、政治、文化和社会生活。"①这只是强调老年人有继续参与社会的权利,于老年人再就业没有具体的实践性规定,从而导致该法律在实施的过程中无法发挥其应有的效力。《中华人民共和国劳动法》《中华人民共和国劳动合同法》《中华人民共和国劳动合同法实施条例》规定达到法定退休年龄后劳动合同终止,并未将退休后再就业的老年劳动者纳入保障范围,对老年劳动者与用人单位之间存在劳动关系还是劳务关系缺乏明确的界定。退休老年人再就业时缺乏其作为劳动者的合法身份,导致用人单位雇佣老年劳动者时在为其缴纳各种社会保险方面存在问题,既增加雇佣企业用工风险,也阻碍了老年人通过合法的途径行使自己作为劳动者的权利。在老年人就业比较发达的日本,老年人保持着较高的就业率,一个重要原因就是日本专门设立了银发人才中心,促进老年人力资源的开发,提升老年人再就业水平。相较于我国的老年人就业,在缺乏完善的就业服务体系与劳动力市场运作的状态下,造成大量劳动力资源的闲置,进一步堵塞老年人再就业的渠道与途径。

---

① 中华人民共和国老年人权益保障法.

六、促进老年人再就业的对策建议

《中共中央 国务院关于加强新时代老龄工作的意见》提出,把积极老龄观、健康老龄化理念融入经济社会发展全过程,探索实施劳动者延迟退休政策,并从扩大老年教育资源供给、提升老年文化体育服务质量、鼓励老年人继续发挥作用等方面明确措施,促进老年人的社会参与。《国家积极应对人口老龄化中长期规划》指出:"要创造老有所为的就业环境,充分调动大龄劳动者和老年人参与就业创业的积极性,推进有意愿和有能力的大龄劳动者和老年人在农村就业创业。"为了适应人口老龄化变化趋势,针对现阶段重庆市老年人再就业领域存在的困境,就业工作需要继续坚持统筹兼顾、固本开新、靶向施策、重点突出的思路原则,贯彻老有所为的积极老龄观,从多方面完善相应的老年人再就业政策举措,激发老年人社会参与的热情,通过综合发力促进老龄劳动者高质量充分就业。

(一)完善老年人再就业法律保障体系

从宏观角度出发,政府应建立完善的老年人再就业法律保障体系,为老年人再就业提供政策支持。立法机构应该在《中华人民共和国就业促进法》和《中华人民共和国老年人权益保障法》中加入禁止年龄歧视的规定,突破现行就业优先政策的年龄限制,让具有就业能力、就业意愿的老龄劳动者同年轻劳动者在就业市场上享有平等的就业政策和权利,在原则性规定的基础上对鼓励老年人再就业做出微观层面具体性的支持措施。劳动合同的签订是以拥有劳动者的身份为前提的,劳动者在达到法定退休年龄时拥有退休权不意味着其必须放弃劳动权[①],法律应该赋予老年再就业人员"劳动者"的合法身份,并规定老年劳动者有与单位签订劳动合同的权利。同时人力资源社保部门应该设立专门的部门对老年人再就业的相关事务进行管理,对老年劳动者的工作报酬、工作时间、社会保险的缴纳以及社会福利等问题进行明确规定,并对其工作情况进行追踪和记录,对用人单位进行监督。《中华人民共和国劳动合同法》规定根据当地最低工资标准确定再就业老年人的工资范围,保护老年劳动者的合法权益,给予其公正的就业环境。

① 徐智华,吕晨凯.积极老龄化背景下的老年人再就业权利法律保护路径研究[J].河南财经政法大学学报,2021,36(2):63-72.

(二)加快推行弹性退休制度

我国人口的人均寿命已达到77.3岁,重庆市人口预期寿命为78.56岁,同时还存在部分劳动者在未达到退休年龄时就提前退休的现象,这极大地浪费了人力资源。经专家预测,如果将退休年龄延迟到65岁,短期内将解决我国0.5亿劳动力缺口。基于人口年龄结构特征,当务之急是减少提前退休的劳动者,加快完善和试点实施适合我国国情的延迟退休制度,保证劳动者能够在法定退休年龄之后,逐步建立"弹性退休"制度,即根据老年人身体状况、就业领域等,在退休年龄、退休方式等方面采取不同措施,而不是实行"一刀切"式退休。要根据劳动者本身的职业和素质逐渐延长其退休年龄;对于从事脑力劳动的老年人,如医生、老师、研究人员等建议其延长退休年龄,缓解我国劳动力短缺的同时充分利用老年人力资源;对于从事体力劳动、高危职业的劳动者,可以根据身体状况允许其提前退休。

(三)优化老年人再就业环境

企业作为营利性组织,老年劳动者无论是工作效率还是工作能力,与年轻劳动者相比都相对较弱。因此,鼓励企业聘用老年劳动者,要加大对企业的支持力度和补贴,对企业予以税收优惠、贷款倾斜、专项补贴,或者为企业提供老年人社会保险缴费的补贴,以降低用人单位聘用老年员工时承担的用工风险,合理利用老年人力资源的同时减少企业的经济支付成本,实现政府治理能力和治理水平的现代化发展。例如日本政府对雇佣老年人的企业给予专项补助,即企业每雇佣一位60岁以上的员工,政府给予企业一笔为期一年的补助金,同时还建立了"延迟退休年龄奖励金"等专项补助金,以减轻企业的负担,鼓励企业积极雇佣老年劳动者。鼓励用人单位充分利用老年人熟练工作技能、广泛人际关系等资源,针对老年人进行岗位设计,向老年人提供一些劳动强度小、工作时间短、工作性质更倾向于指导类的工作,实行"一老带一小"的用工形式,促进代际之间的交流与互补。引导企业提供弹性就业形式或者在工作时间上灵活安排,例如返聘退休教授等高素质老人,可以允许其进行远程办公或通过互联网视频对年轻人进行指导,保证再就业老年人匹配与其身体健康状况相适应的工作强度。

(四)引导社会和个人观念转变

大力培育和践行积极老龄观,正确认识老龄人再就业尤为重要。针对社会中对老年人退休后再就业的认可度较低、老年人再就业会挤占年轻劳动者就业岗位的错误观点，以及劳动力市场中的年龄歧视，政府应该调整其政策制定倾向，把老年人看作社会的建设者而不是社会资源的消耗者，加强对人口老龄化国情、老龄化新形势和新政策、"老有所为"的宣传，消除社会中对老年人再就业存在的偏见。利用新媒体技术在社会中加强对低龄老人再就业的宣传，让公众了解到老年人参与经济建设对社会发展的作用，鼓励老年人有自己的生活和工作。对优秀老年劳动者及其事迹在社会中进行报道及表彰，激励更多的老年人参与再就业队伍中，促进形成"不分年龄，人人共享"的社会氛围。通过开展讲座宣传和社会动员，让老年人真正认识到自己在经济建设中所创造的价值，改变其传统的"颐养天年"的观念，鼓励老年人自愿再就业，积极参与社会和经济生活的建设。

(五)畅通老年人再就业渠道

老年劳动者和用人单位之间存在双向信息缺乏、就业信息沟通不畅等问题，老年人再就业进行岗位匹配存在困难。重庆市人力资源部门要充分发挥"一库四联盟"作用，建立集"大统筹、大数据、大平台"于一体的就业服务体系，设立老年人再就业服务板块，以基层公共就业服务机构和社区为依托，对身体健康、有就业意愿的老年人，根据其兴趣、特长、可接受的工作时间以及薪资要求进行登记和分类，将老年劳动力和企业用工需求纳入人力资源信息库，并动态更新。通过大数据平台连接镇街社区，同时在其中也公布用人单位的岗位要求等，从而实现岗位的匹配，为再就业老年人提供服务，打通用人单位与老年劳动者之间的沟通障碍，为老年人和就业单位提供双向的便利。社区联合企业举办专门的老年人才招聘会，为老年人提供专门的就业岗位，促进其再就业。

(六)大力发展老年教育服务

老年人的人力资本是其将再就业意愿转化为再就业行为的关键因素，即丰富的人力资本有助于将老年人的再就业意愿顺利转化为再就业结果。虽然重庆市已经有了一部分老年大学，但其数量与逐年增多的老年人口相比还相当不足，提供的培训内容与企业岗位需求存在偏差，并未真正实现提升老年人力资本的作用。政府应大力发展老年教育事业，鼓励和支持社会创办老年大学，统筹基础教育、高等教育、职业教育和成人教育等教育资源，为老年人创造更加公平的教育机会和条件。老年大学的教育应该从企业岗位需求出发，将学习课程和企业招聘要求相衔接,与互联网大数据相结合,实现老年培训的娱乐功能向技能提升功能的转变,从而使老年再就业者能够更好地进入劳动力市场,满足社会的需求。同时,对老年人提供就业咨询和法律援助,帮助其解决再就业过程中面临的各种问题,形成"老年人再就业—职业培训—专业指导"的模式。在培训内容中加入心理教育可以帮助老年人建立积极的生活态度,树立"老有所为"的观念和信心。

课题负责人:郑元丽

课题承担单位:重庆群策义理商务信息咨询有限公司

课题主研人员:余　杰　周志开　董树虹　向华桥　别　致
　　　　　　　张瀚予　傅郑巧

重庆市职业技能培训品牌开发与培育研究

摘　要：重庆市职业培训行业近年来发展迅猛,职业培训规模不断壮大和质量持续提升,职业技能培训也相应得到了高速发展,职业技能培训品牌培育工作强力推进,品牌力量逐渐显现。本研究从重庆市职业技能培训品牌开发与培育的相关理论、现实状况、机遇与挑战、经验借鉴、评价指标五个方面进行基础研究,提出了相关对策与建议。课题组根据重庆市开展职业技能品牌培育行动的开展情况,着眼于未来如何进一步开展和实施的问题进行问行调查。

关键词：职业技能培训　品牌　培育

一、职业技能培训品牌开发与培育内涵及相关理论

(一)相关概念内涵

1.职业技能培训在教育行业分类的地位

根据国民经济行业分类,职业技能培训隶属于教育行业大类,为技能培训、教育辅助及其他教育中类,在中类中有职业技能培训、体校及体育培训、文化艺术培训、教育辅助服务、其他未列明教育五个小类。由此可见,职业技能培训属于教育行业,与学历教育相对应,与教育辅助类和其他类型同为一个类型,与体校及体育培训、文化艺术培训、教育辅助服务、其他未列明教育并列,反映了职业技能培训是职业培训的一种类型,如图1所示。

2.职业技能培训内涵及主体

职业技能培训有狭义和广义的含义。狭义含义是指职业培训的一种,指针对某一岗位所需的技术和能力进行岗位培训,与知识培训对应。广义含义是指经教育主管部门、劳动部门或有关主管部门批准,由政府部门、企业、社会举办的职业培训、就业培训及各种知识、技能的培训活动,包括各种职业培训学校的活动、各种就

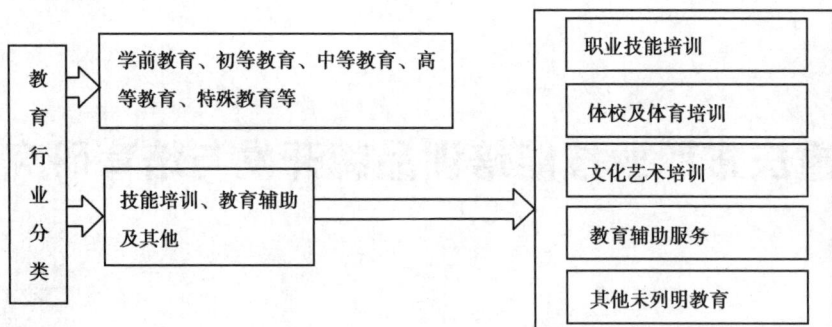

图1 职业技能培训在教育行业分类的地位

业培训中心(劳动部门办的以再就业培训为主)的活动、各单位办的培训中心(主要培训本单位、本系统职工)的活动、外语培训教育活动、电脑培训活动、汽车驾驶员培训活动、飞行驾驶培训活动、农业技能培训活动、为残疾人办的技能培训活动、其他技能培训活动(厨师培训、缝纫培训、武术培训等)。人力资源和社会保障部门在出台相关文件时往往采用广义概念。

本研究采用广义含义,包括部分职业培训和就业培训中的知识培训,不仅限于技能培训。一方面是因为职业培训机构中开展的知识培训和技能培训无法明显分开,往往作为一个整体活动在开展;另一方面是因为知识培训往往是技能培训的前期内容,是技能提升的基础,是技能培训的组成部分。

根据职业技能培训的广义含义,职业技能培训主体则为开展职业技能类培训(《中华人民共和国职业分类大典(2015年版)》第三至第六大类、特色职业工种、专项职业能力、通用职业素质、安全技能等)的职业院校、技工院校、行业培训中心、企业职工培训中心、民办职业培训学校、高技能人才培训基地建设单位(以下简称"职业培训机构")。

3.品牌与品牌培育

品牌是培训机构的无形资产,包括(但不限于)名称、用语、符号、形象、标识、设计或其组合,用于区分产品和服务,能够在利益相关方意识中形成独特印象和联想,从而产生经济价值。品牌培育是培训机构为创建品牌、提升品牌价值而开展的旨在提高培训机构履行承诺能力、增强竞争优势,并使这一承诺和竞争优势被其顾客获知和信任的全部活动。

4.职业技能培训品牌开发与培育

职业技能培训品牌是提高培训质量、增强服务能力的重要载体,职业技能培训品牌开发与培育是职业技能培训机构的品牌创建活动。职业技能培训机构通过对机构、用户和产品或服务的形象打造,在目标客户中形成具有特色以及价值的地位。本研究将开发与培育作为一个整体进行研究,不再区分开发和培育的细微差异,不单独探讨开发和培育行为。

(二)职业技能培训品牌开发与培育相关理论

1.培训相关理论

(1)人力资本理论

人力资本理论(Human Capital Theory)由美国经济学家舒尔茨和贝克尔创立。该理论认为物质资本指物质产品上的资本,包括厂房、机器、设备、原材料、土地、货币和其他有价证券等,而人力资本则是体现在人身上的资本,即对生产者进行教育、职业培训等支出及其在接受教育时的机会成本等的总和,表现为蕴含于人身上的各种生产知识、劳动与管理技能以及健康素质的存量总和。职业技能培训机构的品牌培育的基础是职业技能培训,而职业技能培训的理论基础之一就是人力资本理论,阐述了职业技能培训行业持续发展的价值所在和基本原理。

(2)群体学习理论

美国心理学家罗杰斯在20世纪30年代提出群体学习理论,其特点是非结构性、鼓励思考和接纳。他认为培训应该没有固定的学习目标和教学模式,受训者要在自由的氛围里学习,要鼓励学员通过群体学习形成创造性思维,通过培训改善人际关系,促使个人人格得到健康发展。群体学习理论为职业技能培训提供理论目标和行动指南。

(3)培训评估理论

威斯康辛大学教授唐纳德·L.柯克帕特里克于1959年在《美国培训经理人期刊》发表了评估模型,此模型又叫柯氏四级培训评估模型,是目前应用最广泛的培训评估工具。柯克帕特里克将培训效果分为反应层次、学习层次、行为层次和效果层次四个递进的层次,在这四个层次上建立起培训效果评估模型。在此基础上,又有学者建议增加投资报酬率评估,将培训视为投资,通过培训后的回报水平来评估培训效果,考查预期的培训效果及效果完成率如何。培训评估理论为评估职业技能培训质效提供了方法,也指导职业技能培训科学开展与实施。

(4)终身教育理论

保罗·朗格朗于1965年在《终身教育引论》中提出了终身教育理念。终身教育包括了教育的各个方面、各种范围,包括从生命开始到结束的不断发展,也包括教育发展过程中的各方面和各阶段间紧密、有机的内在联系。他认为教育的真正意义不在于获得某一具体的知识,而在于个人发展,获得越来越充分的自我实现。终身教育理论为职业技能培训和品牌创建提供了基本原理,也阐释了职业技能培训的重要性和动力源泉。

(5)成人学习理论

马尔科姆·诺尔斯于1980年提出成人学习的基本假设。他认为随着个体的不断成熟,其自我概念将从依赖型人格向独立型人格转化,成人在社会生活中积累的经验为成人学习提供了丰富的资源,成人的学习计划、学习内容和方法与其在社会的角色任务密切相关,随着个体的不断成熟,学习目的逐渐从为将来工作准备知识转变为直接引用知识。成人学习理论为职业技能培训提供了一种新的动力源泉,是培训行业存在的基础。

(6)员工集体培训理论

弗农·汉弗莱于1990年在"全组织的培训"中提出了"员工集体培训理论"。他认为集体培训是从整个组织的角度出发,来考虑员工培训问题,是一种通过培训改变复杂组织的行为过程。他提出的"员工集体培训模式"包括分析、设计、开发、执行和控制五个子系统,各个子系统又相互关联。员工集体培训理论是企业开展员工技能培训的理论基础。

2. 品牌开发与培育相关理论

(1)品牌形象理论

品牌形象理论是大卫·奥格威在20世纪60年代中期提出的创意观念。他认为品牌形象不是产品固有的,而是消费者联系产品的质量、价格、历史等,并认为每一则广告都应是对品牌的长期投资,每一品牌、每一产品都应发展和投射一个形象,形象经由各种不同推广技术,特别是广告传达给顾客及潜在顾客。消费者购买的不只是产品,还购买承诺的物质和心理的利益。在广告中诉说的产品的有关事项,对购买决策常比产品实际拥有的物质上的属性更为重要。品牌形象理论是职业技能培训品牌培育的理论基础。

(2)品牌定位理论

品牌定位理论由美国著名营销专家艾·里斯与杰克·特劳特于20世纪70年代提出。他们认为仅仅只是改变产品的价格和包装并不能从根本上改变品牌定位,需要通过分析消费者的需求从而使产品在消费者心目中占据位置。他们提出可以通过准确定位来加深消费者的印象,此外还可以给品牌重新定位,以新的品牌定位代替旧的品牌定位占据顾客的心。品牌定位理论为职业技能培训品牌创建提供了理论来源,是品牌创建的核心理念。

(3)基于消费者的品牌价值模型

凯文·莱恩·凯勒于1993年提出基于消费者的品牌价值(CBBE)模型。他认为品牌是顾客对企业传达出来的信息的感知,这种感知可以帮助品牌创造价值,通过多角度对品牌建设进行评估,凭借评估结果来影响消费者对该品牌的认知,从而创造出品牌的价值;构建一个强势品牌需要进行建立正确的品牌标识、创造合适的品牌内涵、引导正确的品牌反应、缔造适当的消费者与品牌关系四个步骤的工作,同时四个步骤又依赖于构建品牌显著性、绩效、形象、评判、感觉、共鸣六个维度。CBBE模型是品牌价值评价的理论基础,同时为品牌创建提供了动力源泉。

(4)品牌形成理论

品牌形成理论是德·彻纳东尼于2002提出的。他创造性地开发了一个从品牌愿景到品牌评估等一系列工作构成的品牌创建和维护流程,即品牌愿景开发、创建组织文化、确定品牌目标、审核品牌环境、确立品牌本质、完善内部保障措施、寻求品牌资源、品牌评估,并反馈到品牌愿景。该理论指出企业员工如果能够从内心去认同品牌愿景,并将这种认同体现在日常工作过程中,那么工作效率就会得到提升,产品质量就会更好,品牌的基础就会更强。品牌形成理论是职业技能培训品牌创建过程的理论基础,是品牌创建的依据。

二、重庆市职业技能培训品牌开发与培育现状

(一)重庆市职业技能培训品牌开发与培育行动开展情况

近年来,重庆市职业培训行业发展迅猛,职业培训规模不断壮大和质量持续提升,职业技能培训也相应得到了高速发展,职业技能培训品牌培育工作强力推进,品牌力量逐渐显现。

1.制订了品牌培育打造方案

为了促进重庆市职业技能培训行业高质量发展,为重庆市经济发展提供技能人才支撑,积极响应《人力资源社会保障部、国家发展改革委等20部门关于劳务品牌建设的指导意见》的精神,在实施劳务品牌培育行动的同时,实施重庆市职业技能培训品牌创建行动。

重庆市相关职能部门对职业技能培训的主要工种和项目、历年来的技能大师工作室等平台、高技能人才培训基地等载体、竞赛获奖项目、优秀高技能人才进行了摸底,同时联系经济信息、商务部门收集重点产业、新兴产业、现代服务产业信息,结合当前紧缺就业用工信息,对紧缺技能人才和培训工种进行梳理比对,结合重庆市区域经济发展需要,提出重庆市职业技能培训品牌建设的工作路径和主要思路,制订了职业技能培训品牌培育打造初步方案。

2.积极推进品牌培育打造工作

借鉴劳务品牌工作经验,参考部分省份做法,在广泛征求意见的基础上,2021年9月印发《重庆市人力资源和社会保障局办公室关于开展职业技能培训品牌培育申报工作的通知》,同时开展网上申报遴选,公布了第一批重点培育打造的77个劳务品牌和20个培训品牌。印发了《重庆市人力资源和社会保障局办公室关于开展新职业培训示范机构、示范项目遴选培育工作的通知》,择优确定10个新职业培训示范机构和20个示范项目。2022年3月,由重庆市人力社保局主办的全市劳务品牌形象代言人征集展示活动正式启动,推动劳务品牌提档升级,带动职业技能培训品牌的创建。2022年5月,第五届"中国创翼"创业创新大赛重庆市选拔赛(劳务品牌专项赛)暨重庆市第六届"渝创渝新"创业创新大赛决赛举行,进一步推进了开发和培育劳务品牌和培训品牌的工作。

(二)重庆市职业技能培训品牌开发与培育调查分析

2022年8月11—13日,课题组根据重庆市开展职业技能品牌培育行动的开展情况,着眼于未来如何进一步开展和实施的问题进行问卷设计,通过重庆市各区县人力资源和社会保障部门职建处协助,对区县人力资源和社会保障局相关部门负责人以及职业技能培训机构负责人发放电子问卷,回收998份,剔除了所有答案都是某一固定选项、回答问题不全的问卷31份,有效问卷967份,其数据分析结果如下。

1.培育职业技能培训品牌的作用

有79.73%的被调查人员认为培育职业技能培训品牌对技能人才培养很有帮助,还有18.82%的被调查人员认为有帮助,两者之和为98.55%;有75.59%的被调查人员认为品牌建设对职业技能培训机构发展很有价值,还有23.37%的被调查人员认为有价值,两者之和为98.96%。这反映了目前开展的职业技能培训品牌培育打造活动得到了大多数培训机构的积极响应,被大多数培训机构负责人认可,也从侧面反映了开展此项行动的价值和意义。

2.培育打造职业技能培训品牌行动存在的问题

根据调查数据分析结果,将存在的问题分为三类:一是最严重的问题,包括培训机构生存困难、培训机构品牌培育打造成本高,回答认可率超过50%;二是严重问题,包括没有支持政策、培训规模小、培训行业未来发展情况无法确定三个问题,回答认可率超过30%;三是一般问题,包括"起的作用不大""培训机构成立时间短",回答认可率超过10%。

"培训机构生存困难"是被调查人员认为最大的问题,反映了目前重庆市职业技能培训机构的现状,也反映了培训行业竞争异常激烈。这个问题促使我们更加关注职业技能机构的发展问题,将品牌培育促进机构发展作为重要目标,通过品牌培育更好地促进培训机构高质量发展。

"培训机构品牌培育打造成本高"是被调查人员认为较大的问题,反映了品牌培育的艰巨性和持续性,也从侧面反映了培训机构品牌培育滞后的原因。为此,培训机构品牌培育打造,要着眼于未来和长远,不能急功近利,不能寄希望于短期见效,要逐期投入,要分阶段打造;要整合资源、共享资源、充分利用资源,注重投入效率;打造品牌时要控制成本,不能成为培训机构的额外负担,如图2所示。

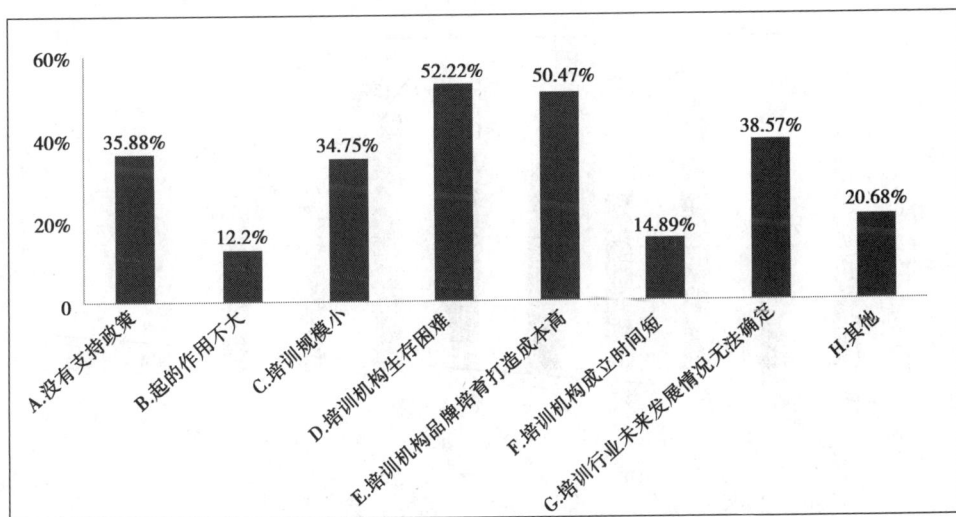

图2　培育打造职业技能培训品牌行动存在的问题

3.培育打造职业技能培训品牌行动需要加强的工作

根据数据分析结果,将需要加强的工作分为四类:一是急需加强的工作,包括鼓励职业技能培训品牌从业人员就业创业、加大职业技能培训力度两个方面,回答认可率超过60%;二是需要加强的工作,包括优化品牌名称等要素、培育职业技能培训品牌龙头企业、构建特色产业园区等培训品牌发展平台、充分利用各类平台宣传展示职业技能培训品牌四方面的工作,回答认可率超过40%;三是一般加强的工作,包括鼓励重点培育打造品牌在异地开展培训业务、引导重点培育打造品牌机构入驻产业园、构建重点培育打造品牌交流平台等方面的工作,回答认可率超过30%;四是不必在意的工作,如注册申请商标,回答认可率不到30%。

"鼓励职业技能培训品牌从业人员就业创业"是被调查人员认为最需要加强的工作,反映了参加职业技能培训人员的就业创业现状不容乐观,培训促进就业创业的效应还不高,培训就业创业动力还不强大,机制还不健全,需要更加聚焦职业技能培训机构培训人员的就业创业问题。参加职业技能培训人员高质量充分就业创业也会促进职业技能培训行业的发展。

"加大职业技能培训力度"是被调查人员认为最需要加强的另一个工作,反映了职业技能培训机构业务不饱满,也印证了目前品牌打造存在的最大问题是培训机构的生存问题,需要加大培训项目开发力度,充分挖掘市场需求,注重就业创业动力机制建立,积极开拓域外市场,与产业协同发展,构建与产业发展的适应机制,转型服务新经济新业态,如图3所示。

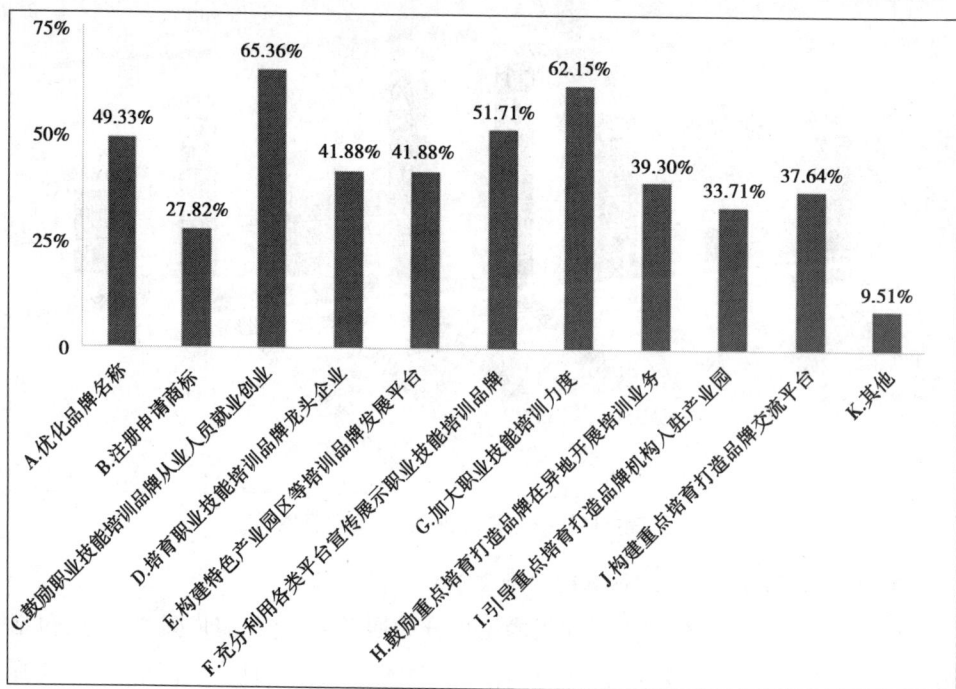

图3 培育打造职业技能培训品牌行动需要加强的工作

4.后期培育打造职业技能培训品牌行动需要出台的政策措施

根据数据分析结果,将被调查人员期望出台的政策措施分为两类:一是亟待出台的政策措施,包括"职业技能培训重点培育打造品牌奖补办法""职业技能培训重点培育打造品牌推广支持措施""职业技能培训重点培育打造品牌给培训指标和经费倾斜措施"三个方面,回答认可率超过60%;二是需要出台的政策措施,包括"职业技能培训品牌质量标准体系和诚信评价体系""职业技能培训重点培育打造品牌创立人、传承人、领军人以及形象代言人等典型人物的人才支持政策",回答认可率超过50%。

期待出台的政策措施排在第一位的是"职业技能培训重点培育打造品牌推广支持措施",因此后期需要加强培训品牌的推广工作,出台支持措施。期待出台的政策措施排在第二位的是"职业技能培训重点培育打造品牌奖补办法",能否出台类似劳务品牌培育的奖补办法是值得认真研究的问题:一方面,培训品牌与劳务品牌比较,劳务品牌有人力资源和社会保障部的文件和支持措施,同时劳务品牌涉及就业人数较多,影响比较大;另一方面,培训品牌培育受益主体是培训机构,而劳务品牌培育受益主体主要是劳动者,培训机构品牌培育的主体主要应该是职业技能培训机构,但是目前职业技能培训机构普遍生存困难,培训业务不饱满,加上品牌培育成本较高,培训机构自主进行品牌培育积极性不高,因此可以出台奖补办法支持部分有潜力的品牌,集中资源培育打造重点品牌。

5.职业技能培训品牌推广的主要途径

根据数据分析结果,将需要加强的工作分为三类:一是最有效的推广途径,包括"口碑宣传""新媒体""政府推介",回答认可率超过60%;二是有效的推广途径,包括"报纸杂志""电视广告""户外广告""交通工具""分众传媒(电梯广告)""展览展示""行业评选",回答认可率超过30%;三是其他推广方式,包括"现场促销""公关活动",回答认可率不超过30%。

被调查人员认为最有效的品牌推广途径是新媒体,有78.59%的认可度,因此在后期品牌的推广过程中需要重点考虑新媒体的推广价值。其次是口碑,反映了被调查人员对品牌传播实质的把握,有73.42%的认可度。这就需要培训机构注重培训质量,关注服务性价比,提高参培人员就业率,提升满意度,发挥口碑对品牌传播的积极效应。政府推介也有60.39%的认可度,反映了职业培训机构对品牌创建过程中政府作用的认可以及品牌推介的期待,因此相关职能部门需要利用品牌评选、品牌发布、品牌比赛、品牌故事挖掘、品牌创新、品牌特色服务评选等场景,为职业技能培训品牌创建提供推介服务,发挥品牌推广的权威性作用,降低品牌创建成本,助推品牌价值提升,如图4所示。

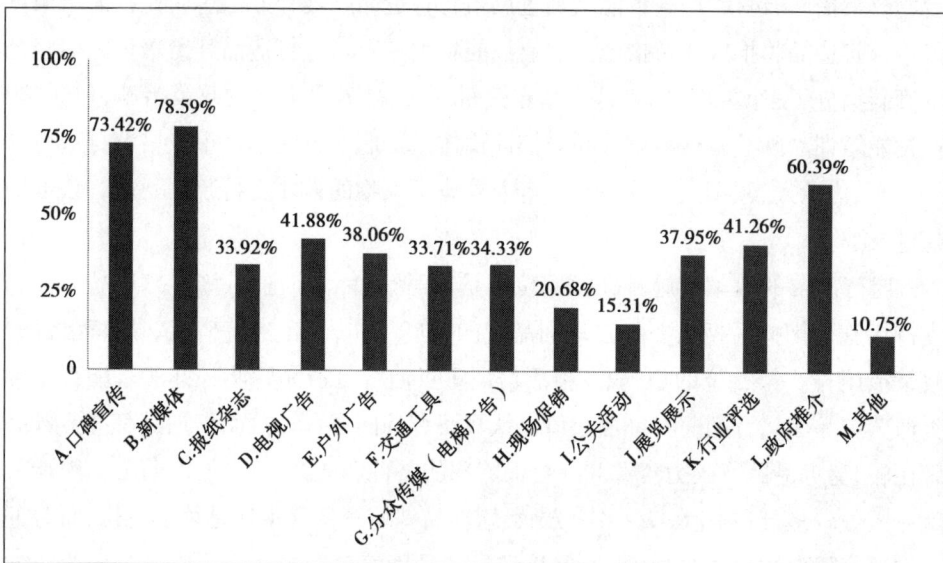

图4 职业技能培训品牌推广的主要途径

6.职业技能培训品牌培育打造的行动建议

这次问卷调查收到建议275条,将这些建议绘制成建议云图,发现建议最多的是"政策支持""加大培训力度",这与前面的回答认可度高度一致,反映了培训机构对后期出台的支持政策措施的期待以及对培训机构生存状况的担忧。建议数量次之的是"加大宣传力度",这反映了培训机构亟须通过加大宣传力度,扩大业务量,走出生存困境。

对这些建议进行统计分析,可归纳为以下内容。

第一,约占70%的建议是期望政府出台相关政策和采取行动。希望政府多对职业培训机构予以政策上、资金上的支持,解决培训机构的生存问题,从而使培训机构得到更好发展;加大培训支持力度,对行业进行规范、重新定位,做到公平公正等;协助打造职业技能培训品牌行业标杆,促进职业培训市场规范化、多元化,减少不当竞争和垄断等;出台相关政策,加强培训品牌的推广工作,增加曝光率,让老百姓对职业技能培训这一概念有更充分的了解;相关支持政策要有持续性、连续性,品牌打造不是一朝一夕,而是要政府给予长时间的支持;希望政府能够对培训机构的学员对接相应的工作岗位,帮忙解决就业问题;相关部门下沉到市场真正了解做培训的机构,协助打造有真正实力和想把职业培训做好的学校;产学结合,职业技能培训要与重庆市的主要产业结合,抓重点、抓龙头,有了产业支撑,树立的培训品牌才有根基,培训的人才才有用武之地,培训机构为企业人才培养起到补链、强链作用。

第二,约占30%的建议是针对职业技能培训机构提出的。建议职业培训机构强师资、重培训、做口碑,对师资力量予以培训与考核,提高培训质量,使培训学员能够学到更多职业技能知识;根据区县特色产业打造相应的培训品牌,并着力地方经济特色,结合当地行业来发展培训品牌;校企结合,增加培训生源,丰富培训内容,有针对性地培育出适合个人就业的技能,多多开展免费技能培训;延长培训时间、提高午餐标准、加强培训基地建设、提高培训机构准入门槛、创立民办培训机构红黑榜、提高培训人员的补贴等。

三、重庆市职业技能培训品牌开发与培育面临的形势与经验借鉴

(一)重庆市职业技能培训品牌开发与培育面临的机遇

1.职业技能培训迅猛发展,为品牌培育奠定了基础

为切实解决招工难与就业难并存的结构性矛盾,保障和稳定就业,推动产业转型升级,重庆市按照国务院《职业技能提升行动方案(2019—2021年)》,聚焦目标,精心谋划,注重培训的针对性、实效性,深入开展职业技能提升行动,全面提升劳动者技能水平和就业创业能力。近三年,投入补贴资金21亿元左右,开展政府补贴性职业技能培训179.1万人次,实现了"长技能、促就业"的预期效果,有力助推了脱贫攻坚、乡村振兴和技能社会、人才强市等重大战略。提升行动推动了职业技能培训行业迅猛发展,增强职业技能培训机构实力,为品牌开发与培育奠定了坚实的基础。

2.战略与规划支撑,为品牌培育提供了依据

职业技能培训是提升技能人才的人力资本、提高就业质量、解决结构性就业矛盾的重要抓手。为此,《中华人民共和国国民经济和社会发展第十四个五年规划和2035年远景目标纲要》与《人力资源和社会保障事业发展"十四五"规划》都提出"健全终身技能培训制度,持续大规模开展职业技能培训"的重点任务;《重庆市国民经济和社会发展第十四个五年规划和二〇三五年远景目标纲要》和《重庆市人力

资源和社会保障事业发展"十四五"规划(2021—2025年)》提出了"推行终身职业技能培训制度"的重点任务。《重庆市"十四五"职业技能培训规划》提出了"终身职业技能培训制度更加完善、职业技能培训与产业对接就业衔接更加紧密、职业技能培训供给能力更加高效、创新型应用型技能型人才队伍不断发展壮大"的目标,针对目标提出了"培育职业技能培训品牌"重点任务以及实施"职业技能培训品牌培育行动"重点项目。人力资源社会保障部、国家发展改革委等20部门联合出台了《关于劳务品牌建设的指导意见》,鼓励建设劳务品牌,对职业技能培训品牌的建设具有借鉴作用和启示。培训行业的战略规划为职业技能培训品牌建设提供了依据,为行业发展提供蓝图。

3.高质量发展阶段,为品牌培育提供契机

进入新时代,人们的品牌意识更加强烈,用人单位更看重技能、品牌,培训机构参与市场竞争的层次由价格竞争和质量竞争发展到品牌竞争。品牌意味着高附加值、高利润、高市场占有率,同时也意味着高质量、高品位,是顾客的首选。知名品牌可以为培训机构带来较高的营业额,可以花费较少的成本让自己的产品或服务更有竞争力。品牌已经成为培训机构最有价值的资产,拥有市场比拥有企业更重要,而拥有市场的最佳途径就是拥有占据市场主导地位的品牌。由此可见,品牌及品牌战略已经成为企业构筑市场竞争力的关键。任何行业都会经历起步阶段、自由发展阶段、品牌发展阶段。职业技能培训行业同样要经历这三个阶段,目前正处于第三个阶段,处于树立品牌、提升品牌价值、发挥品牌力量的阶段。职业技能培训行业经过了前两个阶段的发展,在规模和质量上都有较大的发展,但要进一步发展,必须培育品牌,促进高质量发展。

(二)重庆市职业技能培训品牌开发与培育面临的挑战

1.品牌创建滞后,基础还不牢实

重庆市大多数培训机构还没有自己的品牌,只有培训机构的名称,即使少数培训机构有品牌,但品牌要素还不齐全,没有成为知名品牌。《2021中国上市公司品牌价值蓝皮书》显示,在2021中国教育行业上市公司品牌价值榜中,53家公司来自15个地区。其中,来自北京和安徽的公司共计19家,品牌价值合计1478.73亿元,占行业榜单总计品牌价值的64%,处于主导地位,但是重庆没有一家。《商界评论》杂志发布的2021中国最佳企业家教育机构排行榜TOP40,重庆也没有一家,这反映了重庆市培训行业整体实力还不够,品牌创建滞后,而职业技能培训机构品牌创建就更加滞后。

2.培训规模不大,根基还不稳固

虽然重庆市实施了职业技能提升行动(2019—2021年),培训行业发展迅猛,但培训规模和质量与其他部分省份比较还有差距,培训机构整体实力还不强大,还没有形成规模效应,培训机构的投入产出效应还不高,培训质量还需要提高,参训人员的就业创业还不充分,而培训品牌培育严重依赖于培训市场的规模和质量,因此培训品牌创建根基还不稳固。

3.行业具有时代性,品牌创建主动性缺乏

职业技能培训行业具有时代性和阶段性,随着时代的变迁,其培训规模和培训内容将会发生巨大的变化,培训机构的演替现象比较严重,致使一些培训机构着眼于短期发展,疲于应对每个阶段的新变化,缺乏长远的战略规划。同时职业技能培训行业早期不需要过多核心资源,进入门槛不高,致使培训机构数量众多,竞争异常激烈,培训机构退出现象普遍,因此职业技能培训机构对品牌的创建缺乏主动性和积极性。

4.机构成长具有过程性,品牌创建投入巨大

职业技能培训机构往往会经历由小到大、由弱到强、由无名到有牌的成长过程,而品牌创建与机构成长过程基本一致。品牌创建具有持续性和过程性,投资较大,投入期较长,收益较缓慢,因此品牌创建对职业技能培训机构具有挑战性,要求职业技能培训机构具有持续的盈利能力和持续投入的战略决策。

(三)我国教培行业品牌价值特征及经验借鉴

1.我国教培行业品牌价值特征

(1)头部品牌价值占比高,2022年品牌价值全面降低

2021年底,由每日经济新闻与清华大学经济管理学院中国企业研究中心联合发布的《2021中国上市公司品牌价值蓝皮书》显示,在2021年中国上市公司品牌价值总榜的3000家企业中,教培行业的企业共计53家,比2020年增加了3家;品牌价值总计2311.75亿元,比2020年增加了31%。新东方以475.3亿元的品牌价值位居榜首;好未来位居其后,品牌价值高达445.03亿元;中公教育位居第三,品牌价值超过了200亿元,排在前3位的公司品牌价值合计1155.55亿元,占行业榜单总计品牌价值的50%。排在前10位的公司品牌价值合计1581.38亿元,占行业榜单总计

品牌价值的68.4%。排在前20位的公司品牌价值合计1905.12亿元,占行业榜单总计品牌价值的82.4%。教培行业上市公司的品牌价值正在加速向头部公司聚集,榜单的头部公司与尾部公司,品牌价值增速存在明显差异。榜单TOP10上市公司的合计品牌价值增速为40.7%;榜单最后10位上市公司的合计品牌价值增速为-33.8%。据艾瑞咨询统计,2020年在线教育融资的1034亿元中,80%流向了头部的5家公司。

由于我国近年对教培行业的全面整顿,出台了"双减"政策,2022年教培行业上市公司的品牌价值受到极大的影响,教育品牌格局将会发生改变,尤其是K12细分领域的企业股价急剧下滑,品牌价值直线下降,K12企业面临前所未有的挑战。教培行业上市公司必将回归教育本源,积极应对"双减"政策,契合真正的公共利益和社会价值,与国民素质的提升相向而行,也正是教培行业上市公司品牌价值的归依。

(2)品牌地域分布不均衡,京皖占总品牌价值的六成多

在2021中国教培行业上市公司品牌价值榜中,53家公司来自15个地区,其中,来自北京和安徽的公司共计19家,品牌价值合计1478.73亿元,占行业榜单总计品牌价值的64%,处于主导地位。在港股上市的中资股公司有23家,品牌价值合计1157.64亿元,占行业榜单总计品牌价值的50.1%,排在第一位。中国董事局网与亚布力智库联合发布"2021第七届中国最具口碑教育企业百强榜"榜单中,北京市有51家,上海市有12家,广东省有17家(深圳13家),浙江省有10家(杭州9家),江苏省有5家,福建省有3家,湖南省有1家,江西省有1家,集中在北京市,占比超过50%。

在国外上市的教培行业中概股公司有17家,品牌价值合计725.38亿元,占行业总计品牌价值的31.4%,排在第二位。在深市中小企业板上市的公司有4家,品牌价值合计264.63亿元,占行业榜单总计品牌价值的11.4%,排在第三位。此外,在沪市主板上市的公司有4家,品牌价值合计72.47亿元;在深市主板上市的公司有1家,品牌价值49.31亿元;在深市创业板上市的公司有4家,品牌价值合计42.32亿元。

(3)上市时间不同,品牌价值有差异

在2021中国教育行业上市公司品牌价值榜中,2016—2020年上市的公司有37家,品牌价值合计1424.5亿元,占行业榜单总计品牌价值的61.6%,排在第一位。2006—2010年上市的公司有3家,品牌价值合计468.79亿元,占行业榜单总计品牌

价值的 20.3%,排在第二位。2011—2015 年上市的公司有 9 家,品牌价值合计
323.55 亿元,占行业榜单总计品牌价值的 14%,排在第三位。此外,1996 年以前上市
的公司有 3 家,品牌价值合计 87.06 亿元;1996—2000 年上市的公司有 1 家,品牌价值
7.85 亿元。

(4)新冠疫情促使线上教育企业品牌价值增大

2020 年开始的新冠疫情加快了线上教育的发展,科技在教育品牌中所起的作
用也愈加重要,教育信息化与科技赋能也成了教育行业新的发展趋势。受疫情影
响,下至学前教育,上至各大高校均被迫不时开展线上教学,教学模式被迫转变,在
线教学部分极大地补充了传统教学。随着云计算、大数据和通信技术的持续发展,
"互联网+教育"模式快速迭代,逐渐成熟。线上教育机构乘势发展,同时也涌现了
一大批新的线上教育机构,线上教育机构品牌价值快速提升。

2.对重庆职业技能培训品牌开发与培育的经验借鉴

(1)市场需求是职业技能培训品牌开发与培育的坚实基础

新东方、好未来等教培行业知名品牌的发展得益于精准识别市场需求,敏锐把
握商机,及时挖掘市场潜力,提供了符合市场预期的产品。同时瞄准了容量大的市
场,先期定位于主流教培市场,后期向职业技能培训等细分市场拓展。品牌起步和
发展必须依赖市场需求,只有找准了市场痛点,满足市场需求,提供符合市场预期
的产品,培训机构才能生存下来,才有开发和培育品牌的基础。重庆市职业技能培
训机构必须着眼于市场需求,推出满足市场需求的产品,不仅仅满足承接政府下达
的培训任务,更要面向广大的培训市场。

(2)时代同步是职业技能培训品牌开发与培育的商业契机

新东方的起步源于出国热潮,中公的起步源于公务员考试热潮,好未来的前身
学而思源于家教市场热潮,非典和新冠疫情催生了一批线上教育机构。职业技能
培训品牌开发与培育需要与时代同步,积极适应变化的环境,在国家和重庆市实施
职业技能培训行动的这三年,一些培训机构抓住了时机,发展迅猛,但如何延续这
一发展趋势,需要把握目前大的趋势。《中华人民共和国国民经济和社会发展第十
四个五年规划和 2035 年远景目标纲要》提出的终身学习理念以及人们投资观念的
变化,对人力资本的投资热潮是重庆市职业技能培训机构发展的商机,也是品牌建
设的契机。

(3)发挥企业主动性是职业技能培训品牌开发与培育的原动力

由于教培行业的高度市场化,教培行业知名品牌企业的品牌建设大多数是以

企业为主体,充分发挥了企业的主动性和积极性,这对重庆职业技能培训行业的品牌建设提供了基本思路,需要发挥机构的主动性,但由于重庆职业技能培训行业品牌建设滞后,同时还包含大量的对品牌建设不是很迫切的职业技能学校,因此在职业技能培训行业品牌建设过程中需要政府引导,给予政策和资金支持。

(4)培育龙头企业是职业技能培训品牌开发与培育的关键

通过对我国教培行业前100名知名品牌的价值分析,发现头部品牌价值占比高,对其他品牌起到带动作用,因此重庆在职业技能培训品牌建设中可以培育龙头企业,着重培育少数头部品牌,一方面可以减少支持资金不足的压力,便于重点扶持;另一方面也有利于创新探索,通过对少数培训机构的重点扶持,积累经验,摸索品牌开发和培育模式,便于后期推广。

四、重庆市职业技能培训机构品牌评价

(一)指标体系

1.指标体系构建依据

参考国家标准《品牌评价——原则与基础》的指标体系,借鉴KANO模型的属性分类方法,结合培训品牌评价的具体情况,制定职业技能培训品牌评价指标体系。将品牌评价指标体系分为必备属性指标、期望属性指标和魅力属性指标三种类型:其中必备属性指标是申报职业技能培训品牌必须具备的条件,不具备,则不能申报市级培育品牌;期望属性指标则是申报时按照权重评分的指标,属于具有越多分值越高的指标,按照指标权重与分值计算评价结果;魅力属性指标属于只要具备一项及以上指标项内容,则可以不用评价,直接进入重庆市重点培育打造的品牌。

国家标准《品牌评价——原则与基础》(GB/T 39654—2020)制定的商业企业品牌评价指标有能力、品质、声誉、企业文化、影响等5个一级指标,以及品牌规划、品牌管理、保障机制、企业品质、商品质量、服务质量、品牌知名度、品牌美誉度、品牌忠诚度、社会责任、诚信、精神信念、宣传推广、顾客感知、业界交流、行业影响、社会影响等17个二级指标。

KANO模型是对用户需求分类和优先排序的有用工具,以分析用户需求对用户满意的影响为基础,体现了产品性能和用户满意之间的非线性关系。在KANO

模型中,将产品和服务的质量特性分为必备属性、期望属性、魅力属性、无差异属性四种类型,其中魅力属性是指用户意想不到的,如果不提供此需求,用户满意度不会降低,但当提供此需求,用户满意度会有很大提升;期望属性是指当提供此需求,用户满意度会提升,当不提供此需求,用户满意度会降低;必备属性是指当优化此需求,用户满意度不会提升,当不提供此需求,用户满意度会大幅降低;无差异属性是无论提供或不提供此需求,用户满意度都不会有改变,用户根本不在意;反向属性是指用户根本都没有此需求,提供后用户满意度反而会下降。

2.指标体系及含义

(1)必备属性

必备属性分为主体性、制度建设、培训规模。主体性包括法律地位、办学条件、人员配置、诚信记录4个方面,每一个方面可以根据当年情况设定不同的标准。具备这个属性才能申报重庆市职业技能培训品牌,不全部具备的也可以申报区县级职业技能培训品牌,与期望属性指标合并计算总分值。

(2)期望属性

期望属性包括5个一级指标和13个二级指标。根据对重庆市职业技能培训机构32位负责人的采访,对一级和二级指标的重要性进行排序,确定各自的权重,当然这个权重确定也会在实施过程中做调整。

(3)魅力属性

魅力属性包括品牌地位和知名品牌两个一级指标,4个二级指标,不区分重要性,具备一个或多个二级指标,就可以直接申报重庆市职业技能培训培育打造品牌,见表1。

表1 培训品牌评价指标体系

指标类型	一级指标	二级指标	指标含义
必备属性	主体性	1.法律地位	品牌持有主体须依法登记,具有独立法人(社团、事业)资格
		2.办学条件	有与所开办培训项目及规模相匹配的办学资金、办学场所及设施设备
		3.人员配置	有与培训类别、层次及规模相适应的专兼职教师队伍
		4.诚信记录	信用良好,无违法违规、失信等不良记录

续表

指标类型	一级指标	二级指标	指标含义
必备属性	制度建设	5.企业管理	具有完善的内部管理制度
		6.培训管理	具有与培训项目相对应的教学计划、大纲，严格按教学计划、大纲开展培训教学活动，具有严格的过程管理
	培训规模	7.培训数量	数量在当地或一定区域、行业内有较高占比
		8.营业额	营业额在当地或一定区域、行业内有较高占比
期望属性	品牌名称（15%）	9.名称（60%）	具有识别度的品牌名称，具有积极正面的含义
		10.要素（40%）	品牌要素齐备
	能力（10%）	11.品牌规划（40%）	具有明确的品牌发展规划，具有明确定位，目标市场明确
		12.品牌管理（30%）	具有科学的品牌管理能力
		13.品牌机制（30%）	有良好的品牌成长机制
	声誉（30%）	14.品牌知名度（25%）	潜在培训者认识到或记起某一品牌是某类服务的能力较强
		15.品牌美誉度（25%）	品牌美誉度较高
		16.品牌忠诚度（25%）	消费者对该品牌的忠诚度较高
		17.用户满意度（25%）	消费者及其他利益相关方的满意程度较高
	企业文化（20%）	18.宣传推广（40%）	有品牌宣传语，开展宣传活动
		19.社会责任（60%）	积极承担培训机构社会责任
	影响（25%）	20.行业影响（40%）	在当地或一定区域、行业内拥有带动作用
		21.社会影响（60%）	对就业创业具有促进作用
魅力属性	品牌地位	22.注册商标	商标已经注册超过5年

续表

指标类型	一级指标	二级指标	指标含义
魅力属性	品牌地位	23.实业支撑	具有接纳技能培训人才相应的实体,就业容量大
	知名品牌	24.领先性	全国领先的品牌
		25.价值型	品牌价值在全国排名靠前

3.指标体系的价值

构建指标体系一方面可以用于遴选重庆市以及区县职业技能培训培育打造品牌,提供一种公平的评价体系,可以指导职业技能培训机构根据这个指标体系创建品牌;另一方面可以根据这个指标体系评估职业技能培训品牌价值大小,为职业技能培训品牌的传播与推广提供依据和资料。

(二)重庆市职业技能培训品牌评价

由于缺乏详尽的数据,无法对品牌基本属性和期望属性进行评价,因此只对第一批发布的培育品牌进行了魅力属性评价,发现20个品牌中有18个品牌具有魅力属性,占比为90%,按照上述标准,可以直接视为培育打造品牌。是否可以只用魅力属性指标评价品牌是进一步可以探讨的问题。"机械技师"作为品牌,缺乏品牌的必要要素,不具有区分性,是通用的职业称谓,作为品牌不是很合适,见表2。

表2　重庆市职业技能培训品牌评价结果

序号	品牌	条件	序号	品牌	条件
1	万州烤鱼	23、24	11	南川巧媳妇	23
2	江北工匠	23	12	开州金勺	23
3	宗君美业	23	13	忠橙电商	23
4	嘉禾匠才	23	14	云阳面工	24
5	渝见花开	23、24	15	宁河巧姐	23
6	乐享云时代	—	16	边城秀娘	23、24
7	渝味乡厨	23、24	17	马兰花开	23
8	典硕咖啡	23	18	渝家人	23
9	机械技师	—	19	渝美人	23
10	"硒"望花椒	23	20	渝能人	23

(三)重点培育品牌建议

1.分层级重点培育品牌建议

对具有关联就业实体,并形成相对成熟运营体系的培训品牌,强化规范化管理服务,整合优化品牌资源,扩大市场影响力,推动做大做强做优,定位全国知名品牌或国际品牌,重点培育5个,重点打造重庆市职业技能培训一级品牌"巴渝工匠",以重庆市劳动就业培训中心(牵头单位)、重庆市时代教育职业培训学校、重庆市江北区华普亿方职业培训学校为依托,打造"马兰花开"创新创业品牌,以重庆市重点产业人力资源集团有限公司(牵头单位)、重庆渝家人健康养老服务有限公司为依托,打造"渝家人"家政服务品牌,以重庆市重点产业人力资源集团有限公司(牵头单位)、重庆美丽有悦生活服务有限公司、重庆五一职业技术学院为依托,打造"渝美人"美容美发品牌,以重庆市职业技能公共实训中心、重庆市劳动就业培训中心、重庆五一职业技术学院、重庆市仙桃大数据与物联网职业培训学院、重庆飞驶特职业培训学校、重庆市博文计算机职业培训学校、重庆市实用技能人才培训学校为依托,打造"渝能人"新职业、智能制造、现代服务业品牌;对具有一定知名度、培训规模较大、就业市场好,但还没有固定品牌的培训机构,及时完善品牌要素,定位为重庆市或西南知名品牌,重点培育30~50个;对有一定培训基础,具有发展前景,但没有形成品牌的培训机构,需要鼓励和支持创建品牌,定位为区县知名品牌,每个区县重点培育3~5个。

2.分行业重点培育品牌建议

与重庆市支柱产业匹配,着眼新经济新业态,尤其是数字经济技能人才培养,与"智能+技能"数字技能人才培养试验区充分结合,选择品牌基础好,有发展前景的培训机构,支持打造支柱产业技能培训品牌,依托重庆万州技师学院、重庆市长江职业培训学校、云阳县新时空计算机培训学校,分别打造"万州烤鱼""开州金勺""云阳面工"等餐饮业服务品牌;支持高端装备制造、大数据、物联网、云计算、人工智能等领域紧缺专业建设,选择培养规模较大、就业质量较高的培训机构,打造新经济新业态技能培训品牌。

3.分机构重点培育品牌建议

重点培育重庆五一职业技术学院,使其成为全国有较大影响力的职业技能培训机构。重庆五一职业技术学院专业设置特色鲜明、师资队伍实力雄厚、校企合作深入发展、国际交流广泛开展、社会服务强劲有力,具有打造全国有较大影响力的职业技能培训机构的基础。需要从提升学校知名度和美誉度以及打造品牌专业两方面进行培育,加大力度宣传和传播"五一"机构品牌,集中打造一个全国有影响力的专业品牌。

五、进一步推进重庆市职业技能培训品牌开发与培育的实施路径

(一)总体思路

1.品牌开发与培育目标

夯实重庆市职业技能培训品牌开发和培育基础,促进职业技能培训行业与重庆市经济社会协同发展,加快职业技能培训品牌开发与培育,培养一批有区域影响力的职业技能培训品牌,展现重庆市职业技能培训良好的品牌形象,大幅提升重庆市职业技能培训的品牌价值和竞争力,驱动重庆市职业技能培训机构品牌化、规模化、智能化、集群化发展,提升技能人才职业能力,助力重庆市中西部职业技能人才高地打造,服务重庆市经济社会高质量发展。

2.品牌开发与培育原则

(1)坚持市场主导原则

遵循品牌建设的基本规律和市场规律,发挥企业主体作用,坚持市场主导的原则,注重发挥政府服务功能以及行业组织协调作用,立足公平,建设竞争有序的职业技能培训品牌体系,提升职业技能培训品牌价值和竞争力。

(2)坚持品牌建设与经济协同发展原则

重庆市职业技能培训行业伴随重庆市经济社会高质量发展而乘势发展,经济高速发展,带动技能人才强劲需求,促进职业技能培训行业快速发展;重庆市职业技能培训行业快速发展,提供人才保障,促进就业创业,助推重庆市经济社会高质量发展,实现职业技能培训品牌建设与实体经济、科技创新、现代服务业协同发展。

(3)坚持品牌建设创新发展原则

品牌建设需立足长远,着眼未来,循序渐进,不断创新,快速迭代。不断创新重庆市职业技能培训品牌建设政策、服务方式和模式,创新职业技能培训机构发展模式,促进重庆市职业技能培训持续发展,为品牌建设提供创新源泉。

(4)坚持多样化品牌原则

充分发挥重庆市职业技能培训行业优势和地域特色,结合培训机构优势资源,

兼顾传统服务业和制造业与战略性新兴产业,按细分市场推进,按区域实施,突出品牌创建的差异性、分层性、分区性,坚持品牌开发和培育的多样化。

(二)进一步推进重庆市职业技能培训品牌开发与培育的对策

品牌是培训机构存在与发展的灵魂,没有品牌的培训机构是没有生命力和延续性的。只有重视品牌,构筑自身发展的灵魂,培训机构才能做大做强。

1.政府视角

(1)建立数据库,掌握品牌创建动态情况

通过各区县人力资源和社会保障局协同完成重庆市职业技能培训机构全面调查,整合劳务品牌创建数据,建立数据库。通过调查和数据分析了解培训机构技能培训内容、规模和质量,带动就业人数和就业质量、技能人才就业创业基本状况,重点关注职业培训机构生存情况、投资收益情况,掌握重庆市职业技能培训机构品牌创建动态情况,以便及时调整品牌培育打造措施,推进职业技能培训机构品牌创建。

(2)完善制度,推进常态化品牌创建

建立职业技能培训品牌从业人员身份制度,按规定落实相应人才政策,颁发品牌培训从业资格证书。建立重庆市职业技能培训品牌评价体系,健全培训品牌质量标准体系和诚信评价体系,鼓励社会团体制定培训品牌质量和评价标准,开展培训品牌诚信评价,支持行业协会、商会建立行业内培训品牌信用承诺制度。构建品牌培育机制,推动职业技能培训品牌创建由被动向主动、由外部推动到内部拉动的转变。建立职业技能培训机构就业考核监督体系,强化培训就业,鼓励开展针对性强、有就业前景、就业稳定的培训项目,淘汰就业率低的培训项目。

(3)出台支持政策,鼓励培训品牌创建

大样本的调研结果反映有52.22%以上的培训机构负责人认为培训机构生存存在困难,有50.47%的培训机构负责人认为品牌打造的成本很高,表现出对培训机构发展前景以及对品牌打造高成本的顾虑。培训机构生存困难:一方面是因为近年疫情肆虐和经济疲软的双重影响;另一方面是因为培训机构处于转型升级的阵痛期,多数职业技能培训机构没有及时转型升级,没有积极拥抱新经济新业态新模式,还固守传统培训模式和传统培训项目。需要加大对职业技能培训机构的支持力度,重塑发展预期,树立信心,增强品牌打造的内在动力。

龙头机构培育。发挥特色资源、传统技艺和地域文化等优势,培育若干细分行业领域的培训品牌龙头机构。引导龙头机构"专精特新"发展,推动技术、人才、数据等要素资源集聚,鼓励符合条件的培训品牌龙头机构上市融资、发行债券;以培训品牌龙头机构为引领,组建行业内、区域内培训品牌联盟,推动联盟内资源共享,促进产学研深度融合。

实施职业技能培训品牌奖补措施。认定为市级职业技能培训品牌的职业培训机构,参照劳务品牌奖补标准,依据国家级、市级、区县级品牌分别给予奖补,优化培训补贴标准,进一步发挥品牌优势,鼓励做大做强做出特色。

职业技能培训品牌培训支持。认定为市、区县两级职业技能培训品牌的职业培训机构,优先支持开展补贴性职业技能培训,优先支持成为社会培训评价组织,优先支持开发专项职业能力,在项目建设、评先评优和补贴性培训计划安排等方面,对职业技能培训品牌建设单位予以倾斜支持。

鼓励培训创新探索。鼓励培训机构开展培训者付费培训、新职业新经济新业态培训,鼓励创新探索培训内容、培训形式等,对行业有明显带动作用的创新实施补贴,定期发布重庆市职业技能培训创新案例。

(4)建设培训基地,搭建职业技能培训品牌发展平台

认定为市级职业技能培训品牌的机构优先支持申报高技能人才培训基地、技能大师工作室等建设项目,支持设立企业职工培训中心,支持面向社会劳动者开展相关项目的补贴性职业技能培训。与重庆市各级人力资源服务业产业园充分结合,鼓励职业技能培训机构进驻产业园区,享受人力资源服务业机构同等待遇。在条件具备的区县单独建立劳务品牌和培训品牌产业园,发挥集群发展优势,促进职业培训行业高质量发展。

(5)强化宣传,助力品牌推广

加强培训品牌展示推介。定期开展培训品牌推介展示交流活动,举办培训品牌论坛、项目竞赛、工作比赛、技能大赛和培训品牌专场招聘活动;选树一批有广泛影响力的培训品牌负责人、创立人、领军人以及形象代言人等典型人物;协同劳务品牌推广,定期发布重庆市职业技能培训知名品牌,助力品牌推广。

加强培训品牌宣传推广。充分利用新媒体,综合运用报纸、杂志、广播电视等媒体平台,围绕品牌项目、品牌人物、品牌活动开展全方位宣传报道,拍摄主题影视作品,制作播放公益广告,讲好培训品牌故事,形成"塑造品牌、消费品牌、热爱品牌"的浓厚氛围;鼓励培训品牌优化品牌名称、标识、符号等要素,支持有条件的注

册申请商标专利,实现全流程电子化、便利化办理,引导具有核心竞争力的培训品牌专利技术向标准化转化,提升品牌知名度和美誉度;提高培训质量,提供优质服务,形成良好的口碑效应,发挥口碑在品牌宣传中的关键性作用。

(6)发挥品牌效应,凸显品牌创建效用

提高就业质量。充分发挥职业技能培训品牌实体经济的就业带动作用,鼓励依附知名培训品牌的经济实体做大做强;多形式开展培训品牌参训人员就业推荐活动,加强用工信息对接,促进精准供需匹配;加强劳务协作,采取区域间定向输出、企业直接吸纳等方式,建立健全培训品牌长期稳定劳务输出渠道;依托劳务工作站、服务站等机构,为培训品牌参训人员提供跟踪服务;建立就业考核机制,强化培训品牌机构培训人员就业考核,提升参训人员就业率和就业质量。

支持创新创业。引导各类机构提供专业化创业培训和创业服务,鼓励参训人员发挥技能优势、专业所长、从业经历等优势开展创新创业,壮大创新创业规模,增加经营主体,提供就业新岗位;对符合条件的创业者按规定落实税费减免、创业培训补贴、一次性创业补贴、创业担保贷款及贴息等政策;鼓励银行等金融机构在依法合规、商业可持续的原则下,积极探索培训品牌商标权、专利权等质押贷款,鼓励以培训品牌为标的物,积极投保相关保险;依托返乡入乡创业园、创业孵化基地、农村创新创业孵化实训基地等创业载体,安排一定比例的场地用于培训品牌创业孵化,按规定落实房租减免、水电暖费定额补贴等优惠政策。

2.培训机构视角

知名品牌意味着高质量、高品位,是消费的首选,是培训机构最有价值的资产,品牌创建战略是培训机构最重要的战略。

(1)品牌创建过程

①制定品牌战略规划,为品牌发展指引方向。培训机构需要制定品牌创建战略,分阶段建立品牌发展规划,为品牌发展拟定正确的方向和实施路径。品牌战略要确定培训机构是否要创建品牌,是实施品牌战略还是无品牌战略,是创建培训项目品牌还是机构品牌,选择什么品牌模式,是单一品牌模式还是多品牌模式;品牌定位、品牌竞争战略、品牌价值管理、商业模式设计、渠道营销整合策略等内容也需要在品牌战略规划中体现出来。而品牌发展规划则需要将品牌创建中长期的目标、建设重点任务、保障措施一一厘清,绘制品牌创建路线图。

②挖掘市场潜力,为品牌创建奠定发展基础。目前培训市场增长缓慢,同质化严重,这与培训需求挖掘不够有关。职业技能培训机构对新经济新业态新趋势把

握还不够,没有及时满足人们的培训需求。一些培训机构习惯于承接政府下达的培训任务,更愿意开展有支撑经费的培训,对于培训者付费培训兴趣不大,也不愿意去创新探索。职业技能培训机构需要深入进行市场调查,从职业技能培训需求出发,把握培训者的需求变化,识别未被满足的需求,激发培训者需求,结合培训机构本身的优势和竞争环境情况去挖掘差异化价值,须以工匠之心,修炼卓越品质,创新培训项目,打造核心竞争力。随着政府计划培训项目支持力度的减弱,满足消费者需求的培训项目将会成为培训机构发展的关键,也是培训机构摆脱生存困难的重要途径。

③精准定位品牌,为品牌创建确定方位。品牌定位是品牌经营的首要任务,是品牌建设的基础,是品牌经营成功的前提。品牌定位在品牌经营和市场营销中有着不可估量的作用。品牌定位是品牌与这一品牌所对应的目标消费者群建立一种内在的联系,品牌定位是市场定位的核心和集中表现。培训机构要系统分析培训市场,要细分市场,优化培训项目,分析培训机构与区域竞争者的优势和劣势,定位于有竞争优势的细分市场,在优势领域精耕,准确定位品牌,让培训者提升识别度。

④规划品牌形象,降低消费认知成本。品牌创建的目的之一是降低消费者选择商品或服务的成本,品牌创建就需要降低消费者识别成本、记忆成本、传播成本,因此容易识别、记忆、传播的品牌符号就显得十分重要。品牌符号是一个符号系统,一套识别系统,包括但不限于品牌名称。目前重庆市发布的重点培育打造的培训品牌,多数只有品牌名称,并且部分品牌名称不规范,具有同质性,易于理解为共同品牌,不易于传播;大多数品牌缺乏系统的符号,急需完善好记、简单、能降低传播成本的品牌符号;普遍缺乏品牌话语,缺乏简单、顺口、口语化的话语,需要一句话说出培训者参加培训的理由,一句话说出培训者利益,不需要拐弯抹角,一句话说清楚利益点。重庆市职业技能培训机构需要考虑品牌视觉识别系统(VI),包括企业品牌标志图形、标准字体、标准色彩、辅助的吉祥物、招牌、标志牌和旗帜、服务等。

⑤讲好品牌故事,为品牌传播提供新素材。品牌的产生以及过程就是品牌故事。翻开品牌的历史都会发现,拥有自己独特的品牌故事,对培训机构的营销起着积极的作用,对目标消费者造成一定的思维影响,并使其更容易认可品牌的价值观和文化观,一旦产生共鸣,便会对品牌产生信任感,并且不轻易改变;品牌故事的塑造,必须遵循真实性、趣味性、独特性等原则。目前重庆市发布的重点培育打造的

培训品牌普遍缺乏品牌故事,对品牌故事挖掘不够,还没有提炼出易于传播和消费的品牌故事。

⑥重视品牌传播,为品牌创建提供新速度。品牌传播是诉求品牌个性的手段,也是形成品牌文化的重要组成部分。通过品牌的有效传播,可以使品牌为广大消费者和社会公众所认知,使品牌得以迅速发展,可以实现品牌与目标市场的有效对接,为品牌及产品进占市场、拓展市场奠定宣传基础,发挥品牌价值口碑的作用。目前重庆市发布的重点培育打造的培训品牌主要是针对培训项目的宣传,对品牌的宣传不多,没有发挥品牌价值的作用。职业技能培训机构需要制定品牌传播策略,充分利用公共资源在品牌传播中的作用,把握可视化传播的重要性,综合考虑培训机构实力和品牌创建目标实现品牌传播。

⑦注重品牌升级,为品牌创建提供新动力。品牌具有生命周期,会经历一个出生、成长、成熟和衰老的过程。这就需要对品牌进行创新,为品牌开发新的产品载体,提升品牌的产品载体形象,对品牌的 VI 系统进行升级改造,更新品牌理念及广告诉求等。从那些成功的世界品牌经验来看,除了不断的技术更新与突破,品牌要长青,也同样需要在与市场和顾客的沟通传播方面保持时尚前沿,通过新经济、借助新媒体保持与流行生活方式的即时联结。品牌创新是一项包括产品、组织、技术、价值、文化等多种创新在内的复杂的经济系统工程,它涉及品牌经营活动的程序化和程序化运用。培训机构需要及时评估、监测品牌在市场的日常表现,及时提供市场情报,随时洞察品牌健康状况,为品牌创新提供基础。

⑧考虑品牌延伸,为品牌创建提供新元素。品牌延伸从表面上看是扩展了新的培训服务或服务组合,实际上从品牌内涵的角度,品牌延伸还包含品牌情感诉求的扩展。如果新培训服务无助于品牌情感诉求内容的丰富,而是降低或减弱情感诉求的内容,该品牌延伸就会产生危机。不应只看到品牌的市场影响力对新培训服务上市的推动作用,而应该分析该培训服务的市场定位是否有助于品牌市场地位的稳固,两者是否兼容。

(2)品牌建设策略

①转型升级应对后疫情时代。新冠疫情应该成为职业技能培训机构数字化转型的加速器,职业技能培训机构需要把握数字化转型方向,打通机构与数字经济时代的接口,大力拓展各类线上服务模式。积极践行"互联网+职业培训""智能+技能"等行动计划,加快发展直播、数字技能人才培训服务。鼓励职业技能培训机构加强与互联网企业的交流合作,通过与互联网平台合作、技术资金融合等方式,打

造更优、更便捷的线上服务平台,通过线上线下结合,促进职业技能培训机构高质量发展。职业技能培训机构需要积极运用云计算、大数据、移动互联网、人工智能、区块链等新技术,创新职业技能培训模式,拓展服务渠道,适应后疫情时代的变化趋势。职业技能培训机构需要积极对接市场需求量大、产业关联度高的新业态、新产品、新技术,促进产能合作和供需匹配,实施产业融合发展。

②持之以恒建设品牌。世界上没有一劳永逸的品牌,一个知名品牌不是一朝一夕成就的,而是持之以恒打造的。只有不断坚持品牌建设才是品牌持续前进、增值的原动力。历数百年品牌,都是经历了相当长时间的品牌建设才取得了显著的成绩。职业技能培训机构的品牌建设是一个长期的过程,不会一蹴而就。在职业技能培训品牌创建过程中不能急功近利,不能只有短期行为,要有长期建设的准备,要立足于长远,要持续投入,要有打造金字招牌的决心和毅力,需要做品牌建设阶段性规划,要设立短期、中期、长期目标,编制品牌建设阶段性规划,一步一个脚印才能形成知名品牌。

③松弛有度宣传品牌。职业技能培训机构普遍存在这样一个现象,在培训机构规模小的时候不重视品牌宣传,待机构发展到一定规模后,才意识到品牌建设的重要性,开始大量投入,推广品牌。随着品牌宣传力度的加大,品牌知名度会迅速增加,也许会成就许多培训机构的品牌梦想,但是通过过度的宣传培育的品牌往往缺乏根基,培训机构除品牌知名度资产外,其品牌资产不高,品牌抗风险能力弱。当然培训机构也不能坐等,不投入,不宣传,投入过少,品牌宣传效果也不好。因此,需要培训机构根据其盈利情况恰当配置资源,使品牌宣传与培训机构实力和培训质量相匹配,形成持续培育能力。

④谨慎延伸品牌。品牌延伸曾经是许多知名品牌的陷阱。品牌延伸需要在品牌关联度高的产品范围内延伸,向品牌联想性强的产业延伸,不能稀释原有的品牌形象,不能引起品牌间的相互冲突。品牌延伸比较忌讳品牌价值没有穿透力,如果贸然进入一个陌生领域,哪怕你有金山银海,也必定让你颗粒无收。职业技能培训机构的品牌多数是培训机构名称或培训项目名称,不能简单将所有培训项目用一个品牌概括,一些培训项目周期短,缺乏生命力,发生危机可能性较大,因此可以采用非品牌策略。目前培训机构生存困难,有品牌延伸的动力,但需要谨慎行事,尽可能与培训行业相关,在对新领域没有把握时,别盲目贸然进入,即使进入也要将职业技能培训优势嫁接进去。最新新东方延伸直播领域,有些人认为是品牌延伸的误区,但新东方并没有放弃原有品牌价值,而是将原新东方的培训优势嫁接到直

播领域,创新了直播方式,为教育培训品牌延伸提供了创新案例。

⑤建立品牌危机管理机制。品牌危机就像病毒一样无处不在,随时都有可能发生,如果对危机不重视或准备不足,极有可能遭遇灭顶之灾,就像当年轰动一时的三株口服液一样,因为对一个很小的危机事件处理不当,结果导致三株这个巨无霸轰然倒下。无论你是多么著名的品牌,都有可能遇到危机。危机管理需要重预防、担责任、诚沟通、快反应、共运行、消影响、找喉舌。职业培训品牌经常会遇到危机,要有危机管理方案,要有预案,要建立危机管理机制,科学应对危机。

⑥提高品牌技术和人力资本含量。影响品牌建设的要素包括人力资本、物质资本和自然资本,其中人力资本是推动品牌建设的最重要的动力源泉,因此加大品牌建设必须加大人力资本的投资。职业技能培训机构需要加大人力资本的投入,尽量建立专职教师队伍,提高管理队伍待遇,加大研发投入,拥抱新技术新科技,不断开发新产品新服务,推出新培训项目,确保品牌的技术和人力资本含量。

课题负责人:李贤柏
课题承担单位:重庆师范大学
课题主研人员:钱良群　向薪蓉

残疾人就业劳动关系管理研究

摘　要：残疾人与企业之间存在着一些差异性诉求点，即在就业和工作环境方面，残疾人与企业可能有不同的需求和关注点。通过政策支持、企业参与和社会共同努力，可以促进残疾人在就业和工作环境方面的需求得到满足，实现真正的平等就业。这不仅有利于残疾人个人的发展和融入社会，也有助于企业实现多样化和包容性的人力资源管理。

关键词：残疾人就业　劳动关系管理　保障　职业发展

一、研究背景及意义

根据《2020中国残疾人事业统计年鉴》数据，截至2019年，我国共有残疾人8500万人左右，新增城乡持证残疾人培训40.1万人，新增就业39.1万人，表明我国认证残疾人的就业数目正逐年增加。在适龄就业的1755.3万残疾人中，已有942.1万残疾人获得就业。《中国残疾人事业发展报告(2020)》指出，残疾人事业的发展指标自2008年的44.9%稳定增长至2018年的71.5%，这10年增长了26.6个百分点。以重庆为例，最新的全国残疾人抽样调研结果表明，截至2020年12月，全市残疾人总数约为89.1万人，其中45.8万人已实现就业。预计中国未来将有约1亿残疾人口，残疾人的就业问题成为重要的民生工程。就业是民生之本，就业不仅是维持生活的基础，也直接影响家庭的生活品质和幸福感。如何让残疾人享受公平、合理的就业机会，就业权益得到合法保障，更好地融入社会，已经成为各级残联组织工作的重中之重，也成为全社会关注的问题。

本课题研究旨在针对残疾人就业劳动关系管理中存在的矛盾问题，分析残疾人与企业的差异性诉求点，结合劳动法法理基础、经济学原则、人力资源匹配原理、社会学理论，建立保障残疾人就业劳动关系的系统化制度设计，以及基于残疾人人本关怀的劳动关系管理模式,构建残疾人和谐就业劳动关系管理体系,达成残疾人和企业之间诉求"双赢"。本课题从理论研究的视角,丰富了学术界对残疾人就业相关问题的研究,具有鲜明的理论意义。

同样,残疾人劳动关系的管理,是企业和残疾人不断进步与成长的环境保障,对于企业和残疾人的发展都十分重要,和谐的劳动关系可以在保证企业和职工利益平衡的基础上,使企业的经济利益发展有稳定的增长。因此,本课题的研究成果能为广大招聘残疾人的企业提供劳动关系管理理论依据和实操方法与举措,实现对残疾人就业研究的落地,有利于促进残疾人释放劳动潜力,保障残疾人就业,构建和谐的企业劳动关系,帮助企业创造更大的生产价值,规避法律风险,减少公关危机,树立企业的正面形象。

二、概念及理论基础

(一)概念辨析

1.劳动关系

劳动关系又称劳资关系、产业关系、雇佣关系等,我国由于存在意识形态及传统的计划经济性质问题,一般避免使用"劳资关系",而广泛地使用"劳动关系"一词。

广义的劳动关系是指劳动主体在实现集体劳动过程中彼此之间发生的社会关系。

狭义的劳动关系是指劳动法所调整的劳动关系,即劳动者在实现集体劳动过程中与所在单位行政或者业主之间发生的关系。

按照《中华人民共和国劳动法》的规定,劳动关系具体是指劳动者在运用劳动能力,在实现劳动过程中与用人单位产生的社会经济关系。

劳动关系是最基本和重要的社会关系,是生产关系的重要组成部分。许多国家将劳动关系是否稳定与和谐作为衡量社会法治的重要标准。

2.劳动关系特征

劳动关系涉及劳动者和用人单位两个主体。劳动者,即劳动力的拥有者,包括愿意从事社会劳动的个人;用人单位,即雇主,包括资产所有者和管理人员,在中国包括企业、个体经济组织以及部分国家机关、事业单位、公共机构和社会组织。

劳动关系与劳动有着密切的联系，即劳动关系产生于劳动过程之中。劳动过程是人与物、劳动力和生产资料结合的生产过程。

劳动关系具备个人关系与经济关系的双重特性。一方面，它表现为人与人之间的连接；另一方面，还涉及经济价值的交换，这方面的交换属于民事法律的调节范畴，而劳动法则规范了劳动活动与其产出的交换。

劳动关系展现出纵横交织的结构。纵向关系反映了政府对经济活动的指导和管理，形成一种基于指令和遵从的行政体系。而横向关系则发生在独立的经济实体之间，它们通过平等的协商和合作，建立商业往来和经济合作。

3.非标准劳动关系

相较于传统劳动法框架下定义的标准劳动关系，非标准劳动关系引入了如非正规劳动关系、弹性劳动关系及灵活就业形态下的劳动关系等概念。学界对非标准劳动关系尚未达成较为一致的明确界定。从参与主体的独特性来看，非标准劳动关系涵盖了临时雇员、兼职工、自营职业者、家务劳动者、轮换班工、外派员工，以及国内特有的学徒工等。从内容的特点分析，非标准劳动关系包含非全时工作关系、人员派遣关系、复合或多元化劳动关系及劳动力借调关系等。

非标准劳动关系主要表现为以下特征。首先，就业主体的范围扩大，超越了传统劳动关系的界限。其次，劳动关系的从属性特征减弱，使确定劳动关系更为复杂。传统上，劳动关系的从属性涵盖了人格和组织维度。然而，随着全球化、数字化进程、竞争加剧以及人力成本的调整，企业的雇佣策略开始改变，导致劳动关系的从属性特征逐渐弱化。再次，实施劳动安全与健康以及社会保障的法律框架遇到障碍。最后，劳动者分布广泛且行动自由，面临较多实现自身权利的障碍，尤其是集体行动的权利难以落实。

(二)劳动关系管理理论观点

企业劳动关系管理就是通过规范化、制度化的管理，规范劳动关系双方(企业与员工)的行为，保障劳动关系双方的合法权益，维护稳定和谐的劳动关系，促使企业经营稳定运行，实现可持续发展，具体地说就是保障与实现主体双方各自依法享有的权利和承担的义务。

国外对劳动关系管理的研究已有悠久的历史,其起源可追溯至19世纪中叶西欧的工业革命及随之而来的劳动问题。从亚当·斯密、卡尔·马克思到约翰·梅纳德·凯恩斯,来自多个学科的研究者们通过各自独特的视角探讨了雇佣关系问题,促进了劳资关系与劳动运动理论的进展。劳动关系是就业组织中由雇佣行为而产生的关系,它以研究与雇佣行为管理有关的问题为对象。在现代西方市场经济国家,对劳动关系的研究已有多年,并形成了成熟的五大理论学派:新保守派、管理主义学派、正统多元论学派、自由改革主义学派和激进派。

1.新保守派理论观点

新保守派也叫作新自由派,其核心成员是倾向保守的经济学者。这个学派的研究集中在是否可以将经济效率最优化以及市场在此过程中的角色。他们持有的观点是,市场机制能够促进企业的最大化效益,同时确保员工得到公平对待。该学派主张减少政府在劳动关系管理中的角色,主张通过降低税负,尤其是减少对雇主和雇员之间交易的税收,以将工资和福利并入市场规则之中。他们认为,最理想的劳动法应阻止工人自发组织工会,或使工会的权力受到限制。这样,劳资之间的分配将变得更加高效,进而有助于提升劳动生产率。

2.管理主义学派理论观点

管理主义学派由组织行为学和人力资源管理两大领域的专家组成,专注于分析员工的工作动机和对公司的忠诚度。此派别着重于研究公司如何通过管理策略有效利用员工资源。该学派观点认为,工会可能削弱公司的管理权,增加劳资关系的不稳定性,甚至可能造成较大的破坏,故主张限制或减少工会的构建。此派别倡导,在解决雇佣关系及人力资源管理的问题时,应转向寻求适应时代、富有弹性化特征的工作组织形式。强调促进员工与管理层之间的有效沟通与协作,特别是支持那些愿意在高效率环境下工作的个体,例如参与企业生产革新、积极加入改革措施和改进雇佣政策等。

3.正统多元论学派理论观点

在正统多元论学派中,该理论主要由经济学者和人力资源及劳动关系专家构成。他们主张,当前各国在劳动关系管理方面存在一定的保守性,提倡通过经济手段探索新型雇佣模式。该学派的研究重点集中在工会角色和集体谈判机制上。正统多元论者强调,在企业与雇员的互动中,应坚持公平原则。管理层需关注企业的生产效率,同时认识到劳资冲突往往源于工作安排和薪酬分配机制。他们认为,这些基于具体利益的冲突可以通过双方的利益协调得到有效解决。该学派倡导在工会活动中凸显劳动者的权益,强调集体谈判的重要性,以及通过工人代表制度来确保劳动标准的实施和推进。例如,建议成立由雇员和雇主共同参与的委员会,并允许工人代表进入企业董事会,参与企业的协商和决策过程,获取企业内部信息,从而在保障劳动者权益的同时,促进企业和员工的共同发展。

4.自由改革主义学派理论观点

自由改革主义学派着重关注解决工人所遭遇的不平等与不公正现象。该学派认为现有的就业与劳动法规未能彻底保障劳动者的合法权益。为促进劳动者获得公正待遇,学派建议政府加强对市场经济的调控。在经济全球化推进中,雇主可能因薪酬不足而关闭国内工厂,转向劳动力成本较低的国家进行生产。自由改革主义学派对此现象表示极大关注。该学派提倡加强工人代表制度及劳动法执行,并重视经济社会政策的作用。学派主张政府应对市场经济变化采取适时干预,特别是在自由贸易协议方面,以防市场自由化过度。同时,学派强调工会应更积极介入工人劳动问题,确保劳动者福利得到充分保护。

5.激进派理论观点

相比其他流派,激进派的观点更为深邃,主要是因为西方的马克思主义者对其有所贡献。激进派在关注点上与自由改革主义学派相似,尤其重视劳资关系,特别是如何有效管理雇员与雇主间的冲突。在处理雇员与雇主冲突的方法上,激进派认为自由改革主义学派的立场较为合理。激进派视角下,市场经济背景中雇员与雇主利益冲突明显,尤其在薪资和工作条件方面。此外,从更广泛的视角看,劳动力与资本之间存在根本性的矛盾。激进派对和谐劳动关系的看法与其他流派不同,他们认为在不改变资本主义经济结构的前提下,工会难以有效发挥作用,即使工会能在一定程度上缓解现有的雇员与雇主问题,其影响也非常有限。在当前加剧的全球竞争环境中,工会的影响力逐渐弱化,主要是由于全球范围内对降低劳动力成本的普遍追求。激进派认为,要让工会有效果,就必须加强对工人劳动权利和薪酬要求的支持,认识到劳资之间固有的冲突,并勇于向资本挑战。

(三)相关理论

1.马斯洛需求层次理论

在探究人类需求时,马斯洛提出了一个由高至低的需求层次模型,包括自我实现的需求、尊重的需求、社交的需求、安全的需求和生理的需求。劳动关系管理可以参考马斯洛需求层次理论,识别残疾员工的需求等级,在满足基本需求的基础上,继续激发更高层次的需求。通过满足残疾员工各层次的需求,可以有效减少劳动关系冲突。

2.心理契约理论

在20世纪60年,美国心理学家施恩提出了一种理论,主张企业和员工可以在心理层面上达到各自利益的平衡。该理论基于这样一个前提:在明确了员工发展期望和行为规范的情况下,企业应为员工提供充分条件以满足其发展预期。同时,员工明白企业会认真对待他们的职业规划,因此他们会保持对企业的忠诚,遵守行为规范,并致力于企业的成长。在劳动关系管理方面,建立企业与员工之间的心理契约可以提高员工的积极性和自发性,降低管理成本,增强对员工的关注,发挥人力资源的潜力,并在较低的成本条件下维护稳定的劳动关系。

3.利益相关者理论

经济学家安索夫创立的利益相关者理论指出,企业的发展涉及多个利益方,其中内部利益相关者包括股东、管理层和员工,而外部利益相关者则包括政府、竞争对手和社区等群体。仅在全面评估了各方面影响及内外部利益相关者的需求后,企业才能设定出最佳的发展目标。鉴于员工是企业中最重要的利益相关方之一,企业应优先考虑其利益,确保他们在劳动关系中的权益得到保护,优先处理与员工之间的矛盾和冲突,以确保企业目标能够顺利达成。

4.社会主义和谐劳动关系理论

在中国特色社会主义市场经济不断发展和完善的背景下,工人对自我权利的保护意识逐渐加强,由此促进了社会主义中公私兼顾的理念的形成。国家与个人劳动者的利益都同样重要且应得到关注。在进行经济宏观调控的同时,平衡和谐地解决国家、集体与个人间的利益冲突对社会经济的发展至关重要。和谐的劳动关系不意味着劳动关系内部的矛盾完全消除,而是指采取适当措施达到各方利益的平衡。

社会主义和谐劳动关系理论是基于中国特色社会主义市场经济的实践中提出的一种创新性的劳动关系观点。劳动关系中各方主体的基本利益实际上是相同的,法律的作用在于确保所有利益方的权利与责任,通过民主协商解决劳动争议,在解决分歧的同时融合各方的利益诉求,保证劳动关系在和谐环境中健康运行。社会主义和谐劳动关系强调的核心是"稳定与协调",其主旨在于"公平与公正",而其根本特征则为"各方协作",构成了一个基于彼此利益和谐原则来解决分歧的共生系统,标志着各利益方之间友好合作的新型关系。

(四)劳动关系管理

1.内涵

劳动关系管理包括合同签订、解决劳工纠纷等核心活动,本质上是对人的管理。通过采纳规范化及系统化的管理措施,可以对雇主和雇员的行动进行规范,确保双方权益得到保护,进而维护一个稳定和谐的劳动环境,这对企业顺畅运作至关重要。企业中的劳动关系涉及所有者、管理人员、普通职员及工会在内的多方主体,在生产和运营活动中形成了一系列关于责任、权益及利益的相互关系。其中既包含所有者与职员之间的互动、管理层与员工之间的联系、管理层与工会的交流,也涵盖工会与其会员之间的相互作用。

劳动关系管理涵盖了工作时间、休假、薪资以及社保等劳动标准管理问题;此外,还包括基于劳动标准和合约的员工行为的规范,集体劳动协议的管理,以及员工参与机制的整合。劳动基准及员工行为的规范化属于劳动法规管理的一部分,与企业人力资源运营关系密切。另外,集体劳动协议和员工参与计划的管理则更偏向于劳动关系中的沟通与合作方面。

2.主要内容

(1)劳动关系的建立

《中华人民共和国劳动法》第七条规定,用人单位从用工之日起就与劳动者建立了劳动关系。第十条规定,用人单位与劳动者在用工前就订立了劳动合同的,劳动关系从用工之日起建立。也就是说"用工"是劳动关系建立的法律事实,而并非形式上的签订劳动合同。

(2)薪酬、社保及福利体系

企业中薪酬的种类主要为基础工资,这基于固定劳动量和标准化报酬。薪资级别体系根据工作强度和职责等要素来划分不同的薪资等级,并依据这些等级设定相应的薪酬标准。此外,薪资调节机制作为薪资级别体系的一个补充,主要包括通过考核升级和自动增薪、定级和调高薪资等措施,使薪酬体系保持平衡和合理性。

(3)员工健康与安全管理

健康管理是指对影响员工健康的不良因素进行全面检测、分析、评价及预防的过程。企业通过积极关注和保护员工的健康,不仅可以提高工作效率、质量和增强团队活力,还有助于降低医疗保险费用,从而支持企业持续健康发展。

(4)员工参与管理

这一理念最初出现在19世纪末在英国企业内的集体协商。这里探讨的员工参与指的是员工遵循既定的规章和流程,在一定的组织架构内,直接或间接地参与到公司的管理与决策过程中的行为。

(5)纪律与变动管理

纪律与变动管理包括出勤管理、奖惩制度、行为规范、内部调动、晋升与降职、外派培训等。这些管理措施对于预防问题员工的出现及促进员工自我管理都有重要影响。

(6)员工申诉制度

员工申诉制度是允许员工以口头或书面形式提出对公司或特定事件的不满,这是处理劳动关系问题的重要手段。申诉按照对象和性质可分为内部申诉与外部申诉,以及个别申诉与集体申诉。

(7)劳动关系解除与终止

终止劳动合同意味着劳动关系的解除与终止,这一过程可能由雇主、员工单独发起,或通过双方共同协商完成。这包括了员工主动辞职、自愿离职或公司进行裁减人员等情形。

(8)集体谈判和集体合同

集体谈判是通过谈判和签订集体合同来确定劳动条件、标准和关系的过程。集体合同具有特定的主体、内容和法定程序等特点。通常,集体谈判的结果是签订企业集体合同,即集体谈判和集体合同的签订是一个过程的两个阶段。

(9)处理劳动争议

劳动争议,也称为劳工纠纷或劳资纠纷,是因实现劳动权益或履行义务而产生的分歧和冲突。劳动争议按照个体、集体和集体合同争议分类。处理原则包括合法性、公正性、及时性和调解性。

（10）培训与发展

这涉及为员工提供发展新技能和提高现有技能的机会，包括职业生涯规划、领导力培养、技术和软技能培训。通过这种方式，企业不仅能提高员工的工作效率，也能促进员工的个人成长和职业发展。

（11）员工关怀与支持

包括提供心理健康支持、家庭友好政策、紧急援助和其他福利，以帮助员工在工作和个人生活之间找到平衡。支持员工的整体福祉对于提高工作满意度和减少流失率至关重要。

（12）文化建设

企业文化对于塑造员工的行为和态度、增强团队精神、提升工作满意度和忠诚度有着重要影响。通过培育一种积极的工作环境和企业价值观，企业可以吸引和保留人才，促进创新和效率。同时，还需要建立一个多样化和包容性的工作环境，尊重和接纳不同背景、文化、性别、年龄和能力的员工。这样的环境鼓励开放的交流和合作，有助于提高团队的创新能力和解决问题的能力。

（13）技术应用

随着信息技术的发展，许多企业开始利用人力资源信息系统、自动化工具和数据分析来优化劳动关系管理，提高决策的效率和准确性。

三、现状及问题

（一）我国残疾人就业现状

从2016年起，中国残疾人的就业情况呈现出年度递增的态势，总体就业形势相对平稳。然而，当前数据显示，中国的残疾人就业比例整体上依然较低。在那些已进入就业市场的残疾人当中，大量人员的工作岗位聚集在较为基层的职位。许多具备较高工作能力的残疾人个体，由于生理上的限制，未能获得与其能力相匹配的职位及相应报酬。另外，部分参与社会工作的残疾人，其所承担的职业存在较高风险，对他们来说并非最佳选择。因此，尽管中国残疾人的就业形势逐年改善，并且此问题越来越受到社会各阶层的重视,但过程中仍面临许多急需克服的挑战。

为推进残疾人事业发展,国务院、国家相关部委、各省份先后制定了一系列政策文件,从康复服务、教育培训、就业安置等方面开展了大量工作,也取得了较大成效。根据《2020 中国残疾人事业统计年鉴》数据,截至 2019 年,我国共有残疾人 8500 万人左右,康复机构 9775 个,共有在校普通高中、中职学生 25995 人;2019 年,被普通高等院校、高等特殊院校录取 14415 人;新增城乡持证残疾人培训 40.1 万人,新增就业 39.1 万人。处于就业年龄段的 1755.3 万人中,已就业 942.1 万人。

随着我国"十三五"规划成功完成、决战脱贫攻坚取得决定性胜利,国内生产总值(GDP)突破 100 万亿元。在"十四五"期间,我国全面实施新的发展理念,加快建设以国内大循环为主体、国内国际双循环相互促进的新发展格局,我国经济和社会发展的各个方面都面临着新形势和新要求。习近平总书记强调,残疾人是一个特殊困难的群体,需要格外关心、格外关注。在党的十九届四中全会上对坚持和完善中国特色社会主义制度、推进国家治理体系和治理能力现代化做出重大战略部署,把坚持和完善城乡统筹的民生保障制度、满足人民日益增长的美好生活需要,作为中国特色社会主义制度和国家治理体系建设的重要内容,在教育就业、医疗健康、社会保障等方面做出了一系列重要制度安排,提出了"健全残疾人帮扶制度""健全特殊教育保障机制"等具体要求。这些制度安排贯彻了以人民为中心的发展思想,为新时代残疾人事业发展指明了新方向,提供了新的机遇。

截至 2021 年底,全国城乡持证残疾人就业人数为 881.6 万人,其中按比例就业 81.8 万人,目前全国大部分省份实现残疾人按比例就业"跨省通办",使各省份更好地履行按比例安排残疾人就业的法律义务。虽然我国残疾人按比例就业制度在全国不断推广,但是目前我国残疾人按比例就业的现状仍然是就业规模比较小,按比例就业的残疾人的工作稳定性差,就业地区差异性大,并且在实施过程中出现偏离政策初衷的现象。

(二)重庆市残疾人就业现状

重庆市第二次全国残疾人抽样调查统计结果显示,重庆市残疾人占总人口的比例为 6.05%,据此推算 2006 年 4 月 1 日零时重庆市各类残疾人的总数为 169.4 万人。各类残疾人的人数及各占残疾人总人数的比重分别是:视力残疾 29.2 万人,占 17.24%;听力残疾 30.8 万人,占 18.18%;言语残疾 3.3 万人,占 1.95%;肢体残疾 57.6 万人，占 34%；智力残疾 13.6 万人，占 8.03%；精神残疾 16.4 万人，占 9.68%；多重残疾 18.5 万人，占 10.92%。

从残疾等级看，四级残疾人就业人数最多。四级残疾在视力、听力、言语、肢体、智力、精神等方面相对比较轻微，存在轻度障碍，一般能够从事劳动生产。

从残疾类别看，肢体残疾人就业率最高，其次是视力和听力残疾人就业率较高。因为肢体残疾人的智力正常，可以做的工作很多，能够适应企业的岗位要求。而精神残疾的人就业率最低，主要是因为这类人群会给企业生产和管理带来一定困难。

从残疾人就业年龄看，40~59 岁就业人数最多，是就业的主力军。从一定程度上讲，残疾人的职业生涯开启的时间比正常人要稍晚一些。残疾人的生理康复周期比较长，进行文化教育、培养职业技能的时间比普通人晚。

从性别来看，男性残疾人就业人数比女性多。

从文化程度看，小学初中文化程度的残疾人就业人群最多，大学及以上文化层次的人数较少。由此可以看出，残疾人受教育水平普遍偏低。

从就业岗位来看，主要包括按比例就业、集中就业、个体就业（含创业）、公益性岗位就业、辅助性就业、农村种养殖就业、灵活就业七类。农村种养殖就业人数最多，其次是灵活就业，按比例和个体就业人数基本持平。

从就业行业来看，农、林、牧、渔业吸收劳动力最多，其次是制造业，再次是居民服务、修理和其他服务业。

从未就业情况看，丧失劳动能力占主要原因，但无就业意愿和无就业技能人群比例较大，需要引起重视。

从 2022 年重庆市残疾人就业情况的数据看，有以下特点。

1. 就业任务完成情况显著超预期

城镇新增就业实际完成情况：与年度任务相比，城镇新增就业人数实际完成达到 4375 人，完成率为 175%，远超年度目标。这表明就业服务在城镇地区的推广和实施效果非常显著，就业机会的增加可能是由于有效的政策支持和经济活动的增长。

农村新增就业实际完成情况：农村新增就业的实际完成人数为 13201 人，完成率达到 264.02%，这一数据同样远超年度任务。这反映出农村地区在推动就业方面采取了有效的措施，特别是对于残疾人的就业援助和支持。

2.残疾人就业支持活动的广泛开展

就业援助月活动:通过入户走访4885户困难残疾人家庭,登记失业残疾人员2533名,并且组织了132次专场招聘会,显示了政府和相关部门在提供就业援助方面的积极态度和广泛行动。

圆梦助残行动计划:与重庆圆通快递有限公司合作,提供了30个岗位,并达成就业意向50余人,展示了企业社会责任在促进残疾人就业方面的积极参与。

3.技能培训与职业教育的成效显著

非遗职业培训:完成12293人次的非遗等职业培训,占国家任务的136.59%,不仅完成了培训任务,还成功打造了一批非遗品牌,如城口大木漆、万州谭木匠等,这些成果不仅提升了残疾人的就业技能,也为文化遗产的保护和传承做出了贡献。

4.盲人按摩行业的专业发展

盲人按摩专业人员培训:通过组织盲人医疗按摩人员考试、继续教育和职称评审前培训,共有53名盲人医疗按摩从业人员参加培训,提高了从业人员的专业技能和服务质量,展示了对特定群体职业技能提升的关注。

整体来看,2022年重庆市在残疾人就业服务和技能培训方面取得了显著成效,特别是在提升残疾人就业质量和培训水平方面做出了积极努力。

(三)残疾人就业劳动关系管理存在的主要问题

1.内涵与范围界定

尽管残疾人的就业比例逐步提高,就业方式多元化,工资薪酬、福利保障都有很大的改善,但是已就业的残疾人与雇佣企业在劳动关系管理过程中还是存在诸多问题,导致残疾人与雇主之间关系不和谐。《残疾人就业条例》规定:"国家对残疾人就业实行集中就业与分散就业相结合的方针,促进残疾人就业。"

集中就业是指由国家和社会通过举办福利性企业、事业组织等,并确定一定比例的岗位,集中招用、聘用残疾人就业。对残疾人实行集中就业政策,一方面是由于我国残疾人口众多,将这些残疾人全部推向劳动力市场,不仅会增加社会用人单位的压力,也将使残疾人实现就业的难度进一步加剧;另一方面,大部分视力残疾、智力残疾以及精神残疾人和一些残疾程度较重的其他类别的残疾人不适宜通过劳动力市场的调节实现就业,有必要为他们开辟特殊并且可行的就业领域。而通过集中就业的形式,不仅可以有效地解决以上问题,还有利于针对残疾人的生理、心理以及职业技能等特点,在生产生活管理、就业岗位设置和辅助功能补偿等方面发挥集中优势和规模效应。但我国残疾人集中就业不同于其他一些国家的集中就业,国外残疾人集中就业单位中的残疾人职工占绝对的多数,非残疾人职工仅占很小的比例。我国残疾人集中就业坚持相对集中的原则,强调以非残疾职工为主,既有利于残疾人之间的交流,又促进了残疾人和其他职工的融合。为此,集中就业被确定为保护和促进残疾人就业的一个重要方面。根据《中华人民共和国残疾人保障法》的规定,残疾人福利企业、盲人按摩机构、工疗机构以及其他福利性企业事业单位等均为残疾人集中就业的有效形式。

按比例就业是指依据国家法律的规定,用人单位(包括机关、团体、企业、事业单位和民办非企业单位)按照单位职工人数的一定比例安排残疾人就业。残疾人按比例就业是分散就业的主要形式。这是大多数国家和地区解决残疾人就业问题的主要政策,其实质是将安排残疾人就业确定为全社会的共同责任和义务。《中华人民共和国残疾人保障法》规定,机关、团体、企业事业组织、城乡集体经济组织,应当按一定比例安排残疾人就业,并为其选择适当的工种和岗位。省、自治区、直辖市可以根据实际情况规定具体比例。《残疾人就业条例》规定,用人单位安排残疾人就业的比例不得低于本单位在职职工总数的1.5%。具体比例由省、自治区、直辖市人民政府根据本地区的实际情况规定。

公益性岗位是指城市公共管理和涉及居民利益的非营利性的服务岗位。《劳动和社会保障部关于开展下岗失业人员再就业统计的通知》(劳社厅发〔2003〕4号)对公益性岗位的解释为:"主要由政府出资扶持或社会筹集资金开发的,符合公共利益的管理和服务类岗位。"公益性岗位分为三大类:一是社区管理类职位,涵盖了如社区劳动保障辅助员、交通监管、市场与环境管理、物业维护等工作;二是社区服务类职位,涉及社区安全、清洁卫生、绿化、停车管理、公共设施维修、新闻销售点、电话服务亭,以及社区文化、教育、健康、老年与儿童照顾服务等;三是指社区内部机构的后勤支持岗位,如政府或公共机构的门卫、文书处理、后勤等临时职位。

辅助性就业是指为有意愿就业但面临进入传统劳动市场障碍的智力、精神和严重肢体残障人士提供集中就业的一种形式。这种就业模式在工作时间、强度、薪资以及合同条款方面提供了比标准就业更多的灵活性。由于社会适应性差和行动不便,大多数智力、精神和重度肢体残障人士很难在传统竞争激烈的就业市场中找到工作,通常需要依赖家庭支持或公共福利维持生活。通过辅助性就业,残障人士得以通过劳动赚取收入,同时提升工作技能、日常生活自理能力、认知功能和社会融入能力,逐步重返社会,过上更有尊严和更高品质的生活。

为帮助就业困难残疾人就业,《中共中央、国务院关于促进残疾人事业发展的意见》(中发〔2008〕7号)首次提出了"鼓励和扶持兴办福利企业、盲人按摩机构、工(农)疗机构、辅助性工场等残疾人集中就业单位"的要求。国务院批转的《中国残疾人事业"十二五"发展纲要》将"大力推进职业康复劳动项目,促进智力和精神残疾人辅助性就业"列为任务目标,并首次提出了辅助性就业的概念。《国务院关于加快推进残疾人小康进程的意见》进而提出,对残疾人辅助性就业机构的设施设备、无障碍改造给予扶持。

2015年6月,中国残联、国家发展改革委、财政部等八部门共同印发《关于发展残疾人辅助性就业的意见》,规定了以下残疾人辅助性就业扶持措施,包括用地扶持、资金扶持、税费扶持、劳动生产项目扶持、搭建平台和载体、政府购买扶持。辅助性就业机构因其安置残疾人的特点需按人员比例配置一定的专业专职工作人员,其经费可以采用政府购买服务的形式解决。

集中就业和分散就业都是解决残疾人就业的重要形式,二者相辅相成,互为补充,共同构成了残疾人就业的主要渠道。为此,秉承《中华人民共和国残疾人保障法》关于残疾人劳动就业的基本原则,将集中就业与分散就业相结合确定为本条例保护和促进残疾人就业的指导方针。

分散就业可以帮助残疾人享有健全人的权利,在劳动市场上获得就业机会。同时,劳动市场的多样性和广泛性的工作机会也为残疾人开拓了更宽广的职业选择空间。此外,分散就业模式有助于增进残疾人在社会生活中的参与度,加强他们与社会的互动和融合,进而有利于促使残疾人更顺利地融入社会主流,推进实现"平等、参与、共享"的社会目标。因此,实施一系列的支持和保障措施,以减少残疾带来的影响和消除社会壁垒,从而支持残疾人平等地参与到劳动市场的竞争中,是保障和促进残疾人就业的重要体现。

在残疾人就业的七种类型中,与雇主企业(组织)容易发生就业劳动关系问题的,主要在集中就业、按比例就业、公益性岗位就业、辅助性就业四种就业类型。这也是本课题研究的重点范围。

2.残疾人就业劳动关系管理存在的主要问题
(1)劳动合同不规范
劳动合同是保障职工在劳动期间合法权益的重要手段。一些企业未按照规定与残疾人签订劳动合同,导致残疾人与雇主发生劳动纠纷时,其合法权益得不到保障。或者签订劳动合同不规范,对劳动报酬、劳动条件、劳动期限、工作时间等没有明确约定,导致在劳动过程中发生分歧性理解,发生劳动纠纷。

（2）薪酬管理不科学

企业在薪酬管理中随意性较大,部分企业领导、主管薪酬意识淡薄,没有建立科学的薪酬体系。薪酬不与岗位职责、工作岗位晋升等挂钩,薪酬不与企业战略发展进行动态调整。尤其是普通职工与残疾人职工存在"同工不同酬"的现象,企业实行不透明的薪酬制度,更造成了残疾人职工对薪酬制度的不信任感,影响了职工的工作积极性。

（3）职业发展不畅通

企业对残疾人的职业发展没有建立晋升体系,缺少激励与规划。残疾人长期做某种单一工作,容易产生疲乏与倦怠。另外,残疾人在企业与普通职工缺少交流,更显孤独,找不到工作成就感与自我价值。与非残疾职工相比,残疾人更容易产生心理落差。这些负面情绪和心理落差势必会影响残疾人职工的工作效率。

（4）参与企业民主管理不深入

员工参与企业的民主治理是表现企业与员工合作关系的关键方式,其本质上体现为员工行使参与治理的权利,目的旨在保护员工的法定权益。当前残疾人参与企业民主治理中主要面临的挑战有以下三种。一是参与往往仅限于文件记录、口头声明和形式性活动。工会会议更侧重于程序而非内容的深入讨论,无法有效实现协商解决问题和进行民主治理的目标。二是参与民主管理的范围相对狭窄,主要限于与个人直接利益相关的薪资、福利和工作规范等议题,而很少有机会参与到企业决策过程中。三是员工在民主管理中的参与层级较低,通常局限于工会会议这一基础层面,并且经常是以一种固定的流程和模式来服从性地通过决议,导致残疾人员工在参与的内容、权利和成效方面受到极大限制。

（5）劳动安全卫生制度松散

劳动安全卫生是对生产过程中保护劳动者在劳动场所中的生命安全、身体健康的各种法律、规章和措施的总称。在劳动安全与健康方面,众多企业面临问题,其中之一是领导层的认识存在偏差。他们未能深入理解劳动安全和保护的核心意义,仅将其视为避免事故和职业病的简单任务。此外,劳动安全健康的宣传和教育不足,导致安全意识的薄弱和培训的不到位。新员工接受的培训偏向操作技能,而忽略了安全教育,导致员工在工作时往往缺乏持续的安全意识。二是制度建设不完善。虽然法律要求企业建立全面的安全健康管理制度,包括责任、技术措施、教育、检查、监察及事故处理等,但实际上许多企业的制度设计模糊且缺乏细致的操作指导。三是安全监督的执行不够严格。企业的高层和安全负责人在对工作场所的安全卫生监督中表现出的松懈态度,进一步削弱了安全管理的效果。

(6)员工对企业归属感有待提高

企业归属感是指员工经过一段时间的工作后,在思想上、情感上和心理上对企业产生的认同感、公平感、安全感、价值感、使命感和成就感的集合,这些因素共同促成了员工对企业的归属和忠诚。归属感是唤起员工对工作的兴趣、提高其工作积极性以及激发其创新能力的核心驱动力。许多残疾人职工对企业的归属感不高,一方面是残疾人与企业签订的劳动合同时间周期较短,流动性较大,难以培养归属感;另一方面是残疾人对工作现状、工作氛围、个人价值等满意度不高,导致归属感不强。

(7)按比例就业存在的问题更为集中和突出

根据全国第二次抽样调查数据,城镇残疾人口达到2071万人,约占24.96%,而农村残疾人口则为6225万人,占总数的75.04%。在我国,约80%的残疾人属于农业户口,其中大部分人(80%)参与农业生产,其他人则从事灵活工作或自主创业。在城市中,残疾人就业比例较低,且发展水平在不同地区间存在明显差异,一般而言,东部沿海地区的发展程度超过了中西部地区。按比例就业政策主要针对城镇残疾人,农村残疾人难以从该政策中获益。其主要存在以下问题。一是部分企业对残疾人比例就业政策的理解不够深入,广泛存在就业名额"挂靠"的现象。二是社会对残疾人就业的歧视和排斥态度严重。社会对残疾人就业的歧视仍然处处可见,很多人对残疾人的劳动能力持有怀疑的态度,更有甚者认为残疾人是社会的包袱。三是规定残疾人就业比例的相关法律法规仍不完善。如统一比例欠妥、人数计算不合理、处罚程度过轻、缺乏激励措施等。

四、残疾人就业劳动关系和谐发展理论模型研究

中国特色社会主义经济下的劳动关系不是西方"劳资"关系,而是劳动者与企业或经济组织合作式的劳动关系,劳动是劳动者实现自身发展、自身价值和追求美好幸福生活的方式。

作为雇主方的企业或经济组织,通过组织劳动生产,创造社会财富,实现国家、集体和个人的高质量物质文明和精神文明发展。

我国执政党是中国共产党,代表最广大人民的根本利益,把为中国人民谋幸福、为中华民族谋复兴作为初心和使命,由政府主导,更能代表和保护残疾人的切身利益。

由于残疾人职工自身的特殊性,因此需要在政府的指导与监督下,建立政府、残疾人、企业组织、争议解决组织、媒体"五维联动"和谐发展的劳动关系管理模式,如图1所示。

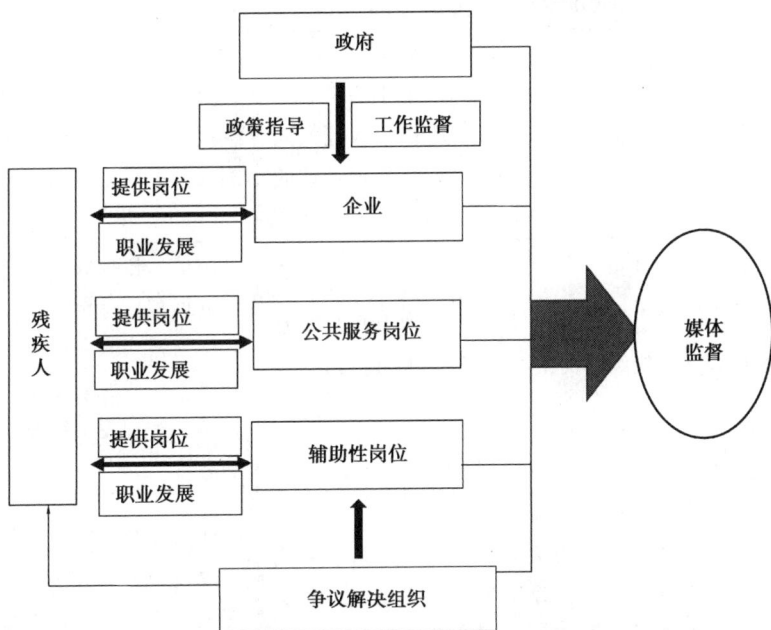

图1　残疾人就业劳动关系和谐发展理论模型

(一)"五维联动"理论模式内涵

1.政府职能

通过制定政策,对录用残疾人的企业和经济组织给予各方面的优惠政策和资金支持,促进残疾人就业岗位的供给,实现更多残疾人就业。政府加强对残疾人劳动技能的培训,提高残疾人的就业能力,获得更多优质就业岗位。同时,政府建立雇佣残疾人企业的诚信档案,加强对企业在劳动合同、用工环境、人员工资、安全卫生等劳动关系管理的监督与督查,维护和保障残疾人在劳动过程中的合法权益。针对残疾人面临的就业难题,政府需要通过积极的措施加大公共干预。

政府要扮演关键角色,主动出台针对残疾人的就业政策,激励雇主履行社会职责,同时对无故解雇残疾人员工的行为进行严格监管及处罚。雇佣单位依法按比例雇佣残疾人或缴纳残疾人就业保障金,是国家强制实施的一项保护措施。因此,政府需要增强责任感,承担起引领作用,有效执行对残疾人就业的监管和审查职能,并制定及完善促进残疾人就业的政策与措施。近年来相关部门出台的有关残疾人就业的政策见表1。

表1 近年来相关部门出台的有关残疾人就业的政策

时间	颁布单位	政策名称	主要内容
2021年4月	中国残联办公厅	《中国残联办公厅关于确定第四批国家级残疾人职业培训基地的通知》	组织残疾人职业培训基地筛选、审核、申报工作,确定第四批国家级残疾人职业培训基地
2021年8月	中国残疾人联合会	《"十四五"残疾人事业信息化发展实施方案》	利用信息科技成果推动残疾人大数据和信息化建设,实现互联网与残疾人事业信息化深度融合,使残疾人工作决策更加科学,管理更加精准,服务更加高效
2021年8月	中国残联、教育部、民政部、人力资源社会保障部、国家卫生健康委、国家医疗保障局	《"十四五"残疾人康复服务实施方案》	构建与社会发展相符合的残疾人康复服务体系,充分了解残疾人的康复需求,提高残疾人康复服务质量

2. 雇员组织

本课题的雇员组织特指雇佣残疾人,形成劳动关系的组织,包括按比例或集中就业的企业、提供公共服务岗位的政府及基层组织、提供辅助性岗位的服务机构或平台。雇员组织一方面通过招聘残疾人,提供就业岗位,解决残疾人的生存与发展问题;另一方面根据组织发展需求,设置工作岗位,制订招聘标准,招聘残疾人职工,开展员工培训,实施绩效考核与薪酬管理,解决劳动争议与纠纷。

3. 残疾人

残疾人是劳动关系的核心主体,通过自身学习,提升自信心和就业能力,获得更好的职业发展。在职场中,员工应坚持职业道德,积极参与公司治理,主动向公司反映个人需求,敢于对抗公司的非法和不规范行为。在争取个人权益时,单凭个人努力往往难以奏效,因此,员工应当团结起来,借助群体的力量提出和维护自己的利益。基于这种考虑,员工应热心投身于工会的组织活动,通过工会加强自己的实力,从而能够与公司进行平等的沟通和谈判。

4.争议解决组织

在我国解决劳动争议的流程包括四个步骤:一是协商解决;二是请求调解;三是申请仲裁;四是启动法律诉讼。前两个步骤不是解决劳动争议的强制环节,而仲裁步骤是进入诉讼阶段之前的必要程序。当劳动争议出现时,调解作为缓和残疾人员工与企业之间紧张关系的关键策略,可以通过企业内部、人民调解和区域性组织的调解来进行。建立劳动争议调解制度在很大程度上有助于缓解冲突,并将解决问题的过程限定在"对话"阶段。为了保证调解的公平公正性,调解委员会一般由职工代表、企业代表和企业工会代表组成。这里的企业工会代表非常重要,不能省略,缺少第三方的公正机制,容易导致残疾人职工与企业形成尖锐矛盾。在第三方调解机制中,可以增加政府指定代表(政府工作人员或者聘用的法律代表),进一步强化第三方的客观公正性,使调解工作真正落到实处。

在实际工作中,可以发挥工会组织的作用。在集中就业安置以及按比例安置就业的企业,按比例吸纳残疾人进入工会组织。通过工会组织,残疾人在企业拥有更多话语权,提升残疾人有效参与企业决策、安全卫生保障、工资福利政策等企业管理经营活动,保障残疾人在就业劳动关系中的权益,从而减少残疾人职工离职、劳动纠纷、安全隐患等问题,也更进一步减少企业的不和谐因素,有利于企业经营秩序的健康发展。

对于提供公共服务岗位的政府机关、事业单位和基层组织,也要吸纳残疾人进入单位工会组织。虽然这些岗位是公益性质,录用条件和薪资福利经过财政审批,但是管理过程的安全卫生、工作时长等也容易发生劳动纠纷,因此也需要工会组织进行协调处理。对于提供辅助性岗位的服务机构或平台,一般情况没有工会组织,可以由机构派遣专人学习,考取劳动关系协调员证书,专项处理劳动纠纷问题。

当残疾人与企业发生劳动纠纷后,通过协商和调解仍无法解决,残疾人还可以通过劳动仲裁委员会或者法院,进一步维护自身的合法权益。例如:牛某某为左手大拇指缺失残疾。其2019年10月10日到某物流公司工作,担任叉车工。入职时提交了在有效期内的叉车证,入职体检合格。公司要求填写员工登记表,登记表上列明有无大病病史、家族病史、工伤史、传染病史,并列了"其他"栏。牛某某均勾选"无"。2020年7月4日,某物流公司以牛某某隐瞒持有残疾人证,不接受公司安排的工作为由解除劳动合同。2020年7月10日,牛某某申请仲裁,要求某物流公司支付违法解除劳动合同赔偿金30000元。2020年10月13日,劳动人事争议仲裁委员会裁决某物流公司支付牛某某违法解除劳动合同赔偿金5860元。牛某某起诉请求某物流公司支付其违法解除劳动合同赔偿金30000元。上海市浦东新区人民法院经审理认为,某物流公司招聘的系叉车工,牛某某已提供有效期内的叉车证,入职时体检合格,从工作情况来看,牛某某是否持有残疾人证并不影响其从事叉车工的工作。故某物流公司以牛某某隐瞒残疾人证为由解除合同,理由不能成立,其解除劳动合同违法。遂判决某物流公司支付牛某某违法解除劳动合同赔偿金5860元。上海市第一中级人民法院维持一审判决。

5.媒体监督

媒体作为信息传播的重要媒介,其对劳动关系的影响主要是通过其自身对相关问题的报道来引起社会各界的关注,从而形成舆论监督氛围。媒体监督要做到真实、及时、全面报道,就必须加强与政府、企业、员工、工会的联系。媒体通过对企业劳动关系相关问题的宣传而形成的舆论监督氛围,促使企业更加重视员工的权益,引起政府的重视;促使政府及时完善法律法规,运用政府力量及时解决劳资冲突;促进工会协商作用的发挥。同时,通过宣传报道可以增强员工保护意识,使员工敢于同侵犯自身权益的行为作斗争,勇于维护自身合法权益。

(二)"五维联动"理论逻辑

解决劳动争议的根本在于调动企业和员工自身的潜力,这些内部力量直接关系到劳动关系的和谐。同时,外部力量也是推进劳动争议解决的关键因素,其通过作用于组织内部的动力来展开其影响力。很明显,劳动关系中的冲突根本上揭示了雇主与雇员间的利益冲突。因此,化解这些冲突的努力应当集中于双方。在这个过程中,组织和残障员工共同成为解决劳动关系挑战的中心力量。工会,作为代表员工利益的组织,通过与雇主的直接对话,也扮演着解决问题的关键角色。政府和媒体的角色,则主要通过影响雇主、雇员和工会来发挥作用,为营造和谐的劳动关系提供法律、政策和社会舆论的支持。政府的指导与媒体监督共同构成了外部推动力,促使企业关注员工权益,改善劳动条件。内部与外部力量相互补充,共同推动建立残疾人就业的和谐劳动关系,两者的协同作用至关重要。

"五维联动"管理模型精练地映射出五个劳动关系协调主体在营造和谐工作关系中的角色,每个主体履行自身职责,共同促进劳动关系和谐发展,实现多方共赢的机制,形成解决残疾人就业劳动关系的创新管理模式。

(三)和谐发展劳动关系理念

1.以人为本理念

以人为中心就是要以人为本,该理念深刻体现了人民群众是历史的创造者这一根本观点,在推进中国特色社会主义事业中得到了生动展现。在劳动关系领域,坚持以人为本,就是将最广泛的劳动者置于核心地位,关注他们的根本利益,致力于保障劳动者的福祉和全面发展。

2.公平正义理念

公平正义构成了社会主义核心价值观的基石,同时也是促进劳动关系良性发展的重要理念和基础准则。劳动关系的协调程度能够直观展现公平与正义的实践成果。这个准则在劳动就业、薪资福利以及权益保护等方面尤为显著。就业作为人们生活的基础,影响着劳动者的生活质量和发展机会。就业机会的公平分配应当基于个人的教育程度、所在行业及专业技术等实际能力,而非受到社会等级、团体归属、个人身份、性别、民族或宗教等非能力因素的不公影响。所有雇主在招聘和解雇员工时,都应坚持平等原则,避免设置不合理的障碍和提出过分的要求,特别是对于残疾人,更应充分尊重和保障他们平等就业的权利。

3.利益共同体理念

"利益共同体"概念并非西方国家在处理劳资关系时所独有的,社会主义更应该提出并实践这一理念,并拥有更为深刻和实际的内涵及基础。利益共同体仅在我国社会主义的经济和政治框架中,能够彰显出根本性的、深层的利益一致,从而构筑一个真正的共享利益体。为推进和谐的劳动关系发展,我们必须明确提倡并强化共享利益的理念,确保其在各类雇佣实体及劳动关系的多个方面得到充分实施。实际上,只有在社会主义共享利益的理念引导下,才能克服那种过时的零和思维——即一方获益意味着另一方受损,进而促进一种相互依赖、共享利益、互利共赢的和谐理性思考。

4.社会责任理念

社会责任感在社会伦理和职业道德上扮演着基础角色,同时也是评价社会主义核心价值观的一个关键指标。在劳动关系领域内,无论是领导层、管理层、雇主还是员工本身,在追求职业成就、执行职务、实现个人价值以及获得利益的同时,都必须履行相应的社会责任,对社会做出贡献,并彰显其社会价值。每一家公司,无论是私营企业还是其他性质的企业,不论其规模大小或是所有权性质,都应积极担负起社会责任,致力于社会公益和福利事业;在促进自身劳动关系和谐的基础上,还应努力促进和维护社会整体劳动关系的和谐发展。企业应当持有真挚的社会责任感,积极投身于慈善与扶贫救助等公益行动中,实现其在社会上的整体价值,构建正面的社会形象。

5.发展促和谐理念

虽然中国已是世界第二大经济体,全面实现了小康社会,但社会经济发展不平衡这一客观现实仍将长期存在。目前经济处于下行趋势,就业形势会更加困难。对于企业必须把发展作为第一要义,创新作为第一发展动力,加快转型升级,才能获得竞争优势,进一步扩大规模,供给更多的就业岗位。残疾人职工,面对科技的发展,也只有加强学习,提升自身专业能力和综合素质,才能胜任企业的岗位,获得就业机会。因此,企业必须以发展的眼光、发展的动能,不断开拓新的增长点,才能解决经济增长缓慢问题;残疾人个人必须选择人生新方向,找准新赛道,学习新知识,才能获得人生事业发展的新天地。也只有企业和残疾人个人双方都协调发展,二者之间的劳动关系才会和谐健康。

6.恪守法治理念

社会主义市场经济体制下,法治是经济的基石。法治为劳动关系提供了稳定的预期,有利于建立和谐的劳动关系。依法治国具体在劳动关系管理方面的实践,涵盖了依法规范管理各行业的劳动关系,确保社会主义法治在劳动关系中得以全面体现,推动劳动关系在法治轨道上有序发展。企业在处理就业劳动关系时,必须要遵守《中华人民共和国宪法》《中华人民共和国劳动合同法》《工伤保险条例》《中华人民共和国社会保障法》《中华人民共和国职业病防治法》《中华人民共和国就业促进法》《中华人民共和国残疾人就业保障法》《中华人民共和国工会法》《中华人民共和国私营企业暂行条例》以及《中华人民共和国中外合资经营企业劳动管理规定》等法律规定,这是调整和规范劳动关系、发展和谐劳动关系的法律依据和保障。

所有参与方,包括雇主的领导和管理层、资本持有者以及广泛的员工群体,均需理解并遵循法律法规,确保一切行为均按法律要求进行。这意味着在劳动雇佣、薪酬支付及社会保障等领域,各方都应依照法律规范自己的行为,并依法适当处理所有劳动相关争议和纠纷。通过法治处理劳动关系,可以减少社会矛盾,维护社会秩序。因此,恪守法治在处理劳动关系中具有重大价值,对于构建和谐劳动关系、促进社会和谐稳定具有重要意义。

五、基于"和谐发展"的残疾人就业劳动关系管理策略

依据残疾人就业劳动关系和谐发展"五维联动"的管理理论,企业及其他形式的雇主,是招聘、录用残疾人就业的重要载体,直接决定着残疾人就业劳动关系是否和谐。因此,科学实施劳动关系管理策略,才能减少劳动争议与纠纷,保障企业健康平稳有序的运行秩序。

(一)残疾人主要就业类型的管理策略

1.集中就业类型策略

该策略是国家和社会通过举办福利性企业、事业组织等,确定一定比例的岗位,集中招用、聘用残疾人就业。提升残疾人就业空间均衡性,避免影响福利性企业和事业组织等的比例岗位,影响残疾人的集中就业。要注重福利企业的保护与发展,福利性企业是残疾人集中就业的重要岗位来源,但是市场竞争机制要求所有企业同一平台竞争,这对福利性企业的发展非常不利,福利企业该如何生存和发展成了急需解决的问题。由于福利企业的特殊性质,应当采取一定措施予以帮扶。

2.按比例就业类型策略

要充分考虑残疾人就业的特殊性,对不同的行业性质、用人单位的规模、所能提供的岗位类型等情况,按分行业、分性质、分级别制定残疾人按比例就业的规则。结合残疾人的职业生涯规划与企业的需求条件,在保证双赢的原则下,稳步推进按比例就业工作。既不能懈怠残疾人就业工作,更不能搞一刀切,挫伤企业尤其是中小微企业录用残疾人就业的积极性。

3.公益性及辅助性就业类型策略

我国残疾人就业的公益性岗位主要涉及社区的管理、服务和后勤岗位,要针对

当前社区工作的现状,制定政策,合理开发公益岗位的类别与数量,保障公益岗位的供给,体现社会公益的价值目标。与其他残疾人就业模式相比,辅助性就业更强调资源的整合,所以在劳动关系的管理中,辅助性就业应当注意畅通内外环境,引导协同,整合公益性资源,促进融合发展。

4.灵活就业类型策略

随着互联网的快速发展,广大就业者愿意选择互联网平台就业,这种就业形式比较灵活,能够更好地发挥个人的价值,同时就业时间比较灵活,受到青年人群的热烈追捧。其形式包括淘宝、京东和拼多多的传统电商,也涵盖各种家政服务网络平台、交通出行平台,以及以短视频和直播为主要代表的新媒体等多种新兴就业类型。对于残疾人来说,也喜欢灵活的就业形式。但这种就业形式类型比较复杂,容易形成就业劳动关系的模糊地带,损害劳动者权益。这里需要着重区分,一是对于与平台签约,平台提供劳动信息,从业者接受订单开展服务的岗位,可以界定为平台与劳动者有着劳动关系事实,需要履行保障劳动者工作安全,支付相应劳动报酬的义务,需要纳入劳动关系监管范围,要求订立电子劳动合同,完成必要的法律程序。二是对平台只提供开放性信息基础,不提供具体业务,个人借助平台自我获取业务的行为,平台虽不承担劳动的安全和报酬保障,但必须进行信息合法性审查,给予劳动交换双方信息安全保障。

(二)企业对残疾人就业劳动关系的管理策略

1.规范劳动合同管理

企业要想减少劳动争议,必须从源头上进行规范管理,尽最大可能消除问题产生的土壤。劳动合同管理是劳动关系管理的基石,在企业的劳动关系管理中,应当把合同管理放在首要的位置。

在劳动合同的制定过程中,首要任务是详尽且明确地阐述合同条款,以增强其实际操作性。根据《劳动合同法》的规定,劳动合同中必须包含关键信息,如用人单位的基本信息、劳动者的个人资料、合同期限、工作内容与地点、工作时间与休假安排、劳动报酬、社会保险、劳动保护措施以及法律规定的其他必备事项。这些条款需详尽且明确,尤其是劳动报酬和工作条件相关的细节,因为合同中的任何遗漏或模糊之处都有可能导致执行上的难题,或者激发不必要的劳资争议。其次,合同应涵盖各种职位和劳动者个性化需求的特定协议,如试用期、岗位培训、保密条款、额外福利等。在日常工作中,双方必须严格遵循合同规定,保障合同内容的有效实施,并且鼓励企业签订期限更长的劳动合同,如3年、5年或更长的合同期限。这样的做法有助于建立稳定的劳动关系,有效减少员工流失,降低企业因招聘和培训新员工而产生的成本。长期合同还有助于增强员工的安全感、对企业的忠诚度和归属感,从而提高企业的团队稳定性。

2. 完善薪酬福利管理

在塑造员工的工作热情和企业忠诚度方面,薪酬福利政策起着至关重要的作用。因此,建立一个公平且合理的薪酬体系显得尤为重要。

首先,企业需要建立正确的薪酬管理理念。这意味着企业不应仅关注高级管理者和关键技术职员的薪酬,而应认识到增加员工收入、提高员工技能与企业持续发展之间的相互促进关系。薪酬管理的主要目的在于吸引和激励人才,但其根本目标是支持实现企业的战略愿景。在市场经济的背景下,员工成为企业最珍贵的资产,故而薪酬管理成为吸引和留住人才的最关键、最有效的策略。因此,企业领导者必须充分认识到薪酬管理的重要性,并主动掌握相关的薪酬管理知识,建立起现代化的薪酬管理观念。

其次,企业需要建立科学的绩效薪酬体系。仅靠高额薪资无法长期激励员工,真正的激励发生在将薪酬福利与员工的业绩及其职业发展紧密结合时。企业应构建公正的绩效评价体系,确保员工的收入与其个人业绩、团队表现及职业成长紧密相关。同时,实现薪酬的透明化也极为关键,这意味着员工应当明白薪酬制度的细节甚至参与到薪酬决策过程中,真实反映出"按工分配、优劳优酬"的原则。固定薪酬与浮动薪酬相结合的薪酬制度也是一种有效的激励方式,通过这种方式,员工可以清晰地计算出自己的收入,从而形成积极的工作氛围。

最后,企业应为员工提供更多弹性福利。企业应当提供既多元化又能切实满足员工实际需求的灵活福利计划。通过开展问卷调查等手段,企业能够掌握员工对福利的具体需求,并依此灵活调整福利方案。这些福利包括实物福利(例如住宅支持、食品服务、娱乐设备、生日礼品等)、金融福利(如带薪休假、各类补助或奖金等)、服务型福利(比如医疗支持、家庭服务、职业规划咨询等)、团队文化与娱乐活动福利(如社交活动、户外游玩、登山、春游、体育竞赛等)及股权激励福利(针对做出重大贡献的员工)。同时,企业也可采取基本福利加上选配福利的模式,其中基本福利为所有员工所共享,如定期健康检查和交通补助,而选配福利则根据预算让员工在不同的福利选项中自由选择,以适应不同员工群体的个性化需求。通过这样的薪酬福利政策,企业不仅能够激发员工的工作热情,还能够增强员工对企业的归属感和忠诚度,从而提升企业的核心竞争力。

3.实施员工职业生涯管理

残疾人同样享有追求美好生活的权利,他们对发展机会的渴望尤为强烈。然而,在多数情况下,残疾人对自己的发展持压抑态度,因害怕遭受歧视而选择沉默。因此,企业有必要充分重视残疾员工的职业发展需求,将他们视为企业的重要组成部分,并提供相应的培训和晋升机会,这对双方都至关重要。为强化残疾员工职业发展管理,企业可从以下三方面入手。

一是引导员工规划职业发展路径。企业应引导残疾员工进行全面自我评估,利用专业职业评测工具,如职业性格测试和霍兰德职业性向测试,以增强员工的自我认知。同时,引导他们结合个人兴趣和企业需求,制定切实可行的职业发展规划。在培训过程中,鼓励员工将个人发展与企业目标相结合,制定分阶段职业规划。

二是拓展员工职业晋升通道。企业应根据岗位特点及残疾人身体和心理状况,提供多样化的晋升途径,如管理岗位晋升、技术人员晋升、人才引进等。同时,加强晋升过程的监管,确保每位员工都有公平的晋升机会,助力他们通过自学和努力工作实现自我价值。当残疾员工明确了职业发展方向,他们会更加注重自主学习,通过不断提升自身能力,在实现自我价值的同时,也为企业创造价值,实现双赢。

三是强化对残疾员工的心理支持。面对社会快速发展和职场竞争压力,残疾人由于身体缺陷,心理压力更大,易引发劳动纠纷,影响企业发展。企业应关注员工心理状态,及时进行心理疏导。通过企业宣传栏、网站、手册等渠道,开展针对性培训,普及压力管理知识,帮助员工正确认识工作压力,学会自我调节。此外,加强新员工入职培训,以及转岗员工的技能培训,帮助他们迅速适应新环境,减轻工作压力。

4.推进参与式民主管理

企业的发展与员工的福祉紧密相连,通过激励员工参与民主管理,可以促进员工与企业利益的融合,建立一种自我驱动和自我激励、自我约束的动力机制。

一是企业应当创新员工参与民主管理的形式。这包括定期组织所有员工参加的会议或选举代表的大会,例如每六个月举行一次,或在出现重要问题时组织特别会议。工会作为保障员工权益的主要渠道,应获得企业的认可和支持,同时鼓励员工积极参与和加入工会。

二是企业应当扩展残障员工在民主管理中的参与范围。应主动邀请残障员工参与讨论涉及薪资、工作时间、休息日和假期、工作场所安全与健康、福利保险、员工培训、工作纪律和劳动定额等与员工直接利益相关的政策和重大问题。

三是需要提升残疾员工在民主管理中的参与层面。企业应利用各种有效的方式,让残疾员工能够对公司的重要经营和管理问题进行讨论和协商,发挥他们的潜能和智慧,使员工能够参与到公司管理决策的过程中,确保企业领导层的决策更加贴近员工的实际需求和建议。

残疾人通过参与企业管理,可以增强他们的自信心和自我价值感,进而提高他们的工作积极性和工作效率。他们的独特视角和经验可能会为企业带来新的灵感和创新,促进企业的经营管理更加人性化和高效。通过参与民主管理,残疾人职工可以更好地理解企业的运营状况和决策过程,有助于缓解因信息不对称可能产生的误解和矛盾,推动企业和职工之间的相互理解和信任,为企业的稳定发展奠定坚实的基础。残疾人在参与企业管理活动中能够直接表达自己的意见和需求,有助于决策者做出更为全面和合理的决策。

5.重视员工安全健康管理

保障职工的劳动安全与健康对于员工、公司乃至整个国家社会都是至关重要的。以人的需求为核心,致力于劳动安全与健康的保护,不仅能够提升工作环境,保障员工的安全权益,还能推动企业的稳定增长和可持续发展。

一是提升员工对劳动安全的认识。企业管理者应深化对劳动安全和健康保护的理解,真正认识到其核心价值,不应仅仅停留在避免事故和职业病的表层。企业应通过多种手段加强安全教育,打造浓厚的安全生产氛围,引导员工增强安全意识,培训他们正确使用安全设备。例如在生产区域显著位置设置安全标志,定期在公告板发布安全法规和知识,举办安全月活动,设置横幅和彩旗,开展安全竞赛,在会议上强调安全的重要性,将安全培训纳入新员工培训等。

二是完善制度建设和设施配备。企业应建立全方位、精细化、易于执行的职业安全卫生体系,覆盖安全责任分配、技术防范措施、安全教育培训、定期检查与监督、事故报告与处理流程、职业疾病预防等多个方面,确保这些制度能够与企业的具体情况紧密结合,科学且实用。企业还需要在生产现场安装必需的安全设施,例如为高温作业提供冷却系统,在存在噪声或粉尘的工作环境中提供相应的防护装备。同时,企业需密切关注国家最新的安全法规及政策动态,以便及时更新内部安全管理规章和升级安全生产设施。

三是加强监督执行力。企业领导及安全管理部门需定期或不定期开展安全检查,迅速纠正违规操作行为,将检查结果进行书面记录,并通过公告栏发布或在安全生产会议中报告。对那些违反安全规定或导致严重事故的个人,必须严格追责。定期对安全设备进行检查与维护,及时更换达不到安全标准的防护装备,保证所有设备都处于最佳状态。

(三)建立多边劳动争议调解机制

劳动争议容易导致员工与企业对立,严重影响企业和谐劳动关系构建,并可能引发企业公关危机。因此,不断优化劳动争议调解机制,化解劳动争议危机,是企业必须高度重视的工作。

1.做好残疾人员工的法律常识普及工作

劳动争议本质上是劳动者和雇主在执行劳动合同过程中出现的分歧,因此,在法律上解决这些分歧,防止由于对法律理解不深入而引发的纠纷变得非常关键。通常,企业依赖《中华人民共和国劳动法》和《中华人民共和国劳动合同法》来调整和规范双方的关系。企业需要设立专门的人力资源部门来学习和掌握相关法律知识,并在合法合规的范围内制定和执行公司的规章制度。企业还应全面审查内部规章制度和规范性文件,及时根据最新的劳动法律进行相应的修改或废弃,以确保这些规定与劳动法律保持一致,并保证公司在规章制度方面的合法性和公正性。

2.建立劳动关系危机预警机制

劳动关系监控与争议防范系统的实施,旨在通过对劳动环境的持续观察、劳动纷争的及时调解和处理,实现劳动争议的最小化,或在争议的早期阶段迅速解决可能出现的问题,进而保持劳动关系的稳定。例如,企业可以设立专职团队和岗位,专门监测残障员工的情感和心理状态,以便能够迅速了解员工情绪的变化,找出可能影响其工作积极性的因素,及时识别并处理可能危及企业安定的隐患。进一步地,在完成情报搜集之后,该团队需要依据所面临问题的紧迫度和重要性选择恰当的汇报方式(如定期或紧急报告),以保障所报告信息的时效性与准确性。重要的是,团队要保证关键信息能够被早期发现并上报,收集到的数据应遵循客观和真实的标准,避免走入形式化的误区,从而为公司提供精确而有效的资讯。

3.建立企业协调委员会

企业内的调解委员会主要负责接收劳动争议的调解申请,对争议进行彻底的调查和确认,随后依据相关劳动法律规定进行调解与协商,目的是促进争议双方自主地解决存在的问题。成立这样的委员会有助于加强公司的内部管理体系,确保遵守适用的法律法规,同时也为预防和解决劳动争议提供了一个有效的机制。企业内调解委员会的工作流程和工作内容如下。

接收调解申请:当劳动争议发生时,争议双方或其中一方可向调解委员会提交调解申请。委员会应设立明确的申请提交方式和要求。

初步审查:调解委员会对提交的调解申请进行初步审查,判断争议是否属于调解范围,确保申请材料的完整性并符合要求。

调查和收集证据:委员会成员对争议事实进行调查,收集相关证据和信息。这一步骤可能包括双方陈述、证人证言、文档证据等。

组织调解会议:根据调查结果,委员会组织调解会议,邀请争议双方参加。在会议中,双方有机会陈述各自的立场和要求。

协商和调解:调解委员会通过听取双方意见、分析争议情况,提出调解方案。在协商过程中,委员会扮演中立的角色,旨在促进双方达成共识。

达成协议:如果调解成功,双方在调解委员会的协助下达成和解协议。该协议应以书面形式记录,由双方代表和委员会代表签字确认。

执行和解协议:双方根据和解协议执行约定事项。调解委员会可能会监督和解协议的执行情况,确保双方遵守协议内容。

调解不成立:如果调解未能成功,即双方未能达成和解协议,调解委员会会根据规定结束调解程序。此时,争议一方可选择将争议提交给更高级别的仲裁机构或法院解决。

4.建立外部干预协调机制

残疾人就业劳动关系与一般的员工劳动关系有一定特殊性,因此需要有更多的救济方式和人道主义关怀。根据"五维联动"模型,建立由政府、企业、残疾人、司法和媒体五方主体单位组成的劳动关系协调组织,通过检查前期处理程序与内容,进一步核实问题与事实,在法律专业人士的指导下进行调解,确保残疾人的劳动就业权益得到充分保证。媒体对此类案件进行跟踪报道,进行社会监督,同时也是进一步监督后续工作是否到位,企业方是否按照法律规定进行了整改落实。外部残疾人就业劳动关系协调机构可以由政府指导,并采用政府购买服务方式将协调机构设在律师事务所,这样既能节省政府的人力资源,又能更好地发挥律所的社会价值,更及时、高效地保障残疾人的劳动权益。

课题负责人:朱辉荣
课题承担单位:重庆交通大学
课题主研人员:吴新中 王 芹 王 辉 任能君 童 隆 谢 峰
曾小燕

重庆市职业指导师队伍建设

摘　要：就业是民生之本，三年新冠疫情的冲击下，国内就业形势严峻，如何恢复经济、扩大就业并实现高质量就业成为各省份不断思考的问题，而职业指导师作为促进充分就业的主力军，能够有效搭建起用人单位、求职者、服务部门之间的桥梁，提供就业指导和生涯规划。但由于国内职业指导行业起步晚、基础薄弱、发展不完善，重庆市职业指导师队伍也相应存在人员数量不足、专业性水平不高、队伍结构不合理、基础配置不完善等问题。对此，本文首先通过文献法，对国内外职业指导师研究成果进行了广泛而深入的收集、分析、总结，提出并完成了两个研究：研究一通过访谈及问卷的研究方法调查了重庆市职业指导师队伍的建设现状，并明确队伍建设存在的问题及其原因，从而针对问题寻求有效的解决措施和方案，以完善重庆市职业指导师队伍建设体系；研究二基于研究一的研究成果提出了重庆市职业指导师队伍建设"244"体系，包括实现"2"个核心目标，发挥"4个"主体作用，主攻"4"个核心方向，以此三位一体地建设重庆市职业指导师队伍。

关键词：职业指导师　胜任力模型　队伍建设　人才培养

一、前言

(一)研究背景及意义

1.研究背景

就业是最大的民生，一头连着万家灯火，一头连着发展大局。2023年政府工作报告提出：落实落细就业优先政策，把促进青年特别是高校毕业生就业工作摆在更加突出的位置，切实保障好基本民生。党的二十大报告也强调："强化就业优先政策，健全就业促进机制，促进高质量充分就业。"《"十四五"就业促进规划》进一步提出实现更加充分、更高质量的就业，是推动高质量发展、全面建设社会主义现代化国家的内在要求,是践行以人民为中心的发展思想、扎实推进共同富裕的重要基础。然而,自2020年疫情暴发以来,全球经济持续低迷,失业人口陡增。国家统计局发布的数据显示,相较于疫情暴发之前,国内的失业率大幅跃升,2020年仅登记失业人口达到1160万人,2021年达到1140万人(数据来源:国家统计局)。然而,高校毕业生人数却在逐年递增,2022年突破千万大关,2023年达到1158万(数据来源:教育部),疫情影响下疲软的经济市场无法吞纳巨量的新兴劳动力,如图1所示。2022年4月,智联招聘发布的《2022大学生就业力调研报告》显示,截至4月中旬,2022届求职的应届生中有46.7%求职成功,低于2012年的62.8%。

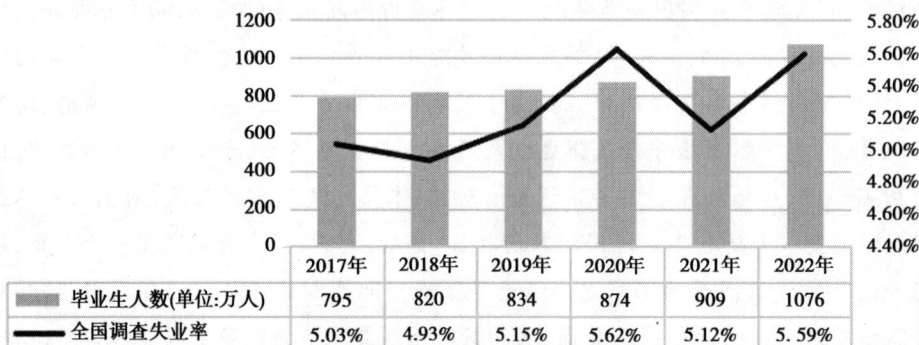

	2017年	2018年	2019年	2020年	2021年	2022年
毕业生人数(单位:万人)	795	820	834	874	909	1076
全国调查失业率	5.03%	4.93%	5.15%	5.62%	5.12%	5.59%

图1 近6年全国毕业生人数及全国调查失业率

《职业指导师国家职业技能标准(2022年版)》将职业指导师定义为:"为劳动者更好实现就业和职业生涯发展,为用人单位规范招聘和合理用人,提供咨询、指导、帮助及相关服务的人员。"职业指导师是促进充分就业的主力军,搭建起用人单位、求职者、服务部门之间的桥梁。据不完全统计,截至2015年,我国取得劳动部职业指导师资格认证的只有10000人,获得高级职业指导师认证的只有400人,而美国2002年就有17.5万名职业指导师。根据教育部标准和发达国家成功经验,按1:500人配置一名职业指导师,我国需要150万名职业指导师才能基本满足职业咨询业的市场需求。除了数量以外,职业指导师队伍专业质量也参差不齐,无证从业者众多。对广西四所高职院校的调查研究显示,仅有13.18%的大学生表示自己所就读院校的职业指导师素质较高,能够对学生需要做到满足,如图2所示。中国就业培训技术指导中心于2021年发布的研究报告中对中国东、中、西部12个省份的558名职业指导从业者进行的调查显示,持有职业指导人员国家职业资格证书合计占21.0%,持有社会培训机构颁发的其他证书占11.7%,无职业指导占

67.3%。除此之外,我国职业指导师队伍建设也存在成长路径匮乏、素质提升体系零散、社会管理力量弱等发展问题。

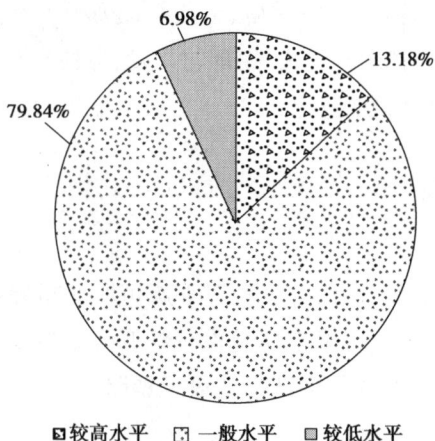

图2　广西四所高校对职业指导师素质评价

　　与此同时,随着职业指导师的作用日益凸显,2021年,重庆市教委为提升就业指导服务水平,解决缓就业、慢就业等突出问题,提出了构建职业指导师队伍"专业化、专家化、职业化、规范化"的"四化"新模式,加大专业人才培养力度,以全面提升就业服务质量。截至2022年6月,重庆市共有就业创业指导队伍2014人,其中,职业指导师1176人。下一步,重庆市人力社保部门将进一步强化队伍建设,培育规范化、专业化、精细化的职业指导师队伍,力争"十四五"末全市职业指导师队伍达5000人。

　　在此背景下,提出针对重庆市范围内的职业指导师队伍建设研究,通过对重庆市职业指导师队伍建设现状调查、采用数据建模方式构建职业指导师胜任力模型,最终提出职业指导师队伍建设规划路径和资政建议。

　　2.研究意义

　　在理论意义上,一方面,将胜任力模型相关理论与心理学、管理学领域的实证研究方法运用于职业指导师素质研究板块,拓宽了国内职业指导师胜任力的研究范畴,丰富了该领域的实证研究成果;另一方面,编撰了具备一定信度、效度检验的职业指导师胜任力测量量表,弥补了国内该领域的研究空白,为后续职业指导师胜任力研究提供了实证研究工具。

在实践意义上,首先,本研究就目前重庆市范围内的职业指导师发展概况进行了调查,从人员结构、队伍建设现状、队伍发展建议等方面进行了全面了解;其次,本研究基于实证研究构建的职业指导师胜任力模型为明确重庆市职业指导师的人才画像提供了依据,规范行业标准;最后,根据胜任力模型和队伍建设发展建议进一步提出了职业指导师的聘用与选拔、培训与开发、考核与激励等方面队伍建设措施,助力人才培养的专业化和规范化。

(二)研究思路及方法

1.研究思路

本研究主要包括两个部分:研究一针对重庆市职业指导师队伍建设现状进行抽样调查;研究二基于职业指导师队伍建设现状调查结果及构建的职业指导师胜任力模型规划重庆市职业指导师的队伍建设发展路径,包括职业指导师的聘用选拔、培训开发、考核激励等方面。

2.研究方法

在本研究中,主要用到的研究方法包括以下五个方面。

(1)文献分析法

文献分析法是基于现存的文献资料,间接获取信息以达到研究目的的方法。在构建胜任力模型的过程中可以通过文献分析法快速掌握既有研究概况和最新进展,初步习得某职位或职能的胜任特征。

(2)行为事件访谈法

行为事件访谈法是目前公认构建胜任力模型最有效的方法,最早由McClelland自创提出,由具备一定专业资质的访谈人员针对两组(一组为绩优、一组为绩平)任职者进行访谈,收集访谈对象在担任目标岗位或职能期间经历过的最成功、最失败各三次关键情境的信息。通过描述事件发生的详细内容(包括时间、背景、人物、情境、任务、行动、感受等),从而挖掘出目标岗位和职能的细节行为和相关信息。这种方法的可信度和有效性高,可以深入了解岗位的职责和相关必要特征,并且能够有效区分绩优组和绩平组的能力差异。

(3)问卷量表法

问卷量表法是目前运用最广泛的胜任力模型构建方法之一,研究者通常基于文献分析、行为事件访谈、职能分析、专家小组等方法收集的数据资料结果,借助于科学而严谨的工具统一设计结构化问卷,然后以书面形式将问卷发放给研究对象,邀请对象认真填写,最后对问卷数据进行相关统计分析得出结论。问卷量表法的优点在于取样范围广、成本低、能够突破时空限制,且能够收集定量数据进行总结分析。但问卷编制要求较高,且受调查对象填写质量影响较大。

(4)职能分析法

职能分析法原是运用于工作分析的一种方法,聚焦于特定的职位或职能,通过全面分析得出关于该职位或职能的工作职责和任职要求,从而识别出关于该职位或职能的关键胜任特征。职能分析法的最大优势在于能够通过系统地分析岗位职责和要求深挖符合该职位或职能的核心特点,准确性较高。但也有研究者认为该方法主观性较强,且不同行业的不同职能存在差异性,该方法过于静态。

(5)统计分析法

统计分析法是指通过对研究对象数量关系的分析研究,认识和揭示事物间的相互关系、变化规律和发展趋势,借以达到对事物的正确解释和预测的一种研究方法。在本研究中,将采用统计分析中的部分方法和工具完成职业指导师胜任力模型的构建。例如在研究二中,将采用卡方检验方法验证胜任力素质在区分绩优组和绩平组上的有效性,然后先后采用探索性因子分析构建职业指导师胜任维度,进一步完善职业指导师胜任力模型。

二、重庆市职业指导师队伍现状调研

(一)调研概况

1.调研目的

此次调研的主要目的在于全面了解重庆市职业指导师队伍建设情况,既包括职业指导师的人员结构,如年龄、性别、学历、经验、全/兼职比例、持证、所属单位等基本信息,也包括职业指导师队伍建设基本情况,如人才培养、从业标准、聘用选拔、考核激励、社群建设、资源投入等方面的建设现状。通过了解重庆市职业指导师队伍建设现状,明确队伍建设存在的问题及其原因,并针对问题寻求有效的解决措施和方案,从而完善重庆市职业指导师队伍建设体系。

2.调研范围

此次调研实施范围在重庆市内,主要包括渝中区、渝北区、北碚区、沙坪坝区、江北区、九龙坡区、南岸区、巴南区、大渡口区九大主城区。

3.调研对象

此次调研对象为工作时长满1年的职业指导师,既包括面向学生群体的高职院校辅导员、就业处老师、生涯授课教师,也包括面向社会的生涯规划师、职业咨询师、职业发展教练等;既包括营利性单位从事职业介绍或职业指导的从业者,也包括非营利性单位的职业指导服务人员;既包括全职职业指导师,也包括兼职职业指导师。

4.调研方式及信息

此次调研主要采取开放性访谈和封闭式问卷两种方式。

(1)开放性访谈

开放性访谈采用半结构化访谈的方式,按照既定的访谈提纲,从队伍概况、培训开发、聘用选拔、考核激励四个方面进行。为减少样本选择性偏差,我们分别从高校、公共部门、企事业单位选取了10名访谈对象,总访谈人数为30人,但由于2人的职业指导工作时长不满1年,予以剔除,因此有效样本量为28人,其中男性10人,女性18人。每位访谈对象的访谈时长为20~30分钟。访谈对象基本信息见表1。

表1 结构化访谈被试者基本信息

变量	类别	人数(人)	比例(%)
性别	男	10	35.7
	女	18	64.3
年龄	25岁及以下	9	32.1
	26~35岁	13	46.4
	36~45岁	4	14.3
	46岁及以上	2	7.1
最高学历	大专及以下	6	21.4
	本科	9	32.1
	硕士	12	42.9
	博士及以上	1	3.6
工作年限	不足1年	0	0
	1~4年	10	35.7
	5~7年	7	25.0
	8~10年	5	17.9
	10年及以上	6	21.4

变量	类别	人数（人）	比例（%）
职业性质	全职	4	14.3
	兼职	24	85.7
所属单位	高校	10	35.7
	公共部门	9	32.1
	企事业单位	9	32.1

（2）封闭式问卷

封闭式问卷主要采用线上问卷调查的方式了解重庆市职业指导师队伍的人员结构信息和队伍建设相关情况。在重庆市九大主城区范围内共收集了243份问卷，其中1份填写信息有误，予以剔除，有效问卷242份，基本信息见表2。

表2 问卷调查被试者基本信息

变量	类别	人数（人）	比例（%）
性别	男	76	31.28
	女	166	68.72
年龄	25岁及以下	27	11.2
	26~35岁	91	37.6
	36~45岁	97	40.1
	46岁及以上	27	11.2
最高学历	大专及以下	74	30.6
	本科	126	52.1
	硕士	31	12.8
	博士及以上	11	4.5
工作年限	不足1年	38	15.7
	1~4年	80	33.1
	5~7年	55	22.7
	8~10年	36	14.9
	10年及以上	33	13.6
职业性质	全职	27	11.2
	兼职	215	88.8

续表

变量	类别	人数（人）	比例（%）
所属单位	高职院校	41	16.9
	公共部门	78	32.2
	非营利性社会组织	27	11.2
	企事业单位	87	35.9
	基层社区	5	2.1
	其他	4	1.7

(二)调研结果

1.重庆市职业指导师队伍概况

(1)职业指导师队伍规模及结构

根据重庆市人民政府发放的数据,截至2022年,重庆市职业指导师人数为1176人。重庆市职业指导师主体队伍结构大致可分为市级层面的职业指导师队伍和区级层面的职业指导师队伍。市级层面的主体为重庆市教委于2014年组建的重庆市就业创业指导教师专家库的200余名专家,区级层面包括经遴选后隶属于重庆市各区的职业指导师队伍,例如,重庆市某区建立了一支65人的职业指导师队伍,其中该人员主要由各区机关单位职业指导工作者、镇街单位负责就业创业的工作人员以及部分高校、企业从事职业指导的工作人员组成。由此可见,职业指导师队伍人员来源广泛,高职院校、各类社会组织、街道社区、机关单位及企事业单位的职业指导工作从业者主要作为职业指导师队伍的人才来源,其中,公共部门及企事业单位为两大主要来源,如图3所示。

(2)职业指导师人员特征

根据调查结果发现,在性别方面,性别分布不均,女性占近七成。

在年龄和工作年限方面,平均年龄为36.49(±16.347)岁,而平均职业指导工作年限仅有5.9(±5.397)年。

在学历方面,重庆市职业指导师学历层次偏低,其中本科学历为主体,超过五成,大专及以下超三成,硕士及以上仅有17.3%,且绝大部分为高校辅导员。

在职业性质方面,目前,重庆市职业指导师队伍中绝大部分指导师为兼职职业指导师,占据88.8%,仅有超过一成的全职职业指导师。进一步分析发现,在全职职业指导师中,超过70%来自公共部门和企业单位。这一结果正好呼应了职业指导师的年龄和工作年限构成的巨大差异。

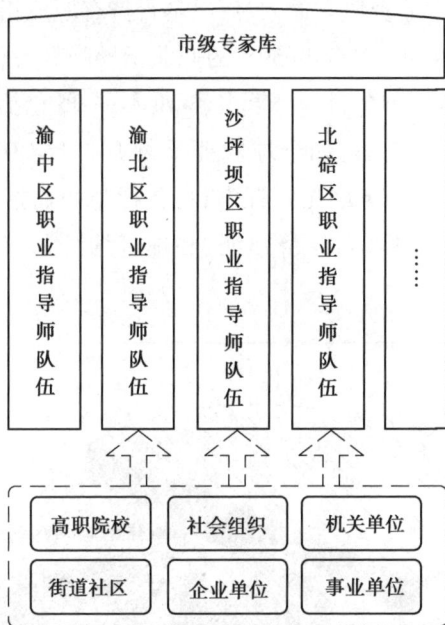

图3 重庆市职业指导师队伍结构

　　我们进一步面向兼职职业指导师进行了调查,发现尽管处于"双肩挑"状态,但面对这种工作冲突时,仅有6.48%的兼职职业指导师会感受到压力,38.89%的职业指导师认为并不会产生工作冲突,而超过一半的指导师认为自己可以很好地处理工作冲突,如图4所示。

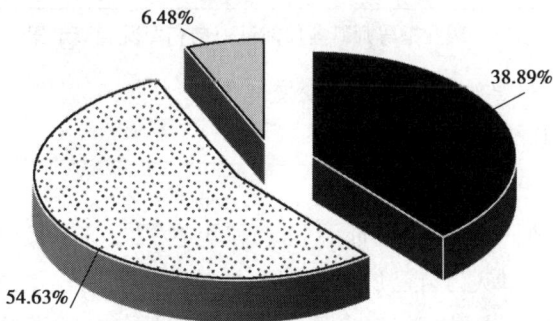

■ 不会　☒ 有点,但能很好地协调　□会,常常带来冲突

图4 兼职职业指导师对"双肩挑"状态的态度

除此之外,在人员专业资质方面,我们以是否持有职业指导的相关职业技能证书作为参考依据,结果发现,仅有49.59%的职业指导师具备相关职业技能证书,且所拥有的职业指导技能证书名目种类繁多、标准不一,既包括与职业指导工作直接相关的职业指导师技能证书,如全球职业规划师证(GCDF)、中国职业规划师(CCDM)、人才中介员证、劳务经纪人证书,也包括与职业指导师工作间接相关的职业证书,如人力资源管理师、经济师证、心理咨询师证、创业导师证等,如图5所示。

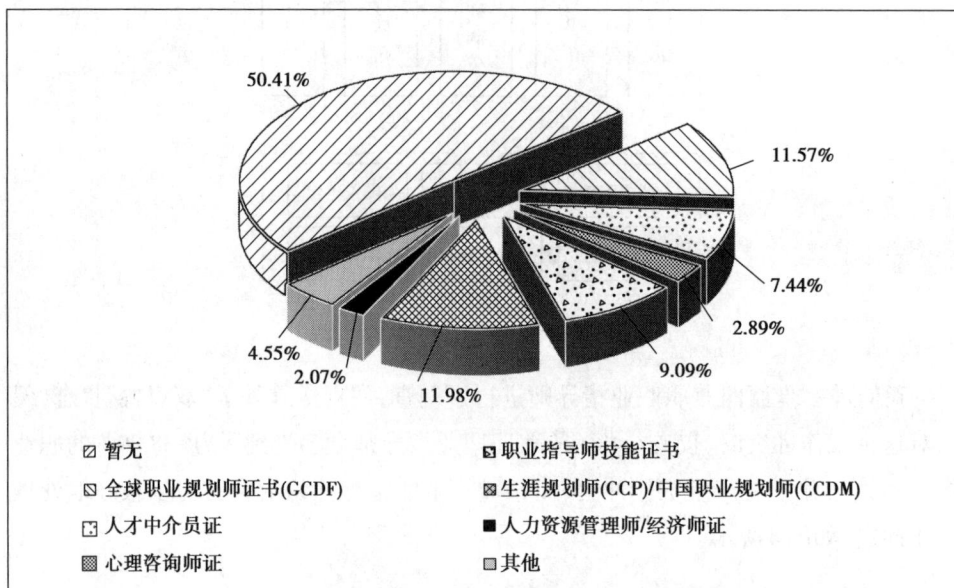

图5 职业指导师职业技能证书持有概况调查结果

2.重庆市职业指导师队伍建设现状及不足
(1)职业指导师队伍建设现状
①资源投入与重视程度。

从职业指导师队伍建设的资源投入和重视程度来说,调查结果显示,仅64.88%的职业指导师认为自己所在的职业指导师队伍比较重视人员培养与队伍建设工作,相对应的,指导师们对资源支持力度的评价为比较符合及以上的约占62%。仍然有超过10%的职业指导师认为自己所在的队伍并不重视人员的培养与队伍建设,同时资源支持力度也并没有达到预期程度,如图6所示。

在关于职业指导师的专业素质提升重视程度方面,66.12%的职业指导师认为自己所在的队伍非常重视职业指导师的专业素质提升,但仍然有11.16%的职业指导师认为队伍对人员专业素质提升方面的重视力度有待提升,如图7所示。

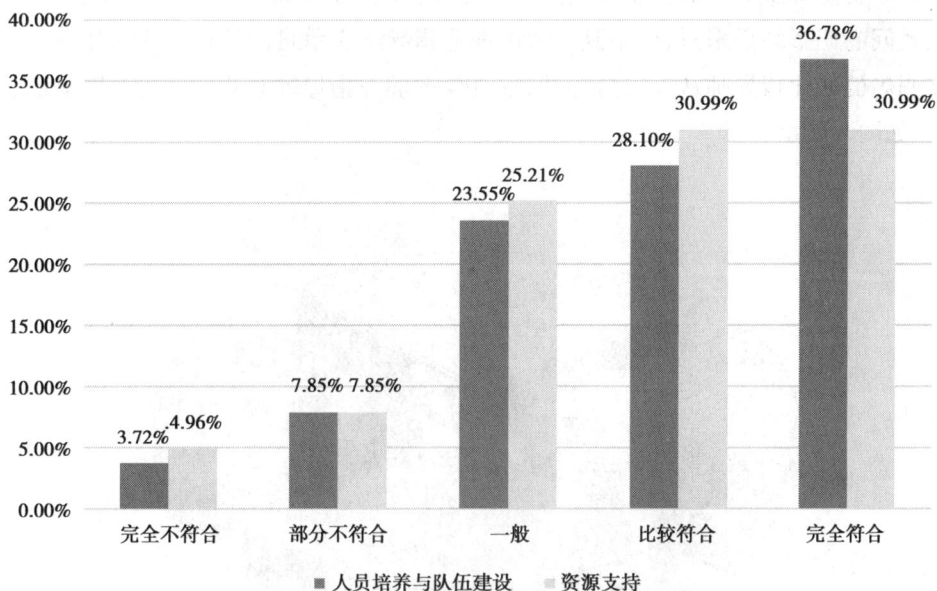

图6　对队伍人员培养与建设、资源支持的认同度

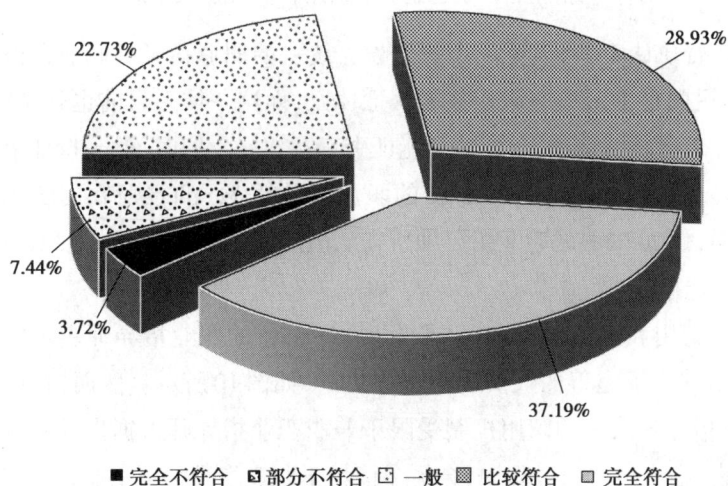

图7　"我所在的队伍非常重视人员专业素质的提升"

②专业资质体系。

专业资质体系包括专业资质标准及专业资质认定两个方面。对于前者,从访谈及问卷调查结果来看,仅不到三成的职业指导师表示自己所在的队伍建立了完整明确的职业指导师从业人员标准,近50%的职业指导师对此持一般及以下的态度,如图8所示。

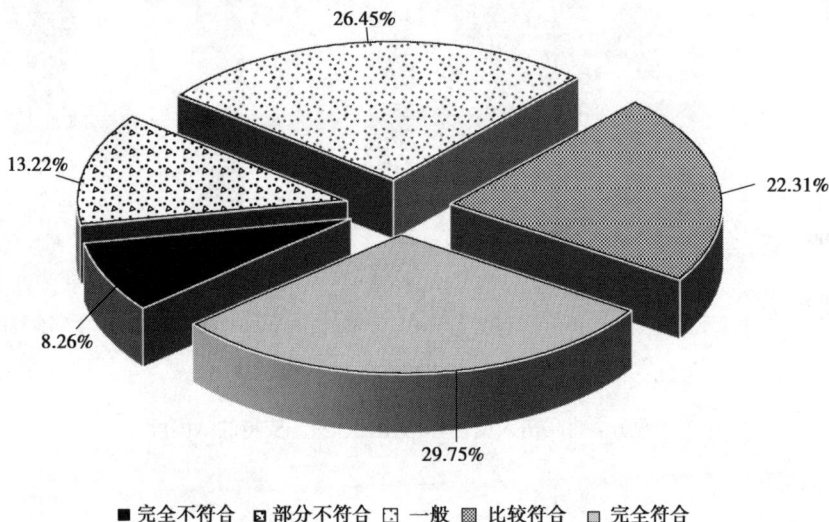

26.45%

13.22%

8.26%

22.31%

29.75%

■ 完全不符合 ▧ 部分不符合 ▨ 一般 ▩ 比较符合 ▨ 完全符合

图8 "我所在的队伍建立了完整明确的从业人员标准"

对于专业资质认定,目前重庆市并未设立统一的职业指导师职业资格认证体系,主要依靠民间自发形成的职业技能认证体系,而这一体系目前也处于"野蛮生长"状态,充斥着各类认证渠道,相关技能证书五花八门。同时,对于持证上岗的要求也并未完全统一,调查显示,51.24%的职业指导师表示自己所在的队伍并没有要求持证上岗,仅26.03%的职业指导师所在队伍严格要求持证上岗,如图9所示。

③聘用与选拔。

在人员的聘用和选拔上,调查结果发现,23.55%的职业指导师表示所在的职业指导师队伍建立了完善的人员聘用选拔机制,如图10所示。然而,在访谈中发现,对于职业指导师人员的聘用机制受限于兼职职业指导师占据指导师队伍主体的现实性因素,在人员选拔过程中,会更多依赖于职业指导师与主业目标岗位的匹配程度,较少以职业指导工作为人员选拔核心标准。除此之外,在队伍人员匮乏的现实条件下,"为爱发电"即指导师的职业兴趣和主动程度成为依据之一。另外,在重点项目和重点比赛中表现突出、在某专业领域有着丰富经验的工作人员也会获得更多机会。

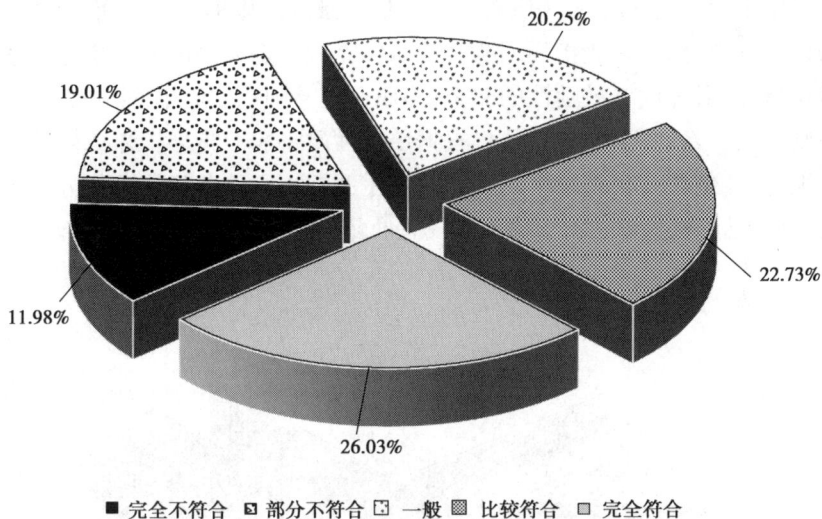

■ 完全不符合 ☒ 部分不符合 ⊡ 一般 ▦ 比较符合 □ 完全符合

图9 "我所在的队伍所有从业人员均持证上岗"

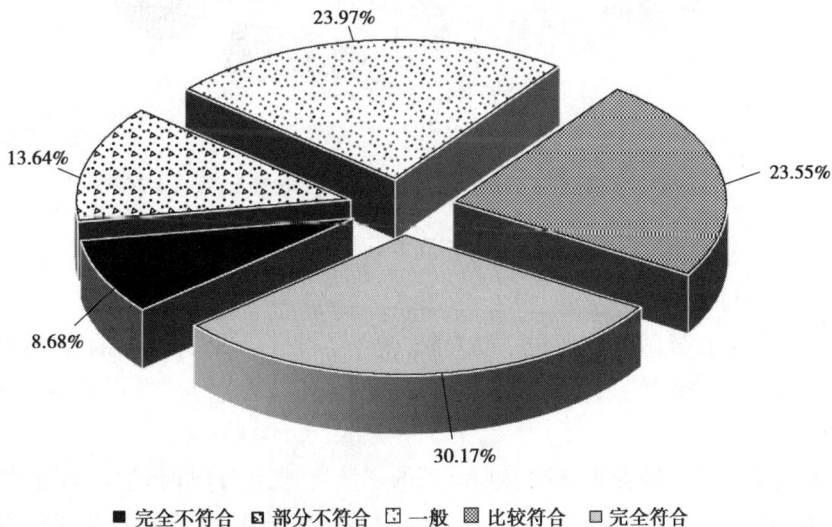

■ 完全不符合 ☒ 部分不符合 ⊡ 一般 ▦ 比较符合 □ 完全符合

图10 "我所在的队伍建立了完善的人员聘用选拔机制"

④激励与考核。

在激励与考核手段上,调查结果显示,25.21%的职业指导师表示自己所在的队伍建立了明确的考核和激励机制,但仍有10.74%的职业指导师队伍完全没有考核与激励手段。近64%的队伍有部分考核与激励措施但并不完善,如图11所示。在访谈中发现,部分职业指导团队会将每年完成一定数额的职业指导个案作为绩效考核指标,通过设置激励性的奖金、为职业指导师颁发聘书、举办表彰大会等作为激励手段。除此之外,各单位也根据单位性质将职业指导工作成效纳入工作评价标准之一,例如高校将学生对辅导员在生涯规划和就业指导工作方面的满意度作为评价指标,机关单位将下岗人员安置数量作为就业工作成效指标。

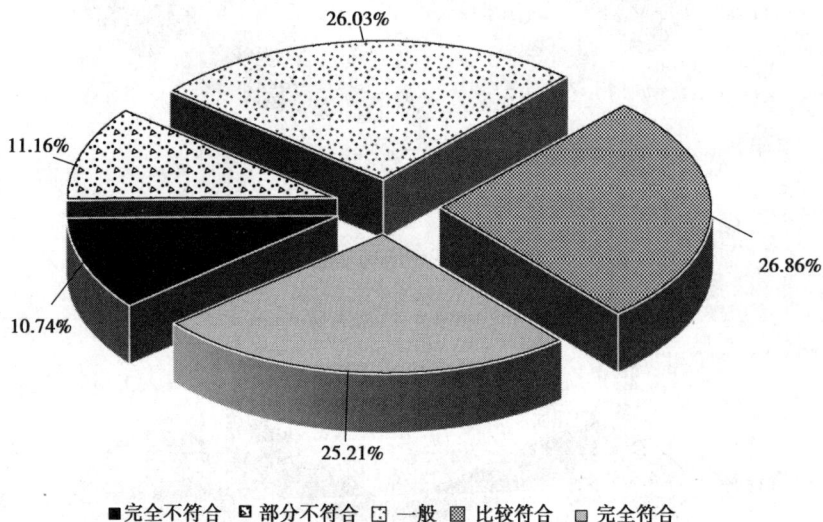

图11 "我所在的队伍建立了明确的人员考核激励手段"

⑤培训与开发。

关于职业指导师的培训与开发方面,调查结果显示,超过50%的职业指导师队伍建立了人才培训体系,但仍然有超过四成的队伍在人才培训方面有待提高,如图12所示。

我们进一步对职业指导师参加培训的累计学时、年度学时、学习渠道进行了深入调查,结果发现,从累计培训时长及年度培训时长来看,分别有24.8%和27.3%的职业指导师从未参加过职业技能相关培训,接近一半的职业指导师累计培训时长在1~100学时以内、年度培训时长在1~20学时以内,仅有6.6%的职业指导师累计培训时长在300学时以上,10.4%的职业指导师年度培训时长在40学时以上,如

图13所示。另外,从参加培训的渠道上来看,内部分享、公共部门培训是职业指导师进行知识技能培训的主要途径,也有职业指导师通过同行交流、互联网进行相关知识技能的学习,如图14所示。

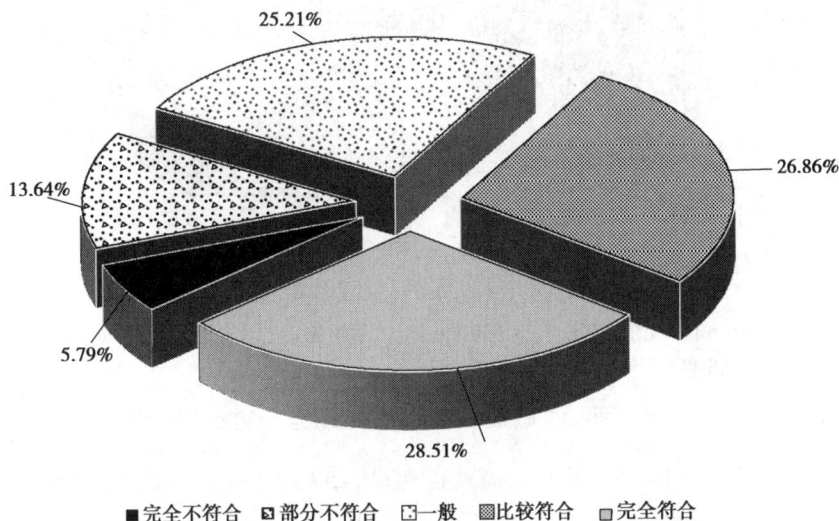

■完全不符合 ◼部分不符合 ▨一般 ▨比较符合 ▨完全符合

图12 "我所在的队伍建立了科学完善的人才培训体系"

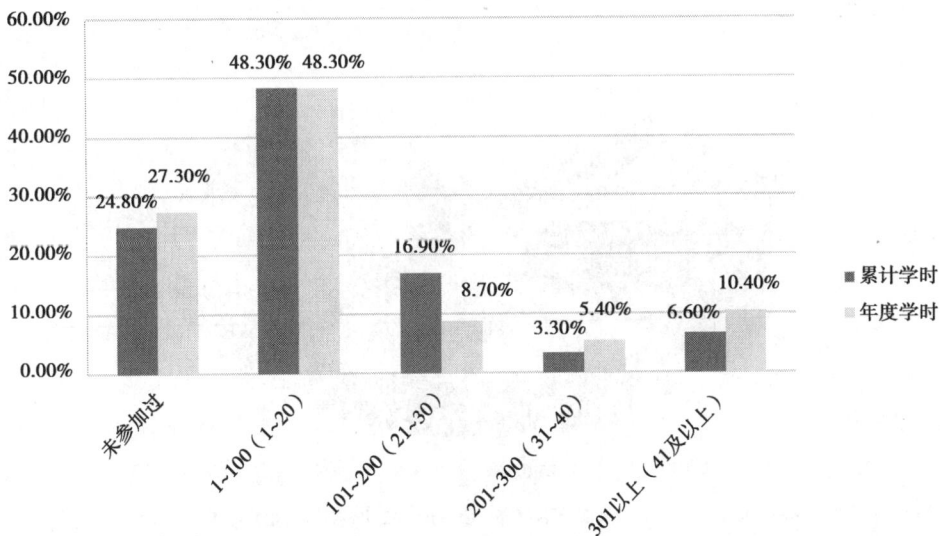

图13 职业指导师的累计培训学时和年度学时

注:括号内为年度学时。

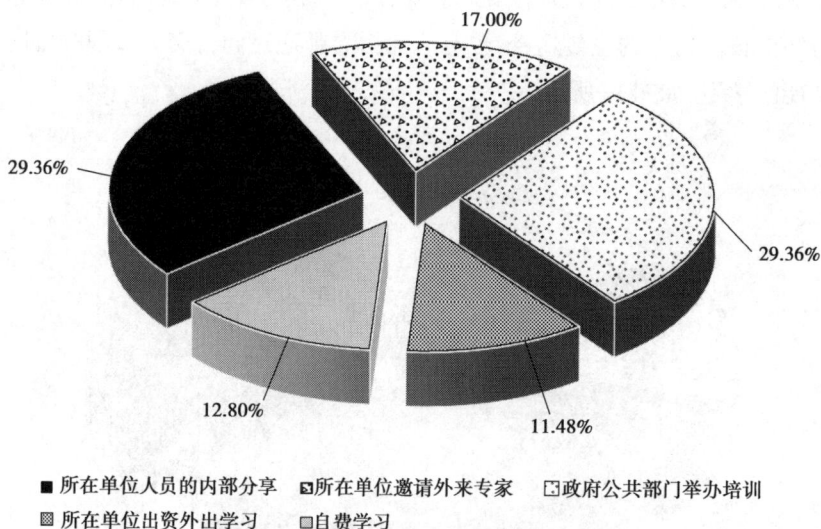

17.00%

29.36%

29.36%

12.80%

11.48%

- 所在单位人员的内部分享　☒所在单位邀请外来专家　⊡政府公共部门举办培训
- 所在单位出资外出学习　□自费学习

图14　职业指导相关知识技能学习途径

关于职业指导师的晋升与发展通道建设,25.62%的职业指导师认为自己所在的队伍有明确的职业晋升路径,但仍然有23.96%的职业指导师表示职业发展路径不明朗或没有职业发展路径,如图15所示。

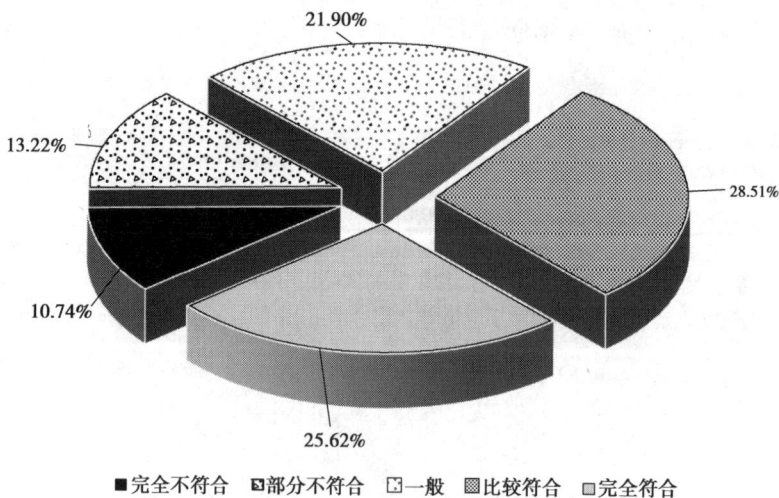

21.90%

13.22%

28.51%

10.74%

25.62%

- 完全不符合　☒部分不符合　⊡一般　比较符合　□完全符合

图15　"我所在的队伍建立了明确的职业晋升路径"

（2）职业指导师队伍建设满意度调查

为进一步明确重庆市职业指导师队伍建设的真实情况以及现实性成效,我们接着就目前重庆市的队伍建设相关方面进行了满意度调查,其中主要包括职业指导师队伍人才库建设、职业指导相关培训、职业指导相关竞赛活动、职业指导人才培育支持性政策、队伍建设资源投入、职业指导师服务平台建设、行业协会作用以及总体满意度等方面,如图16所示。

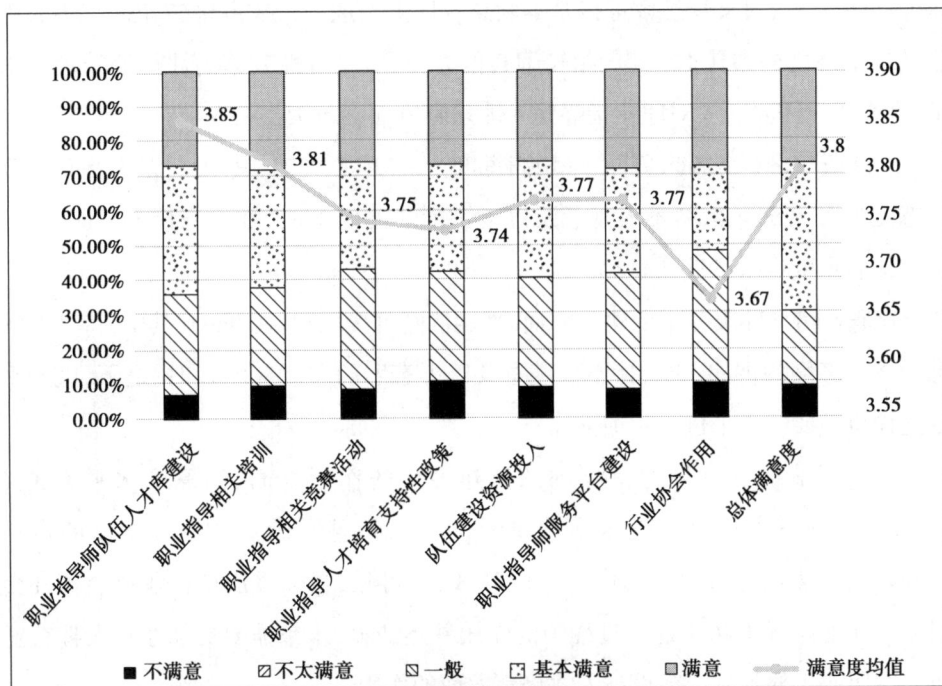

图16　职业指导师队伍建设满意度调查

从总体上来看,职业指导师们对重庆市职业指导师队伍建设的平均满意度为3.8(±0.95),处于一般到基本满意之间的中等偏上水平,其中,持基本满意及以上态度的职业指导师占比63.3%,持不太满意及以下的占比9%。

在职业指导师人才库建设方面,职业指导师的平均满意度为3.85(±0.898),接近基本满意水平,其中,持基本满意及以上态度的职业指导师占比63.9%,持不太满意的占比6.5%。由图可知,职业指导师队伍人才库建设在各评价中位列最高。近年来,重庆市在职业指导师队伍人才库建设方面的系列措施取得了一定的成效。

在职业指导相关培训和竞赛活动方面,培训活动的平均满意度为3.81(±0.947),竞赛活动的平均满意度为3.75(±0.944),对培训活动持基本满意及以上态度的人数占比61.9%,持不太满意及以下态度的占比9%;对竞赛活动持基本满意及以上态度的人数占比56.8%,持有不太满意及以下态度的占比8.4%。可见,相较于培训活动,职业指导相关竞赛活动在未来仍需更多落地。

在职业指导人才培育支持性政策方面,职业指导师的平均满意度为3.74(±0.973),其中,对支持性政策持基本满意及以上态度的人数占比57.4%,持不太满意及以下态度的占比10.3%。相较于其他方面,对支持性政策的评价处于较低水平,未来仍然需要加大对职业指导师人才培育方面的政策支持。

在队伍建设资源投入方面,平均满意度为3.77(±0.937),其中,持基本满意及以上态度的占比59.4%,持不太满意及以下态度的占比8.4%,在资源投入方面,相较于总体满意度也略微偏低。

在职业指导师服务平台建设方面,平均满意度为3.77(±0.966),其中,持基本满意及以上态度的占比58%,持不太满意及以下态度的占比8.3%,相比之下,服务平台建设也需要在未来进一步加强。

关于行业协会在职业指导师队伍建设中的作用方面,满意度水平为3.67(±1.014),在各方面满意度水平中最低,其中,持基本满意及以上态度的占比51.6%,持不太满意及以下态度的占比10.3%。可见,目前重庆市行业协会等社会组织在职业指导师队伍建设过程中的作用并不凸显,未来需要更加注重发挥行业协会在职业指导师队伍建设与人才培育方面的作用。

(3)职业指导师队伍建设不足调查

结合目前重庆市关于职业指导师队伍建设方面的系列措施和取得的成效,以及职业指导师对目前队伍建设方面的满意度情况,我们进一步分析、总结了职业指导师队伍建设过程中存在的问题,并就潜在问题进行了问卷调查。

调查结果显示,首先在职业指导师队伍建设不足方面,平均得分最高的是缺乏科学统一的职业指导从业人员标准,其次是缺乏完善的职业指导师专业培训体系,最后是缺乏充足的政策支持和资源投入。除此之外,缺乏明确的职业指导师发展路径、权威的职业指导师资格认证体系、队伍人员专业素质参差不齐、数量不足也是重要方面,如图17所示。

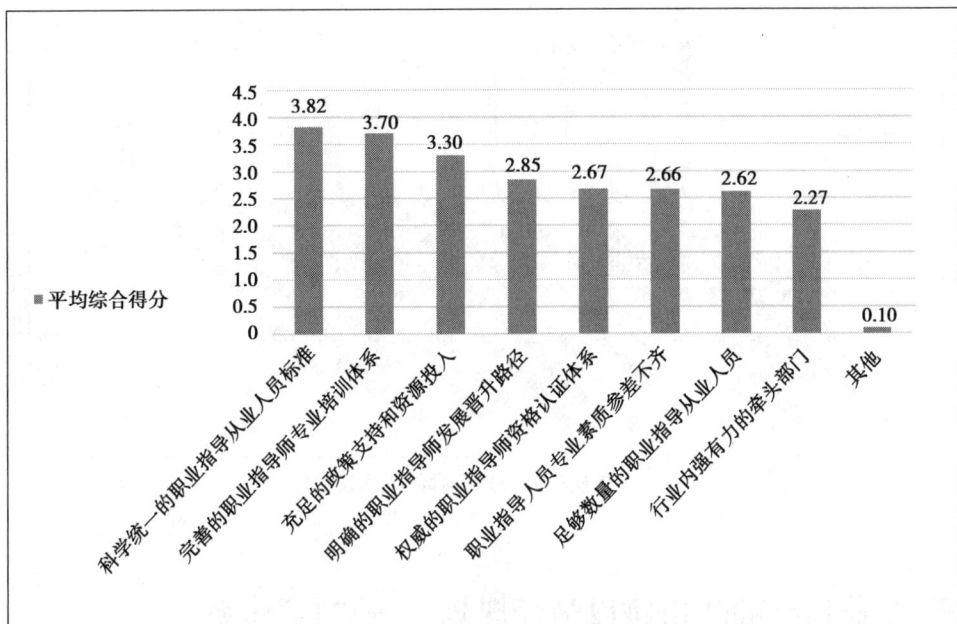

图17　重庆市职业指导师队伍建设不足调查

注:平均综合得分=(Σ 频数×权值)/本题填写人次(下同)

3.重庆市职业指导师队伍建设发展建议

　　针对重庆市职业指导师队伍建设现状以及存在的不足,我们通过查阅大量相关文献资料、借鉴国内外职业指导师队伍建设发展相关举措、总结分析了在访谈调查中被广泛提及的发展思路和建设措施,拟定了关于促进重庆市职业指导师队伍建设的相关建议,并进行了问卷调查。调查结果显示,关于促进重庆市职业指导师队伍建设的措施方面,平均综合得分最高的是"建立多层次、多样化、体系化的职业指导师培训体系",远超其他措施的得分,为10.44;排在第二位的是"打造重庆市职业指导特色工作室及品牌",平均综合得分为6.31,第三、四、五位的依次是"构建统一的职业指导师资格认证机制""开发或选定专业的职业指导师培训教材和指定书目""加大对职业指导师人才培养的财政补贴和税收优惠",平均综合得分分别为6.19、6.0、5.9,如图18所示。除此之外,"建立完善的职业指导师聘用机制""打破制度约束,下放职业指导师培训自主权"等措施也受到了一定的推崇。

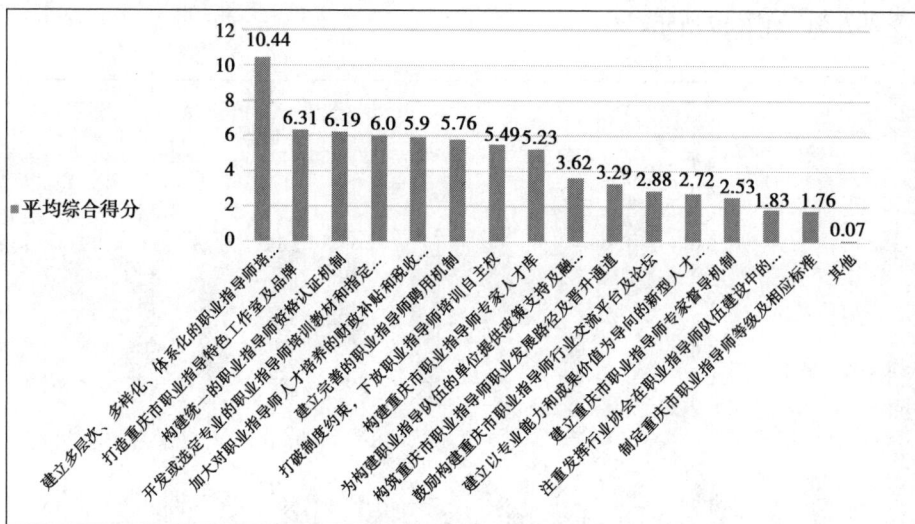

图18　重庆市职业指导师队伍建设措施

三、职业指导师队伍建设路径规划——"244"体系

为响应重庆市2025年实现就业创业队伍人数突破5000人的政策目标,促进重庆市职业指导师队伍发展与完善,结合目前对重庆市职业指导师队伍建设的调研结果和现状,提出重庆市职业指导师队伍建设路径规划"244"体系,从而锚定队伍发展的核心目标、发挥队伍建设的主体力量、集中资源发展核心板块。其中,"244"体系主要包括"2"大目标,即扩容提质,扩大重庆市职业指导师队伍数量、提高重庆市职业指导师队伍质量;"4"大主体,基于目前重庆市职业指导师队伍的结构,为盘活核心力量,需要有效发挥政府部门、高职院校、企事业单位、行业协会等主体在职业指导师队伍建设不同阶段、不同领域、不同方位的独特力量。"4"大方向,明确职业指导师队伍建设的4个不同方向,即以人才培养和队伍建设为核心,从职业指导师的聘用与选拔、培训与开发、考核与激励、保留与发展入手,实现队伍建设政策措施的系统化、体系化、阶段化。

(一)职业指导师队伍建设"244"体系:2大目标

1.扩容:扩大重庆市职业指导师队伍数量

截至2022年,重庆市职业指导师在册人数为1176人,远未能达到根据教育部和发达国家成功经验所提出的1∶500人的职业指导师人员配置标准,为此,重庆市人社局也提出力争"十四五"末全市职业指导师队伍达5000人的目标。由此可见,提高重庆市职业指导师队伍总人数是队伍建设的首要目标之一。

扩大队伍人数,可以从两个方面入手:一是开源;二是节流。

(1)有效拓宽人才渠道,适度降低准入门槛

目前,重庆市职业指导师在册人数虽然较少,但民间各团体组织自发的职业指导工作者散落在各行各业从事职业指导相关工作,汇成了源源不断的人才来源库,因此,通过盘活现有人才资源,拓宽各类职业指导师人才渠道,能够有效扩大人才数量。

另外,目前对职业指导师人才的选拔更多关注其自身在其他领域的工作经验和专业水平,从而造成了兼职职业指导师占绝大比例的现状,因此,未来可以考虑降低对职业指导师其他专业领域经验的要求,关注其在职业指导相关领域的专业能力以及实习经验,同时注重对人才的后期培养与开发。

(2)发挥兼职指导师的作用,提高全职指导师的比例

根据调研结果,目前重庆市兼职职业指导师人数占到近九成,成为职业指导师队伍的核心力量,在职业指导领域发挥着核心作用,且兼职职业指导师凭借其在某领域的专业实践经验也能够在职业指导工作中发挥更多优势。然而,也正因兼职性质,给职业指导师队伍的长足发展带来了极大的不稳定性。因此,在队伍建设的过程中,我们既要有效发挥兼职职业指导师自身的专业优势,同时也要考虑纳入更多的全职职业指导师,从而保证队伍的稳定发展。

(3)全面完善行业配套设施,减少指导师的人才流失

我国职业指导师行业起步晚、沉淀少、发展不完善等问题普遍存在,使职业指导师的生存环境举步维艰,相关的人才培育力度不足、培训体系不完善、行业内部鱼龙混杂、市场品牌影响力不足等问题也成为威胁职业指导师们在行业内生存发展的负面因素。在此背景下,即使有源源不断的人才进入职业指导行业,但发展路径不清晰、相关配套设施不足也会驱使人才不断流失。因此,加强基础设施的建设,明确未来的发展方向,为职业指导师树立行业信心,是能够有效减少人才流失的核心要素。

2.提质:提高重庆市职业指导师队伍质量

目前,重庆市职业指导师队伍囿于指导师的主业以及所在单位的特性,队伍质量参差不齐,对于高校职业指导师来说,相关专业知识技能掌握情况较好,但由于

缺乏与社会就业环境的直接交流,不免纸上谈兵,或常常受到质疑。而对于直接面向就业市场的职业指导师来说,直面痛点、解决需求的急迫性使其更多基于直觉经验应对职业指导工作,且疲于填补就业市场的洼地,从而缺乏专业知识技能的学习,在专业性方面缺乏一定的坚实基础。然而,职业指导师自身的专业能力与职业指导水平直接决定了队伍的质量,因此,在加强队伍质量方面,我们需要从下面所述的"4"个方向入手,搭建起职业指导师人才培育与发展的完整体系,从而全面提高职业指导师队伍质量。

(二)职业指导师队伍建设"244"体系:4大主体

从重庆市职业指导师队伍建设现状调研结果以及国外关于职业指导师人才培养的经验中发现,政府、高校、非营利性社会组织等在行业生态建设、人才培养、专业资质设置、链接市场等方面发挥着建设性作用,并且形成了各司其职又合作密切的融通关系。因此,加强重庆市职业指导师队伍建设需要有效发挥政府部门、高职院校、企事业单位、行业协会等主体的能动性,并且打破壁垒,加强合作,从而实现优势互补、协同发展。

1.政府部门
(1)加大重庆市职业指导师人才培育扶持力度
就业工作是一项长期存在的持续性工程,决定了职业指导师的人才培育也是一项需要不断投入的项目,并且由于我国职业指导起步晚、基础薄弱、发展不平衡、社会影响力小等问题将长期存在,更需要政府部门的牵头。通过划拨专项支出、提供财政补贴、推出专项课题、出台倾斜性扶持政策、加强职业指导监管力度,从而帮助完善职业指导行业生态逐步走上专业化、规范化发展道路,以政策影响社会导向,从而扩大职业指导师群体的影响力。

(2)建立健全重庆市职业指导师专业认证体系
目前,我国并没有职业指导师职业资格认定机制,仅由民间自主进行职业指导师职业技能等级认定,这在鼓励野蛮生长的同时也造成了市场上职业指导师的相关证书鱼龙混杂,专业性得不到保障,行业公信力不高,且各颁发单位之间缺乏互认的基础。因此,政府作为监管主体,需要基于重庆市的地方文化和经济特色,建立健全职业指导师专业认证体系。一方面,针对市场中已有的职业指导师职业认证相关单位和职业认证证书颁发机制,制定严格的认证资质审核程序并坚持动态管理,例如5年进行一次单位认证资格审查,对于操作不规范、培养体系不健全、证书水分大的单位予以取缔;除此之外,建立各颁发单位之间认证证书的互认通道,逐渐形成行业统一专业标准,从而保障专业性和树立行业公信力。另一方面,政府部门要建立规范的日常监督管理体系,例如建立投诉机制和完善相关法律条例,用以约束相关部门的日常运营,保障职业指导师的相关权益,树立职业来访者的信任感。另外,监管部门也可以为专业证书颁发单位提供意见和建议,从而帮助其规范培训程序,确保行业健康发展。

(3)构筑多层多样的职业指导师人才培育体系

根据《职业指导师国家职业技能标准》,职业指导师的专业技能可以划分为四个等级。目前,重庆市各区对于各等级职业指导师的培育主要是基于市级层面。未来,可以考虑根据不同等级划分人才培育自主权,例如市级层面主要组织培育一、二等级的职业指导师,并且通过构建统一的职业指导师动态专家库来实现,而将培育三、四等级的职业指导师权限下放到区级层面,使各区能够根据职业指导师的服务对象差异性开展具有针对性的培训,从而增加区级政府部门的人才培育自主权和有效性。

除此之外,政府部门可以通过构建多样化的人才培育体系,例如结合"4"大方向,将专业知识技能培训、各类公开比赛、专项课题研究、内部沙龙活动、专家督导机制等多元培育方式相结合形成系统性、多元性的人才培育体系。

2.行业协会

行业协会在职业指导行业发展及人才培养方面应该扮演主力军的角色,但目前,重庆市各行业协会对职业指导师的重视程度不够、角色作用不明显。调查结果显示,职业指导师对行业协会在队伍建设中所起作用的满意度为3.67分($\pm$1.014),在各方面满意度水平中最低,其中,持基本满意及以上态度的仅占比51.6%。可见,在队伍建设过程中必须进一步加强行业协会的作用。

(1)打造重庆市职业指导师队伍专业品牌

通过政府牵头、各行业协会协同的形式组建职业指导特色工作室,将职业指导及职业咨询服务提供、职业指导师队伍建设、职业指导行业标准建立、职业指导相关成果总结推广、职业指导理论前沿研究等工作汇聚于工作室。同时,通过各类宣传渠道加强对职业指导师的宣传推广,以此打造重庆市职业指导师专业品牌,从而增强社会影响力和公信力,营造良好的职业指导社会氛围,提高职业指导师在人民大众心中的认可度和主动寻求帮助的意愿度,形成品牌效应。

（2）构筑重庆市职业指导师人才交流平台

行业协会可以为协会内部的职业指导师提供相互交流、相互学习的平台,对丰富的资源进行共享,同时也可以通过不同行业之间的定期交流实现整个行业内部的信息资源共享,从而形成紧密联系。因此,通过行业协会牵头,构建重庆市的职业指导师人才交流平台,从而定期举行学习会议、相关培训以及各类比赛,鼓励职业指导师互相分享职业指导的问题和成果,可以帮助职业指导师快速成长,壮大队伍。

（3）完善重庆市职业指导师行业协会制度

行业协会既是职业指导师队伍人才的培育者,又是职业指导行业生态的建设者,因此,在进行职业人才培养、落实职业技能认证、输送职业指导人员、开展职业指导活动的过程中,必须做好全环节的制度保障,以严格、科学的管理制度约束自身的行为,发挥行业协会在重庆市职业指导师队伍建设中的领头羊作用。

（4）发挥在职业指导研究前沿的引领作用

目前我国所依托的职业指导理论基础大多源于国外的研究成果,或经过简单粗暴的本土化过程,但在运用过程中难免出现水土不服的情况,因此,我们亟须加强基于我国文化特色和发展阶段的职业指导理论研究,并出版具有现实指导意义的相关研究成果,从而为职业指导和人才培养奠定坚实基础。各行业协会作为职业指导师的主要交流平台,能够与现实需求直接接轨,积累大量信息资源,可凭借优势加强与政府、高校之间的合作,弥补国内理论研究洼地,拓展本土研究成果。

3.高职院校

高职院校作为人才培养的高地和主体,有自身的优势和不足。优势在于理论基础雄厚,专业性能够在一定程度上得到保障;而不足之处在于位于象牙塔之内可能与市场脱轨,从而形成纸上谈兵。因此,可以考虑从以下三个层面进行改进。

（1）加强高校自有职业指导师队伍管理

高校辅导员、学生处和就业管理处工作人员是大学生学业生涯规划、职业发展规划和就业指导的主力军,各级学校应主动鼓励这些工作群体成为专业的职业指导师。高校不仅应加强学生管理人员和教学人员的职业指导能力建设,切实做好学生的学业发展、生涯规划和就业咨询等工作,还应建立职业指导师的物质保障、目标激励、精神激励和考核激励等工作机制,规范和激励各类职业指导师的职业指导行为。

(2)开设职业指导师人才培养教育项目

针对职业指导行业特点,高校可以参考国外的人才培养模式,开设职业指导师培养项目,制定本土化教学材料和教学设计,并与行业协会、企事业单位合作设立实习基地,在注重理论学习的同时加强实践经验的积累,注重对学生职业指导操作课程、实习经验时长的考核。

(3)携手行业协会推动职业指导理论前沿

行业协会可凭借对职业指导市场的深入洞察从而推动理论研究成果的拓展,但其相比于高校,其学术研究经验相对较少,因此,高校可通过与行业协会的合作,共同加强对职业指导相关理论的实证研究,例如基于市场中反馈大数据、人工智能等手段拓展职业指导的先进技术,丰沛研究成果。

4.企事业单位

近年来,各类教育机构及人力资源服务机构在职业指导领域扮演着越来越重要的角色,包括面向毕业生以及各类未就业、再就业人群。他们在协助来访者进行职业选择、生涯规划、求职技巧、专业技能培训等领域发挥着重要作用。但同时,基于其营利性质,行业内部也存在着鱼目混珠的乱象,因此,既要发挥企事业单位在职业指导师人才培养和队伍建设中的积极作用,利用海量信息建立起符合我国国情的信息库和职业指导领域的人才统计学常模,也要有效规避其问题。

(1)构建对自有职业指导师的专业化培训体系

企事业单位的职业指导师直接面向市场解决就业需求的特点决定了其需要快速掌握应用性技能,因此在实际运用过程中可能缺乏专业知识和技巧的积累。因此,对于企事业单位来说,需要通过人才培养的各种方式构建起完善的专业化培训体系,加强对上岗职业指导师的培训。除此之外,对于上岗人员的专业资质也要设置一定的门槛。

(2)密切与各单位之间的人才培养合作与交流

根据调研结果发现,目前重庆市超过三分之一的职业指导师都源自企事业单位,他们的本职工作有的是各企事业单位的人力资源从业者、管理人员,有的是某领域经验丰富的专家。由此可见,对于职业指导师来说,不仅需要了解职业指导相关知识信息本身,还需要与各行各业有近距离的接触,因此,企事业单位作为能够深入了解行业信息的窗口,理应加强与高校、政府、行业协会之间的联系,构筑起人才交流的通道,建立轮岗实训的实践平台。

(三)职业指导师队伍建设"244"体系:4大方向

加强重庆市职业指导师队伍建设,实现两大目标,即扩大职业指导师队伍数量,提高职业指导师队伍质量,需要紧紧围绕"人才培养"这个核心。基于目前我国职业指导行业发展的特点和现实性因素,我们进一步从人力资源六大板块的内容出发,提出了队伍建设"4"大方向,从而构建起职业指导师的人才培育体系,主要包括聘用与选拔、培训与开发、考核与激励、保留与发展四个方面,搭建起职业指导师的选、用、育、留、出全环节的建议措施,从而为政府部门、高职院校、行业协会、企事业单位有效发挥在职业指导师队伍建设过程中的作用和采取有力措施提供方向和借鉴意义。

1.聘用与选拔

(1)实施职业指导师正式聘用制度

目前重庆市以兼职职业指导师作为职业指导工作的主力军,存在人员流失且队伍结构不稳的问题,最好能够通过达成契约关系来实现一定的保障,因此,考虑通过实施职业指导师聘用制。例如,按照职业指导专业水平的不同层次,构建职业指导师专家库和职业指导师人才库,对于市级层面的专家库成员,发放职业指导专家聘书,对于区级层面的职业指导师成员,发放职业指导师聘书,并纳入统一人才库。与此同时,建立入库标准及动态管理机制,例如,每两年或三年进行资格审查、考核结果评定,从而实现专家库与人才库的"有进有出"。而对于库内人员不仅提供海量培训机会,还发放专项补贴,以此鼓励职业指导师积极投入职业指导工作。

实施聘用制,一方面,对于管理单位来说,可以凭借聘用制度建立一支稳定的队伍,并且建立系统的考核评定方式,设立量化指标对职业指导师进行有效管理;另一方面,对于职业指导师来说,既可以找到基于自身职业兴趣的职业发展方向与可视化路径,同时也能够实现投入与回报的均衡发展,从而更好地坚持下去,甚至从兼职角色向全职角色转变。

(2)建立职业指导师从业准入标准

不仅是重庆市,放眼全国,暂未形成严格、标准、统一的职业指导师从业准入标准,这也造成了国内职业指导行业专业水平参差不齐、鱼龙混杂的现状。因此,建立职业指导师从业准入标准,设置一定的从业门槛对于肃清、规范行业发展具有重要意义。

根据我国职业指导的实际情况,并参考国外的职业指导师行业准入设置经验,从业准入标准主要包括四个方面:学历要求、职业证书要求、实践经验要求、综合素质要求。在学历层面,国外众多国家要求职业指导师必须具备研究生及以上学历,而我国根据实际情况,可以放宽至大学本科及以上学历水平;在职业资格方面,要求专门从事职业指导行业的人员应取得相应的职业技能证书,确保其具备一定的专业性;在实践经验层面,要求职业指导师必须具备一定时间的职业指导实习经验,例如1年,或者累计职业指导时长达到300小时;在综合素质要求方面,参考本研究构造的职业指导师胜任力模型,职业指导师必须具备信息能力、洞察力、沟通能力、严谨细致、灵活开放、学习能力、责任心、职业兴趣、利他精神、客户导向等一般能力或者态度品质。

在考查方式方面,可以结合闭卷考试、结构化面试、案例分析的方式进行。

(3)制定职业指导师专业技能标准

建立科学、合理的职业指导师专业技能标准与职业指导师从业准入标准息息相关,决定了职业指导师的培训方向,奠定了职业发展路径。实际上,目前在国家层面已经构建了职业指导师国家职业技能标准,并将其划分为4个不同的等级。但从调查结果来看,行业内对国家层面的专业技能标准并不熟悉,其影响力和指导意义并没有得到体现。并且,现有的国家层面职业指导师技能标准更加具有普适性,并没有考虑重庆市的本土特点。其主要内容更多体现在划分不同等级下职业指导师的工作内容、界定需掌握的知识、考查形式等方面,缺少对不同等级下职业指导师的工作成效、实践经验、专业性水平的划分。因此,亟须针对重庆市职业指导师发展的情况,以国家职业技能标准为参考,细化不同等级下职业指导师的专业技能标准。

2.培训与开发

(1)建立系统的职业指导师培训发展体系

职业指导师培训发展体系是人才培养的核心部分,培训的力度及效果直接决定了队伍建设的好坏,但与此同时,培训效果难以得到保障、培训本身流于形式常常成为令人头痛的问题。因此,有必要构建起系统、完善的职业指导师培训发展体系,从培训内容丰富、培训形式多样、培训主体多元、培训教材科学、培训周期合理等方面入手,打造全方位、多层次、多样化的培训体系。

①培训内容。职业指导师的培训内容不能仅仅局限于职业指导的理论知识,同时也要注重对专业技能的传授,例如职业评估技术、职业咨询技术、生涯规划技术等。除此之外,也应该重视对职业指导师综合素质的培养,例如针对沟通能

力、培养指导、信息能力等方面开展专业培训和实操训练。另外，针对职业指导的现实应用性，也应该将典型案例和经验作为培训内容，帮助职业指导师提高能力水平。

②培训形式。除了传统的集中培训例如职业指导专业知识讲座之外，还可以通过实践基地就地实操、典型案例分享讲解、案例经验分享沙龙、专家案例督导等形式，单位人才交换轮岗锻炼的方式丰富培训形式。将培训拓展成"规模能大能小、人数能多能少"的符合本单位需求，且能够产生实际成效的系统形式。另外，借助互联网平台，线上学习、远程培训、连线交流等方式也逐渐被接受并产生实际成效。

③培训主体。一是可以发挥职业指导师专家库的师资力量，开展职业指导师专家培训；二是可以邀请各行业领域的专家帮助职业指导师了解行业知识；三是可以开展队伍的内部交流，邀请有经验的职业指导师就自己的典型案例进行内部分享；四是可以基于构建不同单位之间的合作关系，互派师资分享各行业内部的经验，以此加强交流、共享信息。

④培训教材。目前，重庆市还没有专门针对职业指导师的人才培训开发的官方教材。由于职业指导师专业知识涵盖面广，涉及学科众多，所需技能多样，有必要由资历丰富的职业指导专家根据重庆市的职业指导需求开发统一指定教材或者出具官方指定书目。

⑤培训时间。为了有效防止打地鼠式的培训安排，需要对培训的时间进行合理规划，例如从周期安排和次数安排进行综合考虑。针对新手职业指导师，安排7天为一个周期的系统性培训内容；针对进阶职业指导师，定期安排针对某项技能学习与提升的短期培训内容，同时，将案例分享、经验交流作为日常定期自我修炼的有效措施。另外，对于次数方面，可以分别制定年度培训安排、季度培训安排、月度培训安排，并结合实际情况进行培训需求的调研、培训主题的确定、培训形式的协调，从而使培训安排合理、明确，减少补丁式的培训设置，也防止培训最终流于形式。

(2)构建完善的职业指导师人才培养模式

除了培训，可以通过多样的培养模式来提高职业指导师队伍的水平。例如通过在重庆市级、区级举办职业指导师专业技能比赛，落实职业指导师专家督导机制，鼓励指导师进行职业指导课题研究，开展专项人才培养项目等。

另外，针对具有不同工作背景和不同服务对象的职业指导师，可以开展与其背景相匹配的培养模式。例如对于高校的职业指导师，注重引导其走出象牙塔，加强与就业市场的融合；对于面向社会再就业人群提供服务的职业指导师，加强理论知识的学习与技术工具的使用；对于初级的职业指导师注重职业指导系统知识的培训;对于有一定经验的职业指导师注重职业指导案例的分享和讨论。

(3)搭建开放的职业指导师资源共享平台

一方面,可以以政府为牵头,构建市、区范围内的职业指导师公共交流平台,打破资源屏障;另一方面,各行业协会发挥引领作用,通过举办行业交流会、年会、沙龙会议等形式加强职业指导师之间的交流与合作,从而形成全市一盘棋的共享空间。

3.考核与激励

(1)完善职业指导师工作评价体系

职业指导师的评价机制是衡量职业指导师的工作是否有成效的基础,同时评价指标和方式也会成为职业指导师的工作导向之一。因此,必须尝试构建可量化、多元化、精准性的系统绩效考核机制。

如建立硬性指标与软性指标相结合、过程评价和结果评价相结合的方式,硬性指标可根据不同专业技能等级标准设置针对年度/季度/月度职业指导服务人次、职业指导讲座数量、职业指导交流会数量等指标,软性指标可体现在评价指标中,例如自评由来访者根据职业指导师的服务过程和最终效果进行评价,另外也可以由队伍管理人员对职业指导师的服务开展评价。

(2)实施职业指导师工作奖励机制

在队伍建设发展不完善的初级阶段,职业指导师需要自发从事职业指导工作,从自发到自觉,从不规范到系统性,需要持续不断地调动职业指导师的工作积极性,并能让其看到职业指导行业发展的光明前景。因此,采取有效的激励手段尤为重要。调查结果显示,重庆市目前对于职业指导师的奖励体系并不完善,部分企事业单位会设置一定的薪酬激励,但在公共部门或高校专门针对职业指导工作的补贴、奖励相对较少。因此,可以根据职业指导师的工作评价设置一定的薪酬激励体系,以调动其积极性。例如,按照指标完成情况发放职业指导师职业补贴,开展表彰会进行优秀职业指导师表彰,定期授予"优秀职业指导师"等称号,给予优秀职业指导师额外参与培训的机会,将职业指导相关成就纳入相关职称评定加分体系中,给予优秀职业指导师研究课题经费支持等,除此之外,还可以设置针对职业指导师的人文关怀福利,发放节假日福利等。

4.保留与发展

(1)明确职业指导师职业发展路径

成长路径匮乏是职业指导师职业发展受阻、人员队伍不稳定的重要原因之一。

因此,通过明确职业指导师的职业发展路径,找到发展方向和成长依托,能够留住人才,减少流失,提高队伍稳定性。

首先,根据职业指导师专业技能标准提供不同专业等级下的职业指导师素质要求、能力要求、经验要求、学历资质要求为不同的发展路径提供衡量标准。其次,构建横向、纵向相结合的发展通道。例如,从专业领域上,职业指导师可以发展为职业指导研究员、职业指导讲师、职业咨询师、职业培训师等,并且可以根据面向群体的不同,在不同的单位担任不同方向的职业指导师,例如面向学生群体、面向下岗再就业人群、面向特殊群体(残疾人、退役军人)、面向高端人才等。从纵向发展路径上,可由入门级的职业介绍员,发展为初级职业指导师,到进阶职业指导师、资深职业指导师、职业指导专家等。

(2)扩大社会影响力塑造职业信心

在麦肯锡的一项调查中,36%有过职业更替经历的民众都反馈自己在进行职业选择前会询问职业指导专家的意见,而我国国民目前并没有建立起对职业指导师的咨询习惯,并且行业野蛮的生长状态也造成了行业口碑不佳的现状。因此,要树立起职业指导师在民众心中的地位,促使国民形成就自身的职业发展对外寻求帮助的习惯,需要加大对职业指导师的对外宣传力度,例如通过各类新兴媒体渠道传播职业指导师的角色作用,就典型职业指导案例进行推广。另外,开通民众能够有效寻求职业指导的途径,也可以针对不同的人群进行定点传播,例如高校内以就业指导中心为核心,政府部门内以就业局为牵头,以及发挥行业协会在各行各业的影响力。同时,通过打造重庆市职业指导特色工作室,塑造职业指导特色品牌,形成品牌效应,从而扩大职业指导师的市场影响力,帮助民众形成诉诸职业发展帮助的习惯。

课题负责人:杨　东
课题承担单位:西南大学
课题主研人员:黎　樱　王文君　唐　军　刘　明　张　薇